피터 드러커

비영리단체의 경영

현영하 옮김

한국경제신문

This book is originally published in English under the title,
MANAGING THE NON-PROFIT ORGANIZATION :
PRACTICES AND PRINCIPLES / Peter F. Drucker,
by Harper Collins Publishers, Inc., New York, USA.

Copyright ⓒ 1990 by Peter F. Drucker

Korean Translation Copyright ⓒ 1995 by The Korea Economic Daily

이 책의 한국어판 저작권은 저자와의 직접계약에 따라 발행한 것으로
한국경제신문사에 있습니다.
저작권법에 의해 한국내에서 보호를 받는 저작물이므로
본사의 허락없이 임의로 이 책의 일부 혹은 전체를 복사하거나
전재하는 등의 저작권 침해행위를 금합니다.

역자의 말

나는 드러커 교수의 많은 저서와 전문지에 기고된 글들에 매료되지 않은 적이 없다. 드러커 교수의 근저《자본주의 이후의 사회》가 전세계 지성인들을 매료시킨 것과 같이 지금 나의 심정은 이 책의 내용 역시 한줄한줄 독자들이 분과 초를 다투어 읽어보기를 원하는 마음이 앞선다. 드러커 교수의 글은 무엇 하나 소홀히 다룰 수 없는 내용들로 신선한 충격을 주고 있으며 생동하는 힘으로 우리의 가슴에 전달되고 있다. 마찬가지로 이 책 또한 그러한 생동하는 내용들을 그대로 담고 있다. 다만 나 자신이 그것들을 제대로 독자들에게 전하지 못할까 두려울 뿐이다.

나는 미국 감리교 동부 펜실베이니아주 연회의 전략계획 지도자 팀원으로 3년간 봉사활동을 수행한 경험이 있는데 이것이 나의 27년간 미국 생활 중 가장 값진 경험이 아닌가 회고된다. 이 책은 그 기간에 우리 팀원들이 읽고 감동받았던 참고문헌 중 하나였다.

《비영리단체의 경영》은 시대를 초월하여 읽혀져야 할 글이면서도 오늘의 우리 인류사회가 특별히 극복해야 할 많은 문제들을 해결하는 데 필요한 몇 가지 새로운 지표, 즉 종교단체, 병원, 초·중·고교 및 대학, 자선단체, 재단, 각종 기금개발단체, 의료봉사단체 등 다양한 비영리단체의 효율적 경영과 운영방법을 제시하고 있다.

아무쪼록 이 책이 많은 지성인들에게 자유롭게 생각하고 행동하는 데 많은 도움이 될 것으로 확신한다.

이 책의 용어 중 비영리조직 및 비영리단체를 개념상의 단체와 실체로서의 단체로 이해하여 직역을 피하고 문장의 상황에 따라 조직단체, 조직체, 단체로 표기했음을 밝혀둔다.

이 책의 번역을 위해 조언을 해준 김휘조 교수에게 진심으로 감사한다. 그리고 이 자리를 빌어 김휘조 교수의 지도하에 각 장별로 번역 초고 교정에 힘써준 이인호, 박용호, 박태종 대학원생들 모두에게 심심한 사의를 표한다. 또한 PC에 입력시켜 준 남건진, 김은정, 김병권 군과 두번째 교정을 봐준 박은정 양과 박정용 군에게 특별히 감사를 전한다.

끝으로 이 번역서가 출판되기까지 많은 배려를 아끼지 않은 한국경제신문사 출판국 여러분들께 심심한 사의를 표한다.

1995년 3월

현 영 하

한국의 독자들에게

　세계 역사상의 기록 중 한국보다 더 쾌속적이고 급신적으로 전환을 이룩한 나라는 볼 수가 없습니다.
　40년 전만 하더라도 한국의 대부분은 농촌이었습니다. 그러나 오늘의 한국은 세계에서도 가장 도시화된 국가 중의 하나로 꼽히게 되었습니다.
　뿐만 아니라 오늘의 한국은 세계에서 지도자적 위치에 있는 산업 국가들 중의 하나가 되었으며, 대규모의 공장과 고도의 기술로서 제조된 상품들을 수출하는 선두주자격 국가가 되었습니다.
　이러한 전환은 국민 개개인에게 엄청난 기회를 부여했으며 사실상 지난 40여년 동안 사회면으로나 직업상의 입지면에서 한국민에게 주어진 유동성은 40년 전 한국의 역사가 모두에게 걸친 개인 신상에서의 유동성보다 더 컸다고 해도 과언이 아닐 것입니다.
　그러나 그러한 전환은 격심한 혼란을 유발하는 것도 사실입니다. 무엇보다도 그러한 전환은 오랫동안 간직되어 내려오던 마을이나 가족 중심의 사회와 전통적으로 내려오던 공동체로서의 사회를 분해하고, 그러한 전통적 문화 관습과 유대를 약화시키는 현상을 유발하였습니다.

우리의 정치·문화·역사를 함께 하는 전통적 공동체로서의 지역사회는 이러한 분해 작용이나 약화 현상에서 오는 많은 문제를 속수무책으로 대하고 있습니다. 그러나 전통적 사회 역시 내분이 있고 편협하며 배타적이고 독선적인 면도 없지는 않습니다. 그러나 그런 것들이 우리가 가지고 있는 것 모두입니다.

"마지막으로 돌아갈 곳은 가족 밖에 없다"라는 19세기 미국에서 가장 많이 인용되어 왔던 격언이 있습니다.

그렇다면 가족이 될 수 있는 우리의 전통적 사회는 오늘에 와서 완전히 없어졌을까요? 오늘날 도시에서 일어나는 새로운 문제들과 급변하는 사회에서 발생하는 문제들, 전통적인 뿌리에 접목되어 있지 않은 사람들로부터 야기되는 문제들, 세대의 차이에서 오는 문제들, 즉 직업상으로나 그들이 속한 사회적 입지에서나 옛날 같으면 수세기에 걸쳐 경험할 수 있는 전환을 현대는 짧은 일생 동안 다 경험함으로써 야기되는 문제들을 감당하기에는 어느 누구에게도 불가항력이었습니다.

반세기 전까지만 하더라도 우리가 공산 진영에서 살든지 민주 진영에서 살든지 선진국에 사는 우리들 모두는 사회 전반의 문제는 모두 정부가 해결할 수 있고, 또 정부가 해결할 책임이 있다고 믿어 왔습니다. 얼마나 잘못된 생각이었는지 미처 몰랐던 것입니다.

이러한 문제는 어떤 정치적인 문제도 어떤 개별적인 집단의 문제도 아닙니다. 그것은 어디까지나 그 지역사회에 사는 사람들 개개인의 문제인 것입니다.

그러한 문제들은 인간 한 사람 한 사람의 개인 스스로가 해결할 문제이며 그들이 속한 사회 안에서 해결되어져야 합니다. 그렇다고 해서 그런 문제를 자유시장의 개념으로 해결할 수도 없는 것입니다.

그러한 문제들을 해결하기 위해서는 완전히 새로운 무엇이 요청된다고 생각하며 필자는 그것을 사회 부문, 즉 자원봉사적인 비영리조직단체라고 말하고 싶습니다.

새로운 과업을 맡아야 할 조직단체 중 어떤 것은 이미 존재하고 있으며 사실상 깊은 역사도 가지고 있습니다. 한국에서도 훌륭히고 강한 전통을 가진 종교단체기 있으며, 그것이 불교이든 기독교이든 그들은 지역사회에서 오랫동안 지도자 역할을 맡아왔습니다.

그러나 이러한 종교단체는 오늘의 새로운 과업을 감당하기 위해서 새로운 목표와 새로운 입지를 세우고 새롭게 조직을 재정비하지 않으면 안 된다고 생각합니다.

무엇보다도 그들은 자신들이 맡은 과업의 성과를 위하여 효율적인 경영을 하지 않으면 안 됩니다. 그러한 비영리조직단체들은 전통적으로 그들의 경영성과에 대해 비교적 관심을 보이지 않았습니다. 대체로 그들은 의도가 좋다는 것만으로도 만족했지만 지금은 좋은 의도만으로는 부족한 세상입니다.

맡은 과업의 진정한 성과를 위해서는 강력하고도 효율적이며 목적의식이 뚜렷한 경영이 요청됩니다.

현대의 선진사회에서는 각 개인의 직장이 아무리 보수가 좋고 만족하다고 하더라도 직장에서 하는 일과는 다른 어떤 일을 하면서 각 개인이 스스로 맡은 책임을 수행함으로써 오는 행복감을 필요로 하고 있습니다.

즉, 한 지역사회의 성숙한 시민으로서 직접적인 공헌을 할 수 있는 공간을 필요로 하는 것입니다. 다양한 이유 중의 하나에 불과하지만 지금은 평균 수명이 75세를 넘는 미국이 지금으로부터 85년 전에 내가 태어날 무렵만 하더라도 40세 이상의 평균 수명은 상상조차 할 수 없었습니다.

우리들은 우리들의 선조들보다 훨씬 장수함으로써 40대에 시작해서 연장된 우리의 나머지 반평생을 다시 사는 동안은 사회에서 받은 혜택을 조금이라도 사회에 다시 환원해야겠다는 생각을 가지고 있습니다. 이는 특히 성공한 사람들 사이에서 확산되고 있습니다.

우리들 개개인이 속한 지역사회를 위하여 봉사하고자 하는 비영리조직단체의 자원봉사자로서 돕고 싶다는 생각을 하는 것입니다.

비영리조직단체들이란 각 개개인의 천부적인 인성과 소질을 십분 발휘할 수 있도록 돕는 조직과 단체, 한 사람의 완전한 시민으로서 성숙할 수 있도록 돕는 조직과 단체이며, 우리의 선조들이 평생을 작은 농촌 마을의 열악한 환경에서 의무적으로 살다시피 했던 어제의 지역사회를 대체하여 우리가 진정으로 자진해서 돕고 봉사해 가면서 살 수 있는 사회를 건설하고자 하는 조직과 단체를 포함합니다.

오늘의 선진국 각 개인이나 시민들에게는 이러한 사회 부문의 필요성이 당연하게 머리 속에 떠오르고 있습니다.

한국의 독자들에게

사실 오늘날에는 사회의 비영리부문에 대한 관심은 세계적이며 아르헨티나·일본 그리고 체코 같은 구(舊)소련제국의 위성국가들과 오스트레일리아와 중국 본토에까지 널리 퍼져 있습니다.

내가 지난 몇 년간 여행하면서 발길 닿는 곳마다 비영리조직의 필요성을 인식하고 실천하기를 원하는 사람, 조직과 단체의 효율적인 업무 성과를 위한 경영을 하고자 하는 사람들이 쇄도해 그들을 만나게 되었습니다.

미국에서 비영리조직단체가 성황을 이룬 이유도 역시 같은 맥락에서였을 것입니다. 40년 전 미국에는 30만 개의 비영리조직단체가 있었습니다. 그들의 대부분은 교회가 아니면 교회와 관련이 있는 기관이었습니다마는, 오늘에 와서는 등록된 수만 하더라도 100만 개 이상이 되며 신규로 등록한 단체의 대부분은 종교단체가 아닌 사회봉사단체입니다.

미국 시민의 두 사람 중 한 사람 정도는 일주일에 평균 3~5시간을 어떤 비영리조직단체에서든 무료자원봉사자로서 일하고 있습니다.

비영리조직단체는 미국 사회의 진정한 '성장부문'입니다. 뿐만 아니라 과거와 현대 사회를 통틀어보더라도 계속 성장하고 있는 부문이라고 할 수 있습니다.

그러나 그들 중 아무도 맡은 일을 특별히 잘 수행하고 있다고는 할 수 없습니다. 그러나 그들 대부분은 진정으로 무엇을 해보려는 의도를 가지고 열심히 일하고 있습니다. 하지만 자신들의 좋은 의도나 노력에 비해 상당한 성과를 거두고 있는 조직은 거의 없다고 해도 과언이 아닙니다. 다른 말로 표현하면 효율적인 경영방법을 터득하고 있는 조직과 단체가 거의 없다는 것입니다.

한국의 독자들에게

　오늘날 우리가 비영리조직 부문에 들어선 것은 우리가 영리기업 부문에 들어섰던 50년 전 내가 영리기업의 경영 문제에 처음으로 관심을 가지고 집필했던 때와 거의 같은 상황에 처해 있다고 생각됩니다. 이러한 이유에서 나는 이 책을 쓰게 되었고 출판하게 되었습니다.

　당시 나는 내가 거주하던 미국 동북부에 있는 한 지역사회의 병원 경영에 관여하고 있었고 그 지역에 있는 한 대학에서 교수로 일할 때인 40년대 후반 이후 줄곧 40여년 간 비영리기관들과 함께 일해왔습니다.

　나는 점진적으로 교회와 병원, 교향악단, 대학과 박물관, 걸스카우트와 같은 지역사회의 조직단체나 미국의 심장의학의 연구를 관장하는 미국 심장협회 같은 의료건강기관을 포함한 많은 비영리조직단체를 위한 경영 실무에 자문역을 맡아 왔습니다. 그러므로 이 책은 미국 내에서의 경험을 토대로 쓰여졌습니다.

　따라서 내가 이 책을 썼을 때에는 이 책이 주로 미국의 비영리기관 지도자들을 위하여 유용할 것이라고 생각했습니다. 내가 그렇게 생각했던 것은 결국 즐거운 착각으로 증명되었습니다.

　이 책은 예상 외로 성공의 결실을 맺었습니다. 세계의 다양한 많은 국가들과 또 아주 판이하게 상이한 국가들 간에서도 이 책이 유용하게 읽혀지고 있습니다.

　사회 부문 전체나 사회 부문의 모든 비영리조직단체들이 지역사회를 돕고 봉사하는 존재로서 성과를 거둘 수 있을까 하는 문제는 어느 곳에 있는 선진사회이든지 공통적으로 관심을 가지게 된 과제로 증명되었습니다.

　이 책은 그러한 관심과 필요에 의해 초점이 맞추어진 것입니다. 모쪼록 이 책이 한국에서도 그와 같은 필요를 충족시키고자 하는 여러분들에게 유용한 안내서로서 또 지도력과 영감을 창출할 수 있는 원서로서의 기능을 다할 수 있게 되기를 충심으로 기원합니다.

나에게 특별한 기쁨을 안겨주는 또 하나의 사실은 이 책의 한국어판 번역이 나의 오랜 친구이자 옛 제자였으며, 지금은 경영학·회계학·경제학분야에서 뛰어난 권위자가 된 현영하 교수에 의하여 이루어진 것입니다.

현영하 교수는 내가 20여년 간 교수로 재직했던 뉴욕 대학에서 박사학위를 취득한 후 미국의 가장 큰 사립대학 중 하나인 템플(Temple) 대학교 회계학과 종신 교수로서 출중한 교수 경력을 쌓아왔습니다.

지금 현영하 교수는 회계학을 현대화하는 개척자의 대열에 서서 기업의 성장과 성과를 위한 경영에 크게 공헌할 수 있는 회계학을 개발하는데 심혈을 기울이고 있습니다.

현영하 교수는 미국에서 이러한 출중한 경력을 쌓은 후 그의 모국인 한국으로 귀국하여 한국의 발전과 장래의 희망인 한국의 대학 발전에 기여하고 있습니다.

위와 같이 그의 중차대한 학문 연구와 대학 교수로서의 소명을 다하는 가운데 바쁜 시간을 할애하여 나의 책 《비영리단체의 경영(Managing the Nonprofit Organization)》의 번역을 맡아준 데 대하여 나는 30년이라는 긴 세월 동안 쌓인 그의 우정에 대한 확인으로 생각하며 중대한 의미를 부여합니다.

분명히 나의 저서와 한국의 복지단체인 비영리조직단체 모두에 현영하 교수의 공헌은 지대하다고 하지 않을 수 없습니다.

나의 따뜻한 우정과 진정한 감사의 마음을 현영하 교수에게 보냅니다.

1994년 가을
캘리포니아 클레어먼트에서
피터 드러커

머 리 말

40여년 전 내기 비영리단체에서 처음 일히기 시작했을 때는 당시 미국 사회를 주도해 나가던 미국 정부와 대기업 양자에 비해서 비영리단체가 미국 사회에 미치는 영향은 아주 미미했다. 비영리단체에 몸을 담고 있던 당시 우리들 스스로가 대체로 그런 사실을 인정했으며, 우리들 대부분이 사회사업은 정부 소관이고 또 정부가 모든 것을 다 잘할 수 있다고 믿었다. 단지 비영리단체가 해야 할 역할은 정부가 주관하는 사회사업 프로그램을 지원한다거나 특별 찬조하는 정도였다.

그러나 지금은 세상이 달라졌다. 현재 미국 사회의 중추적 역할을 하는 것은 비영리단체이며 또 실질적으로 영향력을 나타내는 존재라고 할 수 있다.

지금에 와서야 정부가 사회사업을 하는데 능력의 한계를 알게 되었을 뿐만 아니라 비영리단체가 사회를 위해 봉사하는 데는 어떠한 특수분야에 국한되거나 또는 필요에 의해서 충족되는 한계를 훨씬 넘어 사회 전분야에 걸친다고 할 수 있다. 지금은 미국의 성인 남녀 두 명 중 한 사람 꼴로 비영리부문에서 자원봉사자로 일하고 있으며, 그들은 최소한 주당 평균 3시간을 비영리사업 단체에서 일하는데 보내고 있다.

  동시에 비영리단체가 고용하는 총종업원 수는 다른 어떤 단체들이 고용하는 종업원의 수보다 많다. 그러한 현상은 지역사회에서 책임있는 시민이 되고자 하는 미국 사람들의 근본적인 의식구조를 설명함과 동시에 이를 실천에 옮기고 있음을 보여준다.

  그럼에도 불구하고 비영리단체 부문이 차지하는 미국 전체 국민소득에 대한 비율은 40년 전과 다름없이 미미한 2~3% 밖에 되지 않는다. 그러나 내면적으로는 심오한 변화를 가져왔다. 비영리사업이야말로 오늘날 미국 국민들의 질적 생활의 핵심이 되고 시민으로서의 자격을 부여하는 도덕적 표준이요, 전통적 미국 사회의 가치관을 계승하는 존재라고 할 수 있다.

  40년 전에는 아무도 비영리단체나 비영리 부문이라는 단어를 쓰는 사람이 없었다. 병원들은 자신들을 병원의 기능 그 자체로서만 생각했고 교회는 교회대로 자신들을 교회로서만 생각했다. 또, 보이스카우트와 걸스카우트 단원들은 단순히 단원으로서의 역할만을 생각했다.

  그런 시기가 있은 후 곧 우리들은 그러한 모든 단체들을 종합해서 비영리단체라는 용어를 쓰기 시작했다.

  당시 비영리단체라는 용어는 어떤 부정적인 의미로 이해되어 그것의 진정한 의미를 전혀 나타내지 못하는 상황이었다. 그리고 병원·교회·보이스카우트·걸스카우트 단체의 독자적인 특수한 목적과 사명이 있음에도 불구하고 그들 모든 단체들은 어떤 공통점을 가지고 있다는 것을 인식하지 못하고 있었다.

 지금의 우리는 그 공통점이 무엇인가를 구체적으로 깨닫기 시작했다. 공통점은 비영리라는 것, 다시 말해서 영리를 추구하는 기업이 아니라는 것, 또 정부가 주도하는 어떤 단체가 아니라는 것 등이다.

 또한 비영리단체들이 가지고 있는 다른 공통점은 영리단체인 기업이나 정부가 수행하는 것과는 판이하게 다른 일을 수행한다는 것이다. 즉, 기업에서는 상품이나 서비스를 공급하고 정부는 무엇인가를 통제한다. 기업은 고객이 상품을 사고 대금을 지불하고 상품에 대해서 만족하면 그것으로써 거래가 전부 끝나게 된다.

 정부는 기획했던 정책이 효과적으로 실천에 옮겨지게 되면 그것으로 기능을 다한 셈이다.

 그러나 소위 비영리조직은 그런 것만으로 다 되는 것이 아니다. 그들은 상품이나 서비스를 공급한다든지 무엇을 규제하는 것은 없지만 그들의 제품이 한 켤레의 구두가 될 수도 없다. 이는 그들의 제품이 어떤 법이나 규제가 아니기 때문이다. 그들의 제품이 있다면 그것은 변화된 한 인간이다.

 비영리단체란 사람을 바뀌게 하는 전문 직업단체인 셈이다. 그들의 제품이란 병이 완치된 환자, 교육받은 아이, 훌륭한 성인으로 자란 청소년, 한 마디로 변화된 인간 모두라고 말할 수 있다.

 40년 전에는 경영이라는 말 자체가 비영리조직의 세계에서는 금기시 되었다. 왜냐하면 그 단어의 뜻이 어떤 영리사업처럼 여겨지고 비영리사업에서는 영리를 위한 사업을 하지 않기 때문에 그당시 비영리단체에 몸담고 있던 대부분의 사람들은 경영이라고 불리는 그 어떤 것과도 연관을 맺어 덕볼 것이 아무 것도 없다고 믿었다. 더구나 그들은 재무제표상의 이익이라는 개념은 전혀 마음에 두지 않았다.

아직도 미국에서는 경영이라는 단어가 기업 경영이라고 할 때만 쓰여지는 단어인 것으로 해석하는 사람이 많다. 심지어는 신문과 텔레비전 기자들도 인터뷰를 하면서 내가 비영리단체의 사람들과 함께 일하고 있다고 하면 신기하다는 말을 한다.

"영리단체의 기업 경영에 대한 책을 쓰고 연구하며 자문을 받던 분이 비영리단체를 위해서 무엇을 어떻게 도와줄 수 있다는 것입니까?"로 시작하여 "그들이 기금조성 하는 것을 도와주는 것입니까?"라고 묻는 것이 고작이다. 그때마다 나는 "아닙니다. 나는 그들의 목적과 사명을 구현하고 그러한 목적과 사명을 완수할 수 있는 지도력이나 경영에 관한 것을 함께 연구하며 개발합니다"라고 설명함에도 불구하고 그들은 막무가내로 "그것은 기업 경영과 같은 것 아닙니까?" 하면서 대들기 일쑤였다.

사실 비영리조직체에는 전통적인 의미에서 이익에 대한 뚜렷한 평가기준이 없기 때문에 비영리단체에 몸담고 있는 사람들 자신들은 경영을 잘하지 않으면 안 된다는 것을 가장 크게 실감하고 있다. 그들을 관리하는 수단으로서 비영리단체의 경영방법을 익히지 않을 경우 쉽사리 헤어나지 못할 처지에 이르게 될 것을 잘 알고 있다. 뿐만 아니라 경영방법을 터득해야만 더 많은 시간과 정력을 그들 본래의 사명 완수에 투자할 수 있다는 것도 알게 되었다.

사실 대소를 막론하고 비영리단체들 사이에서는 경영이라는 말이 선풍을 이루고 있다. 그러나 비영리단체만을 위한 연구서적이나 사례연구서 같은 것이 빈약하여 자신들의 지도자나 관리자들

머 리 말

을 훌륭하게 배양하는 데 참고할만한 자료가 거의 없다고 해도 과언이 아니다. 있다고 한다면 대부분이 영리단체를 위해 개발된 것이다. 대부분 그러한 자료들은 비영리단체 고유의 특성이라든지 고유의 본질적 요구에는 관심을 두지도 않고 초점조차 맞추지 못하고 있다.

영리단체인 기업이나 정부의 업무와는 완전히 분별되는 비영리 사업단체의 사명 완수를 위해서는 다음과 같은 사항이 고려되어야 한다.

어떠한 결과가 창출되어야 하는가, 조직의 사명을 위하여 수행하는 서비스를 홍보하고 이용할 수 있게 하는 방법을 마련하는 정책은 과연 어떻게 세울 것이며 어떻게 필요한 자금을 부지런히 모금할 것인가, 수직 명령으로 운영할 수 있는 단체와 딜리 자원 봉사자들의 도움으로 운영되는 단체이기에 그들의 요구에 부응하는 새로운 변화와 창의력으로 미래를 지향할 것을 생각하는 것 등이다.

더욱이 기존의 자료들이 초점을 맞추지 못하고 있는 분야가 있다면 그것은 비영리단체에만 있을 수 있는 인간관계 및 조직의 현실이라고 할 수 있다.

즉, 비영리단체 이사들*의 역할, 자원봉사자들의 유치, 그들이 성과를 얻을 수 있도록 그들을 계발하고 관리하는 일, 비영리단체의 유권자격인 다양한 배경의 많은 사람들의 모금 및 모금의 개발, 그리고 이런 것과는 완전히 별개의 문제이지만 비영리단체

---

* 역주 : 본서에서 나오는 이사란 사장직의 상급 기관으로서 주주의 위임을 받고 그들의 대리 역할을 하는 재단이사로서 한국과 일본 기업에서의 부장직 위의 직급인 전무와 상무직 밑의 직함인 이사와는 판이하게 다른 직함이다.

에서 일하는 사람들에게 흔히 있을 수 있는 회복 불가능할 정도의 과로로 인한 인간 문제, 소위 말하는 번아우트 현상, 즉 비영리단체의 목적과 사명에 헌신하겠다는 사명감이 강한 사람에게 흔히 있을 수 있는 증상 등에 관한 문제이다.

그러므로 비영리단체의 사업에서 일어난 경험과 그들이 안고 있는 현실문제에 초점을 맞추어 개발된 자료의 필요성이 절실히 요청되고 있다.

그런 절실한 필요의 요청에 근거하여 기업인으로서 이미 크게 성공한 경력이 있는 텍사스주에 사는 나의 친구 로버트 버포드는 신교·구교를 불문하고 큰 목회를 하고 있는 교회들과 같은 비영리조직단체를 위한 지도자 및 경영자를 훈련하는 것을 목적으로 한 리더쉽 네트워크(Leadership Network)라는 회사를 창설하게 되었다.

나는 그러한 중요한 과업을 초창기부터 버포드와 함께 일할 수 있었고 그러한 경험을 통하여 본서를 써야겠다는 착상을 하게 되었다. 사실은 《비영리조직체들을 위한 지도력과 경영》이라는 제목으로서 녹음 테이프 제작에 관한 프로젝트가 이미 이루어졌다. 테이프의 착상, 감독, 취입은 모두 내 자신이 했다.

녹음 테이프를 강의 매개체로 선택한 것은 두 가지 이유에서였다. 첫째는 다양화이다. 자동차를 운전하면서도, 집에서도, 어떤 회의 장소에서도 들을 수 있는 편리함을 생각하였기 때문이다. 두번째 이유로는 크고 작은 규모의 비영리단체를 창설하였거나 진두지휘해 왔던 훌륭한 분들의 생각과 경험을 비영리단체의 경영에 관심이 있는 분들에게 소개하기 위한 것인데, 그러한 소개를 글로 하는 것보다는 그들의 육성으로 전달하는 것이 더욱 효

머 리 말

과적이라고 생각하였기 때문이다.

그런 이유에서 우리들은 1988년 봄, 1시간짜리 녹음 테이프 25개를 제작하기에 이르렀다. 제작된 테이프는 비영리조직단체에 몸을 담게 된 분들의 종적·횡적 직책과 무관하게 특별히 새로이 부임하는 이사들, 임원진, 자원봉사자들의 훈련용으로 애용되었다.

처음부터 비영리단체에 관심있는 분들을 위하여 책을 쓰는 것을 생각하지 않은 바는 아니지만 '드러커의 비영리 테이프'의 많은 애용자들은 테이프에 담긴 똑같은 내용을 책으로 내어 읽을 수 있게 해달라는 요청을 해왔다. 그들은 "드러커 교수, 당신과 당신이 면담한 그 분들을 테이프를 통해서 들을 수 있는 것과 같이 당신의 강의와 면담 내용을 읽도록 해달라"는 요청을 해왔던 것이다.

이 책은 지난 40여년 간 미국의 비영리조직단체는 두말할 것도 없이 분명한 성공사례라는 것을 뚜렷이 인식하는 데서 시작된 것이다. 사실상 비영리조직단체는 어느 면으로 보나 미국의 큰 성장산업이라고 할 수 있다.

거기에는 미국 심장협회와 같은 건강보호기관이나 미국 암협회처럼 암의 주된 요인에 관한 연구를 주도하고 예방 및 처방을 한다든지, 세계에서 가장 큰 남녀단체로 꼽히는 보이스카우트나 걸스카우트 연맹처럼 지역사회에 봉사한다든지, 요즈음 가장 빠른 성장을 보이는 목회 중심의 교회나 병원 이외에도 변화무쌍한 미국 사회에서 효율적으로 사회사업을 하는 중추적 기관으로서 존재하는 모든 비영리조직단체를 포함한다.

비영리산업 부문이란 문명화된 미국 사회를 대변한다고 해도 과언이 아니다. 그럼에도 불구하고 현실적으로 볼 때 오늘의 미국 비영리조직단체들은 이제껏 경험하지 못했던 새롭고도 어려운 큰 문제들의 도전에 당면하고 있는 실정이다.

가장 중요한 것은 수동적인 기부자들을 능동적인 공헌자들로 전환시키는 문제이다. 총액으로 보면 40여년 전 내가 처음으로 비영리단체와 관련된 일을 했을 때보다 몇 곱절 많은 기부금을 오늘의 미국 비영리단체들이 모금하고 있다. 그러나 그 금액을 전체 국민소득인 국민총생산(GNP)의 비율로 보면 지금도 여전히 40여년 전과 같은 2~3%의 수준에 머물고 있으며, 그런 현상은 전미국 국민의 수치라고 생각할 수밖에 없고 어떤 의미에서는 진정한 실패라고 하지 않을 수 없다.

그것은 오늘날 더 많은 교육을 받고 더욱 부유하게 된 젊은층 사람들이 그들보다 적은 교육을 받고 노동을 하며 비교되지 않을 정도로 가난했던 그들의 부모들보다 상대적으로 소득에 대해 더 작은 비율로 기부한다는 사실에서 기인한다. 만약 어떤 한 분야의 건실함을 GNP에서 차지하는 비율 및 성장의 잣대로 잰다면 오늘의 비영리조직단체는 전혀 건실하지 못하다고 할 수 있다.

레저산업이 차지하는 GNP의 비율은 지난 40년 간 2배 이상의 성장을 보였다. 의료비는 지난 40년 간 2%에서 11%로 증가했으며 교육비가 차지하는 GNP의 구성비, 특히 대학의 교육비는 지난 40년 간 3배로 뛰었다. 그러나 미국 사람들이 인간을 개혁시키는 데 있어 대리역할을 수행하는 비영리조직단체에 기부한 금액은 GNP에서 차지하는 비율상으로는 전혀 증가하지 않았다. 여기에서 우리는 기부자들로부터 받는 돈으로는 해결책을 찾을 수가 없으므로 그들이 진정한 공헌자들로 변신할 때 해결책이 나올

머리말

수 있다고 생각한다.

　나의 생각으로는 그것은 우리들에게 주어진 첫 과제라고 생각한다. 그것은 단순히 어떤 긴요한 일을 하기 위하여 조금 더 많은 돈을 모금한다는 것 이상을 말한다.

　모든 비영리조직단체들이 공통으로 가지고 있는 사명이 있다면 그것은 미국 국민으로 하여금 자아실현의 삶, 이상을 펼치는 삶, 신념을 가지고 신념대로 살 수 있는 삶을 돕고 충족시키는 것이라고 할 수 있다. 기부금 없이 그러한 일을 추진한다는 것은 불가능한 일이다. 그러나 기부금만으로는 안 된다.

　수동적인 기부자들을 능동적으로 공헌하는 사람들로 변신시켜야 한다는 의미는 미국 국민들로 하여금 각자가 아침에 일어나 기울 안의 자신을 볼 수 있도록 하여 모든 미국 사람이 변화한다는 것이다. 즉, 책임을 질 수 있는 시민으로 변한다든지, 이웃으로서 이웃을 돌보는 사람으로 변화한다든지 하는 것이다.

　비영리단체가 당면한 도전적인 과제는 미국 국민들에게 그들의 생활터전이며 마음의 고향인 지역사회에 공통된 목적 의식을 심어주는 것이다. 40여년 전쯤 이미 우리들은 더 이상 조그마한 시골에서만 생활하지 않게 되었다. 그러나 우리들 중 대부분은 그러한 조그마한 시골에서 자랐다고 할 수 있다. 다시 말해서 한 동네에서 성장했고 그런 동네에서는 모든 것이 의무적이었으며 보수적이어서 답답했을 수도 있었지만 그래도 한 동네 지역사회로서의 값어치를 했다.

　대부분의 미국 국민들은 오늘에 와서 대도시 아니면 대도시 근교의 위성도시나 교외에서 살고 있다. 우리들은 우리들의 뿌리가 있는 고장에서 떨어져 나와 살고 있지만 역시 우리에게는 그러한

머리말

고향을 대체해 줄 수 있는 하나의 지역사회가 필요한 것이다.

　비영리단체에서 무보수로 자원봉사하는 사람들에게는 그들이 지역 내 걸스카우트에 속하든지, 지방에 있는 한 교회에서 성경공부하는 가족단체의 지도직을 맡든지 간에 비영리조직체는 그들 마음의 고향, 삶의 목적과 방향을 제시하는 삶의 터전 역할을 하는 것 같다.

　나는 비영리조직체에서 무보수로 일하는 자원봉사자들에게 기회가 있을 때마다 몇 번이고 묻는 똑같은 질문은 "보수를 받고 일하는 정규 직장에서도 할 일이 많은데 왜 그 많은 시간과 정력을 무보수의 자원봉사자로서 일을 합니까?"라고 하는 것이다. 그럴 때마다 그들은 똑같은 대답을 나에게 들려 주었다. "비영리조직체에서 하는 일은 내가 무엇을 왜 하는지 분명히 알고 있기 때문에 무엇인가를 공헌하고 있다는 것을 느낄 수 있고, 또 나는 이 단체의 한 구성원이라는 느낌을 가질 수 있기 때문입니다"라고 하는 것이다.

　비영리조직체야말로 미국 사회를 형성한다고 할 수 있다. 그들은 미국 국민 개개인이 그들의 역량을 더욱 발휘하여 무엇을 성취할 수 있도록 도와준다.

　자원봉사자들은 월급봉투와 빵으로만 만족할 수 없는 것을 분명히 알고 느끼며 그들은 무엇을 위해 공헌할 때 더 크고 진정한 행복의 만족감을 느끼는 사람들이다. 그러나 비록 무보수의 자원봉사를 하지만 그들도 역시 효율적으로 관리되어야 한다. 아직 많은 비영리조직체들이 어떻게 해야 더욱 효율적인 성과를 이룩할 수 있는지를 터득하지 못하고 있다. 설교로서가 아니라 성공사례로서 나는 비영리조직체의 효율적 경영방법을 제시하고자 한다.

머 리 말

이 책은 5부로 나누어져 있다.
제 I 부 : 사명보다 더 중요한 것은 없다 —— 지도자로서 마땅히 수행해야 할 임무와 역할
제 II 부 : 사명에서 성과로 —— 마케팅, 창의적 혁신 및 자원개발을 위한 효율적 전략
제 III 부 : 효율적인 성과관리 —— 성과의 정의와 측정
제 IV 부 : 효율적인 인사관리와 인간관계 —— 참모진, 재단이사회 회원, 자원봉사자 및 지역단체의 각 구성원들
제 V 부 : 자신을 계발하라 —— 한 인간으로서, 한 최고경영자로서, 한 지도자로서

　본서의 형식은 위의 각 부를 다시 5장으로 나누어 각 부의 주제를 먼저 토론한 후 곧이어 비영리조직체의 경영에서 출중한 성공사례를 창출한 분들과 주제에 관한 원론과 경험담을 면담 형식으로 싣고 각 부의 마지막 장에서 간결하고 요약된 행동지침을 제시했다.
　나는 이 책을 쓰는데 많은 분들에게 신세를 졌다. 본서가 이러한 형식으로 나오도록 가능하게 한 비영리단체의 지도자들이면서 나와의 면담을 통하여 그들이 가지고 있는 많은 좋은 경험을 우리들에게 전해 주신 이 책의 주인공들과, 공헌자가 되는 여러분들께 심심한 사의를 표한다. 그들 각자가 속해 있는 비영리조직체에서 이룩한 그들 개개인의 성공사례는 오늘 우리들에게 미래의 성취 가능성을 보여줄 뿐만 아니라 올바른 길로 이끈다는 의미가 무엇인지를 보여주고 있다.

또한 나는 나의 친구 로버트 버포드에게 말로는 다 표현할 수 없는 고마움을 전한다. 그는 이 책의 시작에서부터 출판되기까지 전 과정을 통하여 전심전력을 다하여 나를 변함없이 도와주었고 자문해 주기를 아끼지 않았다. 성공한 영리기업의 한 경영인으로서, 인간 개혁을 위한 비영리조직단체의 지도자 계발을 위하여 그의 경륜과 정력 그리고 시간과 금전을 아끼지 않고 헌신적으로 노력한 본보기는 우리들 모두의 귀감이 된다.

마지막으로 이 책의 출판에 크게 도움을 준 세 분의 편집인들에게 감사를 표한다. 녹음 테이프의 편집과 제작을 맡아준 필립 헨리(Philip Henry), 나의 친구인 하퍼 콜린스(Harper Collins), 출판사의 편집인인 카스 켄필드 2세(Cass Canfield, Jr.), 그는 육성에 담긴 면담 내용을 명문화 하는데 묘기를 발휘하여 문장을 읽으면서도 육성에 담긴 테이프를 듣는 것 같이 편집하였다. 또 나의 또다른 오랜 친구인 마리온 부하기아(Marion Buhagiar)는 과거에도 늘 그러했듯이 내가 쓴 글의 전문장을 내용면에서나 언어구사면에서 모두 완벽한 경지의 수준으로 끌어 올려 놓는 교정을 봐주었다. 나는 위의 모든 분들에게 진심으로 감사의 뜻을 표한다.

1990년 7월 4일
캘리포니아 클레어먼트에서
피터 드러커

차 례

역자의 말 / 3
한국의 독자들에게 / 5
머리말 / 13

제 I 부 사명보다 더 중요한 것은 없다 ─────────── 27
    제 1 장 우리의 결단과 각오 / 29
    제 2 장 위기시에 가장 필요한 힘 「지도력」/ 41
    제 3 장 환경변화에 따른 목표설정에 과감하라 / 77
    제 4 장 지도자의 채무 / 90
    제 5 장 비영리단체의 존재가치 / 103

제 II 부 사명에서 성과로 ────────────────── 115
    제 1 장 동기와 결실 / 117
    제 2 장 승리를 위한 전략들 / 129
    제 3 장 시장과 고객을 정의하라 / 153

제 4 장　후원자를 유권자로 / 173
제 5 장　비영리단체의 목적과 성과 / 194

제Ⅲ부　효율적인 성과관리 ─────────── 203
제 1 장　손익개념이 없는 비영리단체의「손익란」/ 205
제 2 장　해야 할 일과 하지 말아야 할 일 / 216
제 3 장　올바른 의사결정 / 231
제 4 장　책임지는 학교로의 변신방법 / 250
제 5 장　비영리단체의 목표와 성취 / 264

제Ⅳ부　효율적인 인사관리와 인간관계 ─────── 273
제 1 장　조직의 인사관리 / 275
제 2 장　주요한 관계 / 296
제 3 장　자원봉사자들을 변화시켜라 / 304
제 4 장　효율적인 재단이사회 / 319
제 5 장　비영리단체의 인사관리와 인간관계 / 334

제Ⅴ부　자신을 계발하라 ─────────────── 343
제 1 장　자신이 맡은 일은 책임을 져라 / 345
제 2 장　우리는 어떤 존재로 기억되기를 원하는가 / 354
제 3 장　제2의 인생, 제2의 직업 / 369
제 4 장　비영리단체에서의 여성 최고경영자 / 379
제 5 장　자기계발과 평생교육 / 396

제 I 부

사명보다 더 중요한 것은 없다
―지도자로서 마땅히 수행해야 할 임무와 역할―

제1장	우리의 결단과 사오
제2장	위기시에 가장 필요한 힘 「지도력」
제3장	환경변화에 따른 목표설정에 과감하라
	―헤셀바인 간사와의 대담―
제4장	지도자의 채무
	―디 프리 회장과의 대담―
제5장	비영리단체의 존재가치

제 1 장
우리의 결단과 각오

    비영리단체란 한 사회와 그 사회의 구성원인 개개인에게 어떤 크고 작은 변화를 가져다 줌으로써 그 존재 가치가 있다. 그러한 선의의 사명감에서 시작함에도 불구하고 어떤 비영리사업은 그 의도를 실현하는데 성공을 하는가 하면 어떤 비영리사업은 실패로 끝나는 수가 있다.

    왜 그렇게 될까? 그들의 의도에 어떤 문제점이라도 있는가? 그렇다면 먼저 언급하고 짚고 넘어가야 할 일은 선의의 의도에서 시작되었느냐 하는 것과 사명감 자체를 한번 더 분명히 규명해 보는 일이 아닌가 생각한다. 물론 궁극적인 심판은 근사한 의도나 사명이 담긴 선언문이 아니라 선의의 사명을 올바른 행동으로 실천하는데 성공했느냐, 성공을 하지 못했느냐에 달려 있다.

    많은 비영리단체의 최고경영자들이 나에게 묻는 공통된 질문은 진정한 지도자의 자질이란 무엇인가? 하는 것이다. 나는 이런 질문을 들을 때마다 그들이 그러한 지도자적 자질을 어떤 학교에서 배울 수 있다고 생각하는지, 또 그런 지도자적 자질만 갖추면 다 된다고 생각하는지에 대한 의구심을 떨쳐버릴 수가 없다.

만약 그들이 내가 받은 인상대로 생각했다면 그들 역시 지도자상을 올바로 인식하지 못했다고 할 수 있다.

지도자가 먼저 지도자상을 그리고자 할 때는 이미 지도자의 자격을 잃고 있으며, 올바르게 지도할 수 있는 입장에 서있지 못하다고 할 수 있기 때문이다.

금세기에 가장 영도력이 있었던 세 명의 지도자, 즉 히틀러, 스탈린, 마오쩌둥은 지금까지 인류 역사에서 어느 그 누구보다도 우리 인류에게 가장 큰 고통을 안겨준 장본인들이었다. 인류에게 실제로 중요한 것은 지도자의 영도력 그 자체가 아니라 지도자로서 이루어야 할 사명이다. 그러므로 지도자로서 생각해야 할 첫 임무는 그 단체가 수행하고자 하는 비영리사업의 의미를 심도있게 그리고 구체적으로 정의하고 규명하는 일이다.

구체적인 활동목표의 설정

아주 단순하고 보편적인 예를 보자면 어느 병원 응급실의 운영목적을 들 수 있다. 거기에는 '우리들의 목적은 고통당하고 있는 사람들이 안심하도록 하는 것이다'라고 쓰여 있다. 그것은 단순하고 명백하며 단도직입적이다. 미국 걸스카우트의 사명을 보면 '우리는 어린 소녀들이 자신에 대한 확신을 가지고 떳떳이 살 수 있는 훌륭한 젊은 여성으로 자랄 것을 도와준다'라고 되어 있다. 또한 미국 동부의 성공회 교단의 한 교회는 그들의 사명을 '예수를 교회의 우두머리로, 대표이사로 인정하는 것'이라고 되어 있으며 구세군의 사명은 '사회에서 버림받은 사람들을 시민으로 환원시키는 일'이라고 한다. 영국의 공립학교를 창립한 19세기의 가장 유명한 영국의 교육자인 럭비(Rugby) 지역 출신 아놀드는 공립학교의 목적을 '야만인을 신사로 만드는 데 있다'고 했다.

　그러나 내가 추구하는 사명은 그러한 비영리단체의 사업 목적이 아닌 영리를 목적으로 하는 사업에서 나온 것이다. 그것은 금세기 초에 거의 파산 지경에 이르렀던 통신판매 회사의 하나였던 시어즈(Sears) 회사기 10년도 안 되어 세계에서 가장 큰 소매연쇄점으로 변하게 할 수 있었던 사업 목적인 '우선은 미국의 농민들을 위하여, 다음엔 미국의 전 가정을 위하여 시어즈(Sears)는 올바른 정보를 가지고 책임있는 구매자가 되는 것'이라고 한 것이다.

　대부분의 병원들은 '우리들의 사업 목적은 사람들의 건강을 돌보는 것이다'라고 한다. 하지만 그들의 정의는 틀렸다. 병원이란 건강을 돌보는 곳이 아니라 병을 고쳐주는 곳이다. 우리 개개인이야말로 술과 담배를 삼가하고 일찍 잠자리에 들며 과식하지 않고 체중 관리를 하는 식으로 우리의 건강을 돌보아야 하며, 병원은 우리의 건강에 문제가 생겼을 때 그것을 고쳐주기 위하여 존재하는 곳이 아닌가? 이것은 '건강을 돌보는 것이 우리의 사업 목적이다'라고 잘못 규정된 사업 목적 때문에 그 누구도 어떠한 구체적인 일이나 계획을 사업 목적으로 삼아 행동할 것을 강요할 수 없는 논리에 봉착하게 된다.

사명 선언문은 곧 실행 가능한 것이어야 한다. 그렇지 않으면 선의의 의도로서 끝나기가 쉽다. 사명 선언문은 한 단체가 진정으로 이루어 보고자 하는 사업에 초점을 맞추어 조직단체의 구성원 한 사람 한 사람으로 하여금 "내가 하는 일이 우리 단체가 추구하는 목적에 어떠한 공헌을 하고 있다"는 것을 실감할 수 있게 해야 한다.

오래 전의 일이지만 나는 어느 큰 병원의 응급실 사명 선언문을 구상하기 위하여 병원의 경영자들과 함께 머리를 맞대고 상담한 적이 있다. 우리는 '응급실이란 상처 입은 사람들에게 어떤 확신을 주기 위하여 설치된 곳'이라고 하는 보통 사람이 생각하기에 너무나 당연하고 쉬운, 그리고 아주 간단한 사명 선언문을 많은 시간이 지난 후에야 창안해 낼 수 있었다. 그러한 일을 잘 할 수 있기 위해서는 먼저 응급실에 온 환자에게서 일어나고 있는 모든 것에 대하여 소상히 알고 있지 않으면 안 된다는 결론이 나온다.

많은 의사와 간호원에게도 응급실의 10 중 8의 경우 하루 정도만 푹 쉬면 별 걱정할 것 없이 아픈 곳이 낫게 될 것이라는 확신을 주는 것이 응급실의 가장 훌륭하고 중요한 임무다.

예를 들면 "너무 놀라셨겠습니다. 아이가 독감에 걸렸군요. 오! 아이가 경기를 일으켰군요. 그러나 아이에게 별 탈은 생기지 않을 것입니다"라고 의사와 간호원들은 환자나 보호자에게 어떤 확신을 주는 것이다.

이것은 너무나 당연하게 들리겠지만 우리들은 무척이나 힘들여서 그 사명 선언문 작성 작업을 해냈다. 그러나 그 사명 선언문을 행동으로 옮긴다는 것 역시 그렇게 쉬운 것은 아니다.

즉, 응급실에 들어온 환자는 누구나 1분 이내에 자격을 갖춘 전문의에게 진찰을 받아야 한다. 즉시 응급을 요하는 환자를 보는 것 그것이야말로 응급실의 일이며 가장 중요한 임무가 되어야 하기 때문이다.

그 다음에 오는 문제는 응급 치료를 받은 후에 따르는 절차상의 문제이지 응급 치료 그 자체는 아니다. 구급실로 곧장 실려갈 필요가 있는 환자, 많은 검사를 거쳐야 할 필요가 있는 환자, "안심하시고 집에 돌아가셔서 아스피린 한 알을 드시고 푹 쉬시면 됩니다. 걱정하지 마십시오. 만약 병세에 차도가 없으면 내일쯤 다시 찾아 오십시오"라는 말로 환자들이 진정될 수 있기 때문이다.

비영리조직체 경영자의 주된 과업은 조직의 사명 선언문에 담긴 내용을 구체적으로 실천에 옮기는 데 최선을 다하는 것이다. 사명이란 우리들이 예측할 수 있는 범위에서 존재한다고 해도 틀리지 않을 것이다.

사실상 인류가 생존하는 한 아픈 사람이 있기 마련이며 알코올 중독자나, 마약 중독자 또는 불운한 자가 없을 수는 없다. 한편, 우리는 수백 년 동안 바깥에서 뛰어 놀고 싶은 6~7세의 남녀 어린이들에게 조그마한 어떤 지식이라도 가르치기 위해 이런 저런 형태의 학교를 운영해오고 있다.

그러나 어떤 목적 그 자체는 단명할 수 있다. 어떤 사명이 성취되었기 때문에 원래의 목표 및 목적에 큰 변화를 가져 올 필요가 있을 경우도 있다.

약 100년 전 19세기의 가장 위대한 발명 중의 하나라고 할 수 있는 폐병환자 요양소를 예를 들어 보면 적어도 선진국에서는 폐병치료 사업의 목표가 성공적으로 달성되었다고 볼 수 있다. 항생제로서 폐병치료의 방법을 터득한 것이다. 그런 경우를 볼 때 비영리단체의 경영자들은 끊임없이 연구 조사하면서 기존의 목적이나 목표를 재검토하고 갱신하며, 주기적으로 말소시키는 것까지를 감안한 제도를 구상해야 할 것이다.

사명 그 자체는 영구적이고 인류가 원하는 사업임에는 틀림없다. 그러나 그에 따른 목적 및 목표는 일시적이며 임시적인 성격을 띨 수도 있다.

우리들이 가장 쉽게 범할 수 있는 오류 중의 하나는 사명 선언문을 좋은 의도로서 샌드위치로 만들어 버리는 것이다. 사명 선언문은 쉽고 간결해야 한다. 새로운 임무를 창안하여 강조하고 싶을 때는 기존의 임무를 없애버리든지 우선 순위에서 탈락시키든지 해야 한다. 누구도 모든 것을 다 잘할 수 있다고 생각해서는 안 된다.

예로 오늘의 우리 대학을 한번 살펴보자. 그들의 교육 목표는 정말 혼란스럽다. 수십 가지의 목표를 세워 놓고 모두 달성하고자 하지만 이것은 절대로 불가능한 일이다.

오늘의 미국 내 초보수적 기독교 계통의 대학들이 젊은이들의 관심을 끌고 있다는 것은 그와 같은 사실을 입증해 주고 있는지도 모른다. 그들의 사명은 대단히 협소하게 정의되어 있다. 우리들이 그들의 사명 선언문이 너무나 편협하다고 시비할 수는 있겠지만 그들의 사명이 분명하고 명료하다는 것에 대해서는 시비할 수가 없다.

그들의 사명이 학생들과 교수들에게 뚜렷이 전해지고 또 학교

제1장 우리의 결단과 각오

당국은 적어도 "우리 학교는 회계학을 가르치기 위하여 존재하는 곳은 아니다*"라고 분명히 말할 수 있기 때문이다.

시간이 흐름에 따라 무엇을 더하게 마련인데 그럴 때는 꼭 무엇을 삭제해야 한다. 우리들이 가장 중요하게 생각해야 할 것은 무엇이며, 다음으로 중요한 것 또는 별로 중요하지 않은 것이 무엇인지를 시간을 가지고 심각하게 그리고 분명히 해서 우리에게 가장 근본적이며 우선적이라고 생각되는 것 몇 가지를 어떻게 성취시킬 것인가에 몰두해야 한다.

100여 년 전 병원이 수행했던 것 중 가장 큰 공헌은 산부인과의 공헌이라고 할 수 있다. 그러나 그렇게 인정받기까지는 복잡해지는 도시에 살고 있는 산모들이 가정에서 아이를 분만할 때 있을 수 있는 위험, 즉 분만시 쉽게 있을 수 있는 감염 또는 정식 훈련을 받지 않은 산파들에게서 오는 위험을 사람들이 수긍하게 되는 데는 많은 시간이 흘러간 뒤였다.

그러나 오늘날 병원마다 모두 산부인과를 필요로 하지 않으며, 이미 많은 병원들이 산부인과를 두고 있지 않는 형편이다. 그것은 분만이 예전보다는 안전하게 되었고, 모든 것이 예측 가능하게 되었기 때문일 것이다.

만약 분만에 어떤 잘못이 일어난다면 대부분의 경우 매우 심각

---

* 역주 : 위의 문장에서 드러커 교수의 표현은 회계학에 대한 전통적인 관념을 이용한 상투적인 표현에 불과했던 것으로 안다. 깊은 학문으로서 회계학의 여지를 누구보다도 잘 인식하고 있는 드러커 교수의 해명도 해명이지만, 특수한 성격의 목적을 지향하는 개별 대학생들의 높고 깊은 이상을 펴나가는데 필요한 생활의 한 수단을 마련해 준다는 차원에서도 실용 학문으로서의 회계학을 고수해야 한다는 지론이 있을 수 있다. 이와 같은 이유로 드러커 교수의 위 문장 표현에는 어떤 상투적인 표현 이상의 의미를 부여하지 않기를 바란다.

한 상황에 처하게 된다. 통상적으로 설치된 시설로는 충분하지 못하기 때문에 많은 시설이 한 곳에 집결되어야 할 필요가 있게 된다. 교외의 주거지역에는 그처럼 완벽한 시설이, 필요한 분만 장소가 그리 많지 않은 것은 사실이다. 그렇다고 해서 병원의 산부인과를 당장 모두 없애야 한다는 것은 아니지만 서서히 없어지게 될 것이다.

다른 예를 들면 50~60년 전만 해도 정신병 환자들을 위한 약이 없었고, 정신병 치료를 위해서 병원들이 할 수 있는 일은 극히 제한되어 있었다. 그러나 오늘날에 와서는 정신병을 앓는다든지 다른 사람들에게 위험을 줄 수 있는 사람들의 대다수가 그렇게 크지 않은 그 지역의 병원에서 단기 체류 혹은 간단한 치료로서 그들의 문제를 해결할 수 있게 되었다. 그러한 분야에서는 오히려 지역사회의 병원이 매우 중요한 역할을 담당하게 되는 것이다.

그러므로 우리는 변화하는 상황을 주시하면서 지역사회가 새롭게 필요로 하는 것이 무엇인지를 항상 생각하고 검토해야 할 것이다. 병원들이 갑작스럽게 둔갑을 하여 구두를 파는 기업이나 대규모의 교육기관으로 변신하지는 않을 것이다. 그러나 주위 상황의 변화에 따라서 그들의 목표와 임무가 변할 수 있고, 또 변화되어야 할 것이다.

오늘 가장 중요하게 생각되었던 목표와 임무가 내일에는 별로 중요하지 않은 것으로 바뀐다든지, 또다른 어떤 경우에는 무의미한 목표 및 임무로 여겨질 수도 있기 때문이다. 이러한 생각을 조금이라도 소홀히 한다면 우리들은 자신도 모르는 사이에 박물관 구석의 한낱 장식품과 다름없는 존재로 전락하고 말지도 모른다.

성공적인 사명을 위한 세 가지 필수요건

첫째는 과거에 성공했던 실적과 지금 달성한 실적을 소홀히 여겨서는 안 된다는 것이다. 지금까지 성공적으로 잘 해오던 일을 한번 더 잘한다는 것은 그리 어려운 일이 아니다. 그것은 그 어느 누가 판단하기에도 옳고 훌륭한 일이었다는 평가를 전제로 해서 그렇다.

모든 기관이나 단체가 각 분야에서 모두 잘 할 수 있다는 생각은 옳지 않다.

그러나 내가 속한 기관 및 단체에서 가장 중요하게 여기는 가치관을 무시하고 행동할 때 진정한 성공은 거의 불가능하게 되는 것이 사실이다.

60년대에 있었던 몇 가지의 일을 상기해 보자. 교육계에 몸담고 있었던 우리들은 모두 도시 문제에 관심을 가지고 연구에 돌입하였다. 그러나 사실상 우리는 도시 문제에 대해서는 아는 것이 없었다. 뿐만 아니라 학자들은 정치적 힘의 역할을 이해하고 있지 못했고 그들의 가치관은 정치적으로 제기되고 있었던 문제의 핵심과는 거리가 먼 곳에 있었기 때문에 전혀 포용될 수가 없었다. 그즈음 병원과 같은 의료기관들은 그들이 주창하는 건강교육사업에 뛰어들고 있었다.

예로 당뇨병 환자가 병원을 찾으면 그들에게 필요한 음식 조절 및 적당한 운동에 관한 교육을 하고 귀가시킨 후 건강해질 것을 기대한다. 그러나 그러한 시도는 성공을 거두지 못했다. 돌이켜 보면 성공을 거두지 못한 이유 중 중요한 하나는 이런 교육이 병원이나 의료기관이 잘 할 수 있는 일들이 아니기 때문이다. 실제로 병원이 가장 잘 할 수 있는 것은 병을 예방하는 일이라기보다 이미 병이 나서 앓고 있는 사람들을 치료하는 것이다.

둘째는 우리들의 주위에서 요구하며 필요로 하는 것들이 무엇인지를 신속하고 세밀하게 파악하는 것이다.

우리들이 가지고 있는 극히 제한된 자원인 재력이나 인력자원의 한계에 관한 것이 아니라 앞서 언급한 '무언가를 하는 것'이다. 특별하게 가지고 있는 전문지식과 능력으로서 자신감 있게 무엇을 하여 이 세상에서 뚜렷한 사명을 잘 수행하고 인류와 사회의 발전에 조금이라도 기여하는 새로운 표준 내지 이정표를 세울 수 있는가를 생각해야 할 것이다.

인류를 한 차원 높은 수준으로 끌어 올리는 데 성공한다는 것은 어떤 일을 그냥 성취한 것으로만 이루어지는 것이 아니라, 그러한 성공으로 인한 성취를 최상의 질로서 성취함으로써만이 이룰 수 있다. 이것을 성취의 새로운 차원의 창조라고 말할 수 있을 것이다.

세번째 요건은 우리들이 하는 일에 대해서 어떤 확신을 가지는 것이다. 사명(mission)이란 어떤 의미에서는 극히 주관적이고 개인적이라고 할 수 있다. 어떠한 일을 새로운 차원의 경지로 발전시키기 위해서는 혼신의 힘을 다하지 않으면 안 된다.

우리가 잘 아는 포드 자동화 회사에서 있었던 에드셀(Edsel) 자동차의 실패에 관한 이야기를 해보자. 많은 사람들은 에드셀 자동차 실패의 주요인이 포드 자동차 회사에서 그 자동차의 제작 과정의 준비가 소홀했기 때문이라고 생각할 지도 모른다.

그러나 실상 내가 알기로는 에드셀 자동차야말로 가장 많은 연구와 최상의 기술 동원과 최상의 재료로 제작되었다.

그러나 알려져 있지는 않았으나 사실상 에드셀 자동차가 가지고 있었던 단 한 가지의 취약점이 있었다면 그것은 포드 자동차 회사의 어느 누구도 그 차의 제작과 판매에서 모두 성공할 수 있다고 믿는 사람이 없었다는 것이다. 그것은 헤어날 수 없는 함정이었다.

에드셀 자동차는 연구 개발에 근거하여 제작되었으나 어느 누구도 전심전력을 다하여 제작과 판매에 임하지 않았던 것이다. 그렇기 때문에 사소한 문제가 생기더라도 어느 누구도 문제의 해결에 나서는 사람이 없었다.

만약, 적극적이었다면 에드셀의 성공이 확실했을 것이라는 애기는 아니지만 모든 것이 다 갖추어졌다 하더라도 그 어느 누구도 전심전력을 다하지 않고서 어떤 완전한 성공을 이룬다는 것이 거의 불가능하다는 것은 확실하다.

바깥세상에서 요구되고 필요로 하는 것이 무엇이며 우리가 그것을 어떻게 충족시킬 수 있을까? 또한 자신있게 충족할 수 있는 성과를 올릴 수 있을까? 그들이 필요로 하고 요구하는 것과 우리들이 가지고 있는 능력이나 자원이 서로 잘 대응되는가? 우리가 하는 일에 대해서 확신할 수 있는가? 이런 것은 우리가 만든 제품에 대해서 뿐만 아니라 우리가 행하는 서비스 모두에 해당되는 말이다.

다시 말해서 사명을 성공적으로 수행하기 위한 세 가지의 요건은 기회의 포착과 전문지식과 전심전력으로 추구하는 각오이다. 모든 사명 선언문은 이와 같은 위의 세 가지 요건을 모두 갖추고 반영되어야 한다.

  어느 하나라도 결여된다면 궁극적인 목표 설정에서든지 목적 수행에서나 마지막 단계인 결과에서 부딪치는 어떠한 차질을 면치 못할 것이다. 그렇게 되면 비록 옳은 일을 완수하고자 하는데도 불구하고 한 조직 안의 모든 인력을 성공적으로 동원할 수 없게 되며 그 어떤 힘조차도 얻을 수가 없다.

제 **2** 장
위기시에 가장 필요한 힘 「지도력」

　금세기에서 가장 성공한 지도자로 윈스턴 처칠을 꼽을 수 있다. 1928년 경 독일군에게 첩첩이 포위되었던 영국군이 도버해협에 접해 있는 프랑스의 도시 됭케르크에서 필사적인 철수를 한 1940년에 이르기까지 12년 간 처칠은 핵심 인물이기는 커녕, 아무에게도 인정받지 못하는 존재였다. 그때는 처칠 같은 사람을 필요로 하지 않았기 때문일지도 모른다.

　실제로는 그렇지 않았다고 하더라도 겉으로는 모든 것이 단조롭게 반복된 일과처럼 보였다. 그러던 중 영국에 천재지변이 닥쳐왔고 드디어 처칠은 부상되었으며 그것은 궁지에 몰린 영국을 위해서 정말 다행한 일이었다.

　다행이냐 불행이냐는 차치하고 어느 조직에서든지 한 가지 확실하게 예측할 수 있는 것은 위기이다. 위기는 언젠가는 반드시

오게 되어 있다. 이 위기에 처해 있을 때 진정한 지도자의 역할이 필요한 것이다.

한 조직의 지도자로서 해야 할 가장 중요한 과제는 위기를 예측하는 것이다. 위기를 예측한다는 말과 위기를 모면한다는 말은 서로 크게 다른 두 가지의 의미가 있다.

위기가 닥쳐올 때까지 기다린다는 것은 이미 직무유기라고 할 수 있다. 진정한 지도자는 자기가 지도하는 조직체가 닥쳐오는 폭풍을 예측하여 위기를 헤쳐 나가며 앞으로 한 발 앞서 나갈 수 있는 역량을 키워야 한다. 그러한 상황에서 우리는 혁신할 수도 있고 끊임없이 거듭날 수도 있다.

그렇지만 우리들은 비록 큰 재앙을 방지하지는 못한다 하더라도 높은 사기로서 언제나 전쟁터에 나갈 준비가 되어 있는 조직, 또한 어떤 위기를 겪든지 서로 믿고 행동할 수 있는 조직을 이룩해야 한다.

군의 훈련을 예로 든다면 사병에게 그들의 지휘관을 신뢰하는 정신을 심어 주는 것이 첫째로 중요한 과제이며 규율이다. 그러한 신뢰가 바탕이 되어 있지 않은 상태에서 사병들이 자신들의 목숨을 걸고 싸운다는 것은 있을 수도 없는 일이기 때문이다.

성공 후에 오는 문제

우리는 실패보다 성공한 후에 완전히 망해버린 조직들을 더 흔하게 볼 수 있다. 어떤 어려움이 닥쳐올 때 사람들은 평소보다 더 열심히 뛰어야 한다는 각오를 한다. 하지만 성공한 후에 따라

제2장 위기시에 가장 필요한 힘 「지도력」

오는 성공의 도취감, 그것으로 인하여 가지고 있는 자원 이상의 일을 벌리기 쉽고, 또 쉽게 망할 수도 있다.

그러면서도 우리가 한번 잡은 직장에서 퇴직하는 날까지 자리를 지키고 편히 지낼 수도 있다. 그러한 환경을 포기하고 새로운 사명을 위하여 현재의 직장을 떠날 수 있는 용단을 내리는 것이란 여간 어려운 일이 아니다.

나는 20여 년 간 몸을 담았던 그래서 원로 종신 교수로서 일생을 편하게 보낼 수 있었던 뉴욕 대학(NYU) 경영대학원을 떠나 현재의 캘리포니아주로 옮기게 되었다. 옮기게 된 이유 중의 하나는 수요(학생의 수)가 증가하고 있음에도 불구하고 뉴욕 대학교의 경영대학원이 학교(학생의 수)를 줄이려고 하는 결정에 동의힐 수가 없었기 때문이다.

옮겨온 후 나는 클레어먼트 대학교의 경영대학원을 맡기 시작하였으며, 그때 한 가지 확실히 했던 것은 절대로 무리해서 급한 팽창을 하지 않는다는 것이었다.

더욱 확실히 계획한 것은 적은 수일지라도 최상급의 교수진을 구축하고 동시에 많은 임시 초빙강사들을 쓰면서 명실상부하고 막강한 대학 행정본부를 건설하는 것이었다. 그런 연후에 성공이 성공의 꼬리를 물게 하고 학생의 수요가 늘게 되면 학교도 따라서 확장되어야 함을 분명히 했다. 만약 그렇게 하지 않으면 낙후되고 만다는 신념을 가지고 시작했다.

비영리단체장들에게 말할 수 있는 교훈이 있다면 한번의 성공으로 모든 것이 끝나는 것이 아니라 성공의 꼬리를 물고 계속 다음의 성공으로 성장해야 한다는 것이다. 그렇게 하기 위해서는 변화에 적응할 수 있는 자세와 태도를 항상 잊지 말아야 한다.

성장이란 언젠가는 정지되며 더이상 올라갈 수 없는 정상의 평지 플래토(Plateau)에서 머물게 된다. 그럴 때일수록 활력있는 유연성과 비전으로 새로운 계기를 만들 수 있어야 한다. 그렇게 할 수 없다면 그 단체는 완전히 동결된 상태를 벗어날 수 없게 된다.

어려운 선택들

비영리조직체들은 이익과 성과를 평가하는 결정적인 지수가 없다. 게다가 그들이 의도하는 모든 일은 선하고 도의적이며 좋은 일을 하고 있다고 생각한다. 그러므로 의도했던 결과를 얻지 못했을 때에도 "우리의 자원이 다른 곳에 사용되었어야 하는데……"라며 승복하려고 들지 않는다.

사실 비영리조직체에서는 영리기업에서보다 사업을 조직적으로 포기할 줄 아는 훈련이 더욱 절실하게 필요하지 않을까 생각한다. 비영리조직체일수록 결정적인 선택에 직면해야 할 경우가 더 많기 때문이다.

그런 선택 중에서는 매우 어려운 것들도 있다. 예를 들면 나에게는 큰 가톨릭 교구의 대교인 친구가 있는데 어느 날 주교가 그에게 신부의 수가 감소하면서 발생하는 문제를 해결해 보라는 임무를 주었다. 당면 문제는 가톨릭 교회에서 하는 많은 사업 중에서 취사 선택을 해야 하는 것이었다.

여기서 가장 헤어날 수 없는 곤경스러움은 도심지의 큰 가톨릭 교구에 있는 가톨릭 초·중·고등학교의 앞날에 관한 문제였다. 97%의 학생이 가톨릭 신자 가정의 아이들이 아닐 뿐만 아니라,

제2장 위기시에 가장 필요한 힘 「지도력」

또 그들이 가톨릭 신자가 될 확률도 전혀 없는 아이들인데도 가톨릭 학교에서 맡아 가르치고 있는 실정이었다. 그러나 그 아이들은 지옥과 같은 공립학교를 피해서 가톨릭 학교를 찾아온 아이들이다. 나는 오랫동안 가톨릭 교구의 당국과 심각한 논쟁을 벌여왔다.

신부들 중에는 "우리들의 첫번째 사명은 사람들의 영혼을 구원하는 것이지 사람들을 교육시키는 것이 아닙니다. 그러므로 격심히 줄고 있는 신부와 수녀들을 우리의 가장 으뜸된 사명, 즉 영혼 구원에 투자하는 것이 옳다고 생각합니다"라고 한다.

나는 "성경에 뭐라고 쓰여 있습니까? 모든 것 중에 가장 위대한 것이 자비를 베푸는 것이라고 적혀 있지 않습니까? 지금 당신들 가톨릭에서는 바로 그 자비를 실천하고자 하는 것 아닙니까? 오갈 데 없는 학생들을 궁지에 몰아넣고 그냥 떠나올 수는 없습니다. 이것은 가치관의 문제이며 결정적인 선택입니다. 그냥 덮어둘 수도, 또 구렁이 담 넘어가듯 처신할 수도 없는 것이기에 결국은 우리가 직면한 문제를 판단하고 선택해야 합니다"

이러한 문제를 한번 인정하게 되면 창의적이고 혁신적인 새로운 생각이 나올 수 있다. 단, 그러한 혁신을 위해서는 우리들의 자세와 태도가 매우 중요하다. 영리기업이나 정부기관 못지 않게 비영리조직체에도 혁신이 필요한데 뜻만 있다면 우리는 할 수 있는 가능한 방법을 찾을 수 있다.

시작에 있어서 가장 중요한 것은 바로 변화가 위협이 아니라 기회라는 것을 인식하는 것이다. 변화가 필요한 곳을 찾는 것은 그 다음의 문제이다. 보충 참고로서는 필자의 저서 《혁신과 기업가정신(Innovation and Entrepreneurship)》(Harper & Row,

1985)이 있으며 몇 가지의 사례를 요약해서 살펴보면 아래와 같다.

우리들이 몸담고 있는 조직에서 예상치 못한 성공이 이루어진 사례

어떤 대학에서 예기치 못한 성공을 거두었는데 처음 시작할 때에는 생각하지도 못했던 성인교육이 그 사례이다. 이미 대학 이상의 고등교육을 받은 사람들을 다시 교육한다는 것이 어떤 사치나 학교의 재정적 보탬, 또는 학교와 사회 간의 유대를 가지고자 하는 홍보 차원을 넘어선다는 것을 인식하게 되었다.

성인교육이야말로 오늘날 우리 지식정보사회의 중심에 일격을 가하고 있다. 그리하여 많은 대학들은 다시 학교에 돌아가서 더 배우고 싶어하거나, 살아가는데 꼭 필요한 교육을 더 할 의지가 있는 의사들과 공학 기사들 및 회사의 중역들에게 흥미를 끌 수 있는 교수진과 행정팀을 구성하기에 이르렀다.

인구분포의 변화사례

지금부터 약 12년 전(80년대) 미국 걸스카우트 본부에서는 미국의 인구분포 상태의 변화를 예측했다. 즉, 소수민족의 인구가 급증한다는 것이며 급증하는 소수민족을 새로운 개척자로서 인정하며 걸스카우트가 해야

제2장 위기시에 가장 필요한 힘 「지도력」

할 역할을 계속 창조하고 있다고 생각했다. 그것이야말로 새로운 수요이며 변화를 요청하는 절호의 기회가 된 것이다.

현재 미국의 걸스카우트 단원 중 15%가 소수민족계열의 아이들로 변해 있으며, 그러한 이유로서 전 미국의 절대적인 인구 수는 계속해서 줄고 있음에도 불구하고 미국 걸스카우트 전체 단원의 수는 줄지 않고 계속 성장하고 있다.

고정관념과 정신적인 변화사례

지난 20여 년 동안 여성운동에 대한 우리들의 견해는 상당히 많은 변화를 가지고 왔다. 그러한 변화가 우리에게 어떠한 기회를 부여하는가?

이 책의 제4부에서 서술된 리오 바텔 신부와의 면담 내용에서 자세히 소개되겠지만 이러한 변화에서 온 기회를 잘 이용함으로써 오늘날 신부와 수녀의 수가 급격히 줄고 있는 상태임에도 불구하고 한 가톨릭 교구는 극적인 성장을 이룩한 사례가 있다.

또, 다른 사례를 들면 지금부터 약 14년 전 자원봉사자들의 단체로서 규모가 큰 것 중의 하나인 미국 심장협회는 원래 그들의 목적이었던 학구적인 연구가 모두 성취되지 않고 있는 상황에서도 미국 국민들의 건강에 관한 관심도가 급격히 높아지고 있는 변화를 인식하여 새로운 기회를 재빠르게 포착한 것이다.

교훈이 있다면 어떤 일이 벌어질 때까지 기다리지 말라는 것이다. 또한 제도적으로 혁신할 수 있도록 조직의 체계를 갖추어야 하는 것이다. 기회는 기다리는 것이 아니라 조직의 내부에서나 외부에서 찾을 수 있도록 해야 한다. 그리고 혁신할 기회가 암시되는 변화를 잘 살펴야 한다. 이러한 모든 것을 제도 속에서 고려해야 하며 한 조직의 대표로서 생각하고 실천하는 본보기가 되어야 한다.

이제는 적절한 혁신적인 의사 결정과 그 의사 결정의 집행이 일어나고 있는 동안 조직 내의 모든 사람들이 계급의 상하를 불문하고 평상시의 업무를 계속 수행할 수 있도록 에너지를 충전, 공급할 수 있는 제도적 체제를 구축하는 문제를 다루어 볼까 한다. 먼저 그것을 단계적으로 간추려 보면 다음과 같다.

먼저 기회를 포착하기 위해서는 우선 기회를 볼 수 있도록 우리의 조직을 제대로 갖추어야 한다. 창너머 바깥을 보지 않고는 바깥세상을 볼 수 없다. 이 말이 특별히 중요하게 생각되는 이유는 대부분의 보고 제도는 문제점만을 보고하게 되어 있을 뿐 변화와 기회에 대해서는 보고하지 않는 것이 상례이기 때문이다.

오늘날의 보고 제도는 지난 일들을 보고할 뿐이고 거기에서 주는 해답도 이미 문제로 삼았던 일들을 다시 문제로 정리해 보고하는 데 그치는 것이 상례였다. 그러므로 우리는 현재의 그러한 보고 제도의 수준을 넘어서야 한다.

제2장 위기시에 가장 필요한 힘「지도력」

　변화가 필요하다고 생각될 때마다 이렇게 자문해 보자. "이 변화가 우리에게 기회를 주는 계기라면 그것은 어떤 기회일까?"라고.
　다음은 효과적으로 혁신을 수행하는 데 꼭 참고해야 할 몇 가지의 사항을 들어 보자. 첫째 혁신을 실패로 끌고 가는 가장 큰 원인은 어제와의 결별을 두려워 하여 개혁의 실패를 막기 위한 지나친 지원 사격으로 확고한 재보험 장치를 하는 것 따위다.
　일본 사람들이 그런 식으로 실패한 좋은 사례로는 전화기에 관한 이야기가 있다. 일본 사람들은 충분한 기술을 갖추고서도 위험을 피하기 위하여 전화 스위치판을 두 종류로 판매하였다. 하나는 기존의 설치에 접착 가능한 전자 기계 방식이며, 또 하나는 전자 시설이었다.
　당시 전자식 스위치판의 추세는 사용자들이 기존 설치에 아무 이상이 없더라도 완전히 떼어버리고 새로운 전자 시설로 대체하는 것이었다. 그래서 누구든지 전화 시설을 개량하거나 확장하고자 하는 사람들은 무조건 구식의 설치를 다 떼버리고 완전히 최신 전화 기술로 대체했던 것이다. 이런 추세에 과감하지 못하였던 것이 일본이 괄목할 만한 전화 수출 진흥의 기회를 포착하지 못한 이유 중 하나라고 할 수 있다.
　이와 같은 유사한 사례는 제약 부문과 교육 프로그램에서도 볼 수 있다. 20여 년 전 많은 병원들이 병원 밖에서 환자를 볼 수 있도록 하는 당시의 추세를 포착하여 병원 안에 외부 환자의 의료실을 개설하였지만 그것은 실패작이었다. 그러나 병원과 관련이 없는 단독 수술 의료원들에게는 매우 성공작이었다.

다음은 새로운 것을 위한 조직의 문제이다. 새것을 위한 조직은 별개의 것으로 해야 한다.

어린아이들이 놀아야 할 곳은 유치원이지 거실이 아니다. 마찬가지로 새로운 아이디어가 거실과 같은 기존의 체제에서 성숙되기를 원해서는 안 된다. 그것이 학교든 자동차 생산공장이든 매일의 일과에서 발생하는 긴급 상황처리가 새로운 내일을 창조하고자 하는 일보다 우선적으로 되는 것이 인지상정이기 때문이다. 새로운 생각을 현재의 체제 속에서 성숙시킨다면 내일의 것은 항상 지연되게 마련이다.

새로운 아이디어를 성숙시키기 위해서는 새로운 단위로서 분리하여 발전하도록 해야 한다. 또, 한 단체 안에서 평상시 기존 근무를 하는 직원들도 새로운 계획에서 가질 수 있는 흥분에 참여할 수 있도록 해야 한다. 그렇게 하지 않는다면 새로운 시도에 대한 적개심을 가지게 될 수도 있고 때로는 조직 운영이 완전한 마비 상태에 빠질 가능성마저 있을 수 있기 때문이다.

혁신적인 정책

성공적인 개혁은 기회를 활용할 수 있는 목표물이 있어야 한다. 만약 긍정적이고 새로운 것을 좋아하며 야망이 있는 사람,

제2장 위기시에 가장 필요한 힘「지도력」

그러면서도 그가 속한 조직에서 위상이 있는 사람으로서 조직의 구성분자들 중 많은 사람들이 말하기를 그 사람이 그런 새로운 제도를 수용했다면 어련히 알아서 했을까 하면서 조직원들은 새로운 것을 받아들일 어떤 의미를 부여하게 된다.

나는 매번 이런 질문을 받는다. "만약 당신이 큰 도심지에 있는 박물관이나 도서관 또는 한 지역의 긴급 대책이나 구제기관을 관장하게 되었다면 연구개발실이나 시장조사 및 홍보담당을 주관하는 전속기구를 조직 내에 두겠습니까?"라는 질문이다.

나의 답은 "예, 아니오" 식이다. "예"라고 할 수밖에 없는 이유는 충분한 시간을 가지고 그런 일에만 전념해야 할 사람이 있어야 하기 때문이고, "아니오"라고 하는 이유는 그런 일을 별개로 계획한다면 사소한 일이지만 치명적인 결함을 가져오기 쉽기 때문이다.

아주 간단한 예를 들어보자.

한 대형 박물관의 최고경영자들은 작품 위주의 전통적인 박물관 형태에서 지역사회 교육의 장으로서 역할을 할 수 있는 현대식 박물관 형태로 변화할 것을 결정했다. 그리고 그들은 별도로 독립된 전속 기획팀을 구성하여 그 일에만 전념하게 하였다. 그들은 맡은 바 임무인 전시 계획이나 홍보 등의 일을 아주 잘 완수하였다.

그러나 평상시의 업무와 분리하여 계획을 세웠기 때문에 몇 가지 사소한 세부적 사항을 미처 생각하지 못하게 되었다.

많은 사람이 전시 관람을 오게 되었는데 자동차를 주차시킬 적절한 규모의 주차장 준비를 생각하지 못했다든지, 갑자기 300명 이상의 4학년짜리 아동들이 견학을 오도록 유치해 두고서는 아이들이 이용해야 할 화장실 준비조차 전혀 되어있지 않았다든지 하는 것을 예로 들 수 있다.

실제로 새로운 박물관이 개관되었을 때 미처 상상할 수도 없는 아수라장을 연출하게 될 것이다. 이것은 전형적으로 있을 수 있는 일이다.

먼저 계획한 후 그 결과를 시판할 경우는 중요한 결함을 초래할 수 있다. 뿐만 아니라 계획하고 준비하는 데 이미 많은 시간을 낭비한 셈이어서 다시 말해 모든 것을 다 계획해서 추진했는데 전혀 수요가 없다면 큰 낭패가 아닐 수 없다. 그러므로 판매계획과 전체 계획은 동시에 이루어져야 한다.

이 말을 바꾸어 말하면 영업부 사람들의 직접적인 참여가 필요하다는 것이다. 그러나 한 가지 잊지 말아야 할 사실은 어떤 새로운 것을 이룩하기 위해서는 성공에 대한 돈독한 사명감을 가진 사람들의 비장한 각오와 노력 없이는 불가능하며, 그러한 사명감을 가진 사람들을 임시고용의 조건으로 구한다는 것은 거의 불가능하다는 것이다.

처칠과 같은 부류의 사람들은 극소수일지도 모른다. 그러나 다른 형태의 큰 일을 해낼 수 있는 사람들은 다행히 우리 주위에서 많이 볼 수 있다. 이런 사람들이란 "이 일은 내가 이 자리에 취직 임용되었을 때 요구된 임무도 아니며 기대된 임무도 아니다. 그러나 막상 일을 맡고 보니 나 이외에 그 어느 누구도 이 일을 할 사람이 없다" 하면서 소매를 걷어 올리고 그 일을 수행하는 사람들이다.

이와 관련이 있는 사례로서 재단이사들의 교묘한 임용 기술에 넘어간 어느 신임 사립대학 총장에 대한 이야기가 있다.

제2장 위기시에 가장 필요한 힘 「지도력」

　전형적인 재단이사들의 약속처럼 "기금조성은 우리 재단이사들이 전적으로 책임을 질테니 기금조성 문제에 대한 부담을 가지지 말고 총장직을 맡아 달라"고 해서 수락한 대학 총장이 있었다.
　그는 주민의 세금으로 운영되는 주립대학에서 온 사람이라 사립대학의 기금조성에는 문외한이었다. 그러므로 그는 자기 할 일이 기금조성이라는 생각은 추호도 하지 않고 훌륭한 교수들의 임용 계획과 교육제도의 개혁 프로그램을 가지고 새로운 총장직에 임했는데, 학교에 와서 자기의 할 일을 자세히 관찰한 후 대단히 불만족스런 표정으로 나를 찾아 왔다.
　그는 "다른 사람이 하더라도 이 대학을 위해서 지금 가장 절실히 필요한 것은 기금조성입니다. 그렇지 않고는 5～10년을 못 가서 대학문을 닫아야 할 것이 뻔히 보입니다"라고 했다.
　나는 그 대학을 위해서 기금을 조성할 수 있는 사람은 단 한 사람 뿐인데 그 사람은 바로 총장 당신인 것 같다고 말했다. 그도 그것을 시인하지 않을 수 없었다.
　그 대학 총장은 교수 중에서 아주 유능한 한 분을 선임하여 자기 대신 일상적 학사 업무를 관장하게 하고 총장 자신은 기금조성에 전념하였다. 실제로 그는 학교를 구했음은 물론, 자신이 기금조성을 할 수 있는 잠재능력이 있다는 것을 크게 과시하는 결과를 가져오게 되었다.
　다른 또 하나의 사례로서 농촌 전기조합의 예를 하나 들어 보자. 미국 농민들에게 아직 전기 공급이 없었을 때인 30년대에 설립되어 당시에는 가장 큰 전기조합 중의 하나인 회사였지만 이제는 모든 사람이 전기를 공급받게 됐으니 전기조합의 존재 가치가 없어진 것이다.

"우리들이 해야 할 업무가 없어졌는데 조합이 존재할 가치가 어디에 있느냐?" 하는 질문이 나왔다. 이사진에서나 조합원들 사이에서는 "이제 우리들의 할 일이 없어졌으니 이웃에 있는 큰 전기 회사가 조합을 인수하도록 하는 것이 바람직하다"는 여론이 일게 되었다. 그러던 중 새로운 대표이사가 영입되었다. 상황을 살펴본 후에 그는 이렇게 말했다.

"우리 조합은 전기조합으로서의 맡은 바 사명을 모두 완수한 셈입니다. 그러나 지역사회의 개발을 위한 조직으로서 이제 우리는 시작 단계에 있다고 할 수 있습니다. 오늘의── 80년 초반의 어려운 위기에 처해 있었던── 미국 농가는 사회복지 서비스 혜택을 받지 못하고 있는 상황입니다. 이러한 상황에서 필요한 서비스를 유도하는 책임을 수행할 수 있는 적격자는 유통체계를 갖춘 바로 우리 전기조합 같은 조직체입니다"라고 선언한 것이다.

그 대표이사야말로 모든 것을 바꾸어 놓았다. 그때까지 농작물 가격의 저하로 농가의 형편이 말이 아니었지만 그 대표이사의 구역인 6개 군(county) 단위의 조직은 그대로 운영되었다. 번창하고 있다고는 할 수 없지만 그 6개 군의 농촌 지역은 기회를 포착한 단 한 사람의 선견지명으로 미국 농촌 지역에서 볼 수 없는 성공 사례를 연출했다고 할 수 있다.

이런 사례는 흔히 볼 수 있으며 이는 위기를 효과적으로 이끌어 가는 지도력이 적절하게 발휘된 사례라고 할 수 있다.

지도자 선출방법

만약 나에게 한 비영리단체의 대표이사 선출을 위임받은 위원의 한 사람으로서 선출 대상자의 명단과 그들의 이력서가 주어졌을 때 무엇을 가장 중요하게 눈여겨 봐야 할 것인가? 라고 묻는다면 나는 첫번째로 그들이 지금껏 무엇을 성취했으며, 또 그들의 강한 점이 어떤 것인가를 보는 것이라고 할 것이다.

지금까지 내가 아는 바로는 많은 선출 위원들이 선출 대상자들의 약점을 지나치게 의식하며 문제로 삼는 것 같다. 내게 들려오는 질문들은 그 사람 —— 남자이거나 여자이거나 —— 이 어떤 부문에서 얼마나 능력이 있고 훌륭했던가를 묻기보다는 그 사람은 학생들을 잘 다루지 못했다는 등 그 사람의 약점만을 들춰서 문제삼는 것이다.

가장 중요하게 읽어야 할 부분은 그 사람의 장점이다. 성취는 사람들이 가지고 있는 장점을 이용함으로써 가능한 법이며, 그러한 강한 장점을 그 사람이 무엇에 어떻게 활용했느냐 하는 것은 더욱 중요한 것이다.

다음은 비영리조직체 자체를 살펴야 할 것이다. 그리고 이러한 질문을 던질 것이다. 가장 중요한 당면 과제가 무엇인가? 기금 조성? 그 조직의 사기앙양? 조직의 사명에 대한 재조명? 새로운 과학기술의 도입?

만일 나에게 오늘 병원의 최고책임자를 선임하라는 의뢰를 받았다면 나는 환자를 돌보는 기관으로서의 병원보다는 환자를 돌보는 사람들을 관리하는 행정기관으로서의 병원을 운영할 수 있는 능력을 갖춘 사람을 찾을 것이다.

병원에서보다 병원 밖의 의료원에서 더 많이 진료를 받게 되는 추세를 생각하고 거기에 맞추어서 필요한 능력을 갖춘 후보를 찾을 것이다.

마지막으로 나는 정직성을 비롯한 그 사람의 됨됨이를 볼 것이다. 특히 강력한 지도자는 남의 본보기가 되기에 그 조직에 있는 젊은 사람들에겐 더욱 절대적이다.

오래 전이었지만 나는 전 세계를 상대로 하는 조직에서 일하는 아주 현명하신 원로 대표이사 한 분으로부터 배운 것이 하나 있다. 내가 20세가 채 되지 않았을 때 이미 80세에 가까운 고령이셨던 그 분은 전 세계에 산재해 있는 그의 조직의 적재적소에 맞는 임용의 귀재로서 유명한 분이셨다.

내가 그에게 "무엇을 보시고 임용을 하십니까?"라고 물었을 때 그는 서슴치 않고 말씀하시기를 "나는 항상 자신에게 묻기를 내 아들을 저 사람 밑에서 일하도록 맡길 수 있을까? 만약 그 사람이 성공한다면 젊은 사람들은 그를 본받을 것이며, 내 아들이 저 사람처럼 되어도 괜찮을까? 라는 질문을 한다"고 하셨다. 그것이야말로 궁극적인 질문이며 해답이 된다고 할 수 있다.

우리들은 뛰어나지 못한 저질 지도자들이 상당히 오랜 기간 동안 집권을 했음에도 그들의 영리기업체나 정권이 살아 남은 사례를 잘 알고 있다. 그러나 비영리조직체에서는 그러한 뛰어나지 못한 저질의 지도력은 쉽게 드러나게 되는 것이 일반적이다.

왜냐하면 비영리조직체에서는 영리기업에서의 이익처럼 한 가지의 평가 기준이 아니라 수없이 많은 평가 기준이 있기 때

제2장 위기시에 가장 필요한 힘 「지도력」

문이다.

물론 영리기업에서도 과연 이익이 성과를 판단하는 적절한 기준인가? 라는 물음이 논의될 수는 있겠지만 장기적으로는 이익이 궁극적인 측정의 기준이 된다고 할 수 있다. 결국 정치에서 재선의 여부가 성과를 말해 주는 것과 같다. 그러나 비영리조직체에서는 그러한 한 가지의 결정적인 성과 기준이 없다.

모든 것이 형평에 맞아야 하고 조직의 전체를 생각해야 하기 때문에 어떻게 보면 성과 기준이 종합예술작품의 평가 기준에 비견된다.

또, 한 가지 확실한 것은 비영리조직의 최고경영자는 하나의 지배적인 부류의 이해관계자들만 상대하면 끝나는 위치에 있지 않다는 것이다. 주식시장에 상장된 회사 같으면 주주들이 궁극적인 유권자들이며 정치가들에게는 선거 유권자들이나 마찬가지다. 그러나 학교의 재단이사회나 공공기관을 보면 유권자의 부류가 수없이 많아 그 중 어느 부류를 권위로서 책임지고 듬뿍 밀어 주기는 힘들어도 누군가가 추진하고자 하는 일을 방해하기는 쉽게 되어 있다.

비영리조직체의 이사회나 위원회는 대부분의 경우 이해를 달리하는 복선적인 유권자들로 구성되어 있으며, 그들은 각각 자기들의 이해와 권리를 적극적으로 추구한다. 또, 공립학교는 국가의 공공기관이기는 하지만 이사회나 위원회는 공공기관이 아니기 때문에 유권자 행세를 하는 곳이라 해도 크게 틀리지가 않다.

이러한 관계로 교육감(우리 나라의 상황에서는 교장 선생님들의 입장이 더욱 타당하지 않을까 생각됨)의 위치가 더욱 어려운 자리가 되는 것이다. 그들의 자리는 정부 관료기관의 자리가 아니라 많은 유권자들을 복선(復線)으로 가지고 있는 공공서비스기관의 자리에 있기 때문이다(그들의 복선적 유권자들이란 동창생·재학생·학부모·정부 담당 부처·지역 유지·기성회비 및 기부금 납입자 등).

적당히 업무를 수행한다는 수준만으로는 비영리조직체를 이끄는 지도자로서 부족한 감이 없지 않다. 비영리단체장은 지도력이 월등해야 하는데 그 이유로는 비영리단체란 어떤 사명감으로서 시작된 단체이기 때문이다. 비영리단체를 책임질 사람들을 선출할 때에는 그 단체의 사명과 기능을 확실히 관측하고 그들이 수행해야 할 의무에 사명감을 갖고 자신의 명예와 영달을 꾀하지 않는 사람을 고려해야 한다.

지도자의 위치에 있는 사람이 자기 자신의 교만이나 우월의식을 가질 때, 자신 뿐만이 아니라 그 단체마저 파멸로 이르게 되어 글자 그대로 패가망신을 하게 된다.

지도자의 역할

비영리단체의 새로운 지도자로 선출된 사람이 자기의 위치와 역할을 보여줄 터전을 구축하는데 주어지는 시간은 그리 많지 않다. 많아야 고작 1년인데 그 짧은 기간 안에 효과적으로 지도자의 역할을 진작시키기 위해서는 조직의 사명과 가치관에 합의를 보아야 한다.

우리들은 누구나 각자의 주어진 역할을 수행하며 살고 있다. 부모는 부모대로, 선생은 선생대로, 지도자는 지도자 나름대로의

제2장 위기시에 가장 필요한 힘 「지도력」

역할이 따로 있다.

맡아야 할 역할이 진정한 자신과 맞아야 한다. 희극배우가 햄릿역을 맡을 수는 없다. 역할이 맞으면 역할에 맞는 업무가 따라야 하며 궁극적으로 기대에 맞는 역할을 할 수 있어야 한다.

내가 교수로 채용한 젊은 사람들 가운데서 남달리 두뇌가 명석한 한 젊은 교수가 대학 강의에서 완전히 실패하는 것을 목격한 적이 있다.

그는 학부에서 19세의 1학년 학생들을 가르치게 되었는데 교수로서의 권위와 위엄을 지키는 것에는 전혀 관심이 없었을 뿐만 아니라 필요악 수준에서의 권위와 위엄의 중요성도 이해하지 못했던 것이다. 교수가 권위를 지키지 않아도 된다는 것을 알 리가 만무했던 학부 1학년 학생들의 기대를 충족시키는 것에 그는 완전히 실패했던 것이다.

건전한 조직을 건립하는 데는 꼭 다져야 할 두 가지의 기초가 있다. 첫째는 조직에 있는 사람들의 질이며, 둘째는 그들이 수행해야 할 새로운 과제에 철저히 책임을 부과하는 것이다.

무엇이 새로운 과제가 되어야 하는가를 결정하는 데는 분석과 통찰에 의해서만이 이루어질 수 있다. 분석이나 통찰하는 것은 각자의 능력에 달렸는데 나 같은 사람은 통찰적인 사람에 해당한다. 그러므로 나는 통찰로서 결정한다. 처음부터 끝까지 종이를 놓고 분석하는 것에 유능하고 효과적인 사람이 많으므로 그들은 분석으로써 같은 효과를 거둔다.

내 생각으로는 지도자적 성격이라든지 지도자적 인성이라고 단정할 어떤 특별한 것이 있다고 생각하지는 않는다. 물론 어떤 사람은 다른 사람들보다 더 훌륭한 지도자일 수가 있다. 그러나 보편적으로 말해 지도자적 성격 및 인성이란 누군가가 가르쳐 줄 수 있는 어떤 기술이 아니라 노력하면 우리들 모두가 습득할 수 있는 것이라고 할 수 있다.

실제로 어떤 사람은 그러한 지도자로서 갖추어야 할 기술을 진정한 의미에서 제대로 습득하지 못하는 경우도 있다. 이렇게 기술을 습득하지 못하는 사람도 있고 습득하려고 하지 않는 사람도 있다. 사람들을 지도한다는 것이 그렇게 중요하게 여겨지지도 않고 다른 사람들이 지도하는 대로 함께 따라가며 사는 것이 바람직하다고 여겨지기 때문이다. 원한다면 그러한 문제를 떠나 우리들 대부분은 그러한 지도자들이 필요로 하는 모든 기술을 습득할 수 있다.

아주 효과적으로 일을 해내는 지도자들은 자신을 내세우지 않는 사람들인 것 같다. 그들 모두가 자신을 먼저 생각하지 않고 우리를 생각한다. 또, 그들은 팀을 생각한다. 자기들의 임무는 팀을 원활하게 움직이게 하는 것이라고 생각하며 책임을 회피하지 않고 떠맡지만 일이 잘 성취되었을 때는 내가 아니고 우리 모두가 성취시켰다고 생각하고 말하는 사람들이다.

그들이 맡아서 성취해 놓은 일에서나 그들과 함께 일하는 사람들에게서도 은연 중에 그런 향취가 풍긴다. 그러한 태도가 신뢰를 창출하게 되고 지도자로 하여금 맡은 바 임무를 성취할 수 있게 한다.

세익스피어의 작품에 헨리 5세의 왕인 부친이 별세한 후 새로 왕이 된 젊은 왕자가 지나가는 광경이 나온다. 새 왕이 된 이 젊은 왕자와 어제까지 술과 여자를 함께 즐기던 동반자로서 남의 우스갯거리가 되고 있었던 나이 많은 기사 폴스태프가 말을 타고 지나가는 새 왕을 보자 반가워서 "야, 멋진 왕자, 헬! 나, 폴스태프야"라고 하면서 군중 속에서 소리치며 반겼다. 그러나 새로이 왕이 된 왕자는 그를 본 체 만 체 하고 그냥 말을 타고 지나갔던 것이다.

폴스태프는 물론 말할 수 없는 마음의 상처를 입었다. 젊은 왕자의 아버지인 늙은 왕은 매정하여 아버지로서 매우 부족했기 때문에 젊은 왕자 헬은 비록 남의 우스갯거리이고 술주정뱅이였지만, 그 나이 많은 기사 폴스태프에게 정을 느끼며 자라왔던 터였다. 그러나 헬 왕자는 이제 헨리 왕이 되었고 새로운 왕으로서의 새로운 기준과 자세를 찾아야 했다.

지도자들은 남들이 그냥 바라보는 정도가 아니라 일거수일투족을 지켜보는 위치에 있게 된다. 그러한 의식과 기대에 충족해야 하는 것이다.

제1차 세계대전에서 지도자적 역할을 한 어느 독일인 정치가에 관한 일화로 그는 유럽이 큰 파멸의 길로 굴러 떨어지는 것을 예감하고 그런 파경의 길을 되돌려 보려고 온갖 노력을 다하던 사람이었다.

그는 20세기 초반 영국 런던의 주재 독일 대사였고 그는 평화주의자였다.

당시 새 왕이 된 영국 왕 에드워드 7세는 바람기 있는 왕으로 유명했으며 종종 그는 외교관 사절들에게 홀아비 파티(stag party)를 열어 주도록 했다. 남자들끼리만 회동한 이 파티에서는 케이크 사이로 영국에서 가장 유명한 화류계 여성들이 나체로 뛰어 나오곤 했다.

독일 대사는 그런 것을 그냥 보고 있을 수가 없어서 대사직에서 자진 사퇴를 했다. 그 대사는 아침에 거울을 보면서 면도할 때 그런 화류계 여성들을 주선한 포주로서 자신을 대할 수 없었다는 것이 사직의 이유였다.

그 대사가 사직을 하지 않았다 해서 제1차 세계대전이 일어나지 않았을 것이라고 생각지는 않는다. 그러나 그의 사표를 단순히 정치적인 관점에서만 본다면 오류의 판단을 내렸다고 탓할 수 있을지는 모르지만 그가 취한 행동과 판단이 지도자적 자질의 본질이라고 생각한다.

사람들은 늘 지도자를 주시하고 지도자는 항상 시험대에 올려져 있다고 생각해야 한다. 불문의 법도가 있다면 면도할 때 내 자신의 얼굴에서 뚜쟁이의 모습을 보게 되어서는 안 된다는 것이다. 자신의 얼굴이 그런 모습으로 비친다는 것은 다른 모든 사람들도 역시 같은 모습으로 보고 있다는 것을 인식해야 한다.

"모든 지도자에게는 때가 있다"고 한다. 이 말에는 심오한 뜻이 숨어 있다. 그 뜻이 그렇게 간단하지가 않다. 태평세대의 평범한 시대였다면 윈스턴 처칠은 그만큼 유효적절한 인물로 부각되지 않았을지도 모른다. 윈스턴 처칠에게는 그만한 도전이 있어야 했다.

원래 부지런하지 않았다고 하는 프랭클린 루즈벨트 대통령의 경우도 마찬가지였을 것이다. 루즈벨트 대통령이 평온했던 1920년 쯤 대통령이 되었더라면 그렇게 훌륭한 대통령이 될 수 없었을 것이다. 활력을 넘치게 하는 그의 아드레날린 호르몬이 평온한 시기에는 생성되지 않았을지도 모른다.

우리들 중에는 평상시의 반복되는 일과는 잘 처리하지만 어떤 긴급한 위기를 만나면 잘 감당하지 못하는 사람들이 있다. 조직

제2장 위기시에 가장 필요한 힘 「지도력」

은 평상시에나 긴급한 위기 상황에서나 잘 이끌고 나갈 수 있는 지도자를 필요로 한다. 중요한 것은 그 누구라도 지도자로서의 기본적 자격을 갖추는 일에 게으르지 않아야 한다는 것이다.

기본적 자격이란, 첫째 하고자 하는 의욕과 능력 그리고 경청할 수 있는 자제력, 이렇게 세 가지를 들 수 있다. 경청하는 것은 기술이 아니다. 그것은 절제이며 누구든 하고자 하면 할 수 있다.

두번째로 중요한 것은 자기가 가지고 있는 생각을 남에게 전하고자 하는 자세이다. 그런 의미에서 우리는 다시 세살박이 어린아이가 되는 것이다. 지도자란 자기의 의사를 몇 번이고 되풀이하여 소통해야 한다. 어떤 때는 솔선수범하면서 자기가 소통하고자 하는 의사를 직접 몸으로 보여 주어야 할 경우도 있다.

세번째 중요한 기본적 자격이란 직무유기나 현장 부재의 기만행위를 해서는 안 된다는 것이다. 말하자면 "이 일은 기대했던 대로 되지 않았습니다. 되돌아가서 계획했던 대로 다시 완벽하게 만들어 봅시다"라는 식으로 철저해야 한다. 완벽하게 하느냐 그렇지 못하느냐 둘 중의 하나이지 '대충 그만하면 되었다'라는 식은 금물이다. 그렇게 했을 때 조직 안에 긍지를 심게 되는 것이다.

네번째의 기본적 자격이란 지도자가 성취해야 할 업무에 비해 자신의 존재가 대수롭지 않다는 것을 인식하는 마음의 자세이다. 지도자는 객관적이면서 어딘가 초연해야 한다. 그들은 자신보다 이루어야 할 과업을 앞세우고 자신을 과업에서 부각시키지 않는다. 과업은 지도자보다 더 클 수도 있고 또 지도자의 자격이나 자질과 상관없을 수도 있다.

가장 나쁜 악평을 받아야 할 지도자가 있다면 그것은 지도자의 직위에서 물러났을 때 그 지도자가 이끌고 왔던 조직을 파멸 상태에 놓이게 하는 사람이다. 그것은 소위 지도자라고 하는 사람이 조직을 완전히 고목으로 만들었기 때문이라고 해도 과언이 아니다. 그런 사람은 조직을 효과적으로 운영한 운전기사일지는 몰라도 비전을 보여주지는 못한 것이다.

루이 14세는 "짐이 곧 국가이다"라는 유명한 말을 남겼는데, 그가 죽은 18세기 초기부터 비록 오랜 기간을 끈 혁명이 되었지만 빠른 템포로 프랑스 혁명의 서막으로 치닫게 되었다.

반면에 비영리조직체의 지도자가 그의 조직을 위해서 완전히 헌신하면서도 그의 개성을 살릴 수 있는 정도의 역량을 가진 유능한 사람이면 그 조직의 과업은 그가 떠난 후에도 계속 이어질 것이며, 뿐만 아니라 과업 외에 그 지도자 사람됨됨이의 정신도 함께 남아 있게 될 것이다. 이와는 달리 어떤 조직에서는 지도자 자신을 확대 부각시키고, 또 그렇게 하는 것이 그 조직의 존재 목적을 진작시키는 것이라고 믿을 수 있다. 그럴 경우 그들은 자기 중심적이 되고 결국은 허망한 길을 걷게 된다.

처칠의 가장 위대한 강점인 동시에 루즈벨트의 가장 큰 약점이라고 한다면 처칠은 그가 90년대의 마지막 노년기에 이르기까지 젊은 정치가를 끝까지 밀고 훈련시키는 데 게을리 하지 않았다는 점이다. 이것이야말로 역사에 남을 지도자상이며, 이처럼 처칠은 주위 사람의 힘과 능력에 위협을 느끼지 않았던 것이다.

반면에 루즈벨트는 그의 말년에 주위의 누군가가 독자적 노선의 징조를 보이기만 하면 제도적으로 하나하나 제거해 버리는 우(愚)를 범했다.

제2장 위기시에 가장 필요한 힘 「지도력」

나는 누구든 한 조직을 위해서 자기 생명까지 바치라고 말하지는 않는다. 그러나 최선을 다하라는 것이다. 대부분의 우리들은 무엇을 성취하고 공헌하기를 원하는 사람들이다. 아이들이 배우는 것이 많다는 학교와 그렇지 못하다는 학교가 있다면 그 원인은 대개의 경우 그 학교 교수진의 질적 차이에서보다는 오히려 아이들에게 많이 배우지 않으면 안 된다는 높은 기대감을 부여하였느냐 그렇지 못하였느냐의 차이에서 찾을 수 있다.

오래 전의 일이지만 나는 보이스카우트 구성원들을 대상으로 설문조사를 한 적이 있었는데 구성원들의 성취도는 서로 현격한 차이를 보이고 있었다.

높은 성과를 성취한 지도자들은 하나 같이 그와 인연을 맺게 된 모든 구성원들에게 그들이 지원봉사자들이건, 스카우트 단장들이건 관계없이 남보다 더 심하고 많은 일을 하도록 기대했던 사람들이다. 주말이 시작되는 금요일 밤에 한두 시간 얼굴만 내미는 자원봉사의 마음가짐을 절대 금물로 했던 사람들이었다. 더 심한 일을 맡겼을 때 자원봉사자들은 더욱 많이 몰렸고 적령기에 있는 보이스카우트·걸스카우트들에게 많은 인기가 있어서 한번 입단하면 포기하는 아이들이 거의 없었다.

이런 것을 보면 지도자들이 해야 할 일은 높은 수준의 표준을 설정하는 것에 있다. 그리고 설정한 표준은 반드시 성취하고 만다는 전제가 붙어야 한다.

내가 아는 지도자들 대부분은 날 때부터 지도자의 역량을 갖추고 태어난 것도, 또 누가 교육을 시켜서 그러한 역량을 배운 것도 아니라고 생각한다. 자신들이 스스로를 만들어냈다고 생각하는 것이다. 실제로 오늘날 우리는 마음을 비움과 동시에 활짝 열면서 자연의 섭리와 상식에 의존하는 지도자들을 더 많이 필요로 한다고 생각한다.

날 때부터 지도자의 역량을 갖추고 태어나지는 않았지만 자신을 대단히 훌륭한 지도자로 탄생시킨 가장 좋은 사례는 트루만(Harry Truman) 대통령이라고 할 수 있다. 트루만이 대통령직에 취임하기 전까지는 대통령으로서의 자격을 전혀 갖추고 있지 않았다고 해도 과언이 아니다. 그는 한 명의 평범한 정치인이었으며 부대통령에 선임된 것도 루즈벨트 대통령 생각에 자기에게 도전해 올 위협적인 인물이 아니라는 이유에서였다.

대통령 취임 후 트루만 대통령이 말했던 "이제는 내가 대통령이다. 모든 책임은 나를 넘어서지 못한다"는 유명한 말이 있지만 그 말 못지않게 중요한 말을 남겼다. 그것은 "대통령으로서 내가 해야 할 가장 중요한 과제는 무엇인가?"라는 질문이었다.

당시 트루만 대통령은 국내 사정 외에는 문외한이라고 해도 과언이 아니었고 자기가 수행해야 할 가장 중요한 과제는 국내의 뉴딜 정책을 수행하는 것이 아니라 미국외 바깥세상과의 국제 외교에 있다는 사실을 받아들이면서 그 분야에 혁혁한 공적을 남겼다.

당시의 많은 영향력을 행사했던 루즈벨트 전대통령 부인을 위시한 모든 뉴딜 정책 수호자들이자 자기와 같은 당 내의 진보적 민주당원들의 거센 반대에도 불구하고 그러한 결단을 보인 것이다. 그는 국외 사정을 익히기 위하여 집중 단기 교육과정을 밟았는데 고통스러울 만큼 어려웠지만 중요한 과제라고 생각했기 때문에 몰두할 수 있었다.

인디아나 주의 이반스틴에서 30~40년대에 걸쳐 병원 행정가로서 일했던 저스티나(Sister Justina) 수녀는 내가 지금 알고 있는

제 2 장 위기시에 가장 필요한 힘 「지도력」

모든 것을 가르쳐 준 나의 선생님이기도 하다. 저스티나 수녀님이야말로 환자를 돌본다는 것의 참의미가 무엇인지를 처음부터 끝까지 빠짐없이 분석하며 생각해 본 사람이다. 그 분이 살아있는 동안 그 분의 공헌에 대해 감사한 사람은 별로 없었고 의사들은 더욱 그렇게 생각하였다. 그러나 그는 태어날 때부터 지도자였다.

그는 자신의 공식 교육이 아일랜드 시골 학교의 1학년에 불과하다는 사실에 대하여 대단히 민감하였다. 그러나 그에게는 하지 않으면 안 된다고 생각하는 의식적인 직무가 있었다. 그것이야말로 지도자들을 창조하는 진정한 원동력이 되었으며 그들 스스로 자신을 만든 지도자들이다.

맥아더(Douglas MacArthur)는 머리가 아수 좋았고 앞으로도 그러한 인물은 나오지 못할 것이라고 할 만큼 역사상 위대한 전략가였다. 그러나 그 자체가 그의 장점은 아니다. 그의 진정한 장점은 그가 해야 할 과제를 무엇보다도 우선적으로 생각하는 데 있었다. 그 장점이 이 세상에서 둘도 없는 훌륭한 팀을 만들었던 것이다. 또한 그는 말할 수 없이 안하무인격으로 자만심이 가득한 사람이었다.

어느 누구도 자기보다 머리가 좋을 수 없다는 생각까지 한 사람이다. 그렇지만 참모회의를 할 때마다 한번도 빠짐없이 가장 계급이 낮은 장교가 먼저 의사를 발표하도록 하는 제도를 만들어 자신을 억제하였다. 뿐만 아니라 그는 계급이 낮은 장교가 발언을 할 때, 어느 누구도 그 발언을 방해하지 못하도록 하였다. 그런 방법은 결국 엄청나게 힘이 센 적과 싸워서 이길 수 있는 의지를 가진 군조직을 만드는 원동력이 되었다.

그가 쓴 편지를 살펴 보면 그렇게 하는 것이 결코 쉬운 일이 아니었다는 것은 명백하다. 그러나 그는 항상 자신을 억제하는 것이 그의 타고난 본성은 아니었지만 그렇게 하는 것이 자기에게 주어진 가장 중요한 과제였기 때문에 그렇게 해야 한다고 생각했을 따름이다.

IBM을 창설한 톰 왓슨(Tom Watson, Sr.)은 자기 중심적이고 참을성이 없으며 권위적이고 독선적인 사람이었다. 그러나 그는 자신을 억제하여 팀을 이룩하였다. 내가 생각하기에 아주 유능한 사람을 일방적으로 사직하게 해서 그 이유를 물었던 적이 있었다. 톰 왓슨이 나에게 들려준 이유는 이러하였다.

"나는 기술 분야는 잘 모르고 판매만 할 줄 아는 사람인데 그는 기술에 관한 교육을 나에게 전혀 해주려고 하지 않았기 때문입니다. 이 회사는 기술 회사이기 때문에 만약 그들이 기술에 대한 교육을 나에게 시키지 않는다면 나는 그에게 필요한 지도자의 자리를 내어줄 수 없는 것입니다"라고 했다.

지도자가 되기 위해서는 우선 지도자로서 갖추어야 할 모든 자질을 갖추어 보겠다는 의지를 갖지 않으면 안 되는 것이다.

50년대 초 태드 하우저(Ted Houser)가 시어즈 로벅 회사를 맡았을 때 시어즈 로벅 회사는 25년 동안 계속해서 성공하고 있었다. 태드 하우저는 당시 구매 전략가이자 통계 분석가로서 단순히 숫자만 다루던 사람이었다. 취임 즉시 그는 회사를 살펴 본 후 이러한 질문을 던졌다. "어떻게 하면 앞으로의 25년도 지난 25년처럼 계속해서 성공할 수 있을까?"

그는 회사가 필요로 하는 것은 중간 관리자들이라고 결론지었다. 그래서 자신을 억제하면서 시어즈 로벅 회사의 중간 관리자

제2장 위기시에 가장 필요한 힘「지도력」

를 계발하는데 앞장 서서 그러나 조용하고 효과적으로 수행함으로써 그의 지도력을 보여 주었다.

가장 작은 시얼스 점포의 관리인에 이르기까지 모든 사람이 시카고에 있는 회장이 자기가 하고 있는 일을 지켜 보고 있다는 것을 알게 하였고, 각자가 또 다른 사람을 계발하고 있는지를 환히 내다보고 있다는 것을 알게 했다.

시어즈 회사는 1950년 이후에는 새로운 아이디어가 없었다. 그러나 회사는 1980년에 이르기까지 근 30년 동안 두번째의 성공을 계속 유지하게 되었다. 그것은 태드 하우저가 이룩해온 사람의 계발 때문이라고 할 수 있다.

균형있는 결정

지도자가 해야 할 중요한 일 중의 하나는 장기 계획과 단기 계획을 그리고 아주 큰 일과 아주 세밀한 작은 일들을 균형있게 조화시켜 나가는 것이다.

비영리조직을 관리한다는 것은 마치 카누보트를 저어가는데 꼭 필요한 양쪽 노의 균형과 같은 것이다. 장기적이고 거시적인 일만을 생각하고 지금 당장의 도움만을 필요로 하는 고독한 젊은이가 병원 어느 한 구석에 앉아 있을 수도 있다는 것을 잊고 있는 병원이 있는가 하면, 어떤 병원은 건강 관리에 관한 복잡한 통계자료를 들추면서 지금 응급실에서 울고 있는 어린아이와 함께 있는 어머니의 문제를 잊고 있는 병원이 있을 수 있다.

그러한 잘못은 쉽게 고칠 수 있다. 며칠 아니면 몇 주, 아니면

1년 정도 병원의 일선 현장에서 일을 하면 그런 잘못은 고쳐지게 마련이다.

　정반대의 위험은 일상의 쳇바퀴 속에 갇힌 업무의 죄수가 되는 것이다. 그러한 잘못을 피하기란 결코 쉬운 일이 아니다. 아주 효과적으로 일을 처리하는 사람을 보면 대부분 다른 조직과 단체에 가서 일하면서 얻은 경험을 통해 해결하고 있다.

　우리들의 중요한 지역봉사조직의 하나인 미국 보이스카우트 지부 중 한 지부에서 성공한 어느 최고책임자는 각각 다른 세 단체의 이사직을 맡고 있다. 그 중 하나만이 자신의 조직과 같은 성격을 가진 지역봉사조직이다. 그 사람은 시청의 자문위원이기도 하다. 그렇게 함으로써 자신의 조직에서 당면하는 똑같은 일들을 망원경의 반대 쪽에서—— 다른 사람의 입장에서—— 볼 수 있도록 자신을 만들어 나가는 것이다.

　비영리조직을 운영하는 데는 항상 균형을 잡는 문제가 중요하게 부각된다는 것을 말하지 않을 수 없다. 앞서 말한 것은 그러한 사례 중의 한 가지이다. 다른 사례는 소유하고 있는 자원을 한 가지의 목적으로만 전력투구하느냐 아니면 여러 가지 목적으로 분산하여 활용하느냐에 좌우되는 균형이다.

　만약 모든 자원을 한 곳에 집중 투입하면 최대의 결과를 가져올 것이다. 그러나 그 것 역시 대단히 위험한 결과를 초래할 수도 있다. 왜냐하면 아주 잘못된 목적에 전력투구했을 수도 있고 군대 용어를 빌린다면 측면 지원부대를 보호하지 않고 내버려 두는 결과를 초래할 수도 있기 때문이다. 충분한 일과 휴식의 여유를 가지지 않으면 상상력을 불러 일으키지 못한다.

　더욱 어려우면서도 중요한 균형은 아주 조심하는 것과 급히 서

두르는 것 사이의 균형이다. 마지막으로 무슨 일이든지 시기를 잘 맞추는 것이다. 이것은 항상 중요하고 요긴한 것이다.

세상에는 결과를 너무 빨리 기대하는 사람이 있는데 그들은 무우뿌리가 다 자라기 전에 다 자랐는지를 보려고 무우를 뽑아보는 사람들이다. 또, 어떤 사람들은 무우뿌리가 완전히 자랐는 데도 자라지 않았다고 생각하여 마냥 기다리고 있는 사람들과 같다. 그런 것을 '아리스토테리안 심사숙고'라고 한다. 어떻게 해야 적합한 중용의 균형점을 찾을 수 있을까를 항상 심사숙고해야 한다.

결과를 성급하게 원하는 사람들의 문제를 해결하는 것은 실제로 그렇게 어렵지 않다. 나도 그런 사람 중의 한 사람이지만 내 자신을 억제하여 어떤 일을 3개월 만에 해야 한다면 5개월 만에 해야겠다고 스스로 가르친다. 그러나 어떤 사람은 3개월 만에 할 수 있다고 해야 될 것을 3년 만에 하겠다는 사람도 있다. 그런 사람이 변화하기란 매우 어려운 일이다.

아리스토테리안의 방법으로서는 첫째의 법이 "너 자신을 알라"는 것이다. 우리 자신을 취약하게 하는 버릇이 무엇인지를 분명하게 알아야 한다.

성급히 일을 추진하는 것보다 지나친 조심성으로 일을 추진함으로써 피해를 보는 단체가 더 많은 것을 나는 보아왔다. 물론 두 극단적 경향에서 오는 피해를 모두 볼 수도 있었지만 아마도 나 개인의 경우 전적인 책임을 지고 일을 할 때나 한 부분의 책임을 맡아서 일하였을 때 모두 너무 많은 조심성을 가지고 있었기 때문에 그것을 의식하고 있는지도 모른다. 내가 감수했어야 할 유형적인 부담, 특히 물질적인 위험 부담은 선택하지 않았다.

반면에 50년대 피츠버그에 있는 대학 중 하나가 거의 파멸될 뻔 했는데 그 이유는 명석한 두뇌를 가진 총장이 취임하여 도심지에 있는 한 평범한 대학을 3년 만에 세계에서 일류로 꼽히는 연구 중심의 대학으로 바꾸어 놓으려고 했기 때문이다. 그 총장은 자금만 있으면 그것을 할 수 있다고 생각했다. 그러나 성공은 고사하고 그 총장은 대학을 거의 망쳐 놓고 말았다. 그 후 그 대학은 끝내 원상 회복을 하지 못했다. 그와 똑같은 사례를 박물관 운영에서도, 교향악단 운영에서도 볼 수 있다. 균형을 이룬다는 것은 매우 중요한 것이다.

다시 말해서 내가 할 수 있는 충고란 우리 자신의 취약한 지점을 확실히 알아서 거기에 대응하라는 것이다.

또다른 균형으로는 기회와 위험 사이의 균형을 생각할 수 있다. '한번 결정하면 그것은 되돌려질 수 있는 것인가?' 만약 돌이킬 수 있다면 우리는 더 큰 위험을 선택할 수도 있다.

비영리단체에서는 물질적인 위험이 너무 크지 않는가를 늘 살펴보아야 한다. 그것이 내가 할 수 있는 이야기의 전부이다. 의사 결정을 해야 할 때 이 결정을 돌이킬 수 있는가? 또 어떠한 종류의 위험을 안고 있는가를 물어본 후 그러한 위험을 우리가 감당할 수 있는 여유가 있는가를 살펴보아야 한다.

그것이 잘못되었더라도 상처를 조금 입을 망정 한번 해보자 라든지 그렇지 않고 일이 잘못될 경우 우리들이 완전히 망할 것인지를 생각해야 한다. 이런 것 중에서 가장 묘리(妙理)가 있는 위험은 '선택하지 않으면 안 되는 위험'이다.

나는 최근 그러한 입장에 처하게 되었다. 나는 한 박물관의 이사회 회원인데 우리들이 가지고 있는 재력으로서는 도저히 상상할 수 없는 금액을 들여서 거대한 한 작품을 수집할 수 있는 기회가 생겼다. 그래서 나는 "사도록 합시다"라고 제의했다. 두 번 다시 있을 수 없는 기회라고 생각했다. "그것으로 우리 박물관은 세계에서 일류가 됩니다. 돈은 어떻게 구해보도록 합시다"라고 했다.

비영리단체의 지도자가 보수를 받는 사람이든 자원봉사를 하는 사람이든 간에 꼭 갖추어야 할 조건이 있다면 그것은 균형잡힌 의사 결정을 할 수 있어야 할 것이다.

지도자로서 하지 말아야 할 사항

마지막으로 지도자들이 해서는 안 될 몇 가지의 사항들을 살펴보기로 하겠다. 많은 지도자들은 자신들이 수행하는 일이나 그 일을 수행하는 이유와 동기를 자신의 조직 내에 있는 모든 사람이 다 잘 알고 있다고 믿고 있다. 그러나 그렇게 믿는 것은 잘못이다.

또, 많은 지도자들은 자신이 어떠한 일을 수행하기 위하여 조직 구성원들에게 알리면 곧 내용을 이해한다고 생각한다. 그러나 지금까지의 경험에 의하면 그것도 틀린 판단이다. 어떠한 결정이 내려진 후에야 비로소 사람을 모을 수 있는 것이 대부분의 상황이다. 그것은 토론이나 참여를 위한 충분한 시간이 없는 경우가 보통이기 때문이다.

첫째, 유능한 지도자들은 시간적 여유를 가지고 자신이 먼저 이해하도록 해야 한다. 그후 그들과 함께 일할 사람들을 불러놓고 당면해 있는 과제들을 설명하고 선택 방법들은 어떠한 것이 있으며, 그러한 선택에 대하여 생각한 것을 말해 준다. 그리고는 의견을 묻는다. 그렇게 하지 않으면 조직의 하부 구성원들은 '바보 같은 것들이 최고경영자 자리에 앉아서 알고서 일을 하는지 모르고 하는지 도무지 알 수 없다'고 말할 것이다.

'왜 이런 것, 저런 것은 생각도 못하고 일을 할까?'라고 할 것이다. '그때 이런 것, 저런 것을 모두 심사숙고한 후 내린 결정'이라고 하부 구성원들에게 설명한다면 적어도 그들은 지도자들의 고충을 이해하게 되고 대부분은 그 결정을 따를 것이다. 비록 그들 자신이 결정했다면 지도자들의 결정과 같지 않을 것이라고 말할지는 몰라도 최소한 아무 생각없이 무턱대고 내린 결정은 아니라고 생각하고 그 결정을 존중하게 될 것이다.

두번째 해서는 안 되는 일은 조직 내의 힘을 두려워하는 것이다. 한 조직을 맡고 있는 사람들이 틀에 박힌 잘못을 범하는 것이 바로 이 점이다. 물론 능력있는 사람은 야망을 가지고 있다. 그러나 저질의 사람들로부터 봉사를 받는 것이 능력있는 사람들과 함께 일하다 그들로부터 밀려나는 위험보다 더 큰 위험이 따른다는 것을 분명히 깨달아야 한다.

세번째 후계자를 혼자서 지목해서는 안 된다는 것이다. 후계자를 지목할 때 우리는 20여 년 전 우리와 비슷했던 인물을 후계자로 뽑는 경향이 보통이다. 그것은 순진한 망상이다. 그렇게 해서 잘되면 우리의 복사판이 되는데 복사판은 원판보다 항상 약한 법이다. 군대 조직이나 가톨릭 조직에서는 지도자들이 자신들의 후계자를 선출하지 않는 것이 오랜 불문율이다. 자문은 받지만 그들 자신이 인선을 하지는 않는다.

제2장 위기시에 가장 필요한 힘 「지도력」

　나는 영리단체에서 뿐만 아니라 비영리조직체에서 훌륭하며 능력있는 분들이 승계할 사람으로 그들의 2인자에서 뽑는 것을 많이 보아 왔다. 대단히 능력이 있는 어떤 사람에게 이렇게 하라, 저렇게 하라 하고 간섭을 했다고 하자. 10 중 8~9개는 일이 잘 안 될 것이다. 정적인 부담 때문이든지 간섭과 타성 때문이든지 완벽한 제2인자가 최고경영자의 지위에 올라 섰을 때, 전체의 조직이 피해를 보는 경우가 많다.

　이러한 사례 중에서 내가 본 가장 최근의 것은 세계에서 가장 큰 기금을 가지고 있는 지역사회단체의 경우다. 그 경우를 보면 선임자와 거의 비슷한 제2인자를 선임자가 지명하여 제1인자로 만들었는데 1년도 채 못 되어 그는 자기의 일을 수행할 수 없는 것을 알게 되었고 그 자리를 지킨다는 것이 매우 불행함을 느꼈다. 다행히도 자신과 자신이 맡은 비영리조직체가 큰 피해를 보기 직전에 그는 사표를 내고 그 조직체를 떠났다.

　마지막 금기를 살펴보면 칭찬에 에누리를 하지 말라는 것이다. 휘하의 부하들을 힐책하지 말라. 최고경영자로서는 대단히 능력있는 사람 중의 한 명임에도 불구하고 이 마지막 금기를 제어하지 못해 비영리조직체의 경영에서 가장 중요하고 어려운 새로운 과제에 휩싸여 있는 것을 본 적이 있다. 그 사람의 모교 출신들은 아무도 그의 회사에 몸을 담으려고 하지 않는다. 자기의 모교 출신이 입사하여 일을 하기 시작하자마자 그는 자기 모교 출신들의 취약점만을 들추어 낸다는 것이다.

　그뿐 아니라 자기의 사람을 승진에서 제외하고 그들의 칭찬에는 매우 인색하였다. 지도자는 그의 휘하 사람들과 그의 동반자들에 대해서도 책임이 있다는 것을 잠시도 잊어서는 안 된다.

지도자로서의 금기는 위와 같은 것이다. 그러나 가장 중요한 당위성, 꼭 해야 하는 일 중에서도 가장 중요한 것은 이미 말한 것처럼 자신이 해야 할 과업에만 관심의 초점을 맞추라는 것이다. 자신의 개인적인 신상에 관심을 맞추어서는 안 된다는 것이다. 중요한 것은 성취해야 할 일이며 과업이다. 우리는 단지 그 일을 수행하기 위해 쓰여지는 도구에 불과한 것이다.

제3장
환경변화에 따른 목표설정에 과감하라

– 헤셀바인* 간사와의 대담

드러커 교수: 헤셀바인 간사님, 지금까지 간사님은 전 미국 걸스카우트 대표 간사로서 미국 전역에 퍼져 있는 335개의 걸스카우트 연맹 조직체에 새로운 프로그램들을 성공적으로 도입시켰습니다. 도입시킨 새로운 프로그램들 중에서 가장 마음에 와닿는 성공 사례 하나를 먼저 소개해 주시지요.

헤셀바인 간사: 대표적인 성공 사례는 데이지 스카우트(Daisy Scouts) 프로그램이라고 해야겠군요. 이 프로그램은 우리들이 5세

---

* 역주: 프란세스 헤셀바인(Frances Hesselbein) 여사는 세계에서 가장 규모가 큰 여성단체인 미국의 걸스카우트 본부의 총 책임간부이사로서 1976년부터 1990년까지 14년간 재임했다. 현재는 비영리조직단체의 경영 지도를 위하여 설립된 피터 드러커 재단(The Peter F. Drucker foundation)의 총재로 재임하고 있다.

정도나 유치원 나이에 있는 여자아이들을 위하여 만든 가장 최근의 프로그램입니다. 소녀단 연맹 산하조직들과 동반자가 되어 여자아이들이 필요로 하는 것과 미국 가정의 모든 구성원들의 생활을 연구해 보았더니 5살이 되면 아이들은 자신을 잘 이해하고 좋아하는 2명 정도의 지도 선생님과 함께 작은 그룹, 즉 소녀단에서 배우는 내용과 같은 것을 배우는데 아무런 부족함이 없다는 결론을 내리게 되었습니다.

　드러커 교수 : 그렇지만 그러한 생각은 전통적인 소녀단의 생각으로 볼 때는 지나치게 진보한 생각이 아니었는지요?

　헤셀바인 간사 : 정말 그러했습니다. 이때까지는 7세 이하의 아이들은 소녀단 입단을 생각조차 하지 않았어요(보통 소녀단의 나이는 7세에서 17세까지). 그러다가 브라우니(BRAONIE) 프로그램에서의 나이를 7세에서 6세로 낮추었지요.

　그 이유는 관련된 자료를 분석하고 연구해 본 결과 브라우니 프로그램을 필요로 하는 아이들의 나이가 6세 정도라는 것을 확신하게 되었기 때문입니다. 이런 과정에서 5살짜리 여자아이들을 위한 소녀단 프로그램을 개발해야 될 것이라는 생각이 뚜렷해졌습니다.

　드러커 교수 : 그러한 새로운 생각을 발표했을 때 산하 모든 소녀단 연맹의 구성원들도 그 생각을 전적으로 받아들였습니까?

　헤셀바인 간사 : 제 기억으로는 335연맹의 조직 중에서 70개의 조직에서만 적극적으로 받아들이고 곧 시행해 보자고 한 것 같습니다. 그 다음 약 30여 개의 연맹조직에서도 상당한 호의를 가지고 있었던 것으로 압니다. 그러니까 전 연맹조직 중 약 3분의 1이 그 새로운 프로그램의 도입을 시작한 셈이지요.

제3장 환경변화에 따른 목표설정에 과감하라

드러커 교수 : 내가 알기로는 본부 산하 소녀단 연맹조직에게 어떤 구체적인 프로그램의 도입을 일방적으로 지시할 수 없는 것으로 아는데 어떻습니까?

헤셀바인 간사 : 그렇습니다. 전국 소녀단 산하 연맹조직들은 자기들 각 연맹이 독립법인체로서 정관을 가지고 있고 각각 독립이사회를 두고 있습니다. 따라서 자기들의 지역 소녀들에게 필요한 일들을 충족시키는 것을 주임무로 생각하고 있습니다. 그러므로 본부에서 주도하는 프로그램이 소개될 때는 그것을 솔선해서 따를 수도 있고, 아니면 방관하면서 기다려 볼 수도 있습니다. 각 조직들은 선택의 여지가 있습니다.

드러커 교수 : 산하의 많은 연맹조직들이 그 새로운 프로그램에 대해 반신반의하고 있었던 것은 아닌지요?

헤셀바인 간사 : 사실, 그랬습니다. 그런데 그 데이지 걸스카우트 프로그램(Daisy Girl Scouts Program)을 위한 훈련 담당원들과 지도 요원들을 위한 훈련과정에 들어 갔을 때는 거의 200여 연맹조직들이 열광적으로 따라오기 시작하여 5살짜리 어린 소녀들의 입단을 환영할 뿐만 아니라 받아들일 능력까지도 갖추었습니다.

드러커 교수 : 70개의 연맹에서 200개 연맹으로 불어나는 데 얼마간의 시간이 소요되었습니까?

헤셀바인 간사 : 약 6개월 정도 소요된 것 같습니다. 1년이 못되어 데이지 걸스카우트는 우리가 노력한 프로그램 중에서 가장 성공한 프로그램으로 자리잡기 시작했습니다.

3년이 지난 후에는 전국 도처에 데이지 걸스카우트 프로그램이 없는 곳이 없게 되었습니다. 어떤 연맹 조직들은 13~19세의 아이들을 훈련하고 지도하기를 꺼려하던 젊은 부인들이나 나이가 드신 부인들이 데이지 걸스카우트 프로그램이 생긴 후 5살짜리 아이들을 위해서 다시 한번 일을 해 보겠다고 하는 생각이 든다고 했습니다.

드러커 교수 : 현재 데이지 걸스카우트 프로그램에 참석한 아이들의 수는 얼마나 됩니까?

헤셀바인 간사 : 약 15만 명에 달합니다만 계속 그 수가 급속히 늘어나고 있습니다.

드러커 교수 : 지금까지 들려준 말씀을 한번 정리해 보겠습니다. 첫째 간사님께서는 우선적으로 시장의 수요와 필요성에 눈을 뜨고 귀를 기울이신 것 같습니다. 소녀단 밖의 세계로 나가서 그들이 무엇을 필요로 하고, 당신께서 봉사하고 계시는 지역사회에서 결핍된 것이 무엇인가를 살피신 것입니다. 75년 전 여사께서 시작한 것들에 변화를 가져온 것입니다.

다음으로 간사님께서는 그 데이지 걸스카우트 프로그램을 직접 마케팅하시고 설득하여 새로운 프로젝트를 수용하도록 고객 수요를 창출해야 했습니다. 왜냐하면 뉴욕의 소녀단 본부에 앉아서 산하의 335개 전국 연맹조직에게 어떤 프로그램을 무조건 도입하라고 명령해서 되는 일이 아니기 때문입니다.

마지막으로 우리에게 들려주신 것을 잘 살펴보면 간사님께서는 변화를 가져오기 위하여 기회의 목표물을 찾은 것을 알 수 있습니다. 즉, 데이지 걸스카우트 프로그램과 같은 변화를 성공시키기 위해서는 처음부터 적극적으로 따라오겠다는 산하 조직들을 먼저 찾으신 것입니다. 따라오지 않는 연맹조직들에 대해서는 크게 신경쓰지 않았다는 사실입니다.

헤셀바인 간사 : 사실 그랬습니다. 우리들은 열정적으로 믿고

제 3 장 환경변화에 따른 목표설정에 과감하라

따라오는 연맹 조직들과 5살짜리 아이들을 위한 새로운 프로그램을 먼저 시작했습니다. 그때 동승하지 않은 연맹조직들은 두고 보도록 했습니다. 각 조직들의 판단에 맡긴다는 것만을 분명히 해두었습니다. 동시에 새로운 프로그램을 처음부터 열광적으로 믿고 따라오겠다는 연맹조직들과 우선 시작한다는 것도 분명히 해두었습니다.

드러커 교수 : 새로운 프로그램을 수용하고 싶은 의사는 있지만 능력이 모자라는 산하조직들과는 어떻게 함께 시작할 수 있었습니까?

헤셀바인 간사 : 새로운 프로그램을 시작하기 원하는 연맹원들은 그 새로운 프로그램을 위한 훈련원과 지도자를 양성하기 위하여 새로이 개발된 훈련을 받도록 합니다. 이와 같이 새로운 프로그램을 시작할 때는 그 프로그램에 필요한 성인 남녀들을 반드시 교육시켜야 합니다.

드러커 교수 : 방금 아주 중요한 말씀을 해주셨습니다. 나는 아주 훌륭한 비영리사업 계획들이 그러한 교육과 훈련을 소홀히 한 채 시작함으로써 성공을 거두지 못한 사례를 많이 보아 왔습니다.

새로운 프로그램에 참여할 사람들은 새로운 일을 하는데 필요한 도구가 있어야 하는데 교육과 훈련이 그러한 도구를 갖게 하는 것입니다. 간사님께서는 산하 연맹원들에게 새로운 프로그램을 위한 새로운 자원봉사대원들을 유치해 오도록 하는 도구를 어떻게 주셨습니까?

헤셀바인 간사 : 데이지 걸스카우트 지도자들을 위하여 아주 훌륭한 책자를 하나 만들었습니다. 여자아이들 그룹은 최소한

6~8명의 아이들이 있어야 하며, 한 그룹에 최소한 2명의 지도자들이 필요하다는 것을 분명히 했습니다. 우선 어떤 프로그램이든 교육적으로 건전해야 합니다. 다음엔 보조하고 도와줄 수 있는 방향으로 나아가야 합니다.

우리들이 지금까지 강조해 왔던 점은 지도자들을 프로그램에 참여하는 아이들의 어머니들로만 차출할 것이 아니라 사회 각계 각층에서 발굴되어야 하며, 그 중에는 젊은 여성 기업가들 및 전문직을 갖고 있는 젊은 여성들도 있어야 합니다.

정반대로 가면 나이가 많은 분들, 즉 정년 퇴직하여 많은 시간과 정력, 관심을 가지고 있을 뿐 아니라 남을 돕고자 하는 마음으로 가득찬 시민들도 참여할 수 있도록 해야 합니다.

우리가 탄탄하고도 넓은 토대를 갖춘 자원봉사대를 건설하기 위해서는 각계 각층에 계시는 여러분들의 참여가 중요한 몫을 차지하며 그렇게 참여함으로써만이 성공을 거둘 수 있다고 생각합니다.

드러커 교수: 말씀을 듣고 보니 간사님께서는 5살난 아이들에게 맞는 프로그램을 만드는 데 쏟으신 시간과 정력 만큼 자원봉사자들이 보람을 느낄 수 있는 프로그램을 구상하는 데도 시간과 정력을 쏟아서 준비를 하신 셈이군요. 맞습니까?

헤셀바인 간사: 옳게 보셨습니다. 사실은 자원봉사자들을 유치하고 배치시키는 것 만큼 그들이 데이지 걸스카우트 아이들을 맡아서 해야 할 각각의 특수한 일들을 자신감을 가지고 원만히 수행할 수 있도록 하는 프로그램을 제작하는 것 또한 막중한 일입니다.

드러커 교수: 그러한 훈련의 양은 얼마나 됩니까?

제3장 환경변화에 따른 목표설정에 과감하라

헤셀바인 간사 : 그것은 사람에 따라서 유동적이라고 할 수 있습니다. 단, 지도자들과 함께 일하는 간부 요원들이나 자원봉사자들은 그들이 지도자가 되기까지 거쳐야 할 훈련에 대하여 많은 관심을 쏟습니다. 또, 그들만을 위한 특수 훈련 프로그램이 고안되어 있습니다.

드러커 교수 : 화제를 바꾸어 간사님께서 크게 성공하신 또 다른 프로그램으로 넘어갈까 합니다. 요즈음 많은 젊은 여성들은 옛날의 가정주부들처럼 남편이 직장에서 돌아올 때까지 집에서 한가롭게 시간만 보내고 있지 않기 때문에 전통적으로 자원봉사자의 역할을 담당해 주었던 젊은 부인들이 매우 귀하게 되었음에도 불구하고 간사님께서는 자원봉사자들의 수를 오히려 증가시키는 실적을 올렸습니다. 비결을 좀 말씀해 주시지요.

헤셀바인 간사 : 우리가 자원봉사자의 대다수의 남녀들을 보았을 때 한 가지 발견한 것이 있다면 그것은 그들 대부분이 어떠한 더 나은 배움의 기회를 갈망하고 있다는 것이었습니다.

교수님께서도 기억하실지는 모르겠습니다만 캘리포니아 지역의 소녀단 연맹의 자원봉사자 회장단들을 모아서 교수님을 강사로 모시고 세미나를 개최한 적이 있지 않습니까? 또 하버드 경영대학원 교수님들을 한 팀으로 하여 그와 비슷한 세미나를 했고, 동부지역에서는 소녀단 연맹 소속 중견이사들을 대상으로 개최했습니다.

그러한 세미나들의 질적 수준이 한 조직으로서 우리 걸스카우트 자원봉사자들로 하여금 그들의 잠재능력과 타고난 재능들을 소중하게 여기며, 또 필요로 하고 있다는 것을 무언으로 전달하지 않았나 생각합니다.

드러커 교수 : 좋습니다. 그러나 어떻게 그 사람들을 우선 세미나에 참석하도록 유치할 수 있었습니까?

헤셀바인 간사 : 우선 사람을 모은다는 것 그 자체부터가 어려운 일이지요. 뉴욕 본부에 가만히 앉아서 각 지역구의 자원봉사자들을 동원할 수는 없습니다. 그것은 지역구에 있는 사람들이 하셔야 합니다. 불타는 사명감을 가진 사람들, 어린 소녀들을 진심으로 아끼는 사람들이 먼저 뛰어야 합니다. 그분들이 자원봉사 일을 감당할 수 있다고 생각되는 사람들을 일일이 찾아가서 1대 1로 참여를 독려할 때 그러한 세미나의 참여가 이루어집니다. 산하 335개의 소녀단 연맹은 그러한 일의 몫을 잘 감당해 주었습니다.

드러커 교수 : 지금까지 말씀하신 것을 일반적인 생각과 원칙으로 한번 정리해 보겠습니다. 첫째로 간사님께서는 자원봉사자들이야말로 걸스카우트 시장 구축의 가장 중요한 요소로 생각하시고 그들의 수를 먼저 확보함으로써 봉사의 대상이 되는 여자아이들의 수를 결정할 수 있다는 것입니다. 다음으로 간사님께서는 곧은 결심과 노력으로 훌륭한 사람들을 유치하였습니다.

마지막으로 간사님께서는 자원봉사자라는 이름보다는 무보수이지만 조직에 몸담아 함께 일하는 동료의식을 갖는 것이 중요하다고 강조하셨습니다. 그들 각자는 맡은 바 의무와 책임이 있고 시행 기준과 평가 기준이 있으며, 업무를 수행하는 데 필요한 연수를 받게 하면서 더 높은 세계로 향하는 눈을 뜨게 하는 것입니다.

내 자신의 경험으로는 위에서 살펴본 모든 것들이 많은 비영리 조직체들이 안고 있는 치명적인 마케팅 문제의 비결이 아닌가 생각됩니다. 즉, 전문 직업인으로서의 자원봉사자들에게 진정한 만

제3장 환경변화에 따른 목표설정에 과감하라

족감을 충족시키는 것은 월급 봉투가 아니라 그들이 맡은 업무에서 온다는 사실입니다.

헤셀바인 간사 : 한 가지 빠진 것이 있다면 그것은 사람을 인정해 준다는 것입니다. '정말 수고 하셨습니다. 당신은 큰 공헌을 하셨습니다'라고 누군가가 인정을 하며 감사를 표현해야 합니다. 이것 역시 자원봉사자로서 일하는 모든 사람들의 사기를 진작시키고 그들을 아끼고 후원하는데 중요한 몫을 합니다.

드러커 교수 : 그와 같은 원리와 접근 방법은 오늘날 미국 사회 내 소수민족이 운집해 있는 지역사회에서도 똑같이 적용이 되는지요?

헤셀바인 간사 : 전국 본부 이사회에서나 소녀단 연맹에서 세워둔 가장 중요한 원칙 중의 하나는 미국에 사는 어린 소녀는 누구나 소녀단 회원으로 참여할 수 있도록 한 평등의 원칙입니다. 그러한 원칙 아래에서 우리들이 미국 내의 모든 상이한 인종과 문화의 배경을 가진 어린아이들에게 접근할 때 그들이 남달리 무엇을 필요로 하는가, 그들의 문화적 배경은 어떠하며 소녀단에 입단했을 때 특별히 보살펴 주어야 할 것들이 무엇인지를 이해하는 것보다 더 중요한 것이 없다고 생각합니다.

그러므로 그러한 모든 것들을 가장 잘 알 수 있는 사람들은 방금 이민 온 월남 사람들이 사는 곳이든, 미국에 정착한 지 오래된 흑인 지역사회이건 그들 자신들과 같은 문화적 인종적 배경을 가진 사람들이라고 생각하며 그들 중에서 지도자들을 찾아야 합니다.

드러커 교수 : 간사님께서 처음으로 소녀단의 책임을 맡으셨을 때에는 소수민족계의 회원 수가 아주 적었던 것으로 기억이 되는

데 그렇지 않습니까?

헤셀바인 간사 : 예, 확실히 적은 수였습니다. 그러나, 하루도 빠짐없이 부단한 노력으로 변화를 가져온 셈입니다. 일정한 캠페인 기간을 두고 소수민족의 지역사회에 파고 들어 사람들을 유치한 후 그냥 내버려 두는 식으로는 되지 않습니다. 심사숙고한 치밀한 계획은 물론, 그 지역사회의 지도자 배출에 관한 계획이 확실히 있어야 합니다.

드러커 교수 : 사례를 하나 들어 주시지요.

헤셀바인 간사 : 한 소수민족을 위한 주택단지에 우리가 제공하고 있는 프로그램 같은 것을 요긴하게 필요로 하는 수백 명의 어린 소녀들이 있었습니다. 물론 그 소녀들의 부모님들도 자기의 아이들에게 더 나은 삶을 주기를 원하고 있습니다. 우리들은 그 지역사회의 목사님과 그 주택단지의 책임자와 어린아이들의 부모님들을 찾아 갔습니다. 그리고 그 지역사회에서 아이들을 위하여 공헌할 수 있는 분들의 협조를 받았습니다.

지도자가 될 사람들을 찾아서 현장에서 그들에게 훈련과 연수를 시켰습니다. 지도자들을 유치하기 위하여 만들어진 책자에는 우리 조직이 그 지역사회를 존경하며 그들의 번영에 큰 관심을 가지고 있다는 사실을 잊지 않고 기록했습니다. 또한 부모님들의 생각에 우리가 제시하는 프로그램이 그들의 어린 딸들에게 유익하고 보람된 경험을 갖게 할 것이라는 믿음을 주었습니다.

드러커 교수 : 간사님이 주택단지에 가시게 된 동기나 월남에서 온 이민 지역을 찾으시게 된 동기는 무엇입니까?

헤셀바인 간사 : 입안된 계획들을 살펴보면 2000년이 되었을 때 미국 인구의 3분의 1이 소수민족으로 이루어진다는 것을 알 수

제3장 환경변화에 따른 목표설정에 과감하라

있습니다. 그렇다면 우리는 새로운 방법으로 봉사할 수 있는 절호의 기회를 가지게 될 것입니다. 이러한 말에 담긴 진정한 의미는 자기의 구역 안에서 다양한 소수민족과 인종단체로 변화하고 있는 상황 속에서 지역별 걸스카우트 연맹에게 무엇을 뜻하는지 잘 이해해야만 합니다. 이러한 상황에 걸맞는 지도력을 창출하고 다가올 2000년을 맞이할 준비를 완수하기 위하여 혁신을 위한 전국적인 본부를 설치했습니다.

우리는 높은 수준의 기술을 보유하고 있는 본부 요원들을 급변하고 있는 남캘리포니아 행정구역 연맹의 소그룹과 함께 일할 수 있도록 먼저 남캘리포니아로 옮기게 하고 연맹의 행정구 소관에 속한 모든 여자아이들에게 걸스카우트에서 가장 본질적이라고 생각하는 것, 즉 동등한 자격으로 가입할 수 있도록 홍보하는 모델을 개발하였습니다.

드러커 교수: 남캘리포니아 연맹에 속하는 7개의 지부는 이미 30%가 소수민족으로 이루어졌다고 하는데 사실인지요? 그렇다면 간사님께서는 이미 적절한 기회를 포착하고 일을 하는 셈이 아닙니까. 그들은 도움을 필요로 하고 간사님은 도움의 결과를 얻을 수 있게 되지 않겠습니까? 그렇게 한 곳 —— 남캘리포니아 —— 에서 성공하면 다른 곳 —— 뉴욕주의 버펄로 —— 에서도 역시 성공할 것이라는 논리가 성립되는 것이 아닌지요.

헤셀바인 간사: 우리가 캘리포니아를 선택한 이유는 다양한 인종으로서 급변하는 인구 분포 경향을 보이는 지역의 사람들을 돕고 봉사하고자 하는 미국의 많은 걸스카우트 지부의 길잡이로서 캘리포니아주가 적당한 모델 구실을 할 것이라는 생각이 있었기 때문입니다.

1912년 걸스카우트 창설자는 '나는 모든 소녀들을 위해서 무엇을 가지고 있다'라고 했습니다. 옳습니다. 우리는 지금도 그 말을 진정으로 심각하게 받아들이고 있습니다. 다양한 인종과 소수민족으로 이루어지는 새로운 미국의 인구 구성 분포가 던져 줄 미국의 미래에 대해서 심각한 공포감을 가지고 있는 사람들도 많이 있습니다.

그러나 우리에게는 이러한 현상을 보면서 어느 때보다 더 어려운 시기에 태어난 여자아이들에게 그들의 인종과 문화적 배경의 차이를 불문하고 그들의 성장기에 필요한 교육 프로그램으로서 그들을 도울 수 있는 절호의 기회라고 생각할 따름입니다.

드러커 교수 : 간사님, 전형적인 사례이겠습니다만 비영리조직체는 고객의 정의가 하나 이상이라고 생각합니다. 간사님의 경우에도 우선 고객이 여자아이들과 자원봉사대원들이라고 할 수 있지 않습니까?

헤셀바인 간사 : 전형적인 예라고 할 수 있습니다. 비영리조직체로서 고객의 정의가 단순하게 하나인 예는 거의 없을 것으로 생각됩니다. 만일 그렇게 단순히 생각하여 마케팅을 한다면 분명히 실패를 면치 못할 것입니다.

드러커 교수 : 새로운 프로그램을 도입할 때 꼭 명심해야 할 원론적 결론을 내려 주시지요.

헤셀바인 간사 : 먼저 심사숙고한 마케팅 계획을 구축해야 합니다. 유용한 정보의 전달과 공유만이 아니라 인력의 차출과 투입에 관한 모든 것을 이해할 수 있어야 합니다. 정보가 담긴 책자 등을 배분하는 것만으로는 충분하지 않습니다. 마케팅 체인의 요소 요소에 모두 인력이 배치되어 있어야 합니다.

제3장 환경변화에 따른 목표설정에 과감하라

또, 성과의 평가가 계속적으로 이루어져야 합니다. 물론 계속적인 피드백(feed back) 과정이 이루어져야 하겠지요. 계획된 전략이 잘 이루어지지 않으면 다시 계속해서 그룹을 재편성하고 다른 방법으로 움직여 나가야 합니다.

제4장
지도자의 채무

– 디 프리* 회장과의 대담

드러커 교수 : 회장님은 자신의 회사 내에서는 물론 다른 단체의 외부 이사로 계시면서도 사람 계발의 지도자로서 정평이 나 있습니다. 사람 계발에 있어서 가장 중요하다고 생각되는 것 하나만 말씀해 주십시오.

디 프리 회장 : 저 개인의 지극히 주관적인 관찰입니다만 그것이 저의 개인적인 신앙이기 때문에 거기서 시작하여 말씀드리겠습니다. 저는 우리 인간 한 사람 한 사람은 모두 하나님의 형상대로 지어졌다고 믿고 있습니다. 우리 인간이 세상에 태어날 때

---

* 역주 : 맥스 디 프리(Max De Pree) 회장은 허만 밀러(Herman Miller) 주식회사의 회장인 동시에 호프(Hope) 대학의 재단 이사장이며, 풀러(Fuller) 신학대학의 재단 이사로 재임하고 있다. 그는 《지도력이란 예술과 같은 것(Leadership Is An Art, Garden, N. Y, 1989)》의 저서를 가지고 있다.

제4장 지도자의 채무

부터 타고난 재능은 실로 가지각색으로 다양하다고 믿습니다.

바로 이러한 생각으로 볼 때 지도자는 다른 사람들에게 빚을 진 입장에 처해 있다는 생각이 듭니다. 지도자의 자리는 자신을 선출해 준 사람들과 함께 일하기로 결심한 여러 사람들이 준 선물로 생각할 수 있습니다. 그리고 근본적으로 우리 사회는 자유의사에 의해서 스스로 결정하며 행동하는 사회라고 할 수가 있습니다.

사람들이 지도자를 선출할 때 참고하는 것은 각자가 어떤 인생목표를 달성하고자 하는데 얼마나 많은 도움을 그 지도자가 줄 수 있을까? 라는 것에 큰 비중을 둔다는 해석이 나옵니다.

이러한 해석에 의하면 지도자는 채무자의 위치에 서게 되고 한 편으로 조직을 위해서 무엇으로 갚지 않으면 안 되는 입장이 됩니다.

위의 논리를 아주 쉬운 예를 하나 들어서 설명해 본다면 지도자는 우선 어떤 재산을 부여받고 있음으로 해서 채무자의 입장에 처하게 된다고 할 수 있습니다. 어떤 조직과 단체에서는 필요한 업무 수행에 알맞는 사람을 채용할 수 있는 능력이 하나의 재산이 됩니다.

조직과 단체를 운영하는데 필요한 기금을 조성하는 능력이 또 다른 하나의 중요한 재산이 될 수가 있습니다. 다른 하나는 위의 예처럼 아주 선명히 드러나는 부분이 아닙니다. 그것을 '물려받은 전통'이라는 일반적인 표제 아래에서 설명해 보겠습니다. 즉, 조직의 가치관이라고도 할 수 있겠습니다.

지도자 자신이 가치관의 창조자가 아니라도 좋지만 지도자는 물려받은 가치관을 표현할 책임이 있습니다. 뿐만 아니라 가치관

속에 숨어있는 참 의미를 더욱 분명히 이해시켜야 할 책임이 있습니다. 또한 조직에 몸담고 있는 모든 분들에게 조직 내에서 이루어지는 의사 결정들이 그러한 가치관에 입각하여 이루어지고 있다는 것을 확신시켜 주어야 할 책임이 있습니다.

비전 역시 물려받은 전통의 표제 아래에 둘 수 있습니다. 합의를 본 업무 과정 역시 같은 표제에서 다루어져야 하는데 만약 지도자들이 "우리 조직에 들어와서 일하게 되면 민주주의 방식에 따른 참여식 의사 결정 절차에 따라서 일할 수 있도록 하겠습니다"라고 약속했다면 지도자들은 그러한 약속을 지켜야 할 책임이 있습니다. 적어도 공통분모를 이루는 한 가지 분명한 요소가 있다면 그 조직이 비영리이든 영리기업이든 간에 인간 계발이란 조직을 위주로 해서는 안 되며, 어디까지나 인간을 위주로 해야 한다는 것입니다.

드러커 교수 : 인간을 계발하는 것이지 직장을 개발하는 것이 아니라는 말씀인지요?

디 프리 회장 : 예, 그렇습니다. 동시에 나의 말 속에는 이러한 의미도 담고 있습니다. 인간을 계발한다는 것이 투기라고 가정한다면 그 투기는 조직과 단체가 이루어 보고자 하는 결실을 맺을 확률이 매우 높은 투기가 될 수 있다는 의미를 담고 있습니다.

드러커 교수 : 회장님께서는 제가 듣기에 사람이 타고 난 인성과 재능을 계발하는 것이지 타고 나지도 않은 인성과 재능까지 계발하자는 것은 아니라는 것을 시사하시는 것 같습니다.

디 프리 회장 : 그렇습니다. 사람이 가지고 있는 인성과 재능을 바탕으로 하여 무엇을 이룩하자는 것이지 어떤 사람을 다른 사람으로 바꾸어 보자는 것은 결코 아닙니다. 사람들의 재능을 파악

제4장 지도자의 채무

하고 그들의 잠재력을 인정해 주는 것입니다.

우리는 조직과 단체에서 목표 성취에 큰 역점을 두는 것이 상례입니다만 사람을 계발한다는 참의미는 그것보다 더 높은 차원의 목표를 겨냥한다고 할 수 있습니다. 우리는 여기서 사람의 잠재력을 논하는 것입니다.

인간 계발에 대한 우리의 그러한 태도와 자세는 한 조직이나 단체를 계발하는 데에도 똑같이 적용되어야 한다고 믿습니다. 우리가 목표 성취에만 너무 초점을 맞추다 보면 잠재력을 실현할 수 있는 기회를 갖지 못할 위험이 있습니다. 목표의 성취란 연중 계획에 따라서 정기적으로 행해지는 연중 행사가 되기도 합니다만, 우리의 잠재력을 실현하는 것은 그런 차원을 훨씬 뛰어넘어서 인간의 고귀한 인생 문제를 다루게 되는 것입니다.

드러커 교수 : 실제로 두 가지 면을 모두 다 고려하는 것 아닙니까? 사람들이 가지고 있는 재능과 잠재력, 그들의 강점을 먼저 파악하여 그것을 좀더 유효하게 사용해서 실현할 수 있는 잠재력의 성취를 생각해 보는 것이 그 중의 하나이고, 다른 한 면은 객관적인 필요와 요구, 성취를 위한 기회를 관찰하는 것이지요. 항상 내면을 보고 나서 외면을 살피는 것 아닙니까?

디 프리 회장 : 잠재력을 실현한다는 자세와 그것을 현실적으로 실천에 옮기는 것을 당연히 연결시켜야 합니다. 책임을 진다는 것은 그 책임이 조직의 필요와 연결된다는 의미가 부여되어야 합니다.

드러커 교수 : 성취 역시 그 자체의 성장도 감안되어야 하지 않을까요?

디 프리 회장 : 성취는 필요합니다. 저 역시 성취라는 것은 지

도자로서 져야 할 책임 중의 한 부분임에 틀림없다고 생각합니다. 그러나 지도자는 실현 가능한 기회와 업무를 부여해야 하며 실현 불가능한 것을 부여해서는 안 된다고 생각합니다.

드러커 교수 : 어느 특정한 사람을 두고 말할 때 그렇다는 것이지요?

디 프리 회장 : 예, 그렇습니다. 어느 특정한 사람에게 어떤 임무와 기회를 부여해야 할 경우에 그렇다는 것이지요.

드러커 교수 : 지도자는 우선 그들 각자가 가지고 있는 강한 능력을 잘 파악하는 것으로 시작해서 그 강한 점이 무엇을 성취하는데 쓰여질 수 있도록 적재적소의 인사정책을 펼쳐야 한다는 말씀인지요?

디 프리 회장 : 예, 그렇습니다. 그러나 한 가지 분명히 해야 하는 것은 '우리가 책임을 진다, 성취를 이룬다'라는 등의 말을 할 때는 어느 누구에게나 철두철미하게 일을 위임한다는 것을 의미합니다. 그러나 위임을 할 때에는 반드시 어느 정도의 자유 재량권을 부여하는 것을 잊어서는 안 됩니다.

사람들에게 자유롭게 무엇을 할 수 있는 공간이 주어지지 않는 한 잠재력의 계발도, 책임을 지울 수도, 성취를 이룰 수도 없다는 것을 잊어서는 안 됩니다.

책임을 위임하는 사람과 위임을 받는 사람 사이에 그러한 이해가 없다면 조직이 성취하고자 하는 목적의 달성은 불가능하다고 생각합니다. 이렇게 접목을 시키는 작업은 수하의 사람보다는 윗사람의 책임이 더 크다고 해야 할 것입니다. 수하의 사람은 지도자로부터 그와 같은 지도자의 자세와 책임을 기대할 권리가 있다고 봅니다.

제4장 지도자의 채무

드러커 교수 : 조금 전 회장님께서는 지도자로서의 첫 의무는 자기를 따라주는 사람들이 있어야 한다고 했습니다. 실상 지도자라는 단어의 유일한 정의는 '따라주는 사람들이 있는 어떤 사람'입니다. 그렇게 따라주는 사람이 있게 하려면 무엇이 필요합니까? 분명한 사명감입니까? 아니면 분명한 비전입니까?

디 프리 회장 : 지도자는 분명히 비전을 가지고 있어야 합니다. 미래 지향적인 사람이 보통 지도자가 되기 마련입니다. 여기에서 미래 지향적이라는 말로서 비전을 가지고 있다는 말을 되풀이 하고자 하는 의도는 없습니다. 그 둘은 사실상 같은 의미를 지니고 있지는 않습니다. 지도자의 의무에 대해서 좀더 상세히 말해 본다면 지도자의 첫번째 의무는 현실을 정확히 이해하는 것입니다.

현실을 무시하고는 어느 조직이나 단체든지 건전하고 새롭게 되기는 커녕 생존 그 자체가 어렵습니다.

드러커 교수 : 2,500명의 학생을 가진 인문계열의 대학이 당면한 현실을 어떻게 파악하면 되겠습니까?

디 프리 회장 : 한 가지 현실을 예로 들어 본다면 이 학교는 학생들의 등록금에 의존하는 학교라고 할 수 있습니다. 그러한 현실을 외면한다면 학생 유치가 얼마만큼 중요하며 또, 그 부분에 비중있는 노력을 경주해야 하는지에 대해서 별 관심을 가지지 않게 됩니다. 그러므로 지도자는 조직이 당면한 오늘의 현실을 분명히 관찰하고 파악하여, 자기를 따르는 모든 사람들에게 정확하게 현실을 알려준다는 것은 매우 중요한 일입니다.

드러커 교수 : 조금 전 회장님께서는 대단히 중요한 말씀을 해주셨습니다. 내가 아는 바에 의하면 비영리조직에 있는 사람들

중에서 회장님께서 하신 말씀을 잘 인식하고 있는 사람이 얼마나 있을지 모르겠습니다. 많은 사람들은 아직도 사람들이 선택의 자유가 없이 직장을 갖는다는 것을 전제로 하여 모든 일을 생각하고 경영해 나가고 있는 것 같습니다. 주는 대로 있는 대로 직장을 가지지 않으면 안 되었습니다. 그러나 그것은 100년 전의 일입니다.

오늘날에 와서는 한 사람이 선택할 수 있는 일자리는 실로 50종류가 넘습니다. 회장님께서 이러한 현실을 '선택권'이라고 명명하신 것으로 압니다만, 그렇게 생각한다면 지도자는 함께 일해주고 따라주는 사람들을 가지는 자격이 있어야 한다는 논리가 나옵니다. 지도자는 그들 한 사람 한 사람에게 빚을 진 입장에 서게 되고 회장님께서는 채무자로서 지도자의 위치를 말씀하신 것입니다.

그들은 어쩔 수 없는 처지에서 그들의 지도자와 함께 일하고 따르게 된 것이 아니라 스스로의 선택에 의해서 함께 일하겠다는 결심을 했기 때문입니다.

디 프리 회장 : 사람들은 직장의 위치나 일의 성격에 있어서도 많은 선택의 여지를 가지고 있습니다. 또, 인생의 중반기인 40대에 들어서 직업 전환의 기회가 많이 있습니다. 한번 직업을 선택했으면 평생 그것으로 끝내야 했던 사람들의 세대는 이제 지나간 세대라고 할 수 있습니다. 오늘날은 모든 것이 전과 같지 않습니다.

드러커 교수 : 인간 계발 과정에 그러한 모든 것이 함께 감안되어야 하지 않겠습니까?

디 프리 회장 : 그렇습니다. 그래서 지도자가 부여하는 동기와

제4장 지도자의 채무

약속들은 그런 것들과 접목을 이루어야 하고 이러한 모든 것의 핵심이 기회 부여입니다. 오늘날 우리의 근로생활에 있어서 우리가 찾고 있는 중요한 것 중 하나는 분명히 기회의 부여라고 할 수 있습니다.

드러커 교수: 무엇을 위한, 무엇을 할 수 있는 기회입니까?

디 프리 회장: 자기 실현이라고 할 수 있겠지요. 사회의 한 구성원으로서 자기 일에 보람을 느낄 수 있는 매력적인 사람이 되고자 하는 것이지요. 내가 가지고 있는 잠재력을 백분 발휘하여 도움을 주는 일을 할 수 있고 의미있는 어떤 일을 하는데 참여할 수 있는 기회, 어떤 일에서 무엇을 접목시키는 역할을 함으로써 없어서는 안 되는 존재로서의 구성원이 될 수 있는 기회를 부여받고자 합니다.

이처럼 뜻있는 일과 바람직한 사회 생활을 위하여 우리의 잠재력을 충분히 계발하고 발휘할 수 있는 기회의 필요성을 인식하지 않고는 어느 누구도 활력있게 생동하는 조직과 단체를 건설해 나갈 수 없다고 생각합니다.

드러커 교수: '요즈음 젊은 사람들은 부지런하지도 않고 자기밖에 모른다'라고 한탄만 할 것이 아니라 그 젊은이들이 천성적으로 가지고 타고난 것이 무엇인가를 파악해야 합니다. 젊은이들은 무엇을 위하여 공헌하고 싶은 정열이 대단합니다. 성공을 너무 빨리 성취하려고 하는 경향이 있을지도 모릅니다. 그러나 그들이 가지고 있는 정열을 어떻게 잘 이용하여 그들이 함께 발맞추면서 일하고 싶은 생각이 들게 할 수 있을까? 우리의 비영리조직체에 처음으로 입사해서 들어온 저 젊은 친구들에게 무엇을 해주어야 스스로 깨달으며 자제할 수 있는 사람으로 발전할 수 있을

까? 이러한 질문에 대한 해답을 강구해야 한다고 생각합니다.

　　디 프리 회장: 참 어려운 질문들입니다. 젊은이들에게 일을 적게 시키면서 저지르는 실수보다는 너무 많이 일을 시켜서 잘못되는 실수가 상대적으로 더 나은 편이 아닌가 생각합니다.

　　드러커 교수: 많은 일을 감당하지 못해 낙오되고 희생되는 사람이 많아져도 좋다는 말씀입니까?

　　디 프리 회장: 그렇게 되어도 할 수 없지요. 조직의 입장에서 이야기해 봅시다. 사람들이 맡은 일을 감당하지 못하여 낙오되고 실패를 한다면 그것으로 모든 것이 끝났다고는 할 수 없습니다. 조직의 생활에서 우리들 모두의 더 많은 이해가 요구되는 부분이 있다면 그것은 사실 신의 은총에 관한 것입니다.

　　실수는 종말을 뜻하지 않습니다. 몇몇의 예외를 제외하고는 실수는 교육의 한 부분입니다. 더 높은 기준을 가지고 사람들이 도전할 수 있는 기회를 줄 때 더 좋은 성과를 이룩할 뿐만 아니라 인간 계발에도 더 큰 성과를 이루게 될 확률이 크다고 봅니다.

　　드러커 교수: 회장님, 저는 회장님의 말씀에 다 동의를 하지만, 두 가지의 전제조건을 달고 싶습니다. 첫째는 열심히 해보려는 사람에게는 기회를 두 번이고 세 번이고 줄 수도 있겠지만 해보려고 노력하지도 않는 사람들에게는 추호도 동정의 여지를 주어서는 안 된다는 것입니다.

　　다음은 그들을 이끌어 주고 상담과 자문의 시간을 아끼지 않는 훌륭한 스승이 배려되어야 한다는 것입니다. 그 많은 분량의 일, 또 어김없이 다 해내어야 하는 요구와 그 많은 책임, 모든 것이 다 좋습니다. 단, 누군가가 그들을 아끼고 지도하고 후원해 주지 않으면 안 된다고 생각합니다. 돌이켜 생각해 보면 제가 처

제 4 장 지도자의 채무

음 모셨던 두 분의 상관이 내 코가 물 속에 잠길 정도의 일을 시키지 않았더라면 나는 지금까지 아무 것도 배우지 못했을지도 모릅니다.

그들은 조금의 빈틈도 없이 벅찬 일을 요구했습니다. 응징할 경우가 생기면 조금도 주저없이 나를 꾸짖었습니다. 그러면서도 그들은 나에게 관심을 가지고 귀기울여 내가 하는 말을 들어 주었습니다. 칭찬하는 것은 미루어 두었지만 격려하는 의지는 잠시도 멈추지 않았습니다. 내가 두 분에게 갚아야 할 은혜는 감히 상상조차 할 수 없을 만큼 큽니다.

누구든 특히 신입사원의 경우 감당할 수 없을 정도의 많은 책임을 지는 것이 바람직합니다. 그러나 그들에게는 좋은 배려자로서 지도자가 따라주어야 합니다. 스승과 같은 지도자를 어떻게 배려해 주십니까?

디 프리 회장 : 나의 경험으로서는 어떤 공식적인 지도력 향상 프로그램을 만든다는 것은 결코 쉬운 일이 아니었습니다. 어떤 의미에서는 지도력이 발현되는 것은 사람과 사람 사이에 일어나는 어떤 화학작용과 같다고 생각됩니다. 사람들끼리 서로 만나고 연결을 맺습니다.

한 사람이 다른 어떤 사람을 돕고 싶은 느낌이 들고, 또 다른 사람은 어떤 누군가가 주고자 하는 도움을 고맙게 받을 자세가 되어 있는 것과 같습니다. 가장 바람직한 지도력의 형성은 공식적으로 이루어지기보다는 자연발생적인 인간의 화학작용에 의하여 이루어졌을 때 눈에 뜨일 정도로 효력을 발생하여 보상받는다고 믿습니다.

드러커 교수 : 사람을 계발하는 그런 훌륭한 일을 하는 사람들

은 대체로 잘난 체를 하지 않아서 눈에 잘 띄지 않는 경우가 많습니다. 그러므로 그런 사람들을 눈여겨 보고 찾아서 인정해 주고 칭찬해 주며, 대서특필로 기사화할 필요도 있을 것입니다.

디 프리 회장 : 옳은 말씀입니다.

드러커 교수 : 조직이 해야 할 주요 기능 중의 하나라고 해도 무방하겠습니까?

디 프리회장 : 물론입니다. 그런 훌륭한 일을 한 사람들이 그들이 한 일에 대해서 그들의 지도자가 속으로 인정하며, 고맙게 생각하고 있는지를 알게 하는 것은 지도자가 해야 할 다른 하나의 의무입니다. 그러한 일은 어느 누구도 모르는 양 그냥 넘어 가서는 안 될 것입니다.

드러커 교수 : 회장님은 자신의 조직에서 동료의식이 강한 팀을 형성한 것으로 정평을 얻고 계시는데 외부 인사로서 봉사하시는 조직체에서도 앞에 나타나지 않으면서도 팀 건설을 거듭 강조하고 계십니다. 그러한 팀을 건설하는 방법은 어떤지요. 특히 조직의 구성원들이 어떤 공통된 사명감과 비전으로 함께 뭉쳐 일하는 전문직 요원들, 자원봉사자들 및 선출된 이사회원들 등으로 조직되어 있을 경우 팀 구성에 관해서 말씀해 주시지요.

디 프리 회장 : 첫째 요소는 주어진 과업을 터득하는 것이라고 할 수 있습니다. 완수해야 할 작업이 무엇인지를 분명히 알아야 합니다.

드러커 교수 : 주요 활동 업무 말씀입니까?

디 프리 회장 : 예, 팀의 주요 활동 업무를 먼저 파악하고 결정해야 합니다. 다음은 사람을 선임하는 것인데 그 과정은 많은 위험이 따르게 마련입니다. 사람을 선임할 때는 임무 분담과정에서

제 4 장 지도자의 채무

얼마간의 조정이 있다는 것을 처음부터 이해하는 것이 바람직하다고 생각합니다.

뚜렷한 임무 분담을 하되 상호간에 충분한 의사 교환이 있을 수 있는 환경을 고려해야 합니다. 주어진 업무를 완수하기까지 필요한 모든 업무 절차와 과정에 대하여, 필요에 따른 업무 완성 마감 일정표에 대하여, 성과를 측정하는 기준에 대하여 먼저 합의를 보아야 합니다. 이러한 모든 것은 늘 해오는 관습처럼 보이지만 실상 모두가 무척 힘이 드는 일입니다.

한 가지 더 중요한 요소가 있습니다. 지도력의 질을 판단하는 방법에 관한 것입니다. 참된 지도력의 질은 지도자의 영도력으로 회사나 지도자가 배포하는 어떤 홍보 사실에서 알 수 있는 것이 아니라 회사가 사람의 인체로 비유해 본다면 몸의 건강 상태에서 판단해야 한다고 생각합니다.

한 조직(몸)이 어떤 변화에 잘 적응하는가? 조직(몸)이 상호간의 갈등을 잘 극복해 나가는가? 조직(몸)이 권리와 의무를 부여해 준 모든 사람들 —— 그들이 고객이든 누구든 —— 의 필요를 어떻게 잘 충족시켜 주고 있는가? 종국에 가서는 이러한 질문들에 대한 해답이 참의미에서 지도력의 질을 판단한다고 생각합니다.

드러커 교수: 그 조직(몸)의 건강 상태 속에서 지도자가 조직 현장에서 물러나고 없을 경우 그 조직이 어떻게 대응할 수 있을까? 라는 질문도 포함하시면 어떻겠습니까?

디 프리 회장: 지도자의 원만한 계승에 관한 문제도 지도자가 져야 할 주요한 책임 중의 하나라고 말할 수 있습니다.

드러커 교수: 지금까지 우리의 면담을 모두 종합해서 정리해

보도록 하겠습니다.

　지도자란 조직의 종복(從僕)이라는 말을 우리는 종종 해왔습니다. 회장님께서도 그 점을 강조 했습니다만 회장님께서는 우리들이 흔히 들을 수 없는 귀한 말씀을 들려 주셨습니다. 그것은 지도자의 채무에 대한 말씀입니다. 지도자는 자신과 조직이 여러 사람들에게 어떤 빚을 지고 있다는 인식과 태도로서 시작해야 한다는 것이었습니다.

　고객을 생각하면 조직과 지도자는 고객의 권리와 의무를 위임해 준 모든 이해 관계자들—— 그들이 병원의 환자일 수도, 학교의 학생일 수도 있다—— 과 그들을 따르며 함께 일해 주는 사람들에게도—— 그들은 대학의 교수들, 회사의 고용인, 비영리조직체의 자원봉사자들—— 모두 빚을 지고 있다는 논리였습니다.

　중요한 것은 조직에 몸담고 일하게 된 목적을 실현하고 그들의 타고난 잠재력을 계발하고 발휘할 수 있도록 환경과 여건을 만들어줄 의무와 책임이 한 조직과 지도자에게 있다는 것을 말씀해 주셨습니다.

제5장
비영리단체의 존재가치

　우리들은 지도자의 자질에 관해서 많은 이야기를 들어왔다. 그러나 실제로는 사명감이 제일 먼저 논의되어야 한다. 사명감 없이 비영리조직체의 존재 가치는 있을 수 없다. 비영리기관은 한 사회와 그 사회 개개인의 삶에 변화를 주기 위하여 존재한다고 할 수 있다. 사명감 없는 비영리기관의 존재 가치는 결코 있을 수 없다는 사실을 잊어서는 안 된다.

　지도자로서의 첫 임무는 조직에 몸담고 있는 모든 사람들이 그들에게 주어진 사명을 확실히 보고, 듣고, 그대로 생활에 옮기도록 하는 것이다.

　사명에서 잠시라도 눈을 떼면 조직의 기둥뿌리가 흔들릴 것이며, 그 효과는 순식간에 나타날 것이다. 그렇게 으뜸가는 것이 조직의 사명감이며 사명이라는 의제는 항상 심사숙고의 과정을 거쳐야 하고 필요에 따라서는 다소 변화되어야 한다.

비영리조직의 근본적 존재의 당위성은 영구하다. 왜냐하면 우리 인류가 지상에 생존하는 한 우리 모두는 여러 가지의 면에서 죄를 짓고 사는 인간들이라고 할 수 있기 때문이다. 인간이 지상에 생존하는 동안에는 병으로 고통을 받으며 간호를 받지 않을 수 없다. 그러므로 어떤 형태든 병원이나 의료사업의 단체가 필요하다.

아무리 좋은 사회라 하더라도 알코올 중독자, 마약 복용자 등이 있게 마련이며 인간이 지상에 생존하는 한 구세군 같은 단체의 동정과 도움을 필요로 하는 사람들이 있게 마련이다. 범죄자들을 새로운 사람으로 변화시키고자 하는 노력이 있는가 하면, 인간이 지상에 존재하는 한 어린아이들이 있게 마련이고 그들은 누군가로부터 무엇인가를 배워야 하고 학교에 가야 할 것이다.

그러므로 여러 가지의 특수 조직단체로서 자활·재활할 수 있도록 도움을 주는 자선단체 및 교육기관도 필요한 것이다.

성장하는 소년·소녀들이 소년단·소녀단원으로서 활약하고 경험하면서 그들의 인격을 형성하고 모범적인 지도자상을 익혀 그들의 인생 목표를 설정하며, 지성인으로서 인생을 영위할 수 있도록 무엇을 배우도록 하는 일들은 인간이 지상에 생존하는 한 반드시 존재할 수밖에 없다.

그러나 위와 같은 영구적인 존재의 당위성만을 가지고는 일이 되지 않는다. 그러한 조직체에 몸담고 있는 우리들은 늘 우리들이 수행해야 하는 사명과 과업을 꿰뚫어 보고 있는지, 초창기의 사정과는 달리 우리들의 사명감과 봉사를 요구했던 수요에 변동이 있게 되면서 원래의 사명감에 새로운 조명이 필요하지 않은지

제 5 장 비영리단체의 존재가치

를 항상 검토해야 한다.

또, 효과도 없이 귀중한 자원만 낭비하고 있는 것은 아닌지, 시도했던 목적을 모두 완수했기 때문에 더 이상 일을 계속하지 않아도 되는 것이 아닐까 하는 생각을 하지 않으면 안 된다.

좋은 예로 초창기 미국의 초·중·고등학교의 경우 아이들은 반드시 학교에 가서 몇 년 이상을 보내야 한다고 강조하였다. 그러나 이제 의무교육의 목적이 모두 달성된 오늘날에 와서 초창기 의무교육의 사명을 띠고 세워진 학교들은 현재 해야 할 새로운 사명감을 찾지 못하고 있고 이것이 오늘날 미국의 의무교육*이 처해 있는 위기의 근본적 원인이 되고 있다. 이러한 문제는 10명 중 8~9명의 아이들이 정규 교육을 받지 못하던 현실에 놓여 있었던 전 세대의 교육자들이 애써 성취하고자 했던 의무 교육에 대한 그들의 열정과는 여러 가지 면에서 판이한 열정을 요구한다고 볼 수 있다.

이러한 사회 변천에서 오는 역사의 경험을 볼 때 모든 것을 외부 환경의 변화를 주시하는 것에서 시작하는 것이 얼마나 중요한 것인지 알 수 있다.

먼저 내부의 환경에 맞추어 그들의 재원을 어떻게 배분할까 하는 생각으로 시작된 조직은 흔히 그 조직 자체가 모두 산산조각이 나버리는 결과를 낳게 된다. 그들은 어제의 과거에 초점을 맞춘 셈이다. 내일의 희망과 기획, 오늘의 필연성을 위해서는 조직의 바깥세상을 꿰뚫어 보는 눈이 필요하다.

동시에 사명이라고 하는 것은 항상 장기적인 안목의 의미를 지

---

* 미국의 의무교육은 고등학교까지 12년임.

니고 있다. 물론 당장 하지 않으면 안 될 일과 눈에 보이는 결과를 필요로 할 때가 있기도 하다. 그러나 사명을 성취한다는 것은 항상 긴 안목에서 시작하지 않으면 안 된다.

17세기의 위대한 시인이며 종교 철학자였던 존 돈(John Donne)의 한 설교 대목으로 그는 "내일 시작하여 내일로 영원의 세계에 도착할 것이라는 생각은 하지 마시오. 영원의 세계는 그렇게 작은 발걸음으로 도달할 수 있는 곳이 아닙니다"라고 했다.

우리는 먼저 긴 안목에서 시작해야 한다. 긴 안목에서 오늘 우리가 무엇을 해야 하는가를 생각해야 한다.

우리가 진실로 '무엇을 실행한다'는 대목이 가장 결정적이다. 그 대목은 미국 기업들이 잘 하는 계획과 일본 기업들이 잘 하는 실행과의 차이이다. 미국 기업들이 일본 기업들보다 더 잘 하는 것은 단기 계획이다. 일본 기업들은 오늘부터 10년 뒤에 자기들의 목표지점에 도달하겠다는 생각에서 시작을 하는 데도 3개월 후 재무제표에 나타나는 이익은 미국 기업들보다 더 높다.

많은 미국 사람들이 수용하기 어려운 아이러니이다. 이러한 상황에 이르게 된 근원적인 이유는 일본 기업들은 장기적 안목에서, 미국 기업들은 단기적인 성취욕에서 일을 계획하고 수행하는 차이에 있다.

미국 기업 중에서도 장기적인 성과를 이룩하면서 활발히 살아남은 성공 사례가 없는 것은 아니다. 괄목할 만한 장기적 성공을 이룩한 회사들이라면 지난 50~60년 간의 미국 전화전신(The Bell Telephone System) 회사와 60년간의 시어즈 로벅(Sears Roebuck) 회사와 최근의 제너럴 모터스(General Mortors) 자동차 회사를 들 수 있다. 그들 모두는 매우 확실한 장기적 안목으로 출

제5장 비영리단체의 존재가치

발했다.

시어즈 회사는 먼저 '우리 회사는 미국의 온 가정을 위하여 모든 정보를 가지고 책임있는 구매자가 되어야 한다'는 데서 시작하였다. 그러한 착상에서 곧 단기적 행동으로 옮기게 된 계획은 제2차 세계대전에서 돌아오는 군인들이 곧 결혼을 하게 될 것이고, 그때 그들이 필요로 하는 상품은 다이아몬드일 것이라는 데 착상을 두어 사업에 착수한 것이다. 그러나 장기적 안목에서 시작하여야 한다는 것을 잊지는 않았다.

비영리조직체의 경우는 더욱 그렇다. 왜냐하면 재무제표상에 즉각적으로 나타나는 이익이 없을 뿐 아니라 조직 존재의 당위성이 봉사한다는 데에 있기 때문이다.

그러니 행동으로 옮기는 작업은 항상 단기적이이야 한다. 그리고 이 단기적인 행위가 우리들의 근본적인 장기 계획의 목표 달성에 부합하여 도움을 주는 행위인지 아니면 우리들의 집중력을 흐트러뜨리며, 우리들의 근본 취지에 어긋나 결국 바람직하지 못한 길로 나가게 하는 행위인지를 늘 스스로 질문하는 태도를 가져야 한다.

동시에 우리들의 계획과 행동의 결실이 얼마나 중요한지를 잊어서는 안 된다. 우리들에게 주어진 자원이 가장 적절히 이용되었는지, 우리들의 노력에 상당한 결실을 가져 왔는지 자문자답할 필요가 있다. 필요를 충족시킨다는 것은 항상 좋은 이유가 된다. 그러나 그것만으로는 충분하지 못하다.

사명 뒤에는 결실이 있어야 한다. 만족한 결실을 보고 우리들의 노력이 헛되지 않았다는 보람을 느낄 수 있어야 한다. 그러므로 어떤 프로그램이나 프로젝트를 보고 생각해야 하는 것은 그것들이 바람직한 결과를 초래할 것인가? 올바른 일을 통하여 올바른 결과가 성취되고 있는가? 이러한 질문에 분명히 답할 수 있어야 하는 것이 지도자의 의무이다.

무보수로 헌신하는 자원봉사자들이나 기부금 헌납자들에 의존하여 운영되는 조직과 단체일수록 주어진 자원을 효율적으로 활용해야 할 책임이 더욱 크다.

영리단체는 자기들의 자원을 자기들의 목적을 위해서 마음대로 쓰는 셈이지만 비영리조직체는 우리를 믿고 무료로 봉사하며 재정적으로 희사·기부해 주는 사람들의 순수한 신뢰를 생각할 때 자원 사용에 더욱 신경을 써야 한다는 것이다.

지도자의 위치에 있는 사람은 항상 이러한 질문을 감수해야 한다. '나는 나를 믿고 내게 맡겨준 재능 —— 인적·물적 자원 —— 을 진실로 잘 보관하고 활용하여 신임받고 있는 고용인이라고 불릴 수 있는가? 지도한다는 것은 또한 행동한다는 것이다. 위대한 사상을 구상하는 것만으로는 되지 않는다. 위대한 영도력으로만 되는 것도 아니며 연극배우역만으로도 부족하다. 지도한다는 것은 실제 행동을 취하는 것이다. 가장 먼저 해야 할 일은 사명을 재조명하고 개정하는 것이다.

또한 창설하고 조직화하는 것도 중요하지만 과감히 폐기할 줄도 알아야 한다. 그 과정에서 항상 자문해야 할 과제는 지금 알고 있는 모든 것을 초기에 다 알고 있었다면 그 일을 똑같은 식으로 시작했을까? 하는 것이다.

어디에 더 큰 역점을 두어야 하는가? 어느 곳에 더 많은 자원을 쏟아 부어야 하는가? 아니면, 그 정도는 너무 지나쳤는가? 이러한 질문들은 어떠한 사명의 수행에서도 필요한 행동지침이

제5장 비영리단체의 존재가치

된다.

그러한 질문 속에서 행동지침이 정해질 때 조직의 태만과 낭비가 제거되고 새로운 사업을 찾아서 수행할 수 있는 능력을 갖추게 된다. 의학계에서 오랫동안 알려진 잠언이 생각난다.

사람의 몸이 어떤 새로운 것을 받아들이기 위해서는 먼저 묵은 찌꺼기를 제거해야 한다는 것이다. 그러므로 행동지침 제1조는 끊임없는 재삭감, 끊임없는 재조명, 완전한 만족이란 있을 수 없다는 태도와 의식이다. 또 하나의 중요한 사실은 우리가 성공했다고 생각하는 바로 그때를 놓치지 말고 실행하는 것이다.

사업이 사양길에 들어 섰을 때는 이미 때가 늦어 재삭감이나 재조명이 매우 어렵게 되는 것이 일쑤다. 사양길에 들어선 조직 단체를 다시 일으켜 세운다는 것이 절대 불가능하다는 말은 아니지만 적은 노력으로도 쉽게 예방할 수 있는 일을 그 몇십 배의 노력을 들여서 어렵게 해야 하기 때문이다.

다음에 해야 할 일은 여러 가지의 선택들 중에서도 우선 순위를 정하는 것이다. 이것은 말은 쉽지만 실제로는 매우 어려운 일이다. 그 이유는 우리에게 매우 바람직하게 보이는 많은 사업과 일들이 조직 내부와 외부의 많은 사람들이 간청하는 일과 사업들을 수용하지 못하고 제거해야 하는 과정을 거쳐야 하기 때문이다. 그러나 주어진 자원을 집중하지 않고서는 어떠한 결실을 맺을 수 없다는 것을 결코 잊어서는 안 된다.

이러한 것이 지도자의 능력 평가에 궁극적인 심사 기준이 된다. 즉, 심사숙고의 과정을 거쳐서 우선 순위를 정한 후 한번 정한 선택사항은 성취가 이루어질 때까지 한눈을 팔지 말고 끝까지 밀고 나가는 능력이 바로 그것이다.

제 I 부 사명보다 더 중요한 것은 없다

　지도력이란 또한 솔선수범을 뜻한다. 지도자는 부각되는 존재로서 한 조직을 상징한다. 직무실을 떠나서 가정으로 돌아가기 위하여 자가용 안으로 들어가는 순간 한 사람의 무명 인사가 될 수도 있지만* 조직 안에서나 직무 시간에는 모두가 지켜 보는 존재이며 그것은 비단 중소기업이나 한 지역에 국한되어 있는 조직 단체의 장(長) 뿐 아니라 대기업의 경우에도 마찬가지다.
　지도자들이란 남의 본보기가 될 수밖에 없으며 그에 맞는 행동을 취해야 할 의무가 있다. 한 조직단체의 다른 모든 구성원들이 행동하지 않는다 하더라도 지도자의 위치에 있는 사람은 구성원들을 대표할 뿐만 아니라, 모든 사람들이 이상적으로 생각하는 하나의 인간상을 행동으로 보여주어야 한다.
　그러므로 지도자로서 어떤 일을 할 때 하나의 좋은 잣대는 매일 아침 거울 앞에 선 내 자신을 보고 떳떳할 수 있을까? 내 자신은 내가 모시고 싶은 지도자상으로 보이는가? 라는 질문을 스스로 해 보는 것이다. 이러한 기준을 유념할 때 많은 지도자들을 파멸로 몰아 넣은 치명적 과오에서 벗어날 수 있을 것이다.
　성 문란을 단호히 배격하는 설교의 장인 종교단체에서조차 발생하는 성 문제나 직장에서의 좀도둑질 등, 알게 모르게 저지르는 많은 바보같은 실수들로부터 구제될지도 모른다.
　지도자의 입장에 있지 않은 사람들은 그러한 과오를 범할 수 있다. 그러나 그것은 별개의 문제다. 지도자란 한 평범한 시민이 아니라 대표적인 존재인 것이다. 지도자로서 나는 조직을 위하여

---

* 한국 사회와 미국 사회의 문화 차이에 주의해야 한다. 한국 사회에서는 공무와 사무의 구별이 없으므로 자가용을 탄 후에라도 다음날 직장에 돌아 올 때까지 계속 지도자로서의 본분을 지켜야 한다.

제 5 장 비영리단체의 존재가치

어떠한 수준에서 기준을 세워야 할까? 를 늘 생각해야 한다.

나의 조직이 새로운 도전을 감당할 수 있고 새로운 기회를 포착하며 창의적으로 혁신에 혁신을 거듭할 수 있도록 하기 위하여 내가 지금 무엇을 해야 하는가를 항상 자문자답해야 한다. 지금 우리 단체가 하고 있어야 할 일이 무엇인가 보다는 내가 지금 하고 있어야 할 일이 무엇인가를 진지하게 반추해야 한다. 또한 행동에 책임을 질 줄을 알아야 한다.

지도자로서 조직에서 우선 해야 할 일을 정한다면 그것은 무엇이어야 했을까? 하는 이러한 것들이 행동지침의 제목들이 된다. 또, 그러한 일들이 수행되지 않고서는 아무 일도 성취될 수가 없다.

이렇게 말하면 어떤 이는 그런 말들은 사장들이나 회장들에게나 해당되는 말이기 때문에 일주일에 세 시간 정도 할애하여 무료 봉사하는 보모나 병실에서 꽃이나 갈아주는 사람에게는 아무 상관이 없는 말이라고 할지도 모른다. 하지만 그게 아니다.

우리 모두가 지도자의 한 사람이라고 생각할 수 있다. 우리들에게 새롭게 전개되는 상황은 수동적으로 선거 때가 오면 투표나 하고 납세기가 오면 세금이나 내던 시대에서 벗어나 적극적이고 능동적인 사고와 의식으로 사회에 참여하여 훌륭한 시민 사회를 창조하는 새시대를 우리는 가슴 뜨겁게 맞이하고 있는 것이다. 이러한 경향은 영리를 목적으로 하는 것이 아니다. 그래서 더욱 신이 나는 것이다. 영리단체에서도 소위 말하는 하향식 명령이 아닌 참여식 민주적 경영을 논하여 왔다.

그러나 실현성은 아직 미지수이며 어떤 의미에서는 전혀 실현 불가능할 수도 있다. 2억 5,000만 명이나 되는 미국의 전 인구,

아무리 작은 동네라 해도 거의 5만 명 이상의 주민들이 거주하고 있는 현실에서 미국 초창기 뉴잉글랜드 지역의 120명이 거주하던 지역사회에서처럼 시민 한 사람 한 사람이 지역사회에 영향력을 미칠 수 없는 것이 사실이다.

오늘의 자원봉사단체나 비영리단체에서는 점진적으로 구성원 한 사람 한 사람 모두가 지도자역을 맡아야 비로소 200년 전 미국 초창기의 주민들이 할 수 있었던 것과 같은 기분으로 진지한 회의를 실행할 수가 있다.

회의 구성원들 중에는 유료 봉사자도 있고 무료 봉사자도 있다. 교회의 예를 들면 정식 안수를 받고 보수직에 있는 사역자 수는 극히 적지만 그 외에 무보수 사역자와 교역자 봉사자들이 몇천 명이 있다.

미국 소녀단의 예를 보자. 1명의 보수를 받는 정규 직원에 100여 명의 무보수 자원봉사자들로 구성되어 있지만 그 중 지도자적 책임을 느끼지 않고 일하는 사람은 한 사람도 없다고 해도 과언이 아니다.

우리는 현재 비영리조직체를 통하여 내일의 진정한 시민사회를 창조할 수 있다. 그러한 사회에서는 우리 모두가 지도자이며 모두가 책임질 줄 아는 시민이며, 열심히 일하는 시민이 되는 것이다.

모두가 각자에게 초점을 맞추어 더 높은 비전과 더 높은 자신감으로서 각자가 몸담은 조직에 더 큰 성과를 가져 오도록 해야 한다. 사명감이나 지도력이라는 것이 교과서에 나오는 글이나 강연을 듣는 내용에 그치지 않고 우리가 실제로 할 수 있고 실행해야 하는 일들로서 훌륭한 의도나 지식을 적절한 행동으로 옮겨야 하며, 그것도 내년부터가 아니라 지금 당장에 시행해야 한다는 것을 한시도 잊어서는 안 된다.

제 II 부

사명에서 성과로

-마케팅, 창의적 혁신 및 자원개발을 위한 효율적 전략-

제1장 동기와 결실
제2장 승리를 위한 전략들
제3장 시장과 고객을 정의하라
         -코틀러 교수와의 대담-
제4장 후원자를 유권자로
         -하프너 회장과의 대담-
제5장 비영리단체의 목적과 성과

제1장
동기와 결실

    비영리조직단체란 어떠한 서비스를 공급하는 데 그치는 단체가 아니다. 비영리조직단체는 그 단체에서 제공하는 서비스의 최종 이용자의 한 사람으로서 머무는 것이 아니라 적극적인 실행자의 한 사람으로서 변화되기를 바란다.
    다시 말하면 비영리조직단체에서 제공하는 서비스를 이용함으로써 한 인간에게 어떤 변화——물론 좋은 방향으로——가 일어나기를 원하는 것이다. 그러한 의미에서 교육을 위한 학교는 치약을 만드는 프락터 갬블(Proter & Gamble)과는 완연히 구별된다. 그러한 비영리조직단체는 관습과 비전, 결심과 각오, 지식 등을 창출한다. 결과적으로 단순한 서비스의 제공자로 남지 않고 변화된 이용자를 통하여 후일 그 서비스의 수혜자 입장에 서게 되는 것을 볼 수 있다.

이러한 변혁의 창조가 완전히 이루어지지 않는 한 그 비영리조직단체는 훌륭한 의도를 가지고 시작했을지는 모르지만 아직 동기의 결실을 이루지 못했다고도 할 수 있다. 나폴레옹은 전쟁을 치루는 데 필요한 요건 세 가지가 있다면 첫째도 돈이요, 둘째도 돈이며, 셋째도 돈이라고 했다.

전쟁을 치루는 데는 그의 말처럼 돈이 최상의 요건이 될지는 모르지만 비영리조직단체에서는 그의 말이 적용되지 않는다. 비영리조직을 위해서는 네 가지 요건을 들 수 있다. 첫째는 계획, 둘째는 마케팅, 셋째는 사람이며 마지막 넷째가 돈이다. 계획에 대해서는 사명과 관련하여 앞서 제1부에서 설명하였다.

사람에 관해서는 조금 뒤로 미루어 제4부와 제5부에서 설명하기로 하고 여기에서는 결정된 계획을 결실화 하는데 필요한 전략에 관해서 언급하고자 한다. 다시 말하면 우리들이 제공하고자 하는 서비스·봉사라는 상품을 조직의 존재 가치를 부여하는 고객이나 지역사회에 어떻게 적절히 전달할 수 있을까? 그렇게 전달하기 위하여 어떤 유효적절한 마케팅 수단을 동원해야 하는가? 그러한 모든 일을 수행하는 데 없어서는 안 될 자금은 어떻게 조달할 것인가? 이러한 질문들이 본 장의 주제가 될 것이다.

모든 것을 잘하고 있는 비영리조직단체들은 마케팅 전략이 자신들에게는 필요하지 않다고 생각해 왔다.

그러나 19세기의 유명한 어느 사기꾼이 한 이야기를 들어보면 생각이 달라진다.

뉴욕의 중심 맨해턴과 뉴욕의 하부인 브룩클린을 잇는 하나 밖에 없던 거대한 건축물 브룩클린 다리라 할지라도 공짜로 가져가라고 하면 가져가지 않아도 적당히 싼 가격으로 사가라면 사는 것이 사람의 심리라고 했다.
　즉, 무엇이든 공짜로 준다면 믿지 않는 것이 사람의 심리라는 것이다. 그러므로 진정으로 훌륭한 의도를 가진 서비스로 봉사하기를 원한다면 마케팅을 해야 하는 당위성이 있다는 논리를 펼 수 있다.
　단, 비영리조직을 위한 마케팅은 상품 판매 전략과는 판이하게 다르다는 것이다. 보통 시장에 대해서 알고자 할 때 시장조사 또는 시장분석에 속한다고 하겠지만 여러 각도에서 수요자들을 분석 분류하는 것 뿐만 아니라 우리가 제공하고자 하는 서비스라는 봉사 상품을 공급자의 입장에서가 아닌 수요자의 관점에서 평가하는 등 수요자의 입장을 충분히 이해하는 것이 주된 과제가 된다. 인제 누구에게 무엇을 제공해야 하는가가 과제이다.
　물론 비영리조직의 마케팅이나 영리조직의 마케팅은 공통점이 많을 뿐 아니라 영리단체에서 쓰는 마케팅 용어나 전략이 비영리단체에서도 많이 적용될 수 있다. 그러나 한 가지 판이하게 구별되는 것이 있다면 비영리단체의 서비스 상품은 유형이 아닌 무형이라는 점이다. 어떤 무형의 상품을 가지고 고객에게 가치를 부여하는 것이다.
　병원에 있는 병든 환자가 상품이 아니며 의사들에게 환자의 병을 마케팅하라는 것도 아니다. 비영리조직단체의 마케팅은 의사들이 전문인으로서 의료 임무를 다하는데 필요한 모든 것을 충분히 준비해 도와야 하는 데서 시작하는 것이다. 이러한 것은 추상적인 개념이다. 그러한 추상적인 개념을 누구에게 사도록 하는 것은 유형의 상품을 누구에겐가 사도록 하는 것과는 판이하게 틀린 것이다.

제Ⅱ부 사명에서 성과로

　비영리조직을 효율적으로 경영하기 위해서는 서비스를 구상할 때부터 마케팅이 함께 고려되어야 한다. 어느 다른 분야에서와 마찬가지로 이러한 시작은 시장에서의 조사 연구를 통해, 또 가까운 사람들로부터 많은 정보의 수집이 필요하지만 결국은 최고경영자의 임무다.
　미국의 암 연구 지원을 하는 비영리단체인 아메리칸 켄서 소사이어티(American Cancer Society)와 같이 전국을 상대로 하는 대형 조직이라면 기금조성을 위해 여러 가지 의미에서 최일선의 시장이라고 할 수 있는 의사들과 그들의 자문위원회는 상세한 국세조사자료를 이용한다든지 하는 철저한 시장조사를 할 것이다. 그러한 조직은 상품인 서비스를 제작해 놓은 후 그것을 그대로 시장판에 그냥 내어 놓는 일은 하지 않는다.
　미국의 고유한 발명품이라고 할 수 있는 지역사회의 금고로 불리는 비영리단체의 모금창구인 유나이티드 웨이(United Way)는 여러 가지 의미에서 시장에의 반응이라고 할 수 있다. 미국 사람들은 보통 29개나 되는 각각의 다른 단체들에 매년 기부금을 내야 하는 것에 짜증이 생기기도 하고 동시에 모금을 위하여 가가호호 방문함으로써 그 많은 단체가 소모하는 경비를 생각할 때 모금의 얼마만큼이 실제로 굶주린 자들을 위하여 쓰여질까 하는 의아심을 가지게 되었다.
　유나이티드 웨이는 그러한 미국 사람들의 심리에 부응하여 모금 창구를 유나이티드 웨이 하나로 통일하자는 착상에서 시작되었다. 많은 해가 거듭되었지만 유나이티드 웨이 원래의 착상에는 별 변화가 없다. 그러나 그들은 기업 인구 변동이라든지, 어느 회사를 찾아가야 하는지, 모든 비영리 부문의 조직단체들과의 효

제1장 동기와 결실

율적 유대를 위하여 어느 개별 자선사업단체를 유나이티드 웨이의 이사회원으로 영입해야 하는지 등에 관한 마케팅은 쉬지 않고 계속하고 있다.

사람들이 가장 효과적으로 수용하도록 계획하는 데는 고용 구조상에 일어나고 있는 변화를 이해하지 않고는 불가능하다. 그러한 구상 없이 강요와 억지가 섞인 신경전으로 판매 전술을 쓰면 된다고 생각하는 비영리조직은 결국 크게 성공하지 못하게 마련이다.

비영리조직의 서비스나 마케팅을 착상할 때 한 가지 덧붙여 일러 두고 싶은 충고는 자신있는 일들에 초점을 두라는 것이다.

우리 병원이 만약 남다코다주에서 멀리 떨어진 실버 피시에 있는 유일한 병원이고 100마일 이내에는 우리 병원 외에 다른 병원이 없다면 우리가 그 환자를 치료할 수밖에 없지만 비단 그러한 경우라 하더라도 수지상의 경비 문제가 아니라 전문 의료진의 기술 문제를 감안해서 그 환자를 헬리콥터로 운송하여 인근의 종합병원으로 옮겨야 한다.

일년에 200~300번의 심장이식 수술을 하지 않는 병원에 가서 심장이식 수술을 할 생각은 하지 말라는 말이 무엇을 의미하는지 우리는 알아야 한다. 심장이식 수술과 같이 많은 기술이 요구되는 일은 반복되는 경험과 숙련이 필수적이다.

대학의 경영에서도 똑같은 논리가 성립된다. 오늘날 대학의 심각한 병 중의 하나는 한 대학이 모든 것을 다 할 수 있다고 생각하고 있는 것이다. 어떠한 확실한 결실을 가져오지 못할 곳에 귀중한 자원을 투입하지 말라는 것이 유효한 마케팅의 제1법칙일지도 모른다.

그 다음의 마케팅 법칙은 우리의 고객을 아는 것이다. 나는 분명히 고객이라고 했다. '고객을 모르는 사람이 어디 있느냐'는 생각을 하고 있을지도 모른다. 그러나 두고 보면 실제로 우리에게 '노(No)'라고 거부할 수 있는 입장에 있는 모든 사람을 우리의 고객이라고 정의한다면, 우리 각각은 모두 한 부류 이상의 고객을 가지고 있다고 말할 수 있다.

비누 제조업자의 경우를 보면 슈퍼마켓에서 비누를 구입해 주지 않는다든지, 구입은 하더라도 가정주부들의 눈에 잘 뜨이는 선반 위에 비누를 진열해 놓아 주지 않는다든지, 잘 진열된 비누라도 가정주부들의 기호에 맞지 않아서 그들이 구매를 거부한다면 비누 판매는 실현되지 않으므로 비누 제조업자의 관점에서 보면 고객의 부류는 둘이 되는 셈이다.

보이스카우트나 걸스카우트의 경우는 고객이 둘 이상이다. 그들에게는 아이들의 부모들, 아이들과 그들이 없이는 조직이 움직이지 않을 자원봉사자들이 있다. 뿐만 아니라 아이들이 다니는 학교의 선생님들에게도 스카우트 단원에 대한 인식이 좋게 받아들여져야 한다. 그렇지 못할 경우 선생님들이 쉽게 방해할 수도 있고 심지어는 거부권을 행사할 수도 있기 때문이다.

비영리기관의 서비스를 위한 정확한 마케팅 전략을 세우는데 있어서 가장 기본적인 과제는 시장에 관한 지식을 갖추는 것이다. 분명한 목적과 목표를 가지고 마케팅 계획을 세워야 한다. 고객을 우습게 보지 않는 책임, 내가 이름 붙인 '마케팅에서의 책임'의 개념 이해가 필요하다. 그들을 위해서 좋은 것이 무엇인지 잘 알고 있다는 말을 하기보다는 그들의 가치관이 어디에 있는지, 어떻게 하면 그들의 가치관을 충족시켜줄 수 있는지를 생각해야 한다.

또한 비영리기관은 기금개발을 위한 전략을 필요로 한다. 그러한 기금의 재원이야말로 비영리기관과 영리기업, 정부 사이에서 가장 현격한 차이를 보이는 부분이라고 할 수 있다. 영리기업은 고객들에게 무엇을 판매함으로써 자금이 들어오고, 정부는 세금으로 자금을 들여 온다. 비영리기관은 기부자들로부터 자금을 받는다. 하지만 비영리기관의 경우 상당한 기부금을 희사한 사람들은 어떤 사명의 완수를 위한 조직의 사업에 동조하고 싶은 사람들일 뿐이지 그 기금의 실제 수혜자가 아니라는 것이다.

비영리기관이 항상 돈이 모자란다는 것은 거의 고정 관념이다. 실제로 비영리조직의 많은 중역들 중에는 돈만 있으면 모든 문제가 해결될 것이라고 믿는 사람이 많다. 또, 그들 중에는 자신들에게 맡겨진 진정한 사명은 기금을 조성하는 데 있다고 믿는 사람도 있다. 기금조성에만 완전히 몰두하고 있는 대학의 학장이나 총장들은 교육적 차원에서의 지도력이란 것을 생각할 마음도 생각할 시간도 없는 상황에 빠진다.

기금조성의 노예가 되면 비영리기관은 심각한 문제의 구렁텅이에 빠지게 되고 사명의 자기 발현을 하지 못하는 위기에 봉착하기 일쑤다.

기금조성을 위한 전략의 진정한 의미는 비영리기관이 기금조성에 사명을 예속시키는 것이 아니라 조직의 사명을 위하여 기금조성을 실현하는 데 있다. 이러한 이유에서 요즈음 비영리조직에서는 '기금조성'이라는 말 대신에 '기금개발'이라는 말을 쓰고 있다. '기금조성'이라면 동냥그릇을 들고 다니면서 구걸을 하고 다니는 것에 비유되는데 필요에 의해서 어쩔 수 없는 일이라는 견해다.

　그러나 '기금개발'이라면 조직을 후원할 유권자들을 창출한다는 뜻을 가지고 있다. 개발한다는 의미는 ── 나의 해석으로는 ── 회원 자격으로서 희사를 통한 참여를 뜻한다.

　기금개발의 첫 유권자는 재단이사회의 이사들이다. 비영리기관의 경영에서 한 가지 배운 것은 기관을 동정하는 수준의 구식 이사회의 이사들은 오늘에 와서 우리의 욕구를 충분히 만족시키지 못한다는 것이다. 오늘에 와서 우리가 필요로 하는 이사회의 이사들은 기금조성에 적극적이며 지도적인 입장에 서서 스스로 자신들이 조직에 희사하는 것은 물론이고 기금조성자로서, 기금개발자로서 참여하는 사람들이다.

　비영리기관의 한 이사가 부동산 개발사업에 종사하는 친구 한 사람에게 "여보게, 나는 지금 어느 병원의 이사회에 있다네"라고 한다면 그 친구의 첫 질문은 "자네는 1년에 얼마나 기부하지?"라고 묻는 것이다. 그 이사가 "500달러를 내고 있네"라고 했다면 그 친구도 후에 기부금 요청이 있을 때 500달러 정도 밖에 내지 않을 것이다.

　이사들이 할 일은 위에서처럼 남의 모범이 되어 기부금을 희사하는 일 외에도 또 다른 할 일이 있다. 조직이 하고자 하는 사업과 동원될 수 있는 자원과의 균형인데 그러한 균형은 우리들에게 어떤 확신을 주게 된다.

　교회, 병원, 학교를 경영하는 사람들은 긍정적이고 열정적이어야 한다. 부정적인 사람이 그 자리에 앉아 있어서는 안 된다. 그러나 항상 누군가가 "지금 우리는 우리들이 가지고 있는 자원을 가장 유효하게 쓰고 있는가?"라는 질문을 던져야 한다.

제1장 동기와 결실

　영리기업은 자신이 가지고 있는 돈으로 돈을 번다. 그러나 비영리기관은 자신이 가지고 있는 돈이 없으므로 기부금을 희사한 사람들의 돈을 잠시 위임받아 가지고 있는 상황에 불과하다. 이사들은 어떠한 목적을 겨냥해서 희사된 돈이 원래의 의도와 목적을 위해서 쓰여지도록 만드는 관리인 역할을 할 뿐이다. 그것 역시 비영리조직 전략의 일부를 차지한다.

　얼마 전까지만 하더라도 많은 비영리조직단체들은 재정적으로 자급자족할 수가 있었다. 외부의 희사기금이 필요했던 경우는 어떤 새로운 사업 계획을 세웠을 때에 한했었다. 예를 들면 새로운 과학교실을 건립한다든지 새로운 심장센터 건물의 증축을 한다든지 등의 계획이 있을 때이다. 그러나 요즈음에 와서는 사정이 달라졌다. 갈수록 매년 경상운영비 조달을 목적으로 기금의 희사를 필요로 하는 비영리기관들의 수가 늘어 가고 있는 실정이다.

　재정적 자원의 개발이 더 절실히 필요하게 된 또 다른 이유는 대부호의 입지가 예전에 비해서 그 중요성이 약해졌다는 데 있다. 예전에는 한 마을의 두서너 부호들이 한 교회의 재정적 뒷받침을 거의 할 수 있었다. 그러나 지금의 실정은 그렇지가 못하다. 오늘날은 교회 운영의 재정적 규모가 옛날 같지 않게 커진 이유도 있지만 부호들에게 요구되는 재정적 압박도 예전 같지가 않게 커지게 된 것도 이유가 된다.

　재정적 후원을 요구하는 비영리단체의 규모와 숫자가 늘어난 것에 비하여 부호의 수는 턱없이 소수로 변화했다고 볼 수 있다. 그러므로 비영리기관의 최고경영자들은 '상대적으로 윤택해진' 대중을 상대로 기반을 구축하게 된다.

　우리는 위와 같은 상황의 변화 속에서 대중 기반을 개발하는

데 솔선수범하면서 의지와 지도력을 가지고 일할 수 있는 사람을 이사로 영입해야 한다.

물론 상황에 따라서는 어떤 긴급 구제를 위한 모금운동에 나서야 할 경우가 없는 것은 아니다. 최근의 지진사태라든지, 굶어 죽어가고 있는 아프리카 아이들을 위한 구제라든지, 생사를 걸고 보트로 도망쳐 나오는 베트남 사람들과 같은 경우를 들 수 있다. 그러나 위험한 것은 사람의 감정에만 호소하는 수단과 방법에 의한 모금운동이다.

중요한 국제적 구조조직의 총책임을 맡고 있는 나의 친구는 '동정하는 마음에서 오는 피곤'에 대해서 들려 준 적이 있다. 요즈음 세상에 너무나 많은 불행으로 인하여 동정하는 우리들 마음의 심줄은 계속 잡아당겨져서 이제는 우리의 가슴이 매우 경직되어 불감의 상태에까지 이르고 있다는 것이다.

기금개발을 하면서 우리는 사람의 가슴에 호소한다. 그러나 부단히 사람의 머리에 호소하는 노력을 하지 않으면 안 된다. 비영리조직의 경영자들은 노력의 결과를 분명히 미리 정의하여 그것을 근거로 기금을 희사해 준 사람들에게 어느 정도의 결과를 성취하고 있다는 것을 보고해야 한다.

우리는 희사자들에게 우리의 조직이 어떤 구체적인 성과를 얻기 위하여 일을 하고 있는지를 교육시킴으로써 그들이 우리들의 노력을 인정하고 또 노력에 의한 결과를 수긍할 수 있도록 해야 한다. 이것이 최근에 있게 된 비영리조직의 발전이며 이는 비영리조직단체에서 실현하고자 하는 일들을 희사자들이 자동적으로는 다 알 수 없다는 인식에서 비롯되었던 것이다.

다른 한편 "교육은 좋은 일입니다. 건강하다는 것은 좋은 일입니다"는 단순한 인식으로 호소하기에는 우리의 기금 희사자들은 너무나 높은 지적 수준에 도달해 있다. 그들은 누구를 교육시키는가? 무엇 때문에 교육을 시키느냐? 이와 같은 질문을 할 것이다.

이러한 움직임은 우리들로 하여금 장기적 안목에서 유권자들의 기반을 개발하고 발전시킬 수 있게 한다. 이러한 일이 내가 근 20년을 가르치고 있는 클레어먼트 대학에서 이루어진 적이 있다.

클레어먼트 대학 그룹의 모체 대학이었던 파노마 대학의 총장은 1920년에 남캘리포니아주와 그 주변에서 대학 진학 연령에 해당하는 학생 인구가 급속히 증가할 것과 그러한 증가를 감당하기 위해서 대학은 거액의 기금 확보가 필요할 것을 인식하였다. 그러한 인식을 가지고 그는 학교 주변에 몇몇 새로운 사업을 시작하였다.

사업이 수지가 맞을 때까지 직접 기업을 경영하다가 새로 졸업하는 학생들 중에서 가장 똘똘한 졸업생을 골라서 그 기업을 글자 그대로 무료로 인수받도록 내어주고 거기에다 당시의 화폐 가치로서는 엄청난 금액인 1만 달러의 현금을 부쳐 주면서 이렇게 말했다고 한다.

"이 기업은 오늘부터 자네 것이네. 더욱 발전시키게. 그래서 성공하게 되더라도 원금의 대가를 갚을 생각은 하지 말게. 다만 자네의 모교를 기억해 주게" 이와 같은 선견지명으로 오늘의 파노마 대학과 클레어먼트 그룹은 재정적으로 튼튼하게 희사된 기금의 보고를 갖게 된 것이다.

그 총장은 장기적 안목에서 막강한 유권자 기반을 구축한 것이다. 근 20여 년 간 열매의 맛을 보지 못하더라도 종국에 가서는 몇천 배의 수확을 거두어 들인 것이다. 나는 지금 누구든 그런 식으로 해 보라는 말을 하는 것이 아니다.

　필요할 때 문을 두들기며 도와 달라고 한다고 해서 꼭 도와주는 사람들이 아니더라도 장기적 안목에서 우리를 기억해 주는 사람들로서 유권자들을 구축하는 한 가지의 예를 들었을 뿐이다.

　그렇게 우리를 기억하게 된 사람들은 비영리사업을 후원한다는 것 자체가 자기 실현의 충족이 될지도 모른다. 이러한 것이 기금개발의 궁극적인 목표가 되어야 한다.

제 2 장
승리를 위한 전략들

　옛말에 충천한 의지가 산을 옮기는 것이 아니고 불도저가 산을 옮긴다고 했다. 비영리조직의 경영에서 볼 때 오직 사명감이나 계획만 있다면 그것은 모두 훌륭한 의지에 해당된다고 할 수 있다. 그러나 불도저 역할을 하는 것은 전략들이다. 전략이야말로 이루고자 하는 일들을 성취의 길로 인도하는 것이다. 비영리조직 단체의 경우에는 더욱 그렇다.
　일찍이 성 어거스틴은 기적을 위해서는 기도를 하고 결과를 위해서 일을 해야 한다고 했다. 전략은 결과를 위한 일을 할 수 있도록 우리를 인도해 준다. 또 전략은 우리들의 의도를 행동으로 옮겨주고 분주한 마음을 일로 바꾸어 놓는다. 또한 전략은 결과를 이루기 위하여 어떤 자원이나 어떤 사람들이 필요한지를 제시해 준다.

나는 한 때 '전략'이라는 말을 거부한 적이 있다. 전략이라는 단어에서 너무 군용(軍用)의 냄새가 나기 때문이다. 그러나 서서히 그 말을 수용하게 되었다. 그 이유는 영리기업이나 비영리조직단체에서 사용하는 기획이나 계획이라는 말이 어떤 지적 실습 이상의 뜻을 담지 못하는 데서 기인했다고도 할 수 있다.

우리는 기획서나 계획서를 근사하게 제본된 책자로 만들어서 책장 선반에 잘 꽂아 두는 것으로 끝날 때가 많다. 모두들 무엇인가를 이룬 기분이다. 사실 해놓은 것은 계획뿐이다. 그러나 그 계획이 실제의 행동으로 옮겨지지 않는 한 우리는 한 것이 아무 것도 없는 것이나 마찬가지다. 반면에 전략이란 행동을 중심으로 한다. 그런 이유 때문에 전략이란 단어에서 거부감을 느끼면서도 수용하지 않을 수 없게 되는 것이다. 사실 전략은 우리가 희망하는 어떤 것이 아니라 우리들의 생각을 행동으로 옮기는 것 그 자체이다.

전략의 성공 사례 하나를 들어보자. 미국 로드아이랜드주 프로비든스 시에 있는 브라운 대학의 이야기다. 20년 전 하버드 대학의 작은 누이라고 알려졌으며 다른 대학 못지 않게 운영이 잘 되고 있는 학교로 인정받았다. 교수진도 매우 우수하였다. 그러나 다른 학교들과 비교해서 특기할 만한 것이 없었다. 그 무렵 새로운 총장이 임명되었다.

새로 부임한 총장은 학교간의 심한 경쟁 가운데서도 브라운 대학이 지도적 위치로 올라서기 위해서는 무엇을 해야 할 것인가를 스스로 묻기 시작하였다. 브라운 대학의 북쪽에는 하버드 대학, 남쪽에는 예일 대학, 그 외에도 한 시간 운전 거리 안에 최상급 수준의 인문대학으로 이름이 나있는 학교들이 12개나 있는 상황

제 2 장 승리를 위한 전략들

이었다. 그러한 상황에서도 그의 새로운 생각은 두 가지에 초점을 맞추었다.

첫째, 차등대우를 없앰으로써 여학생들이 대학의 완전한 시민으로서 모든 학문 분야에 적극적으로 참여하도록 해야겠다는 생각이었다. 브라운 대학에는 일찍부터 펨브로크라는 이름의 여자 부속대학이 있었다. 그러나 전통적으로 여성들에게 걸맞지 않는다고 생각되어 온 학문의 분야, 즉 수학·과학·의예과·컴퓨터 계통의 전자공학 등 모든 학문 분야에서 남달리 뛰어난 재질이 있는 젊은 여학생들을 조직적으로 유치하고 적극적으로 참여하게 한 것이다.

둘째, 대학 운영에서 학생들과의 거리감을 없애보겠다는 데에 뜻을 두었다.

이러한 두 가지의 목표를 세우고 각각의 목표를 달성하기 위한 전략을 세웠다. 새로 부임한 총장의 이러한 전략의 결실로 말미암아 브라운 대학은 최근 10여 년에 걸쳐 미국 동부 지역의 머리 좋은 학생들이 입학을 지원하고 싶은 대학 명단에서 꼭 빠지지 않는 대학의 하나가 된 것이다.

이것은 아마 성공적인 마케팅 전략의 교과서에서 나오는 사례로서 손색이 없을 것이다. 새로 부임한 브라운 대학 총장의 남다른 점은 대학 시장의 변화를 인지했다는 것이다. 즉, 전문직을 추구하는 젊은 여성들의 부각과 60년대의 엄청난 소용돌이 후 각자가 속할 수 있는 안정된 소집단 사회를 추구하는 학생들의 욕구를 인식했던 것이다.

그러한 인식을 바탕으로 잠재 고객인 학생들의 유치에 구체적인 방도를 개발하여 목적을 성취시키는 데 매진한 것이다.

잘하고 있는 일들은 더욱 개선 발전시켜야 한다

 오늘의 미국은 이미 잘하고 있는 일들을 더욱 발전시키고 개량한다는 것이 중요하다고 생각하지 않는다. 나는 일본 사람들이 매트로 제도의 실시를 막 시작했을 때 일본을 방문했었다. 나는 일본 사람들이 창의적이고 개혁적인 전략을 가지고 있는가를 유심히 살폈으나 전혀 찾아 볼 수가 없었다. 반면에 대학이나 산업체, 심지어 관공서에 가보았을 때도 어느 곳이든 이미 잘 되고 있는 일들을 더욱 개량하기 위한 전략으로 가득찬 것을 볼 수 있었다.
 일본 사람들은 개혁이나 혁신을 먼저 생각하기보다는 그들이 이미 잘하고 있는 일들을 더욱 잘하기 위해서 해야 할 일이 무엇인지를 찾는 것에 열중하고 있는 것을 곧 느낄 수 있었다.
 마루를 쓰는 것처럼 아주 일상적인 비천한 일에서부터 일상적인 매우 큰 변화를 가져오는 개량, 즉 새로운 기계를 들여올 때 무조건 기존의 기계 옆에 하나를 더 첨가시키는 것이 아니라 전반적인 과정과 자체의 재배열에 어떤 변화를 가져와야 한다고 생각하는 것이었다. 어쨌든 상품의 질을 높이고 생산과정을 개선하며, 일하는 방법을 개선하고 더 나은 훈련을 할 수 있을 것인가에 초점을 두었다. 우리도 이러한 노력을 1년 365일 늘 하는 것을 전략으로 삼아야 할 것이다.
 한 조직의 생산성을 제도적으로 향상시키기 위해서는 생산의 각 요소 하나하나를 위하여 각각의 전략을 필요로 한다. 사람이

제2장 승리를 위한 전략들

생산 요소 중 가장 으뜸인 것은 말할 필요도 없다. 무조건 일만 열심히 하면 된다는 생각과는 다르다. 이미 잘 알고 있는 교훈일지는 모르지만 지혜롭게 일을 하는 것이 중요하다. 첫째는 무엇보다도 적재적소의 임용으로 각자의 재능을 최대한으로 발휘할 수 있도록 해야 한다. 두번째 요소는 돈이다. 우리가 가지고 있는 돈으로 최대의 수확을 가져올 수 있게 하는 것이다. 돈은 항상 희귀한 존재다. 세번째의 요소는 시간이다.

우리는 생산성 제고를 위한 목표를 세워야 한다. 단, 그 목표에는 야망이 있어야 한다. 생산성 목표 설정을 위해 토론하는 회의에 참석할 때마다 우리가 흔히 듣는 말은 "생산성 향상을 위한 현재의 목표는 성취 불가능할 정도로 너무 높습니다"라고 하는 것이나.

나의 오랜 친구이며 흑인 사회에서는 저명인사이기도 한 뉴욕 시립 대학의 심리학과 케네즈 클락 교수가 일찍이 나에게 들려준 교훈이 생각난다. '사람은 각자가 성취하고자 하는 목적의 200% 수준으로 목표를 설정하는 것이 바람직하다. 왜냐하면 우리들의 대부분은 일반적으로 목표의 50% 밖에 성취하지 못하기 때문이다'라고 했다.

조금 냉소적이기는 하지만 그 말에 어느 정도 일리는 있다고 생각한다. 이상으로서의 목적은 다소 높게 잡는 것이 바람직하다. 너무 높아서 사람들이 우습게 여길 정도가 되어서는 안 되지만 어느 정도 높기 때문에 최선을 다해야겠구나 하는 의욕이 생길 수 있는 정도는 되어야 한다.

1년 365일에 걸쳐 늘 개선한다는 뜻은 이전에는 순조롭게 잘 되는 일이라도 오늘에 와서는 별 효과를 가져오지 못하는 일이 될 경우 그런 일들을 폐기하는 것, 혁신적인 목적을 세우는 것 모두를 포괄적으로 해석해야 한다.

사례로서 3M 회사의 경우를 들어보자. 3M 회사는 1년에 200여 개의 새로운 상품을 개발한다고 한다. 그들은 지금은 생소하다고 할지라도 지금부터 10년 후에는 이것들이 전체 상품의 80%를 차지할 것이라는 전제에서 상품 개발을 시작한다.

인간이 사용하는 물건의 거의 대부분은 조만간 무용지물이 되고 새로운 것으로 대체되기 마련이다. 이와 같은 생각을 가질 때 오늘날 우리가 필요로 하는 혁신적인 전략은 무엇인가? 우리가 새롭게 해야 할 일은 무엇인가? 그리고 지금껏 해오던 일을 새로운 방법으로 어떻게 개선할 수 있을까를 늘 생각하는 것이다. 한 마디로 목표를 세우고 그것을 행동으로 옮기라는 것이다.

비영리조직단체의 경영자들에게는 그러한 판단의 길잡이가 분명하지 않다. 예를 들어 정신건강의료원의 경우 전략의 효과를 측정함에 있어서 금년의 성과가 예년보다 더 좋았는지를 판단하는 것은 쉬운 일이 아니다. 더 좋았다는 것이 무엇을 의미하는지부터 정의하는 것이 필요하다.

정신병 중 편집증(paranoia) 치료에서 성공을 거둔다는 것은 매우 어려운 과업인데 나는 편집증 치료에서 괄목할 만한 성과를 이룬 대규모의 정신건강의료기관을 알고 있다. 나의 친구인 그 의료원 원장에게 이렇게 물어 본 적이 있다.

"편집증 환자를 치료하는 일보다 더 난감한 일은 없겠지! 우울증(depression)의 경우에는 오늘날의 의학으로 치료가 가능한 것으로 알고 있으며, 정신분열증(schizophrenia)의 경우도 상당수 성공한 것으로 아는데, 어떤가?" 그는 이렇게 답해 주었다.

제2장 승리를 위한 전략들

"피터, 그렇지 않아. 말한 것이 다 맞기도 하지만 다 틀렸다고 할 수도 있지. 그 이유로는 우리가 하나의 단순한 목표를 세우고 일한다는 것에 있어. 우리는 아직 편집증의 치료를 어떻게 치료해야 하는지에 대한 방법을 전혀 모르고 있기 때문에 그렇게 할 수밖에 없지만, 우리들이 할 수 있다고 생각하는 것은 편집증 같은 병을 앓고 있는 환자들을 완치시키는 것이 아니라 그들이 병으로 시달리고 있다는 것을 알 수 있도록 전심전력을 다 쏟는 것이지. 그러한 가능성 있는 목표 설정에서 볼 때 우리는 괄목할 만한 발전을 이룩했다고 할 수 있지.

그러한 발전으로 환자가 자기 외의 모든 다른 세상사람들이 정신병 환자가 아니라 자기 자신이 환자라는 것을 인식할 수 있게 될 때 병이 완치되었다고는 할 수 없지만 그들은 인간으로서 어떤 기능을 할 수 있는 단계에 들어서게 되는 것이지."

이러한 것을 질적 목표라고 할 수 있다. 숫자로 측정할 수 없는 목표이지만 우리가 세워 놓은 목표를 평가하고 판단할 수 있게 된다.

실제로 성공을 거둔 연구 실험실에서는 그들의 마지막 결과가 나오기 전까지는 성과를 잴 수 없다. 그러나 그들은 매 3년마다 그들의 성과를 찬찬히 반추하기 위하여 다음과 같은 자문자답을 할 수 있다.

우리들은 지난 3년 간 무엇을 공헌하여 어떠한 변화를 가져 왔는가? 우리들이 공헌하고 싶었던 것이 무엇인가? 이러한 질문은 양적 성과를 측정하는 것 못지 않게 중요하다. 먼저 질적 성과를 규명한 후 양적 성과를 따져야 한다. 질적 성과 없는 양적 성과보다 더 나쁜 것이 없으며 그런 성과는 완전 실패를 초래할 가능성마저 있다.

교회 목회자들은 어떻게 전략을 세울 수 있을까?

첫째로 목표를 세워야 한다. 하고자 하는 것이 무엇인가? 물론 내가 목사라 할지라도 사람에 대한 어떤 선입견은 가지고 있을 것이다. 사람들이 교회에 열심히 가면 구원 받을 확률이 높을 것이라는 전제를 세울 수도 있다. 60여 년 간 교직에 있었던 나 같은 늙은 교장 선생님이라면 아이들이 책상에 앉아 있는 시간이 많으면 많을수록 더 많이 배운다는 것을 전제로 할 것이다.

이러한 가정들을 눈에 보이게 증명할 수 있는 것은 아니지만 어떤 가정을 세우지 않으면 안 된다. 그러므로 목회자는 목회를 위해 교인을 모으고자 하는 목표를 세워야 한다.

목회자들마다 제각기의 비전을 가지고 있다. 어떠한 교회를 만들 것인가? 어떤 목회자는 "무조건 사람들을 교회로 나오게 하는 것이 나의 주목표입니다"라고 할 것이고, 또 어떤 사람은 "아닙니다. 우리 교회는 이러 이러한 사람들을 위주로 목회를 하고 싶습니다"라고 할 수도 있다.

다 같은 목회자의 입장에 있으면서도 각자가 받은 사명이 다르다고 생각하기 때문이다. 첫번째 목사는 평범한 교인으로서 폭넓은 기반을 건설하겠다는 의도이며, 두번째 목사는 요한계시록의 계시대로 이 세상의 종말이 오더라도 굳건히 설 수 있는 독실한 신자만으로 작게 교회를 시작하겠다는 의도이다.

다음으로 목회자는 "내가 원하는 구체적인 결과는 어떤 것인가?"를 자신에게 물어야 한다. 조직이 교회든, 병원이든, 보이 스카우트든, 공공 도서관이든지 전략의 구조에는 서로 다를 것이 별로 없다.

제 2 장 승리를 위한 전략들

　첫째로 목표를 세우고, 물론 그 목표가 우리가 시작해야 하는 사명감과 주변 환경에 부합되는 목표인지를 확실히 해야 한다.
　두번째는 세분화된 각각의 부문에서 구체적으로 맺고 싶은 결실이 무엇인가를 스스로 확인해야 한다. 자신의 교회가 많은 종류의 교인들이 함께 하는 대중 교회라고 생각하는 목회자라면 교회를 몇 등분으로 나누어, 나누어진 부분에 알맞은 목회를 각각 개발하면 되는 것이다. 나는 목회 활동에서 크게 성공한 목사님 한 분으로부터 다음의 이야기를 들었다.
　"안수받은 목사로서 바보가 아니라면 5~7년 안에 큰 교회를 만들 수 있는 방법이 있습니다.
　그 방법은 교회를 5등분으로 나누어서 목회를 하는 것입니다. 즉, 청소년 목회, 미혼자들을 위한 목회, 젊은 부부들을 위한 목회, 나들이 할 수 없는 허약자와 병환자 및 불우 교인들을 위한 목회와 장년 및 노년 목회 등으로 구분하여 목회를 하면 됩니다. 그 다음에 할 일이 있다면 열심히 일하는 것 뿐입니다." 이렇게 말하고는 한 가지 덧붙여서 들려준 것은 "물론 교회를 이렇게 나눌 때는 교회 주변 지역사회의 인구 구성 분포상태를 감안해야 하지요"였다.
　너무 단순하게 들릴 수도 있지만 병원 행정을 맡아 본 사람들도 그와 비슷한 이야기를 하였다. 최종의 수혜자와 —— 시장이라 부르는 —— 최종의 고객을 주목해야 한다. 그 시장이 교회, 병원, 보이스카우트, 공공 도서관 등 어디라도 우리들의 전략을 위한 구조는 거의 같다고 할 수 있다. 공공 도서관의 경우에는 성년층, 젊은층이 있고 유년층도 있으며 학교도 하나의 대상이 된다. 그러나 비록 그들이 같은 건물에 몸담고 있으며 같은 서비스를 받고 많은 책을 같이 이용하고 있지만 위와 공통된 구분된 그룹을 각각 별개의 시장으로 생각하고 추적해야 한다. 마케팅 계획도 별도로 세우고 예산도 그룹에 따라서 적절히 배분하고, 별도로 정보를 전달하여 개별적으로 피드백을 받아야 한다.

우리는 이 과정에서 다음과 같은 것을 유념해야 한다.

첫째, 목표가 뚜렷이 정의되어야 한다. 그런 다음 그 목표는 뚜렷이 정의된 청중과 시장에 초점을 맞추어서, 즉 구체적인 결과와 표적이 되어야 한다. 따라서 세분화된 다양한 전략이 필요하다. 미국 심장협회는 미국 대중을 모두 41개 층으로 구분하여 모금을 하고 있다. 너무 많이 세분화되어 있다고 생각할지 모르나 그것은 그 조직의 모금운동이 그렇게 성공해 온 이유를 설명해 주고 있다고 생각한다.

둘째, 세분된 각각의 그룹을 위한 마케팅 계획과 마케팅 노력을 필요로 한다. 이렇게 세분된 시장을 각각 접할 수 있는 방법과 자원은 무엇인가? 무엇보다도 중요한 자원은 사람과 돈이다. 그 다음에는 자원 분배의 순서가 될 것이다.

셋째, 정보 교환과 훈련 문제를 생각해야 한다. 정보 교환은 많이 하면 할수록 좋다. 누가 언제 무엇을 함으로써 어떤 결과를 얻을 것인가? 필요한 도구는 무엇이며, 어떤 언어를 사용해야 다른 사람이 알아 들을 수 있을까?

한 목사님이 들려준 이야기를 들어보자. 어떤 그룹 사람들과 목적과 사명에 대해서 이야기를 나눌 때 자신이 25년 전 신학교 학생시절에 사용하던 언어를 아직도 그대로 구사하고 있었으며, 실제로 일을 맡아서 해 나갈 사람들은 평신도인 자원봉사자들이었는데 그들에게는 자신의 언어가 생소한 언어였음을 발견했다는

제 2 장 승리를 위한 전략들

것이다.

　임플리멘테이션(Implementation), 풀필먼트(Fulfillment), 플랜(Plan) 등 병원 행정을 하는 사람들 사이에서 쓰여지는 단어들은 신체의 모든 근육에 관한 단어에 관해서는 모르는 것이 없는 물리 치료사들에게는 생소하게 들릴 것이다. 누가 무엇을 하며 어떤 형식으로 결과를 가져와야 한다는 것을 분명히 할 때 각자가 맡은 일이 '나의 일'이 되는 것이다.

　넷째, 병참술이다. 필요한 자원은 무엇인가? 병참의 이야기만 나오면 나는 항상 나폴레옹과 그의 장군들 사이에 있었던 오래된 이야기가 생각난다. 두뇌가 명석한 나폴레옹의 장군들이 프러시아, 스페인 등 어느 나라를 상대하더라도 공격할 수 있는 모든 계획을 가지고 나왔을 때 나폴레옹은 조용히 다 듣고 난 후 "그 공격을 치루는데 필요한 말은 몇 필이지?"라고 물었다는 것이다.

　보통 장군들은 그런 것까지는 미처 생각하지 못했으며 그들의 계획을 실천에 옮길 때 요구되는 말의 수는 당시 충당 가능한 말의 수를 훨씬 넘었다. 전형적인 실수라고 할 수 있다.

　다섯째, 우리는 "결과를 언제까지 맺어야 하는가?"라는 시한을 정해야 한다. 너무 성급한 기대를 해서도 안 되지만 결과가 도래할 때 계획했던 대로 이루어졌는가를 알 수 있어야 한다. 어떤 피드백이 필요한가? 성취의 척도를 정해 놓았을 때 어떤 부문에서 예정기한보다 얼마나 많이 지연되고 있는지를 인식할 수 있게 된다.

　속도를 높일 수 없을 경우에는 모든 것을 한 차원 낮추어서 실행할 수밖에 없다(나폴레옹과 그의 장군들과의 이야기에서 요구되는 말의 수가 모자라는 경우와 같다). 또는 어떤 부문에서의 일이 예정보다 더 빨리 이루어졌으면 그것을 기회라 생각하고 모든 것의 속도를 높일 것인지 아니면 우리가 해 온 일들이 너무 허술하여 오히려 위험한 지경에 이르게 되지는 않았는지를 점검해야 한다. 피드백과 통제를 할 수 있는 시점의 계기를 만들 필요가 있다.

위와 같은 단계는 모든 조직에 공통된다고 생각한다. 어떻게 각 단계를 실행에 옮기느냐 하는 것은 조직과 단체의 종류에 달렸다.

이러한 과정을 수행하는 데는 글과 말, 두 가지 모두의 수단으로 의사 교환을 해야 한다. 글로 의사 교환을 하는 경우에는 장점이 많다. 모든 사람에게 같은 문서를 배부하고 한 줄 한 줄 내려 가면서 "세번째 문제에 대해서 어떤 질문이 있습니까?"라고 물을 수도 있고, 또 "우리는 지금 몇 번째 문제를 토의하고 있습니까? 나는 두번째 문제를 토의하고 있는 줄 알았는데!"라고 할 수도 있을 것이다. 문서에 쓰여진 제목들에 관해서 말할 수도 있고, 또 우리는 쉽게 질문을 받을 수도 있다.

그러나 사람들이 회의 후 다시 돌아와서 "나는 이렇게 들었는데 내가 하고 있는 일이 맞는지 한번 들어봐 주시겠습니까?"라고 물을 수 있도록 배려한다면 글로서 하는 것보다 말로서 의사를 교환할 수 있게 해놓는 제도가 훨씬 효과적일지 모른다. 오해를 빨리 풀 수 있고 훨씬 자유롭고 유연하게 진행할 수 있기 때문이다.

나의 마음에 비영리기관에서 가장 모범적으로 승리를 거둔 전략의 사례는 자연보호기관의 전략이었다고 생각한다. 이 기관의 분명한 목표는 동·식물의 다양한 생태계를 사람들이 파손하며

제 2 장 승리를 위한 전략들

위기로 몰고 가는 것으로부터 최대한 보호하는 것이다.
　이사회원들은 그러한 보호 지역을 찾는 데 필요한 전략과 그러한 지역을 구입하는 데 필요한 돈을 구하는 전략, 구입된 지역을 관리하는 전략 등을 각각 개발하였다.
　모금의 원천이 되는 사람들 —— 시장은 지역 단위 위주이다. 그러므로 주 중심으로 지역 단위의 사람들을 말한다 —— 의 시장을 접촉하고 1년에 15개의 주요 지역을 사들인다는 아주 야망있는 목표를 세웠다. 그리고 결국 그들은 모든 것을 해냈다. 나는 그 기관이 성공한 이유가 그들의 목표나 실천과정이 관련된 모든 사람들에게 그 이상으로 뚜렷할 수 없었다는 데에 있다고 본다. 그러한 이유가 성공의 이유 모두를 말한다고 해도 과언이 이니다.
　그러나 전략상으로 꼭 하지 않아야 할 것이 하나 있다. 그것은 어떤 목표를 정할 때 누군가의 시비 대상이 될까봐 두려워서 피하는 것이다. 그렇게 피하는 전략으로 매우 어려웠던 문제를 어떤 결단을 내려서 해결할 생각은 하지 않고 슬슬 넘겨 버린 결과 어떤 큰 병원이 파경에 빠져버린 한 사례가 있다.
　그때 풀어야 할 문제는 병원 침상 점유율을 높이느냐? 아니면 환자 간호의 질을 높이느냐? 에 관한 것이었다.
　유명한 안과 의사들이 안과 수술을 병원 옆 단독 건물의 이동 의료실로 옮겨서 할 것을 제안했다. 몇몇 병원 행정가들과 위의 안과 의사들은 그렇게 옮기는 것이 의료계의 추세에 따른 환자 치료의 질을 높이는 길이라고 생각했다. 그러나 이사회의 이사들은 그러한 일이 병원의 침상 점유율을 감소시킬 것이라고 생각하여 우물쭈물거리고 있었다.

제Ⅱ부 사명에서 성과로

　　결국은 입씨름 하는데 질려버린 실력있는 안과 의사들은 모두 한꺼번에 병원을 사직하고 이동실 환자 뿐 아니라 병원의 침상 환자까지 모두 데리고 떠나 버렸다. 삼 년이 못 되어 그 병원은 인지도면이나 침상 점유율면에서나 극심한 사양길로 접어들게 되어 결국은 영리기업인 연쇄점 회사에 넘어가고 말았다.

　　전략상 목표를 실행으로 옮기는 과정에서는 양보를 할 수도 있지만 목표 자체에 관한 양보란 있을 수가 없다.

　　또, 한 가지 해서는 안 될 것이 있다. 같은 메시지로서 다르게 구분된 시장을 접해서는 안 된다는 것이다.

　　수년 전에 나는 최고경영자 과정을 개발하는 것을 도와 준 적이 있다. 당시 우리들의 목표는 분명했다. 그러나 수강 대상자들의 구분에 대해서는 충분한 시간을 가지고 분석하지 못한 상황이었다. 우리는 그 최고경영자 과정을 같은 내용으로 모든 사람에게 똑같이 홍보를 했다. 그러나 6~7년의 세월 동안 그렇게 열심히 노력하였음에도 불구하고 별 성과를 가져오지 못했다.

　　그런 일이 있은 후 누군가가 "우리가 상대하는 시장 —— 최고경영자 수강 대상 학생들 —— 은 사실 별개의 시장으로서 3군(群)이 아닙니까? 그들 모두가 똑같은 과정을 선택해서 나갈 수는 있겠지만 그들이 입학하는 이유는 다 틀리지 않겠습니까?"라고 했다.

　　그러한 자기 점검의 결과로서 우리는 최고경영자 과정의 행정요원을 구분된 그룹별로 두기로 하고 곧 조직을 개편했다. 괄목할 만한 효과가 있었음은 당연하다.

혁신하는 방법

비영리조직단체에서 아이디어가 부족한 경우는 별로 없다. 오히려 좋은 아이디어를 좋은 결과로 전환시키는데 필요한 의지와 능력이 부족한 경우가 더 많다. 진정 필요한 것은 혁신적인 전략이다. 성공한 비영리조직단체는 새로운 기회를 감지할 수 있도록 항상 준비되어 있다. 혁신적으로 조직된 단체는 혁신적인 기회를 포착하기 위하여 조직 안과 밖을 체계를 갖추고 바라볼 수 있는 단체이다.

확실히 성공을 보장될 수 있는 전략 하나를 소개하면 조직과 단체가 성공하고 있는 바로 그때에 조직의 초점을 재조정하고 변화를 모색하는 것이다.

모든 것이 나무랄 데 없이 잘되어 가고 있어서 모든 사람이 말하기를 "왜 긁어서 부스럼을 일으키느냐"는 등 "보트에 구멍이 나지도 않았는데 왜 고치려고 하느냐"라고 하는 그 시점에서 "더욱 분발하여 개선합시다"라고 말하여 미움을 한 몸에 받을 각오와 의지를 갖는 어떤 위인이 있어야 한다. 개선하지 않으면 눈 깜짝할 사이에 사양길로 접어들게 마련이다.

지난 15년 간 심한 곤경에 빠지게 된 미국의 많은 주요한 기관들은 자신들의 성공의 월계관만을 바라보고 있던 조직과 단체들이다. 아이젠하워 대통령 초기의 미국 노동조합을 한번 보자. 그들은 정글의 제왕이었다. 그러나 지금은 어떻게 되었는가? 이러한 비운의 주된 원인은 "우리들이 처음 목적한 바를 모두 달성했으니, 이제는 그것을 토대로 더욱 더 개선해 나가도록 합시다"라고 주장했던 사람들을 모조리 내쫓아 버린 데에 있다고 생각한다. 그렇게 주장했던 사람들을 마치 교회당 안에서 못된 욕 설을 한 어린애처럼 취급하여 끌어내버린 것이다.

시어즈 로벅 회사는 20년 전에는 장사꾼들의 왕자로 군림하면서 70%의 점유율을 가진 미국 가정의 1순위 구매처였다. 결국 나태해지고 미국의 구매시장에서 일어나는 모든 변화의 징조를 완전히 무시하는 상황에 처하게 되었다. 성공을 이루었다고 생각하는 바로 그때가 "무엇을 더 잘 할 수는 없을까?"라는 질문을 해야 할 때다.

발전 전략을 위한 가장 좋은 원칙은 우리들의 노력을 성공에 투자하여 성공이 이미 이루어진 부분을 더욱 개선하고 변화시키는 것이다.

위와 같은 성공 위에 성공을 더해야 한다는 생각은 조직과 단체의 '정신'과 관련되는 일로서 역시 조직의 최고경영자 책임 소관이다. 혁신적인 조직단체를 경영하는 최고경영자들은 창 너머 바깥세상을 보면서 변화를 찾는 훈련을 하지 않으면 안 된다. 우스운 일 같지만 창 안쪽을 보는 것보다는 창 너머 바깥을 바라보기가 더 쉬운 일이고, 또한 제도적으로 그렇게 하는 것이 지혜로운 일이기도 한다.

내가 아는 가장 성공한 대학 중의 하나는 위와 같은 단순한 훈련과정으로 입학 지원 대상의 학생 수가 줄어들고 있는 당시의 상황에서 지원 학생 수의 증가뿐 아니라 지망 학생들의 질까지도 높일 수 있었다. 그 대학의 총장과 입학 담당관은 격주로 직접 고등학교를 방문하면서 입학 대상 학생들의 대학에 대한 기대에 어떤 변화가 일어나고 있는지를 관찰하였다.

오늘날 미국에서 일어나고 있는 괄목할 만한 사회학적 현상인 목회 위주의 교회(Pastoral Church)는 '사회학적인 의미에서의' 인구 구성에서 일어나고 있는 변화를 주시하고 자기들이 자라온 환경과 결별하면서 새로운 생활 환경을 필요로 하고, 어떤 도움과 위안, 영적인 양식마저 필요로 하는 소위 유피(Young, Professional, Educated People)교육을 받고 전문직에서 돈을 많이 버는 젊은이들을 주시한 결과이다.

바깥세상에서 일어나는 변화는 기회이다. 출근길을 바꾸는 변화쯤은 누구나 할 수 있고, 대학에 진학할 생각도 하고 있으며 아직은 고등학교 교실에 앉아 있는 학생들을 찾아가서 함께 자리를 하며 이야기를 나누는 훈련도 누구나 할 수 있다. 여러 가지 인구 분포 조사에 의한 정보를 주시해서 분석·연구하는 훈련을 해야 한다. 인구 분포 조사는 우리가 제일 먼저 이용해야 할 정보이다.

다음은 조직 내부로 눈을 돌려서 변화의 길을 제시하는 가장 중요한 실마리를 찾아야 한다. 대체로 예상 외의 성공이 그런 실마리가 되는 경우가 많다. 대부분의 조직과 단체들은 그러한 예상 외의 성공이 이루어질 때 '이루어질 것이 이루어졌다'고 생각하고 자축으로 끝나는 경우가 많다. 그때가 바로 행동으로 옮겨 일해야 할 때라고 생각하는 조직과 단체는 드물다. 이와 관련하여 들려 줄 이야기는 미국에서 있었던 일이 아니라 저 먼 인도에서의 일이다.

20년 전만 해도 만성적 기근에서 헤매던 인도를 식량 잉여의 나라로 변하게 했던 이야기다. 이러한 변화의 주요인은 커다란 한 농업협동조합이 보조 모터를 끼워서 파는 유럽의 값싼 자전거 수입상이 되어서 예상 밖의 성공을 거둔 데서 비롯되었다.

처음의 문제는 어떤 농부도 자전거를 사지 않는 것이었다. 그러나 신기하게도 자전거의 주문은 한 대도 없었는데 자전거를 산 적도 없는 농부들이 자전거에 달린 모터만을 꾸러미로 주문하는 것이었다. 모든 사람들은 "바보 같은 친구들 자전거도 없이 모터만 사면 어떻게 하려고……" 하며 중얼거렸다.

그런데 협동조합의 직원 중 오직 한 사람이 모터를 주문한 농부들을 찾아가서 물었다. "어디에 쓰시려고 모터를 주문하십니까?" 그 직원은 지금까지 손으로 물을 대던 것을 그 작은 일기통 엔진으로 물을 대는 펌프의 모터로 사용하고자 하는 것을 알게 되었다. 인도의 괄목할 만한 농업 발전에 가장 많이 이바지한 단일 요소는 필요한 곳에 물을 댈 수 있도록 한 바로 이 휘발유 펌프가 아닌가 싶다.

성공적인 혁신에 제일 먼저 요청되는 것은 주변에서 일어나는 변화를 위협이 아니라 잠재성이 있는 기회라고 보는 자세이다.

대부분의 사람들은 부모가 맞벌이하는 집안의 아이들에 대하여 우려를 표한다. 그러나 오늘날 맞벌이 때문에 부모들이 모두 일하러 나가는 집안의 아이들이 많이 있다는 사실은 미국의 걸스카우트 단체에게는 굉장한 기회로 부각되었고 데이지 스카우트 창설의 원인이 되었다. 변화와 부딪칠 때 우리는 "이 변화가 나에게 어떠한 기회를 주며 공헌할 수 있게 하는가?"를 항상 물어야 한다.

다음 질문은 "우리의 조직단체에서 누가 이 일을 맡는 것이 적격일까?"라는 질문이다. 새로운 혁신을 진정으로 받아들여 성

제 2 장 승리를 위한 전략들

공하리라 믿는 사람에게 맡겨져서 시험적으로 실행에 옮겨지는 것이 필요하다. 이렇게 새로운 모든 것은 어려움에 빠질 가능성도 있다. 그러므로 새로운 일에 승부를 걸고자 하는 진실한 사람을 찾아야 한다. 그런 사람이 조직 안에서의 위상이 높으면 더욱 좋다.

다음에는 거기에 알맞는 마케팅 전략을 깊게 생각해야 한다. 우리가 진정으로 성취하고자 하는 것이 무엇인가? 성공한 기업들을 보면 그들의 전략들은 매우 유별나다.

프락터 갬블(Procter & Gamble)과 같은 회사는 새로운 상품을 시장에 내어 놓을 때 한 가지 뚜렷한 전략이 있다. 그것은 상품을 제일 먼저 시장에 내놓고 시장을 주도한다는 것이다. 성공하면 그것은 대단한 승리로 이끈 전략이 되지만, 한편으로는 매우 위험한 전략일 수도 있다.

반면에 지난 50년 동안 IBM은 한번도 새로운 상품을 남보다 먼저 시장에 내어 놓은 적이 없다. IBM은 항상 창의적인 모방자의 역할을 해왔다. IBM 역시 시장을 주도하는 것을 목표로 한다. 그러나 일반적으로 회사들이 내어 놓는 최초의 상품은 어딘가 완전하지 못하기 마련이라고 생각하면서 다른 회사들로 하여금 선두주자가 되도록 하는 전략을 쓴다.

그러나 일본 회사들의 전략은 전연 다르다. 그들은 선두주자들의 실수, 나쁜 습관, 특히 그들의 오만을 놓치지 않고 포착하는 전략을 쓴다.

들어설 자리에 성장할 가능성이 있는지도 살펴야 한다. 대단히 성공한 어느 비영리병원 그룹은 무조건 지역마다 병원을 세우는 대신 각각의 지역사회가 필요로 하는 의료 부문이 무엇인지를 검토한다.

 어떤 지역에는 정신과 병원이 설 자리가 있고, 또 다른 지역에서는 노화 현상을 연구하는 좋은 연구센터가 들어 설 자리가 있을지도 모른다. 그러한 것이 전략이다. 모든 사람을 위해서 모든 것을 할 수 있다는 생각은 하지 말아야 한다. 전문적인 무언가를 가지고 나와야 한다.

누구나 할 수 있는 실수

 어떤 새로운 일을 할 때 누구나 범할 수 있는 실수 몇 가지가 있다. 그 중 하나는 어떤 생각을 가지고 전면적인 행동으로 옮기는 것이다. 먼저 생각을 테스트 하는 사소한 시험과정을 빠뜨리지 말아야 한다. 만약 그러한 과정들을 빠뜨리고 행동으로 무조건 옮길 경우 아주 사소하고 교정하기에 쉬운 흠이라도 혁신 전체를 파경으로 몰고 갈 수가 있다.

 '모든 사람이 다 아는 일'이라는 말을 위주로 하지 말고 창 너머 바깥을 보아야 한다. '모든 사람이 다 알고 있는 일'이라는 것은 보통 20년 전의 일인 것이 대부분이다.

 정치 선거에서 초반전에는 큰 희망이 보이다가 어이없이 막을 내리고 마는 입후보자들은 대개 일을 '모든 사람들이 다 알고 있는 일'이라는 것을 믿고 추진해 나가던 사람이다. 그들은 그 말을 검증해 보지 않았을 것이고 그 말은 20년 전에 통용되었던 말이었을 것이다.

 다음으로 누구나 할 수 있는 실수는 독선적인 오만이다. 발명가들은 자신의 발명에 대하여 큰 자부감을 느끼게 마련이므로 발명품을 현실에 맞도록 조정할 의사를 보이지 않을 때가 많다. 옛말에 새로운 어떤 것이든지 발명가가 원래 예상했던 시장과는 판이하게 다른 시장에서 팔린다는 말이 있다.

나의 친구 한 사람이 새로운 교회 프로그램에 대해서 말해 준 이야기가 생각난다. 신혼 부부들을 위한 아주 좋은 프로그램이었다. 프로그램은 정말 성공했다. 그러나 그 프로그램을 처음부터 계획하고 담당하기로 했던 젊은 부목사에게는 단 한 쌍의 신혼 부부도 등록을 하지 않아서 그 목사는 매우 당황스런 입장에 처하게 되었다. 그 프로그램에 등록한 '젊은 부부'들은 모두가 결혼식을 올리지 않고 동거하고 있는 '신혼 부부'로서 그들은 결혼식을 올리고 사는 것이 어떨까 하면서 망설이고 있는 상황에 있는 사람들이 대부분이었다.

원로 담임 목사인 나의 친구는 그의 젊은 부목사가 "우리가 그런 사람들을 위해서 프로그램을 만든 것이 아니지 않습니까?"라고 주장하면서 "그 사람들의 등록은 취소시켜야 합니다"라고 하여 곤경에 처한 일이 있었다고 했다.

누구나 쉽게 범할 수 있는 실수는 모든 것을 새 것으로 다시 시작하지 않고 지금까지 해오던 옛 것으로 땜질해 나가는 방식으로 일을 처리하는 것이다. 제너럴 모터스(GM)가 지금 치르고 있는 곤경은 바로 그러한 실수에서 비롯됐다고 할 수 있으며, 새롭게 시작했음에도 불구하고 돈은 돈대로 들고 득이 되는 것은 하나도 없게 되었다.

일본의 수입차들이 들어 오고 미국 대중들이 자동차 구매에 대한 기호가 바뀌기 시작할 때 제너럴 모터스는 '땜질하기' 시작했다. 그렇게 하여 사소한 개선은 이루어졌으나, 그 정도의 개선은 그렇게 '새로운 땜질'을 하지 않아도 이미 이루어지고 있었던 것이고 제너럴 모터스가 그렇게 소비한 돈과 시간과 인력은 모든 것의 혁신적 개발에 요구되는 액수보다도 훨씬 상회하는 엄청난 것이었다.

포드 자동차 회사는 제너럴 모터스가 가는 길을 가지 않았다. "새로운 것을 창조하는데 필요한 것이 무엇인가?" 이러한 질문에서 시작하여 새로운 자동차를 개발하고 판매하는 데에는 새로운 방법을 도입했다.

기존의 투자에 대해서는 큰 위험 부담을 감수할 각오를 한 것이다. 그 결과로 포드 자동차 회사는 새로운 자동차, 새로운 의식으로 행동하는 판매력으로 진정한 경쟁력을 과시하게 되었다.

누구나 "이런 일은 항상 이렇게 해 왔습니다. 그러니까 이번엔 조금만 개선하는 방향으로 하지요"라는 말보다 자신의 보직에서 꼭 해야 할 일들이 무엇인지를 살펴서 일을 만들어 하지 않으면 안 된다. "더 이상 이런 식으로 해서는 안 됩니다. 개선은 이제 그만 합시다. 바지를 때우는 것도 분수가 있지요"라고 하며 나와야 할 적시를 아는 것도 최고경영자로서 판단해야 할 결정적인 임무라고 할 수 있다.

혁신을 위한 옳은 전략이 단 한 가지 밖에 있을 수 없다는 생각을 해서도 안 된다. 새로운 혁신 하나하나마다 철저하게 생각할 것을 요구한다.

"우리들이 여섯 번이나 이런 일을 도입해 보고 다 성공적으로 잘해 냈어요. 이렇게만 하면 되니까 다른 얘기들일랑은 하지 마세요" 하는 식으로 새로운 생각을 가로막아서는 안 된다. 또 일이 잘못될 때 '바보 같은 사람들'이라고 나무라지만 말고 "글쎄, 이 일은 좀 달리 할 필요가 있을지도 모르겠네"라고 말하는 것이 좋다.

혁신적인 전략으로 들어가기도 전에 "이것은 이렇게 하면 됩니다"는 식으로 하지 말고 "이런 일을 하려면 필요한 것들이 무엇이 있는지 한번 생각해 봅시다"라는 태도가 필요하다. 가장 적합한 시장은 어디일까? 누가 우리의 고객이 될까? 수혜자는? 적절한 유통 방법은? 적절한 홍보 수단은? 우리들이 이미 알고 있는 것부터 시작하지 말고 우리들이 어떤 새로운 지식을 알 필요가 있는가 하는 데에서부터 시작해야 한다.

어떤 전략이나 업무 추진이 뜻대로 이루어지지 않을 때에는 이렇게 생각하는 것이 좋다. "한번에 안 되면 다시 한번 더 열심히 해보고, 그래도 안 되면 다른 길로 나가면 된다"는 생각이다. 어떤 새로운 전략치고 단번에 이루어지는 일은 드물다. 그러므로 한번만에 일이 이루어지지 않을 경우 차분한 시간을 가지고 "이 일을 통하여 내가 배운 것이 무엇인가"를 생각해야 한다. "글쎄, 성공적이었을 때 우리가 너무 심하게 추진했기 때문일까? 아니면, 성공했다고 너무 안주하여 자세를 풀어버렸기 때문일까? 처음부터 적절한 서비스가 아니기 때문일까?" 이러한 질문을 하면서 개선하는데 노력하고 변화시켜 보면서 한번 더 힘찬 노력을 해보라고 말하고 싶다.

세 번까지 노력해야 한다고 단호하게 강조하고 싶은 생각은 없지만, 세 번 해도 안 되면 결실을 볼 수 있는 부문으로 옮겨서 노력을 하는 것이 바람직하다고 생각한다. 시간과 다른 자원에 한계가 있는 것도 사실이지만 이 세상에 할 일은 무한정 있다.

또, 예외는 항상 있게 마련이다. 우리들은 어떤 경악할 만한 결실이 25년간 광야에서 고생한 후에 온 것을 잘 안다. 그러나 그런 경우는 극히 드물다. 그렇게 오랫동안 광야에서 버틴다면 대부분의 사람들은 흰 뼈 외에는 아무 것도 남기지 못할 것이기 때문이다. 또 세상에는 성공이니, 실패니, 결과니 하는 것과는 상관하지 않고 오로지 부여된 한 가지의 동기에만 몰두하여 나가는 진실된 신념을 갖은 사람들도 있다.

우리는 그런 사람을 필요로 한다. 그들은 우리의 양심이다. 그러나 그들 중 극소수만이 그들의 뜻을 이룬다. 그들의 이상은 하늘나라에만 있을지도 모른다. 그러나 그것도 확실하지는 않다.

1,600년 전 사막 위의 온 천지에 교회를 짓는다고 분주했던 수도사들 중 한 사람에게 성 어거스틴은 "하나님은 텅빈 교회를 보시고 칭찬하고 기뻐하지 않습니다"라고 했다는 말이 생각난다. 결과를 얻지 못했으면 한번쯤 더 노력해 보라. 그래도 무엇인가 되지 않으면 한번 더 심사숙고한 뒤에 다른 길로 옮겨서 움직여 보도록 하라.

제3장
시장과 고객을 정의하라

– 코틀러* 교수와의 대담

드러커 교수 : 코틀러 교수님, 지금은 《비영리단체를 위한 전략적 마케팅》이라는 새로운 이름으로 출판되고 있습니다만, 1971년도 교수님께서 처음으로 《비영리단체를 위한 마케팅》이라는 저서를 출판했을 무렵에는 비영리단체를 위한 마케팅의 필요성이나 그러한 사고의 수용이 전혀 없었다고 알고 있는데 제 말이 맞습니까?

코틀러 교수 : 맞습니다. 그당시 회계학과 재무론의 발전에 관심이 있었고 경영 관리에 관한 드러커 교수님의 생각을 듣기 시

---

* 필립 코틀러(Philip Kotler) 교수는 일리노이주의 이반스턴에 있는 노스웨스턴 대학교의 J. L. 케록 경영대학원의 석좌교수로서 일찍이 1971년에 《비영리단체를 위한 전략적 마케팅(Strategic Marketing for Non-profit Institutions)》이라는 저서를 냈다. 그 저서는 오늘날 제4판에 이르고 있다.

작했습니다만 비영리단체를 위한 마케팅이란 말은 그들에게 생소했습니다. 사실 내가 관찰해 본 바로는 몇몇 비영리단체에서는 실제로 마케팅 개념을 도입하고 있으면서도 여전히 그것을 어떻게 유효하게 적용하여야 하는가에 대한 의식은 갖지 못한 것 같습니다.

당시에 내가 강렬하게 느낀 것이 있다면 기업의 다른 어느 기능과 마찬가지로 마케팅도 특수한 분야가 아닌 보편적인 기능으로서 영리단체뿐 아니라 비영리단체를 포함한 모든 단체에서도 응용될 수 있다는 것입니다. 오히려 비영리단체에서는 더 깊은 사고를 가지고 도입되어야 한다는 것이었습니다.

드러커 교수 : 그 이후로는 상당수의 비영리단체들이 이론적으로 그 필요성을 인식하고 그 이론을 실제로 응용했다고 할 수 있습니까?

코틀러 교수 : 비영리단체에서는 응용도의 차이를 보였다고 할 수 있습니다. 비영리단체의 마케팅에 대한 중요성을 인식한 단체는 단연 병원이 앞섰고 상대적으로 대학들은 뒤처져 있었습니다. 박물관과 예술관들은 마케팅이라면 거부 반응을 일으켰고 그들의 대부분은 마케팅의 진의를 잘 이해하지 못하고 있는 듯 했습니다. 마케팅을 저질의 판매 수단이나 광고 수단으로 오해하여 무조건 마케팅이라면 고개를 흔드는 반응을 나타내는 것입니다.

드러커 교수 : 그렇다면 교수님께서는 마케팅을 어떻게 정의하십니까? 특히, 비영리조직단체와 관련해서 마케팅을 한번 정의해 주시지요.

제가 알기로도 비영리조직단체에 몸담고 있는 대부분의 나의 친구들도 교수님께서 방금 말씀하신 것처럼 마케팅은 야하고 진한 판매나 광고수단에 불과하다고 생각하고 있습니다. 마케팅이 그것을 빼놓으면 무엇이 더 있느냐고 합니다.

코틀러 교수 : 마케팅에서 가장 중요한 과제는 시장을 연구하는 것입니다. 시장을 가로·세로로, 동질성·이질성 등으로 분석 분류하여 목적했던 일에 적합하게 봉사할 대상을 찾아 초점을 맞추어 시장에서 자기의 위치를 파악하여 견고히 함과 동시에 소비자들의 필요를 충족시킬 수 있는 서비스를 개발 창조하는 것입니다. 광고와 판매는 그후의 문제입니다.

광고와 판매의 중요성을 최소화하고 싶은 의도는 전혀 없습니다만 교수님께서 벌써 오래 전에 더 이상 잘 표현할 수 없을 정도의 적절한 말씀으로써 많은 세상 사람들을 깜짝 놀라게 하신 적이 있있는데 "진정한 마케딩의 정의와 골수는 신정직인 광고나 판매 수단의 동원을 불필요하게 한다"는 것이었습니다.

판매가 마케팅이 아니면 무엇이 마케팅의 기능이냐고 되물음을 하는 사람도 있을 것입니다. 내가 알고 있는 마케팅에 대한 가장 단적인 대답은 "필요를 발견하여 충족시켜 준다"는 것입니다.

좀 부언하자면 마케팅의 기능은 수급 양자에게 어떠한 가치를 생성·부여한다는 것입니다. 마케팅과 판매를 대조 비교한다면 마케팅은 그들이 고객이든 소비자든 그들의 단체이든지 그들의 관점에서 출발하여 어떻게 하면 그들의 필요를 더 잘 충족시켜 줄 수 있을까를 노력하는 것이며, 판매는 우리가 가지고 있는 상품에서 출발하여 그 상품이 팔릴 수 있는 시장이라면 어디에든지 그곳에 상품을 밀어 넣는 행위라고 할 수 있습니다.

드러커 교수 : 비영리조직단체에 몸담고 있는 많은 나의 친구들은 방금 교수님께서 하신 말씀에 전적으로 동의할 것입니다. 그

러나 문제는 비영리단체들이 충족시켜야 할 필요성이란 너무나 자명한 것이 아니냐는 것입니다.

　가난하여 굶주린 사람에게는 누군가가 마련한 음식으로 굶주린 배를 채워 주는 것이고, 죄 많은 세상에서 허덕이고 방황하는 이들에게는 누군가가 영적인 음식을 가져다 주는 것이라고 생각하는 것 아니겠습니까 ? 그와 같이 자명한 필요를 충족시켜 주면 되는 것이지 그 외에 무엇을 더할 것이 있느냐고 할 것입니다. 한 쪽으로 치우친 견해인지요 ?

　코틀러 교수 : 많은 조직들은 그들이 충족시켜야 할 사회의 필요 부분에 대하여 분명히 알고 있는 것 같습니다. 그러나 문제가 있다면 그러한 필요성이 고객의 관점에서가 아니라는 점입니다. 대체로 그러한 필요를 자기 중심적으로 해석하고 흔히 가설을 세우는데 급급함을 볼 수 있습니다. 예를 들어 병원에 관해서 한번 말해 보겠습니다.

　병원이 병을 위주로 하는 단체냐 건강을 위주로 하는 단체냐를 놓고 시비할 수 있습니다. 대부분의 병원들은 병든 사람들을 치료하고 간호하여 그들이 완쾌되도록 하는 것이 그들의 주업무라고 할 수 있습니다. 또, 어떤 이들은 병원이 진정으로 구현해야 할 사명이 있다면 그것은 병을 예방하는데 있다고 할 것입니다.

　그와 같이 애매모호한 '필요'를 해석하는 연구 분야를 나는 '고객조사'나 '소비자조사'라고 합니다만 그런 분야에서 해야 하는 일이 한두 가지가 아닙니다. 근본적으로 문제가 되는 것은 그 조직이 과연 고객을 위주로 하는가에 있습니다.

　드러커 교수 : 비영리조직단체 중에서 마케팅의 기능을 옳게 파악하고 실행한 사례 하나를 들어 주시지요. 실제 그들은 어떤 일

제3장 사장과 고객을 정의하라

을 하는지요?

코틀러 교수 : 스탠포드 대학의 이야기를 하겠습니다. 이 대학은 동창들 및 다른 단체들로부터 기금조성을 하는데 기금조성을 위해 동창회 그룹별로 담당책이 조직되어 있습니다. 분류된 그룹은 가장 효율적으로 접촉됩니다.

예를 들어 스탠포드를 졸업한 사람이면 우선 기금조성의 필요성에 관한 정보가 담긴 편지 두 통을 받게 됩니다. 이후 아무 반응이 없는 동창회원과 25달러에서 75달러 정도의 후원을 해오는 동창회원을 구분하여 후자 그룹의 회원에게는 3~4장의 편지로서 더 많은 정보를 제공해 주면서 감사의 뜻을 전합니다.

75달러 이상의 후원자 그룹의 동창회원에게는 한 통 정도의 전화 통화를 합니다. 먼저 대상 전체를 구분하고 가장 효율직인 방법을 다양하게 기획해서 기금조성을 단계적으로 추진한 사례라고 할 수 있습니다.

드러커 교수 : 스탠포드 대학의 경우 잠재적 후원자들에게 대학에 대한 그들의 가치관이 무엇인지, 소위 고객조사 연구 같은 것을 실시하였는지요? 아니면 다른 많은 대학들처럼 교육이란 무조건 바람직한 것이다. 그러므로 '바람직한 일을 하고자 하는 우리에게 후원해 주지 않는 사람들은 인간의 도리를 다하지 못하고 사는 사람들이다'는 의식으로 밀어부쳤는지요?

코틀러 교수 : 오늘날의 매상 위주, 상품 위주의 많은 단체들은 그들이 훌륭한 상품을 내어 놓는데 왜 사람들이 그것을 사용하려고 몰려들지 않는지 도무지 알 수 없다고들 합니다. 스탠포드의 경우는 그렇지 않았습니다. 그들의 기금조성은 실제의 체험으로서 기획되었습니다.

스탠포드를 졸업했다고 그들 모두가 기금조성에 관한 한 똑같은 관심을 가질 수 없다는 것입니다. 상대의 관심과 관점에 따라서 대응하는 것이 현명한 기금조성의 방법입니다. 스탠포드가 얻은 가장 좋은 경험은 상대들의 반응을 관심있게 조사 분석하여 구분된 시장을 연구하는 것이며 그러한 의식과 태도가 가장 효과적인 방법을 창출하게 되었다는 것입니다.

드러커 교수 : 스탠포드도 신입생을 모집해야 합니다. 그 일 자체도 마케팅의 역할이라고 할 수 있겠지요. 또 최상급의 교수들을 임용하는 것과 그들이 학교를 떠나지 않도록 하는 일도 역시 마찬가지입니다. 스탠포드에 올 수 있는 교수 정도라면 또 그들이 원한다면 대부분이 다른 어떤 일류급 학교에도 갈 수 있기 때문입니다. 다음은 후원자의 개발과 기금조성을 꼭 이루어내는 것입니다. 이러한 모든 것을 해 내는 것이 마케팅의 역할입니다. 교수님께서도 위의 세 가지 분야에서 근본적으로 마케팅의 공통된 역할이 있다고 보시는지요?

코틀러 교수 : 모든 단체를 나는 공동사회라는 바다에서 수영하는 사람으로 비유하곤 합니다. 대학은 좋은 인재의 학생들을 원합니다. 대학은 연구기관으로서 정부와 기타의 단체들로부터 연구에 필요한 기금확보에 나서야 합니다. 마케팅이 해결해야 할 문제는 상대에게서 내가 원하는 반응을 얻는 것입니다.

그에 대한 해답을 얻는 과정을 저는 의식교환(exchange thinking)이라고 합니다. 내가 원하는 것을 만족하기 위하여 무엇으로 상대를 충족시켜야 하는가를 의식하는 것입니다. 즉, 내가 원하는 바에 가치를 부여하는 것처럼 상대가 원하는 것에 가치를 부여할 수 있을까를 의식하는 것입니다.

제3장 사장과 고객을 정의하라

드러커 교수 : 비영리조직단체 운영에 있어서 그러한 방법을 적용함으로써 자신들의 독특성을 부여하는 것이 얼마나 중요한 일인가를 알 것 같습니다. 그러나 스탠포드 대학이라고 할지라도 경쟁의 입장에 있는 대학의 수가 200여 개가 되지 않습니까? 한 지역에 있는 병원의 경우도 마찬가지입니다. 적어도 3~4개의 병원이 같은 지역에서 경쟁의 입장에 있을 수 있지 않습니까? 여전히 그러한 경쟁의 입장에서 다른 단체와 구별되는 독특성을 개발해야 하는 중요성에 관해서 한 말씀 해주시지요.

코틀러 교수 : 오늘에 와서의 마케팅이란 시장을 구분하고 표적을 맞추어 준비 발사하는 과정으로 나는 그것을 STP(Segmenting, Targeting and Positioning) 마케팅이라고 부릅니다. 그것은 답습되어 오던 점심 —— 골프 회동 —— 저녁 민찬의 소위 LGD (Lunch, Golf and Dinner) 마케팅과는 정반대되는 마케팅이지요. 물론 LGD 마케팅도 때와 장소가 있겠습니다만 LGD 마케팅 가지고는 STP 마케팅의 올바른 기능을 대체할 수는 없습니다.

마케팅의 입지를 구축한다는 것(positioning)은 다음과 같은 과제를 가져 옵니다. 관심있는 시장에 어떻게 데뷔하느냐? 경쟁의 위치에 있는 단체들 사이에서 특별한 존재로 부각될 수 있을까? 우리는 누구에게나 전지전능할 수는 없습니다. 많은 단체들은 소위 이야기하는 경쟁의 주도권을 확보하기 위해 비영리조직단체의 특수성을 감안하고 개발하는데 전심전력을 다해야 할 것입니다. 그것은 가지고 있는 장점을 계발하고 관심있는 시장에 어떤 의미를 부여할 때 가능한 것입니다.

사례 한 가지를 말씀드리겠습니다. 한 병원이 다른 병원에서 봉사하는 진료과목과 별 다른 것이 없는 진료과목으로 환자들을 대한다면 다른 병원들과 틀린 것이 없게 됩니다. 어떤 병원은 한 지역사회에서 필요한 욕구를 충족시킨다는 기치를 들고 나온 것을 보았습니다.

예를 들면 스포츠 의료 전문이라든지 화상 치료 전문 등이 그러한 발상에서 근거한 것입니다. 그 병원의 경영진들이 지혜롭다면 그 중 어느 전문 의료분야의 수요가 더욱 절실하고 어느 전문 진료를 남보다 더 잘할 수 있는지를 쉽게 파악할 것이며, 그러한 욕구에 대한 충족을 계획한다면 금상첨화겠지요. 그렇게 함으로써 독보적 위상이 제고될 것입니다.

독특한 계발은 그와 같은 정상적인 절차를 거쳐서 행해져야 하며, 그렇지 못할 때 고객들은 우리가 원하는 대로 선택하는 반응을 보여 줄 하등의 이유를 찾지 못할 것입니다.

드러커 교수 : 그러므로 비영리조직단체를 위한 마케팅의 첫 단계는 시장과 대중을 정의하는 것입니다. 우리들의 상품과 강점을 누구에게 마케팅 해야 할까를 처음부터 끝까지 단계별로 하나하나 생각하는 것입니다. 그러한 단계를 거친 후에 비로소 정보의 전달 수단으로서 광고나 판매 촉진 방법에 쓰여질 메시지 등이 정해진다는 것으로 이해하겠습니다.

코틀러 교수 : 옳습니다. 교회의 예를 들어 보지요. 방금 말씀하신 것을 교회 목회의 관점에서 볼 때 실제적인 문제로서 제기될 수 있기 때문입니다. 교회란 종교적인 필요성을 느끼는 사람은 누구든지 도와야 한다는 원칙에 서있습니다. 그러므로 실제 교회란 다원적이고 다양한 구성원의 단체가 될 수밖에 없습니다. 그러나 다른 한편으로는 마케팅의 관점에서 볼 때 미혼자이든 이혼자이든 동성연애자들이든 목표 대상이 분명히 정의되어질

때 더 큰 효과가 나타난다는 것입니다.
 '다양'이라는 단어가 던져 주는 의미는 대부분의 고객들이 그들과 이질적인 부류의 사람들을 기피하며 선호하지 않는다는 사실입니다. 그렇다면 내가 이름지었던 소위 '시장의 오케스트라화'라는 문제가 제기됩니다. 그렇게 다양한 구성 분자의 그룹들을 오케스트라화하여 성공적인 단체를 이룩할 수 있는가 하는 것이 문제입니다.
 우리의 시장 목표는 누구다 라고 명확하게 정의한다는 것 자체만 해도 얼마나 큰 부담을 안고 있는 일인지를 상상할 수 있습니다. 물론 교회라 할지라도 한 교회의 시장이 모든 부류의 사람들이라고는 할 수 없습니다. 그렇다고 특정한 어느 한 부류의 그룹만 되어서도 안 됩니다. 교회는 한두 가지의 특별한 욕구의 충족을 바라는 사람들의 그룹입니다.

드러커 교수 : 그렇다면 사명이라는 공통성은 있지만 그러한 사명을 성공적으로 수행하기 위하여는 정해진 목표 그룹에 초점을 맞추어 전략을 세우고 그들에게서 파생된 서비스를 제공하는데 소홀히 해서는 안 된다는 말씀이군요. 기금조성의 경우에도 같은 원리가 적용되겠는데요. 그렇지 않습니까?

코틀러 교수 : 기금조성에서는 기금의 적절한 원천을 신중하게 규명하는 것과 후원의 동기를 부여하는 것이 중요한 요구 조건입니다. 후원금을 내는 이유는 무엇인가? 누구에게 후원금을 내는가? 이것 역시 우리들의 노력을 집중적으로 투입하여야 하며 그러기 위해서는 우리들이 위에서 언급한 바 있는 소비자조사 같은 연구의 중요성을 다시 언급하지 않을 수 없습니다.

드러커 교수 : 그렇다면 눈 앞에 놓여 있는 시장 개척을 위해서

현재의 상태에서 어느 선까지 틀을 바꾸어야 합니까? 교회 사회의 주류를 이룬다고 할 수 있는 노령기의 교인들은 미혼 연령에 있는 젊은 교인들이 선호하는 교회와는 아주 다른 교회를 필요로 할 것이며, 상당히 잠재성 있는 각 교회가 교회 시장에서 봉사하기 위해서는 현재의 진부한 교회 운영에 일대의 변혁을 가져오지 않을 수 없습니다.

코틀러 교수 : 교회는 다양한 그룹의 교인들을 위하여 다양한 예배 의식과 다양한 목회를 창안하여 정착시켜야 합니다. 예를 들어 한 그룹의 교인들을 위해서는 조기 예배를, 또 다른 한 그룹을 위해서는 늦은 아침 예배를 주선하는 것입니다. 또 다른 해결책으로는 다양한 지도자와 평신도의 목회로서 교인들이 가지고 있는 필요를 충족시켜 주는 것입니다.

드러커 교수 : 교수님께서는 시장을 접근하는데 있어서 소위 말하는 '부틱(boutiques)'식으로 유행되고 있는 모든 상품들을 진열하듯 하는 것은 비영리조직에서는 큰 성공을 거둘 수 없다고 생각하시는 것 같군요.

코틀러 교수 : '부틱'을 '니치(niches)'로 바꾸어 불러 보면 어떨까요. 어떤 환경에서 무엇인가를 채우거나 메꾸는 역할을 할 수 있는 것이 니치죠. 그것이 더 좋겠습니다. 분명히 어떤 조직은 대량 생산에 비해서 그러한 니칭(niching)이라는 소량주문생산의 길로 나가야 하는 경우가 있습니다. 연극단의 예를 하나 들어 보겠습니다.

시카고에는 연극단체가 무려 120여 개가 있습니다. 그러나 그 중 몇몇 단체들이 괄목할 만한 니칭을 이룩한 것이 있는데 그것은 어떤 특수한 예술 애호가층의 욕구에서 부족한 니치를 충족시킴으로써 그들의 연극을 전문화한 것입니다.

어떤 그룹은 세익스피어만 전문적으로 공연하는가 하면 다른 그룹은 일반적인 고전물만 전문으로 공연하고, 또 다른 그룹은 최근 10년 안에 각본된 연극만 공연하는 등 특수 전문화의 길로 나간 것입니다.

자문자답해 볼 명제는 특수한 기호를 가진 제한된 연극 애호가를 깊이있게 충족시키느냐 아니면 많은 일반 관중들을 대중적으로 충족시키느냐 하는 것입니다.

드러커 교수 : 교수님께서도 아시다시피 저는 박물관을 관장하는 분들과 오랫동안 많은 일을 함께 해왔습니다. 거기에서도 성공적 사례를 이룩한 것은 획기적인 전문화를 시도한 박물관들이었습니다. 뉴욕 시에 있는 뉴욕 메트로폴리탄 박물관은 19세기의 대중적인 대형 박물관으로서 미국의 모든 박물관을 이끄는 위치에 있지만 구세대의 산물로 남아 있을 뿐입니다.

외형상으로는 어마어마하게 큰 박물관이지만 진정한 고객층이라고는 거의 없다고 해도 과언이 아닙니다.

반면에 박물관이 고도로 전문화될 수도 있습니다. 좋은 예로서 로스앤젤레스에는 비록 굉장히 좁은 박물관이긴 하지만 미국의 원주민에 관한 아주 훌륭한 박물관이 있습니다. 아주 좁은 의미에서의 박물관이죠. 병원 분야에서도 그렇습니다. 지역 단위의 대형 종합병원이 소형의 부틱상을 허용하는 것과 같은 것이지요. 오래 전부터 해야 하는 예약도 없이 닥치는 대로 수술 환자를 받는 외과 전문의 같은 특수 전문 의료진의 출현과 같은 것입니다.

나의 의견으로서는 전문화된 상품 개발은 영리단체에서도 필요한 것처럼 비영리조직단체에서도 절대 필요합니다.

코틀러 교수 : 교수님의 의견에 동의하지 않을 수 없군요. 그렇다면 19세기식의 대형 박물관들이 해결해야 할 문제가 남게 됩니다. 그들을 해체시켜 여러 개의 조그마한 박물관으로 만들 수도 없고 마치 제너럴 모터스 자동차 회사가 5개의 작은 회사로 해체한다고 할 수 없듯이 말입니다. 그러한 초대형 기업들의 고민은 마케팅 문제입니다.

시카고의 대형 예술 박물관이 그러한 문제를 마케팅함으로써 해결한 경우가 있습니다. 그들은 특수 전문 분야별로 예술 박물관을 구분하고 그렇게 구분된 특수 전문 예술별로 예술 기호가 그룹과 후원자 그룹을 형성하여 월례회를 가지고 특강을 주선합니다. 즉, 현대 예술 그룹과 고대 그리스나 로마 그룹은 각각 그들 나름대로 전문화를 향해 노력합니다. 그렇게 대형 박물관을 유지하면서도 기호별로 이해자 소그룹을 형성한 것입니다.

교수님께서도 늘 그렇게 말씀하셨듯이 작은 것이 아름답게 된 셈이지요. 감당할 수 없을 정도로 큰 대형 박물관일 경우 존속적인 연대감을 가질 수 있도록 애호가들을 어떻게 구분하십니까?

드러커 교수 : 예. 그것이 문제입니다. 그런 문제가 박물관의 경우 뿐 아니라 개신교회의 경우도 유태교회에서도 문제가 됩니다. 종교단체의 경우 각 단체의 종속적 특성을 부각시키면서 고립된 독선적인 그룹의 냄새를 풍기지 않는 묘안을 찾아야 하는 문제점을 가지고 있습니다.

성공 사례는 주위에서도 찾아 볼 수 있습니다. 대학 사회에서 가장 극단 상황에 처해 있었던 보수 기독교 지향의 대학을 들 수 있습니다. 특수 전문화라는 이유는 대중을 위한 일반대학이 될 필요의 부담없이 전문성 있는 대학의 가능성을 이루었습니다. 한편 학생 지도나 교육 위주가 아닌 연구 위주의 대학 역시 매우 성공적이었습니다.

그러나 50~60년대에 큰 인기가 있었던 커다란 종합대학들은 그 자체와 성격상 이미 많은 사람들의 관심에서 멀어지고 있다는 생각이 듭니다. 이러한 추세를 볼 때 대학에 진학하는 학생들의 수가 감소되던 15년 전, 위기에 봉착했던 작은 규모의 유수한 인문대학들이 다시 크게 인기를 끌고 있는 것은 크게 이상할 것이 없습니다.

2,500여 명의 학생 수가 그렇게 적다고는 할 수 없습니다. 그러나 그런 학교의 학생들은 자신의 학교를 두 팔을 벌려서 포용할 수 있을 정도의 실감으로 학교 구석구석을 모두 알게 되어 자기 학교의 생김새나 성품을 인지할 수 있지만 미네소타 주립대학이나 UCLA 같은 대형 종합대학에서는 그런 일은 상상조차 할 수 없는 일이 아닙니까.

니치 마케팅은 아닐 망정, 기업에서 시행했던 귀속성을 가진 특수 상품화의 개발 개념은 비영리조직단체에서 앞으로 많이 도입될 것으로 봅니다. 크게 보면 궁극적으로 시장이 조직 및 단체의 성격을 규정짓고 상품의 특성까지도 결정지을 것입니다.

비영리조직단체들이 마케팅에 관심을 가지고 마케팅을 하지 않으면 안 되는 이유는? 마케팅으로써 진정한 욕구의 충족을 채워 줄 수 있는지? 어디에 초점을 맞추어 우리의 에너지를 투입해야 할 것인지? 비영리조직단체를 위하여 마케팅을 해야 하는 진정한 의미는 어디에 있는지? 등에 관해서 한번 더 정리해 주시지요.

코틀러 교수 : 전례에 볼 수 없는 격심한 경쟁에 의하여 마케팅

의 필요성이 요구되었다고 할 수 있겠습니다. 무사태평 시대에는 마케팅이 별로 큰 의미를 부여하지 않았습니다.

그런데 갑자기 자신들의 고객을 잘 이해할 수 없게 되어 고객이라고 할 수 있는 교인들이 교회를 떠나고, 신입생의 지원자 수가 줄고 병원에 환자 수가 줄어드는 것을 알게 되고, 나아가 이러한 변화를 인식하게 된 조직과 단체들은 자신들이 경쟁의 입장에 놓이게 된 것을 자각하게 됩니다.

어떻게 극복해 나갈 것인가? 옛날에 있었던 재미있는 이야기입니다만 경쟁을 이겨내는 한 방법으로 병원 사람들은 기도를 했었다고 합니다. 세상이 좀 변화하지 말고 현상 유지로 생존이 가능할 수 있도록 말입니다.

기도의 역할이 필요할 때가 있습니다만 그 자체가 해답이 될 수는 없습니다. 해답은 역시 마케팅으로서 고객이 왜 처음에는 우리를 선택해서 찾다가 이제 와서 다시 등을 돌리고 떠나는지를 이해하도록 해야 합니다.

드러커 교수 : 코틀러 교수님, 말씀하신 것처럼 "기도는 올바른 실행의 대용품은 못된다"라는 것이 이미 오래 전에 신학의 원리에 담겨져 있지 않습니까? 이제는 그러한 마케팅 일을 비영리 조직단체의 누군가가 책임지고 추진해야겠지요? 그것에 대해서 말씀해 주시지요.

코틀러 교수 : 당연히 기업의 총수인 대표이사가 마케팅 책임자가 되어야 합니다. 마케팅에 관심을 가지고 이해하며 마케팅에서 창출된 논리와 지혜를 한 조직의 총수가 조직에 속한 모든 본부의 간부들에게 신속히 전달하고 이해시키지 못한다면 마케팅은 아무런 실효를 거둘 수 없습니다.

하지만 마케팅 실행을 최고 대표이사 자신이 다할 수는 없기 때문에 마케팅을 감당할 수 있는 능력있는 사람에게 책임을 위임해야 합니다. 그런 책임을 위임 받는 사람들의 직함은 대부분의 조직단체에서는 마케팅 전무(상무)이사 아니면 마케팅 담당 부사장입니다. 그런 직함을 병원조직에서 흔히 보실 수 있을 것입니다. 그러나 두 직함에는 분명한 차이가 있습니다.

전자가 마케팅 기술에 익숙한 사람이라면 내가 선호하는 후자인 마케팅 담당 부사장은 정책 결정이나 그 결정에 어떤 영향을 줄 수 있는 자리입니다. 그래서 후자인 마케팅 담당 부사장의 직함을 선호합니다. 그런 자리에 있는 사람은 조직의 미래를 구상할 때 다른 모든 분야의 경영 책임자들과 한 자리에 앉아서 함께 토의할 수 있기 때문입니다.

드러커 교수 : 비영리조직단체인 개신교회나 유태인교회 내지는 병원이나 대학도 그들에게 마케팅이 구체적으로 어떻게 공헌하고 있다는 것을 증명할 수 있겠습니까.

코틀러 교수 : 마케팅을 다시 정의하면 다음과 같은 역할을 하는 것입니다. 가장 적절하게 표현한다면 '한 조직과 단체를 위하여 마음을 나누고 가슴을 나누는 건설 작업'이라고 할 수 있습니다. 한 조직이나 단체라면 언젠가 한번은 목표로 하는 시장에 대해서 어느 정도의 적극적인 인식을 가지고 호의적인 태도를 보였을 것입니다.

훌륭한 마케팅 프로그램은 평범한 시장에 대한 인식과 태도를 더욱 제고하고 조직 및 단체는 서비스를 제공하고자 하는 수요자인 대중과 유대를 돈독히 함으로써 더 많은 신임을 갖게 하는 것입니다. 따라서 마케팅의 공헌을 측정하는 한 가지의 방법은 얼마나 많은 사람들이 교회의 모든 것을 잘 알고 있으며 교회를 호의적으로 생각하고 있는지를 알아 보면 될 것입니다.

물론 경비를 생각하지 않을 수 없기 때문에 마케팅 프로그램을 위한 예산이 편성되어야 합니다. 또, 중요한 것은 마케팅 프로그램에서 성취 목표를 설정하여야만 마케팅의 결과로 달성된 성과를 측정 가능하다는 것입니다.

예를 들면 우리의 목표 시장의 30％가 우리들의 조직에 대해서 알고, 그 중 80％가 우리에게 호감을 가지고 있을 때 그들을 90％의 수준으로 끌어올린다는 것 등은 측정 가능한 것입니다. 기존의 마케팅 조사 방법으로서도 가능합니다. 마케팅의 효과를 측정하기 위해서는 목표를 먼저 설정한 후 마케팅이 그 목표를 실현하는데 어느 정도 조직에 공헌했는가를 측정하면 됩니다.

드러커 교수 : 목적이 뚜렷하면 할수록 그 효력이 더 뚜렷이 실현되는 것이 아니겠습니까?

코틀러 교수 : 당연한 말씀입니다. 그와 관련하여 최근 병원 사회에서 일어난 문제에 관해서 말씀드리겠습니다. 어느 병원의 예산에 광고 선전비를 책정했습니다. 거금의 광고 선전비를 들여 자기들 병원은 친절하며 환자를 돌보는 것을 중요하게 여기는 병원이라고 지역 주민에게 메시지를 전달하였습니다.

연후에 그런 광고 선전 메시지가 지역사회 사람들의 마음에 과연 어느 정도로 영향을 미쳐 병원의 이미지 개선 및 병원의 이용도가 얼마나 높게 올라 갔는지 궁금했습니다. 그러나 결과는 병원의 몇몇 최고관리자들에게 실망을 주었습니다.

이미지 개선이나 병원 이용의 상승을 이루지 못한 것입니다. 분석에 의하면 그러한 병원들은 그들의 예산을 잘못 사용했다고 봅니다. 목표로 하는 병원의 성격 형성이 이루어지지도 않은 상태에서 병원은 거액의 예산만을 투자한 것입니다.

예를 들면 환자의 복지를 으뜸으로 생각하는 병원 분위기가 조성되기도 전에 광고와 선전만 한 셈이지요. 이것은 마케팅 절차상 순서가 잘못된 것입니다. 올바른 마케팅 순서는 첫째 한 조직이나 단체가 봉사하고자 하는 시장을 이해하기 위해서 우선 고객시장 조사를 하여야 하며, 둘째 시장을 소규모로 구분하는 작업을 해서 이질적인 소그룹의 사람들과 긴밀한 접촉을 하고, 셋째 이질적 소그룹의 욕구를 목표로 하여 충족시킬 수 있는 정책과 실무적 프로그램을 개발하는 것입니다.

위의 세 단계를 거친 후 가장 마지막 절차에서 개발된 프로그램에 관한 정보를 실행하는 단계를 밟는 것입니다. 불행히도 많은 병원들이나 다른 비영리조직체들은 그 마지막 단계에 속하는 광고 선전으로 바로 들어가서 앞의 단계를 무시하거나 뛰어넘어서 마케팅을 하기 때문에 일이 잘못되기가 쉽습니다.

드러커 교수 : 병원에 관한 이야기입니다만 저의 경험에 의하면 엉덩이 수술을 한 사람들이 수술 후 6개월이 되면 정상적으로 걸을 수 있을까를 궁금해 하는 것처럼 구체적인 것에 대해서도 알고 싶어 하는데 많은 병원들은 한사코 그러한 통계자료의 유출을 반대합니다. 이유는 수술받은 환자의 100%가 다 걸을 수 없기 때문에 98%가 걸을 수 있다 하더라도 나머지 2%는 어떻게 하느냐는 것입니다.

그러므로 '우리들은 당신을 사랑합니다'는 식으로 모든 것을 해결하는 것이 상책이라고 생각하는 것입니다. 그러나 중대 수술을 받게 된 환자는 '당신을 사랑합니다' 이상의 무엇인가를 알고자 할 것입니다. 이러한 관점에서 볼 때 교수님께서는 고객이 실제로 원하며 중요하다고 생각하는 것을 파악하는 데에서부터 시작하여 고객에게 정보를 제공하는 것이 중요하다고 강조하고 계십니다.

또한 병원의 관점에서 '고객이 중요하게 생각하는 것이 무엇이다'라고 가정하는 의식과 '고객은 무조건 병원에서 시키는 대로 듣고만 있으면 된다'는 의식에서 탈피하라는 말씀입니다. 효과적인 마케팅의 관건인 것 같습니다.

코틀러 교수 : 그렇습니다. 나는 마케팅의 도입이 되고 있지 않거나 되었다 하더라도 아주 미흡한 상태에 있는 비영리조직단체 경영자들에게 이런 말을 종종합니다. 그들이 효과적인 마케팅 절차와 프로그램을 실제로 구사하기 위해서는 대략 5년에서 10년이라는 세월이 필요하다는 것입니다. 그러함에도 불구하고 많은 조직들이 마케팅 도입 후 1~2년도 되지 않아 그만두거나 포기하는 경우가 허다합니다.

특별히 마케팅의 결과가 빨리 성취되면 10여 년 후에 이루어질 결과가 이미 모두 성취된 듯한 기분을 내기도 합니다. 실제로는 5~10년 정도 긴 세월이 요하는 이유는 마케팅이란 한 개별부서 이상의 노력이 필요하기 때문입니다.

전 조직원들이 모두 합심하여 한 가지 목표 달성에 매진하는 것입니다. 즉, 고객을 만족시키고 서비스를 제공하는 것입니다. 그러한 일은 전 직원이 유대감을 가지고 함께 추진하지 않으면 안 되기 때문입니다.

박물관의 경우 다른 부서가 모두 개입해야 합니다. 박물관 책임자들은 책임자 나름대로 청소 담당원·시설관리 담당 직원들·

제3장 사장과 고객을 정의하라

경비원들은 그들 나름대로 마케팅의 진정한 의미를 알아야 합니다. 그렇게 한다는 것은 정말 쉬운 일이 아닐 뿐 아니라 많은 시간을 요하는 일입니다.

드러커 교수 : 교수님께서 방금하신 말씀을 되새겨 본다면 한 조직이나 단체에서 마케팅은 모든 사람이 관여해야 할 일이며, 적어도 고객과 관련이 있는 사람들 모두를 두고 하시는 말씀입니다. 그러므로 마케팅이란 조직의 한 가지 기능만을 말하는 것이 아니라는 것입니다.

구체적이고 상세하게 규명된 업무 수행을 빼놓고 말할 수는 없지만 근본적인 참여의식에 의한 희생과 봉사적 결단을 의미한다고 하셨습니다. 비영리조직단체에 있어서 마케팅이란 근본적인 목적을 충족시키기 위해 조직원들이 헌신의 자세를 가지고 노력하는 조직에서 이루어지는 기본적인 행동이라는 말씀인 것 같습니다.

코틀러 교수 : 바로 그 점입니다. 비영리조직단체를 위한 마케팅이 효과를 이룩한다는 것은 그 조직이 얻기를 원하는 성과를 분명히 하는 것과 정해진 목표를 달성한다는 것이 의미있는 일인 것을 알고 함께 동참하는 데에 의견을 모으고 조직 안에 있는 모든 분들에게 동기를 부여하는 일입니다. 그러한 비전의 실행 단계에서는 원가 절감을 고려한 효율적인 방법으로 추진한다는 것입니다.

이제 우리는 마케팅이란 업무는 다름 아닌 고객이 필요로 하는 것, 요구하는 것, 가치를 부여하는 것과 조직이나 단체가 제공하고자 하는 상품이나 서비스가 부여하고자 하는 가치 및 행위가 서로 혼연일체를 이루는 것이라는 정의에 동의하게 되었습니다.

그렇지 않습니까?

코틀러 교수 : 마케팅은 진실로 조직의 바깥세상에서 필요로 하고 요구하는 것과 그 조직단체가 설정한 목적과 자원이 조화를 이루는 한 방법이라고 할 수 있습니다.

제4장
후원자를 유권자로

- 하프너* 회장과의 대담

드러커 교수 : 종전에 기금조성이라고 부르던 것을 요즈음은 기금개발이라고 부르는데 이러한 단어의 변화는 단순히 단어의 구사 변화에서 오는 것입니까, 다른 더 깊은 의미를 부여하는 것입니까?

하프너 회장 : 어떤 사람에게는 단순한 단어의 구사에서 그치겠습니다만 그렇지 않은 경우도 있다고 생각합니다. 더 깊은 의미를 부여한다고 생각하는 사람들의 경우는 자신의 진정한 성장과 발전의 잠재력이 기부자에게 있다고 보고 기부자들이 더욱 발전하여 자신들의 직접 프로그램에 동참하는 데 있다는 것을 인식하고 있습니다. 다시 말씀드리면 단순히 기부자들을 매년 기부금만

---

* 하프너(Dudley Hafner) 회장은 미국 심장협회의 부사장겸 최고경영자로 재임하고 있다.

을 갹출해 내는 대상으로만 간주하지 않는다는 개념이 저변에 깔려 있다는 것입니다.

드러커 교수 : 그런 생각은 회장님의 조직처럼 전국을 상대로 하는 조직에만 한정된다고 생각하십니까? 아니면 그런 사고가 유나이티드 웨이(United Way)든 개별의 지방교회든 지역사회의 병원에서든 누구에게나 적용될 수 있는 인식이라고 생각하십니까?

하프너 회장 : 그러한 사고는 비영리조직단체나 조직단체 모두에게 해당된다고 생각합니다. 한 조직이 앞으로 전진할 수 있는 길 중의 하나는 폭넓고 건전하면서도 확실한 주장을 내세우는 단체로 기반을 잡는 것입니다. 여기서 무엇을 개발한다는 것은 기존의 기부자 그룹 안에서 개발한다는 것입니다.

드러커 교수 : 그것은 착수 비용이 아주 적게 든다는 장점이 있겠지요. 기부금을 납입하는 후원자 기반이 이미 구축되어 있기 때문에 매년 새로운 기금조성에 나설 필요가 없다는 것이지요.

하프너 회장 : 옳은 말씀입니다. 기부금 후원자들과의 관계를 장기적 안목에서 보고 조직을 운영할 때 더 큰 효과를 가져옵니다. 그러한 장기적 관계의 안목에서 볼 때 비영리조직단체를 후원하고자 하는 기부자들을 비영리조직단체에서는 오히려 도와 주어야 한다는 생각이 듭니다. 그러한 안목을 가지는 것이 효율적일 뿐만 아니라 바람직한 일이 되기도 합니다.

비영리조직단체가 진정으로 성공하는 것은 그 조직과 단체가 표방하는 일을 어떻게 추진해 나가는지에 관해서 더 많은 사람들이 호의적인 관심을 가지는데 달렸다고 할 수 있기 때문입니다. 그렇게 될 때 기부자들이 모든 프로그램을 자기 일처럼 하게 되어 소위 우리가 말하는 프로그램의 소유자가 되는 것입니다. 그런 현상이 일어나기를 우리 모두가 바라는 것입니다.

드러커 교수: 이제는 1,600여 개의 지역별 조직단체를 총괄하여 운영하는 일에 대해서 말씀해 주십시요. 운영 기금의 대부분도 역시 그와 같은 산하조직단체에서 갹출되는 것 아닙니까?

하프너 회장: 기금모금의 99%가 지역구에서 이루어집니다. 가장 중요한 것은 우리의 조직 자체를 있는 그대로 소개하고 성취하고자 하는 목표에 대한 정보를 주지시킴으로써 기부를 받는 조직단체의 궁극적 목적을 기부자들로 하여금 정확히 이해하고 파악할 수 있게 하는 것입니다.

드러커 교수: 하프너 회장님, 그러한 것은 무엇보다도 어떤 뚜렷한 사명을 띠지 않은 사람이나 조직으로서는 불가능한 것이 아니겠습니까?

하프너 회장: 옳은 말씀입니다. 분명한 사명감과 뚜렷한 목표 없이는 불가능한 일입니다. 조직단체의 목표는 우리들의 사명과 직결되어 있습니다. 즉, 심장질환이나 마비로 인해 올 수 있는 급작스런 사망이나 평생장애의 불운을 예방하자는 것입니다.

그러한 목표 실천은 많은 사람들이 담배를 끊게 하는데 공헌했으며 혹은 첫 담배를 시도하지 않도록 하는 것과 사람들이 건전한 식음 태도를 가질 수 있도록 선도한다든지 인체의학 연구조사를 위해서 얼마나 많은 기금을 조성하느냐에 관한 것입니다. 그러한 모든 것이 궁극적으로는 지역사회의 혜택으로 환원되는 것으로 연결이 되어야 합니다.

드러커 교수: 좀 구체적으로 생각해서 회장님께서 저를 방문하셨다고 가정해 봅시다. 그런 후 내가 기부금 봉투에 나의 수표를

넣어서 회장님께 전해드리기까지 회장님께서는 어떠한 말을 저에게 해주시겠습니까?

하프너 회장 : 우리들의 도전적인 사업의 윤곽과 규모, 우리들의 각오와 추진 방법, 그러한 도전을 성취시킬 수 있는 현실성의 여부를 상세히 제시한 후 우리에게 기부하는 후원금이 위의 사업을 성취시키는데 없어서는 안 될 힘이 된다는 것을 요약해서 말씀드릴 것입니다. 또한, 기부자가 우리들의 사업에 계속 관심을 가지실 분이라는 판단이 들면 몇 차례의 서면을 통하여 사업 추진에 관한 정보를 계속해서 보내 드릴 것입니다. 또, 기부자를 우리들의 사업후원자로 서게 해야겠다는 판단이 되면 더욱 적극적으로 우리들의 사업을 실행하는데 참여해 달라는 요청을 할 것입니다.

드러커 교수 : 이웃을 집집마다 방문하면서 사업을 위한 심부름을 하는 것과 같은 일이군요.

하프너 회장 : 그런 심부름도 환영합니다. 또, 어떠한 경우에는 우리들이 혈압 제어 프로그램을 수행하는데 필요한 일손이 되어 달라고 할지도 모릅니다.

기부금 후원자로서 많은 사람들을 개발한다는 말은 우리 비영리조직단체가 사명감에서 출발하여 추진하고자 하는 사업을 성공적으로 성취시키는데 귀하께서 참여하여 공헌할 수 있는 기회를 제공한다는 의미를 담고 있습니다.

드러커 교수 : 기본적 목표는 사람들로 하여금 기부할 기회를 주고, 그 이후에는 사람들이 비영리사업의 목적 및 실행에 관하여 느끼는 적극성의 정도에 따라서 소위 말하는 장기적 안목에서 회원으로 영입하는 것이군요. 그렇게 할 때 그들은 외부 인사로

제4장 후원자를 유권자로

서 기부금만 내는 위치에 서있기보다 자기가 관여하는 비영리조직단체의 성공에 큰 관심을 가지는 위치에 서게 되는 것이군요.

하프너 회장 : 개발이라는 말이 거기에서 나온 것입니다. 즉, 개발이라는 명목으로 기부금 후원자들이 비영리조직단체를 돕고 이후 그들의 안목을 높여서 비영리조직에서 맺는 결실이 곧 후원자 자신들이 맺는 결실로 연결되는 소유의식을 심어 주는 것입니다. 그러한 결과를 이룩하는 데는 연중행사로서 모금 계획을 세우고 돈을 거두는 계획과는 근본적으로 다른 장기적 전략 없이는 불가능하다고 말할 수 있습니다.

드러커 교수 : 들으신 적이 있으신지는 모르겠습니다만 미국 심장협회(American Heart Association)나 암치료 연구소 사람들은 일하기가 상대적으로 수월하다는데 그 이유는 기부금 후원자들의 기부가 궁극적으로는 자신들에게 환원된다는 사실을 인식하고 있기 때문이라는 데에 대해서 어떻게 생각하십니까? 반면에 국제적 영역에서나 대학사회에서 일하는 사람들은 기부금 후원자들에게 그들과 직결되는 기부의 호혜(互惠) 환원을 내세우며 호소할 수 없기 때문에 일하기가 쉽지 않다는 것입니다.

이것이 현실 아닙니까?

하프너 회장 : 비영리조직단체 중 건강의료조직단체에 몸담고 있는 우리들은 오히려 대학이나 학술재단에 몸담고 있는 분들을 부러워합니다.

왜냐하면 그들은 건강의료 비영리조직단체에서는 기대할 수 없는 대기업의 재단 같은 기부금 후원자들의 후원을 받을 수 있기 때문입니다. 우리들 건강의료조직단체들의 후원금은 주로 5달러 내외입니다. 이런 각각의 조직에게는 조직의 사업에 특별히 관심을 보이는 그룹이 있게 마련입니다. 단 우리 각 조직단체들의 고민은 그러한 관심 자체를 어느 정도 확장·확충하느냐 하는 것입니다.

드러커 교수 : 회장님께서는 아주 중요한 말씀을 하셨습니다. 우리에게 관심을 보일 사람들이 누구일까를 먼저 주의 깊게 생각해 보라는 원칙을 말씀하신 것 같습니다.

하프너 회장 : 바로 보셨습니다. 그것이 가장 중요한 점이고 그 다음에는 당당하고도 강도있는 자신감을 가지고 호소를 하는 것입니다.

드러커 교수 : 하지만 방금 회장님께서 말씀하신 중요하고도 특별한 점을 이해하는 미국 국민이 얼마나 있느냐 하는 것입니다. 유럽에 사는 나의 친구들은 미국의 낮은 세금에 대해서 부럽다는 말을 나에게 입버릇처럼 합니다. 그럴 때마다 나는 그들의 인식과 관찰이 틀렸다고 하면서 고쳐주고자 노력을 합니다. 나는 이렇게 말합니다.

유럽에 사는 사람들이 전혀 하지 않는 사업, 즉 회장님 사업 같은 부문을 한다 하더라도 유럽에서는 정부 주도 하에서 행해지므로 국민 개개인은 돈이 어떻게 어디에 쓰여지든지 아무런 의사표시도 못하는 일에 미국에 사는 우리들은 세금 외에도 GNP의 10%에 해당하는 액수의 금액을 자진해서 기부하면서 후원하고 참여한다는 사실을 말해줍니다.

이 점을 다른 일반 시민들은 잘 이해하고 있지 못하고 있다고 생각합니다. 회장님 생각은 어떻습니까.

하프너 회장 : 동감입니다. 그와 같은 몇 가지 점들은 개인적으로 매우 중요하게 생각되는 것들입니다. 첫째는 미국 심장협회,

구세군, 걸스카우트・보이스카우트 모두 그들이 벌이는 캠페인은 국민들에게 참여의식을 갖게 합니다. 뿐만 아니라 그들로 하여금 그러한 사업의 중요성을 대변하는데 적극적인 주창자가 될 가능성을 부여한다고 생각합니다.

다음은 미국의 고유성과 또 다른 면을 보여주는 증거로서 자선을 위한 기부자 집합의 권리, 투표의 권리, 자유로운 의사 표현의 권리처럼 우리 국민 각자의 심정을 강력하게 표현할 수 있는 방도라고 생각하는 것입니다.

세금을 내면서도 그들이 극빈자를 위한 복지(welfare) 프로그램과 어떤 직접적인 관련이 있다고 생각하지는 않습니다. 그러나 구세군의 일과를 담당하거나 가정방문 간호 프로그램에 참여했던 사람이면 누구나 참여의식을 느낍니다. 물심양면으로 모두 깊이 참여하게 되는 것입니다. 바로 그것이 큰 차이라고 할 수 있습니다.

드러커 교수 : 자원봉사정신의 정의를 내리기도 전에 회장님께서는 빈틈없이 모두 말씀해 주신 것 같습니다.

그러나 다시 원점으로 돌아가서 회장님의 조직이나 한 지역의 동네교회와 병원 아니면 보이스카우트와 걸스카우트 지부나 전국적인 조직을 갖춘 어떤 단체이든지 간에 각 조직 및 단체의 사업에 관심을 가질만한 회원 및 유권자를 창출하는 방법론으로 돌아가 보지요.

어떤 정보와 정보를 전달하는 매개 자료물의 종류에는 어떤 것이 있는지에 관해서 말씀해 주시지요. 선생님께서 이웃에게 직접 가셔서 이렇게 모금을 하십시오. "필요한 모든 자료는 여기에 다 있습니다"라고 하면서 내어 놓을 수 있는 모금 도구함 같은 것의 종류나 모금을 원활히 수행해 나가는 방법에 대해서 구체적으로 설명해 주시지요.

하프너 회장 : 우리들에겐 이미 해결책으로 나온 구조적 단계가 있습니다. 지역구 지도자들에게 그러한 구조적 단계에 대한 훈련을 제시합니다. 또 업무 요강 및 기준이 있습니다. 그것을 기초로 하여 자신들의 목표를 현재에서 5년까지를 내다보고 설정하도록 합니다. 이러한 작업이 끝난 후 모금 계획에 들어갑니다만 모금을 위해서 밟아야 할 각 단계마다 필요한 자료물을 준비하고 있습니다.

그런 자료물은 기부금 후원자의 그룹을 분류 구분한 것을 참조한 후에 제작됩니다. 예를 들면 시장 조사의 연구에 의하면 50대의 가장이 이끄는 가족으로서 일정한 수준의 소득을 가지고 있는 가족과 30대의 가장이 이끄는 가족은 소득에 차이가 있기 때문에 우리가 전하고자 하는 실제적인 내용에는 크게 차이가 없음에도 불구하고 그들 각 가족의 가치관이나 취향에 따른 정보를 이해해야 합니다.

그러한 이해를 근거로 하여 필요한 자료물을 개발하여 같은 말이라도 다른 방법으로 메시지를 전달하여 각자의 관심을 더욱 끌 수 있도록 하는 것입니다.

드러커 교수 : 방금 말씀하신 것 중 저에게는 두 가지가 아주 분명하면서도 설득력있게 들립니다.

첫째는 시장조사연구라는 말입니다. 즉, 심도있게 시장조사를 하고 목표 시장에 전달할 메시지를 잠재적 소비자의 가치관에 초점을 맞추어서 준비한다는 것입니다.

두번째로는 마케팅 캠페인을 위한 뚜렷한 목표에 관한 것입니다. 그 목표는 잠재적 투자가들이나 기금모금을 하는 사람들을 빨리 돌려보내고 싶어 체면상 몇 푼의 기부금을 내버리는 사람들에게 미국 심장학회를 알리는 것입니다. "얼마만 달라고 빨리 말하세요. 텔레비전을 보고 있던 중입니다"라고 하는 사람들이 실제로 많이 있는 것을 압니다. 이것은 내가 들었던 대로 인용한 것입니다.

첫해엔 그런 정도의 흥미를 보였던 사람이 다음해에 가서는 변해서 "지난번 두고 가신 유인물 정말 관심있게 읽었습니다"라고 하는 경우가 많습니다. 내가 받은 훈련에 의하면 그때를 놓치지 말고 "작년엔 10달러를 기부하셨습니다. 금년엔 25달러 쯤 기부하시면 어떻겠습니까?"라고 제의합니다. 이런 경우 대부분 성공을 거두게 됩니다.

하프너 회상 : 드러커 교수님께서 기금모금의 명수이신 것에는 이유가 있는 것 같습니다. 성공적인 캠페인의 핵심을 찾아내기 때문이라는 생각이 듭니다.

즉, 기부금 후원자 한 사람 한 사람이 교수님께 가치를 부여하는 것 같습니다. 문 앞에서 기부금 후원자를 만날 수도 있습니다. 혹은 달성된 기금모금은 모금 직원을 빨리 돌려보내고 보고 있던 텔레비전 앞에 돌아가기 위하여 달러를 던져준 기부금일지도 모릅니다. 그러나 우리 비영리조직단체가 진실로 해야 할 일은 그 다음에 오는 일들입니다.

처음 기부한 1달러를 기록해 두면 그 다음해는 2달러, 5달러, 10달러로 발전할 수 있습니다. 물론 그것은 기부자들의 능력과 관심의 수준에 따라 달라지지만 그러한 의미에서 기부하는 한 사람 한 사람이 모두 귀한 존재로서 의미를 부여하는 것이지요.

드러커 교수 : 저는 가정 방문식 기금모금에 관한 아주 훌륭한

훈련을 회장님의 조직이 아닌 다른 조직단체에서 받았습니다. 그 조직에서는 미국의 프로 미식축구 게임이 방영되는 텔레비전 시간인 일요일 오후에 가정 방문은 절대 금물이라고 했습니다.

텔레비전에서 떠나지 않기 때문에 보통 때 같으면 받을 수 있는 1~2달러조차도 받아내지 못할 것이라고 했습니다. 실제로 그들의 말대로였습니다. 그러나 나는 중요하게 비교되는 상황을 하나 알게 되었습니다. 어떤 조직에서는 그 조직에 관한 질문을 받았을 때 충분히 대답할 수 있을 정도의 정보 지원을 하는가 하면 다른 조직에서는 그러한 지원이 매우 미약하다는 것입니다.

즉, 한 조직에서는 회장님의 조직에서처럼 외부 판매사원이 그 조직의 훌륭한 대변인의 역할을 수행하기에 부족함이 없을 정도의 훈련을 받는가 하면 다른 조직에서는 기껏 하는 것이 얼마나 많은 갓난아이들이 죽어가고 있는지 아십니까? 라는 식의 호소 외에는 아무 것도 할 수 없는 훈련 밖에 하지 않는 경우가 있습니다. 그런 식의 호소로서 기부금을 갹출해 낼 수 있는 경우란 텔레비전이나 어제 신문의 톱 기사로서 어떤 감동을 주는 기사가 실렸다면 몰라도 별 효력을 발생할 수 없을 것입니다.

하프너 회장 : 비영리조직단체의 장기적 성장을 위해서는 사람의 감성에 호소할 뿐 아니라 사람의 이성에 호소하는 것을 소홀히 해서는 안 됩니다.

지역적 캠페인을 벌이는데 있어서 직접 집을 방문하면서 모금에 임하는 사람을 잠재적 기부자들은 한 사람의 외부 판매사원으로 밖에 여기지 않을 것입니다. 그러나 잠재적 기부자들을 잘 교육시킨다면 자신들 스스로를 위해서 개인적으로 무엇을 할 수 있는지를 알게 하는 좋은 기회가 되는 경우도 있습니다.

제 4 장 후원자를 유권자로

어떤 질환에 관한 문제를 생각할 때 그런 생각은 분명해질 것입니다. 금전적 후원을 떠나서 조직이 표방하는 전체적 사명에 관해서라든지, 그러한 사명을 수행하는데 발생하는 제반 문제들에 대해서 자신들이 무엇을 할 수 있을까를 생각할 수 있도록 해야 합니다.

잠재적 기부금 후원자와 한 사람의 판매원으로 여겨지는 모금운동에 나선 자원봉사자들 간의 위대한 만남의 기회에서 그러한 많은 바람직한 일이 이루어지지 않는 한 장기적 전략의 성과는 이루어질 수 없는 것입니다.

드러커 교수 : 하루에도 여러 차례의 요청을 받을 정도로 후원금 및 기금모금시장의 경쟁이 격심함에도 불구하고 회장님의 조직에서는 사명을 수행하는데 필요한 기금모금의 액수는 계속 상승하거나 적어도 기존의 수준을 견고히 지키고 있습니다. 그 비결이 무엇입니까?

하프너 회장 : 우리 조직의 모금은 인플레이션을 훨씬 능가하며 상승하고 있는 것이 사실입니다. 드러커 교수님, 우리 분야에서의 경쟁에 관해서 잠시 말씀드리겠습니다.

미국 심장협회나 미국 폐협회와 같은 단체에서 모금 전략을 세워서 다른 어떤 비영리조직단체의 모금에 영향을 주면서까지 자기의 조직단체의 모금을 증액한다는 것은 나의 견해로서는 서로가 궁극적인 피해자가 되기에 있어서도 있을 수도 없는 바람직하지 못한 일이라고 생각합니다.

그러므로 한 건강의료조직단체를 후원하다가 다른 건강의료조직단체을 후원하는 현상이 일어나지 않도록 하면서 과거에는 기금모금에 전혀 참여한 적이 없는 새로운 자금 원천의 문을 두들기는 방도를 생각해내야 할 것입니다. 그렇게 할 때만이 장기적이고 실제로 바람직한 결과를 가져올 수 있으며 비영리조직단체들의 훌륭한 사명을 추진하고 수행하는 것이 성공적으로 이루어진다고 믿습니다.

드러커 교수 : 지금까지 들어보지 못한 훌륭하신 착상입니다. 저에게 들려온 이야기들은 회장님의 생각과 거의 정반대인 듯합니다. 대학사회에서 교회사회에서 병원사회에서 또는 전국적 조직을 가지고 있는 사회에서는 이른바 "우리 외에는 아무에게도 기부하지 않을 기부자를 원합니다"는 식의 착상이었습니다. 이제는 처음에 조금 이야기를 나누었던 회장님의 시장조사에 관해서 다시 조금 더 말씀을 들려 주시겠습니까?

하프너 회장 : 우리의 조직을 위해 뛰고 있는 250만 명의 자원봉사대원들에게 지고 있는 책임을 통감하면 시장조사를 소홀히 할 수 없습니다. 가장 적절한 정보와 자료를 그들에게 공급해야 합니다. 실제로 효력을 나타낼 수 있다고 자신할 수 있는 자료를 계속해서 개발 공급하고 있습니다.

드러커 교수 : 시장에 관한 어떤 구체적인 지식이 실제로 유용합니까?

하프너 회장 : 특정한 사람의 생애에서 있었던 많은 경험 중 어느 부분이 우리의 비영리조직단체의 요구에 가장 민감한 반응을 일으킬 수 있을까? 그들이 오늘 당면한 일 중에서 어떤 부분이 특수한 사명을 띠고 일하는 우리의 조직을 특별한 조직으로 볼 수 있을까? 이러한 질문 이외에도 구매습관, 레저습관, 자원봉사단체와의 관계 등 손댈 수 있는 모든 정보를 파악해야 하는 것은 당연한 일입니다. 그러한 정보가 있을 때만이 우리들이 전하고

자 하는 메시지가 힘이 있게 됩니다.

동시에 우리 조직의 자원봉사대원들의 활동 초점도 더욱 뚜렷해집니다.

드러커 교수 : 아시다시피 매년 가을이 되면 지역의 비영리조직단체로부터 소책자를 받습니다. 그 소책자에서는 "귀하의 연간 소득이 어느 수준이라면 기부금은 이 정도가 되어야 합니다"라는 식의 기부액 지침표를 볼 수 있습니다. 그런 방식의 지침이 효과를 보고 있는지, 역효과를 나타내는지 궁금합니다.

하프너 회장 : 구체적인 기부액을 요청하는 것이 그렇게 하지 않는 것보다 훨씬 효과적이라는 것이 우리들의 경험입니다. 지금껏 구체적인 금액을 요청하지 않고 연중행사로 모금 캠페인을 벌이던 비영리조직단체가 구체적인 금액을 제시하면서 모금운동을 벌일 경우 최소한 25% 정도 더 많은 금액으로 모금을 하게 된다는 것을 알게 되었습니다.

드러커 교수 : 늘 그렇듯이 저의 짐작이 또 틀렸군요.

하프너 회장 : 그 점에 관해서 어떤 요인들이 작용되고 있는지 나의 견해로는 자기가 생각하고 있는 금액보다 좀더 많은 금액을 기부하라고 할 때 사람들은 크게 무안해 하지 않습니다. 오히려 칭찬으로 받아들이기도 합니다. 동시에 자기가 작정한 금액보다 조금 작게 요청을 받으면 보통의 경우 그 금액을 기부하든지 아니면 자기가 원래 작정한 금액을 기부합니다. 작업은 거기에서 시작됩니다.

요청하는 금액 내지는 그 이상의 금액을 기부하는 사람들은 '특별한 관심을 두어야 할 사람들'로 구분되며 장기적인 전략면에서는 더 큰 금액의 기부 가능성을 줍니다.

드러커 교수 : 요청한 금액보다 더 많은 금액을 기부한 사람들을 따로 모아서 기금조성의 첫 목표 대상으로 하신다는 말씀입니까?

하프너 회장 : 그것도 한 방법입니다. 다음은 요청한 금액대로 기부한 사람들로부터 그들의 기부 금액을 매년 조금씩 증액하도록 하는 전략이 있습니다. 물론 노골적으로 매년 금액을 올리라는 것은 아닙니다. 자연스럽게 더 높은 금액으로 요청해야 합니다. 제가 지역의 모금 캠페인에 참여한 적이 있는데 기부금 후원자들을 전혀 알지도 못하는 상태였는 데도 요구한 일정 금액 모두 모금된 적이 있습니다.

드러커 교수 : 그렇게 구분된 사람들에게만 별도로 더 많은 정보를 제공합니까, 또 이후에도 관계를 계속 유지하십니까?

하프너 회장 : 그러한 개개인을 다시 분류합니다. 예를 들어 모금 후 감사를 표하는 서신이나 특별한 행사에 초대하거나 연말보고서를 송부하여 후원받은 기금을 갖고 앞으로 할 수 있는 사업의 계획과 지금까지 이룩한 성과에 대해서 보고를 합니다.

드러커 교수 : 말씀하시는 가운데 계속 강조하시는 점을 발견한다면 사명이 활동의 근원을 이루고 있다는 것입니다. 그러한 사명을 근거로 잠재력 있는 적극적인 기부금 후원자들의 후원을 더욱 증진시키도록 하는 것으로 이해됩니다.

하프너 회장 : 옳게 보셨습니다.

드러커 교수 : 회장님은 시장조사연구에서 두 가지 점을 강조하고 계십니다. 전문 용어로서는 시장세분화(market segmentation)와 세분화된 각 시장의 기대가치(market value expections)라고 할 수 있습니다. 그러나 사실 시장 분류나 구분이라는 것이 조금

제4장 후원자를 유권자로

지나친 표현이 될지도 모르겠습니다.

하프너 회장 : 우리들의 시장조사연구반에 의하면 우리들의 조직은 41개의 분별된 시장을 상대로 합니다.

드러커 교수 : 그 중 몇 개라도 소개해 주시지요.

하프너 회장 : 연소득 4만 달러로 50세인 사람과 연소득 2만 5,000달러로 학교에 다니는 아이들을 가지고 있는 30세의 사람과는 구별되어 상이한 후원금 요청 서신을 받을 것입니다.

드러커 교수 : 어떤 특정 그룹은 무조건 기부금 후원자로서 고객의 대상에서 제외되는 경우가 있습니까?

하프너 회장 : 우리 심장협회에서는 그런 경우는 없습니다. 기금조성을 책임진 사람으로서 많은 시간과 정력을 투입할 가치가 없는 특징 지역이 있다는 것을 부인할 수는 없습니다. 나의 개인적 마음 어느 한 구석에는 조직이란 기금모금 이상의 무엇이 더 있다는 것을 발견합니다.

즉, 누구든지 참여할 수 있는 기회, 교육의 기회가 있다는 것이지요. 1달러 심지어 25센트라고 할지라도 충분한 가치가 있다고 생각합니다. 물론 장기적 성장을 위한 정책으로서나 모든 정책의 관점에서는 그러한 철학의 불합리성을 지적당하지 않을 수 없습니다. 많은 금액을 기부하는 후원자들을 더욱 발굴해내며 그들의 후원에 대한 안목을 높이는데 기초를 둘 수밖에 없습니다.

드러커 교수 : 돈의 원천이 있는 곳을 찾아가야 한다는데 누구도 이의를 제기하지 못할 것입니다. 그것은 매우 중요한 결론입니다. 하지만 교육적인 캠페인으로서 기금을 개발한다는 것은 그냥 모금한다는 것과는 달리 미국 심장협회의 원리와 목적을 강화한다는 의미가 있지 않습니까.

하프너 회장 : 그것이 절대적이지요. 그 점이 범시민 위주의 연중행사로 모금 캠페인을 벌이는 이유 중의 하나라고 할 수 있습니다. 기금개발을 위한 전략을 세우고 전략 하나하나에 따라서 성과를 기대하여 실제의 성과와 비교·분석·평가해야 합니다. 많이 기부한 후원자와 적게 기부한 후원자 각각의 기대치에 따라서 전략을 세우고 평가해야 할 것입니다.

드러커 교수 : 요즈음 전략이라는 단어가 매우 인기를 얻고 있습니다. 정확하게 전략이라는 단어가 시사하는 의미를 설명해 주시지요.

하프너 회장 : 나에게 있어 전략이란 적어도 내가 목표로 하는 부분에 대해서 가지고 있는 자원을 효율적으로 사용하는 방법이라고 할 수 있습니다.

드러커 교수 : 궁극적으로 개인에게 초점이 맞추어지는군요.

하프너 회장 : 그렇습니다. 항상 각 개인에게 초점을 두어야 합니다.

드러커 교수 : 41가지로 분류된 시장 중에서 연령과 소득, 도심지와 교외, 농촌 지역 등 가상적으로 선택 구분했다고 할 때 가능한 전략 개발에 대해서 말씀해 주시지요.

하프너 회장 : 심장마비에 있어서 위험 연령인 50세가 되는 사람들을 목표 대상으로 가정하면 그들의 관심이 되는 심장마비의 위험을 줄일 수 있는 방법을 제시할 것입니다.

그들의 가장 큰 관심사는 심장마비에 관한 연구와 교육이 즉각적인 효과를 볼 수 있느냐는 것입니다. 그러므로 우리의 전략은 목표 대상자들이 연관을 맺을 수 있는 무언가를 제시하고 실제로 경험할 수 있도록 하는 것입니다.

제4장 후원자를 유권자로

드러커 교수 : 모금 운동원들과 지역의 자원봉사대원들에게 그들이 잠재적 기부금 후원자를 찾아가기 전에 필요한 모든 정보를 제공하는지요? 그렇지 않으면 단지 50세의 남성에게는 A전략을 이용하고 25세의 여성에게는 B전략을 쓰라고만 지시를 합니까?

하프너 회장 : 그들이 살고 있는 동네의 이웃을 대상으로 해서 준비된 자료를 제공받을 것입니다. 거기에도 상당히 유효한 정보가 담긴 자료가 많이 있습니다. 그런 자료는 미국의 어떤 지역에 대해서도 준비되어 있습니다.

예를 들어 한 지역의 특정 구역에 사는 사람들을 방문한다고 할 때 그들에게 가장 관심이 될 수 있는 자료를 거기에서 찾을 수가 있습니다. 그러한 자료에는 일반적 원론뿐 아니라 원론에서 벗어난 예외적인 자료도 있게 마련입니다. 그런 모든 자료를 조립하는 것이지요. 그런 작업이 끝나면 자원봉사대원은 준비된 자료와 정보를 가지고 집집마다 방문하여 개인을 만나는 것입니다. 그렇게 했을 때 괄목할 만한 결과를 가져오게 됩니다.

미래에 출현할 비영리조직은 내가 희망하는 것처럼 전통적인 형태로 조직되어 특별 기부나 특별 이벤트 등으로 묶지 말고 가치관을 함께 하는 그룹 중심의 조직이 되어야 한다고 생각합니다. 그러한 동질의 가치관을 기준으로 형성된 그룹은 그들 고유의 자료와 전략과 후원 시스템을 개발하도록 해야 합니다.

가치관에 의한 그룹 형성에서 가장 근본적인 요소는 연령과 소득 수준일 것입니다. 그러한 기본 요소 외에도 여러 가지 다른 요소를 적용할 수 있을 것입니다.

그러나 우리 비영리조직단체의 일과에 관한 한 다른 부가적 가치들은 궁극적 결과에 크게 작용하지 않는 것 같습니다.

드러커 교수 : 전국적인 조직으로서 대규모이거나 소규모 지역 조직이든지, 곤경에 빠진 여성들에게 잠잘 수 있는 처소를 마련해 주는 이웃돕기운동이건 간에 기금개발이나 기금모금에서 가장 중요한 공통된 요소 한두 가지만을 말씀하신다면 어떤 것을 들겠습니까?

하프너 회장 : 나는 애정을 갖는 기부금 후원자의 도움과 발굴을 제일 요소라고 하겠습니다. 그것이 가장 중요합니다. 두번째로 내가 해야 한다고 생각하는 것은 각 개인의 능력에 따라서 기부의 액수를 요청하는 것입니다. 이러한 두 가지 요건을 갖추면 장기적이고 안정된 성장을 이룩할 수 있다고 생각합니다. 동시에 적극적으로 후원하는 기반이 넓혀질 것입니다. 나는 위의 두 가지 점이 가장 중요하다고 생각합니다.

드러커 교수 : 잠재적 기부금 후원자의 위상을 그렇게 높이 평가하지 않는 이유는 어디에 있습니까?

하프너 회장 : 기부금 후원자를 찾는다는 것은 상당히 중요합니다. 그러나 상당한 투자를 통해 기부금 후원자를 찾은 후 그들을 계속 성장 발굴할 수 있도록 그들에 관한 정보철을 이용하는데 실패한 비영리조직단체의 사례를 보면서 실망한 경험이 한두 번이 아닙니다. 그러므로 최초의 투자가 그 결실을 만회하지 못하는 셈이 됩니다.

드러커 교수 : 지금까지의 대화 중 중심을 이루는 점들을 총체적으로 묶어보겠습니다. 회장님은 먼저 명확한 사명이 중심이 되어야 하는 필요성에 대해서 말씀하셨습니다. 그리고 목표가 되는 시장을 파악하되 일반적이고 원론적인 것 뿐만 아니라 각론적이고 세밀한 부분까지도 다 알아야 한다고 하셨습니다.

제4장 후원자를 유권자로

　다음은 조직을 위한 자원봉사대원들이 그들의 목적을 100% 달성하는데 필요한 모든 도구를 철저히 준비하여 제공하는 것이라고 했습니다. 마지막으로 중요하게 강조하신 것은 사람의 감성에만의 호소도, 지성에만의 호소로도 부족하다는 것이었습니다. 합리적으로 실정을 제시하는 것과 우리들 각자가 이웃의 형제 자매를 위하고자 하는 마음에 호소하는 것과 병행해야 한다는 것이었습니다.

　하프너 회장 : 장기적 성장을 겨냥한 개발 프로그램을 위해서는 위의 두 가지를 함께 병행하는 운영의 방식이 필요합니다.

　드러커 교수 : 하프너 회장님, 자원봉사자에 관해서 대화를 많이 나누지 못했습니다. 오늘날처럼 전자통신이 발달하였는데 자원봉사대원의 필요성이 여전히 있습니까? 아니면 컴퓨터나 텔레비전으로 곧 대체될 것이라고 생각하십니까? 비영리조직단체를 위한 기금모금의 노력의 일환으로 텔레마케팅이 성황을 이루고 있는데 그것에 관해서 의견을 좀 말씀해 주시지요.

　하프너 회장 : 교수님께서 중요한 화제를 잘 끌어내셨습니다. 사실 많은 조직들이 그 점 때문에 미래에 대한 위기의식을 가지고 있습니다. 그들 자신이 그런 위기의식을 느끼고 있을 것입니다. 교수님의 질문에 답하기 전에 그 질문을 내년도의 모금운동에 자원봉사대가 있어야 할까? 라는 질문을 던져 봅시다.

　테크놀러지는 우리들로 하여금 새로운 방법으로 모든 것을 처리할 수 있는 기반을 만들어 주었고 실제로 컴퓨터로서 대량 서신 우편으로 아니면 텔레마케팅으로 자원봉사대원 없이도 어느 정도의 수준까지 일을 잘 처리해 나갈 수 있게 됩니다.

　그러나 결국 그것은 비극적인 실패를 초래할 것입니다. 그런 과정에서 우리는 우리들의 유권자 기반을 잃게 되고, 또 자원봉사대원의 기반을 잃게 되었을 때 조직 내의 힘과 성장의 진로를 잃게 됩니다. 나의 견해는 테크놀러지가 자원봉사대원들이 그들의 일을 더욱 효과적으로 행할 수 있도록 도와 주는 도구가 될지는 몰라도 자원봉사대원의 대체물이 될 수는 없다고 생각합니다.

나는 테크놀러지가 자원봉사자들을 대체할 수 있다는 생각으로 자원봉사대원의 참여없이 기금을 조성하는 것이 더 쉽고 바람직하다고 생각하는 조직이 있다면 그 비영리조직단체는 치명적인 실수를 범하고 있다고 생각합니다.

드러커 교수 : 한번 더 우리의 대담을 모두 정리 요약해 보겠습니다. 방금 말씀하신 것 중에서 저에게 가장 감명깊게 들려오는 것은 기금개발이란 곧 사람의 계발이라고 하신 것입니다. 이 점은 기부금 후원자에 대해서나 자원봉사대원에 대해서 말씀하실 때 똑같이 강조하셨습니다. 우리는 유권자 기반을 강하게 구축해야 합니다. 이해의 기반을 구축해야 하고 후원의 기반을 구축해야 합니다.

또한 만족의 기반을 구축해야 합니다. 단, 그 과정에 있어서 인간적인 만족이 고려되어야 합니다. 사명감에 근거한 우리들의 과업과 업무를 완성하는데 필요한 후원 기반을 그런 식으로 창조하는 것입니다. 그렇게 하는 것이 직장과 업무를 잘 이용하여 우리들의 지역사회와 우리들의 사업에 동참하는 각 개인들의 복지가 향상되게 하는 길이기도 합니다.

모든 활동은 명확하게 사명에 근거를 두어야 하고 시장에 관한 광범위하고 세밀한 지식 위에서 우리들의 자원봉사대원 뿐만 아니라 기부금 후원자들에게도 의연한 협력을 요구할 수 있어야 합니다. 그리고 우리 자신의 성과 평가에 대한 피드백을 근거로 하여야 할 것입니다. 이러한 점에서 오늘 많은 비영리단체들은 부족하지 않나 생각됩니다. 우리들에게 결과가 어떻다는 이야기를 해 주는 조직들은 많지 않습니다.

회장님께서 말씀하신 많은 부분은 전국적인 조직을 가진 대형의 비영리조직단체들보다 오히려 지역사회의 순수하고 작은 조직들에게 더 중요한 의미를 부여한다고 생각합니다. 그 이유는 조그마한 지역사회는 의협심이 있는 사람들은 많이 있지만 정확한 방향감각을 세우지 못하는 경우가 더 많기 때문입니다.

우리들은 이런 모든 것을 충족시켜야 할 의무를 가지고 있습니다. 그러나 메시지를 가지고 있지 않습니다. 충족되어야 할 부분이 많지만 좋은 의도만으로는 될 수 없는 조건의 걸림돌이 많은 지역사회의 조직단체들에게는 회장님께서 말씀해 주신 모든 것이 더욱 각별히 터득되어 실행에 옮겨졌으면 하는 것이 저의 희망이며 바램입니다.

제5장
비영리단체의 목적과 성과

　전략은 비영리단체의 사명과 목적을 성과로 변신시킨다. 전략의 중요성이 그렇게 중요함에도 불구하고 많은 비영리조직단체들은 전략의 단계를 단순히 경시하는 경향이 많다. 그럼에도 대다수의 사람들은 필요한 욕구를 만족시켜 주고 있다고 생각하며, 그러한 욕구는 그들의 비영리조직단체에서 제공하는 서비스로서 채워질 수 있다고 믿고 있다. 그러나 핵심적인 문제는 전략을 '판매하기 위한 노력이나 수단' 정도로 혼동하고 있는 비영리조직단체가 너무 많다는 것이다.

　판매의 노력은 전략의 마지막 한 단계에 불과한 것이다. 전략은 시장을 파악하는 것에서 시작하여 고객은 과연 누구이고 어떤 사람들이 고객이 되어야 하며, 어떤 사람들이 고객이 될 수 있는지부터 시작한다. 전략의 '전부'는 비영리조직단체가 수혜자들을 어떤 보상받는 사람으로서, 아니면 비영리조직단체로부터 선행을 받는 입장에 있는 사람들로만 보는 것이 아니라 오히려 그들을 고객으로서의 만족을 느껴야 할 사람들로 보는 것이다.

비영리조직단체는 그러한 고객과 조직의 사명이 혼연일체가 되도록 연결을 시킬 수 있는 마케팅 전략을 필요로 한다.

많은 성과를 이룩한 비영리조직단체라 하더라도 그들의 능률이 계속 상승하며 혁신을 가져 오기 위해서는 어떤 전략을 필요로 한다. 능률 개선과 혁신이란 한계가 서로 접하고 있어 어느 선에서 능률 개선이 끝나고 어느 선에서 능률 혁신이 시작된다고 말하기는 매우 힘들다.

프란세스 헤셀바인 간사와 걸스카우트는 다섯살짜리 아이들을 위한 '데이지 스카우트'라는 새로운 서비스 프로그램을 도입시켰다. 그러한 데이지 프로그램을 두고 누구든지 전통적인 걸스카우트 프로그램의 한 연장으로, 또 다른 누구는 혁신적인 프로그램으로 보는 것이다.

다음 비영리조직단체가 필요로 하는 전략은 기부금 후원자의 기반을 구축하는 것이며 이를 위한 전략이다.

위와 같은 세 가지의 전략은 조사에서 시작하여 조사로 끝나도 내용이 불충분할지도 모른다. 조직적인 노력을 통해 현재의 고객 구성은 어떠하며 고객들에게 중요한 가치를 부여하는 것이란 어떠한 것들이며, 고객의 구매 성향들이 어떠한지를 철저히 파악해야 한다. 상품으로서 시작하는 것이 아니라 고객 만족이라는 뚜렷한 목적에서 시작해야 한다.

조사 대상에서 가장 중요한 사람은 고객임과 동시에 신앙을 가지고는 있지만 교회에 나가지 않기로 작정한 사람 같은 경우다.

전통적으로 영리기업들은 그들의 고객에 대해서 많은 연구를 해서 고객에 대해서 잘 알기도 할 뿐 아니라 더 많이 알기를 원한다. 그러나 아무리 시장 점유율이 높은 경우라 하더라도 고객이 아닌 사람(비고객)의 수가 고객의 수보다 항상 더 많게 마련이다. 그러므로 가장 중요한 정보 중 하나는 잠재 고객(비고객)에 관한 것이다.

잠재 고객이란 서비스의 필요성을 느끼고 필요성을 충족시키고자 하는 마음을 가지고 있지만 지금의 형태로 제공되는 서비스로서는 만족할 수 없는 사람들이다. 대학 입학 적령기에 있는 학생들의 숫자가 헤아릴 수 없을 정도로 많았던 과거에 비해서 오늘날의 대학은 거의가 자기 대학을 고등학교 입학 자문담당 선생님들과 입학 예정자 학생들 및 학부형들에게 마케팅하는데 안간힘을 쓰고 있다.

효과적인 마케팅을 이룩한 대학들은 입학 적령기의 전체 학생 숫자가 급격히 감소되었음에도 불구하고 입학 지원자가 쇄도하는 현상을 경험하고 있다.

심장마비 환자의 회복이나 예방을 도와준다는 의료 서비스가 있다면 애용하고자 하는 사람이 수없이 많을 것이라는 것을 짐작하는 것은 어렵지 않다. 그러나 그러한 서비스는 연령이나 몸무게에 따라서 각 개인이 요구하는 취향에 맞아야 할 것이다. 사람들은 그들의 인생과 건강을 스스로 관리하기 때문이다.

기부금 후원자들을 구축해야 하는 입장에 있는 비영리조직단체의 경영관리자들은 위와 같은 전략을 기부금 후원자를 대상으로 할 때도 똑같이 적용해야 한다는 것이 중요하다.

전형적인 비영리조직단체라면 지금도 "이러한 사업이 필요합니다"라는 식으로 기부금 후원자들에게 말하며 다닐 것이다. 그러나 기부금 후원자들에게 인기가 있고 그들의 기반을 구축하는데 성과를 거둔 조직과 단체들은 이렇게 말할 것이다. "귀하께서 필요로 하시는 것이 이렇습니다. 결과는 이렇게 나왔습니다. 우리들은 귀하께서 원하시는 것들을 충족시키는데 최선의 노력을 다하고 있습니다."

그들은 기부자들을 고객으로 생각한다. 그것이 전략의 본질이라고 할 수 있다. 항상 다른 편의 관점에서 시작해야 한다. 몇천년 전 최초의 군사 전략의 지혜도 적의 이해로부터 시작했다. 결코 자기의 군대에서 시작하는 법이 아니다.

다음 단계에서는 군사 전략에서도 마찬가지지만 사람의 훈련에 열중해야 한다. 병원에 몸담고 있는 사람은 모두가 환자 중심으로 신경을 써야 한다. 그것은 설교로서 되는 것이 아니고 훈련으로서 가능해지는 것이다. 그것은 태도만의 문제가 아니고 의식적인 행위여야 한다. 실제로 태도만을 훈련하는 것이 효과적이지 못하다는 것은 이미 오래 전에 증명되었다. 꼭 이렇게 하지 않으면 안 된다는 훈련을 구체적으로 받게 되면 고객들과 멀리 떨어져서 직접 접촉을 하지 않는 위치에 있는 병원 직원들까지도 고객들을 만족시키게 된다.

예를 들어 의료비 청구서 발행 직원이나 사무실 청소부가 그들의 고객이 되는 의사들과 환자들을 만족시킬 수 있다는 것이다.

비영리조직단체의 훈련은 직원들에게만 국한되는 것은 아니다. 자원봉사대원들의 훈련에도 긴요하게 적용될 수 있고, 자원봉사대원의 역할이 고객과 대중을 상대로 할 경우는 더욱 그렇다.

그리고 새로운 무엇인가를 시작하고자 할 때, 특히 비영리조직단체에서 어떠한 혁신적인 것을 도입하고자 할 때에는 신중한 사고와 계획이 필요하다. 어디서부터 누구와 함께 시작해야 하는가. 혁신적인 개혁이 성공되기를 진정으로 원하는 사람들이 일을 시작해야 한다. 조직체의 모든 사람이 새로운 것을 시도하도록 주도하는 것은 상당히 위험한 행위이다. 그렇게 했을 경우에는 큰 파탄에 봉착하게 된다.

기회를 성공시킬 수 있는 인물을 찾아야 한다. 조직체 안에서 그러한 새로운 생각을 요구하고 그 결실에 확신을 가지고 실행할 것을 진심으로 결심한 사람을 찾는 것이다. 혁신을 위한 전략은 이러한 과정을 초기부터 생각해야 하기 때문에 새롭고 혁신적인 계획이 성공하기까지 열심히 일할 의지가 있는 사람을 찾아야 하며, 그런 사람이 성공적으로 일을 마칠 때 그 성과는 조직 안에서 몇 배로 늘어나게 되는 현상을 낳는다.

전략에 관해 가장 바람직하지 못한 경우는 선풍적인 열풍과 희망을 가지고 새로운 것을 무작정 도입하는 경우다. 세상을 온통 바꾸는 듯한 기대감을 가지고 시작한 전략이 도입된 지 5년 후쯤 사람들이 평하기를 "잘 되고 있는 셈이지요. 좀 특별한 점이 있다고 할 수도 있지요"의 정도라면 그것은 당연히 실패작이라고 할 수밖에 없다. 자원을 효율적으로 이용하지 못한 결과라고 할 수 있다.

비영리조직단체, 즉 개신교회, 유태인교회, 보이스카우트, 병원, 대학 등은 그들의 모든 고객에 관한 정보가 풍부할 때 기대하는 결과는 더욱 분명해진다. 조직의 궁극적인 목적을 분명히 정의할 때 현실적으로 성취할 수 있는 것이 무엇이며, 우리들이 진정으로 원하는 것이 무엇인지가 더욱 분명해진다.

제 5 장 비영리단체의 목적과 성과

　대학의 규모와 질을 유지하기 위하여 어느 수준의 학생들을 몇 몇 정도 입학원서를 받아야 한다고 했을 때 일반적으로 결과를 보고 반응을 보이게 된다. 그 반응이 이러한 관점에서는 만족할 만 하지만 또 다른 관점에서는 불만족스럽다든지, 좀더 많은 노력이 필요하다는 결론과 더 강한 지도자가 필요할 것 같다는 생각과 우리가 원하는 학생들을 유치하기 위해서는 다른 어떤 새로운 것을 첨부하여 제시할 필요가 있다고 하는 것 등이다.
　전략이란 새로운 조직의 비영리조직단체의 운영 계획을 의미하며, 동시에 그것은 결실을 맺지 못하거나 어떤 보탬도 주지 못하는 것들과 봉사의 역할을 해내지 못하는 것 등을 폐기할 수 있는 능력을 갖추는 것까지도 포함한다. 독신자를 위한 목회를 할 마땅한 사람이 없다고 판단될 때는 과감히 독신자의 목회를 포기해야 한다.
　미국 심장협회는 주된 사망요인이 심장마비일 가능성이 적은 노령의 나이 75세, 80세가 넘는 노인들을 잠재적인 기부금 후원자로서 부상시키는 전략을 써왔다면 이제 그 자체의 변화를 가져와야 한다. 그러한 것이 프로그램의 폐기운동이라고 할 수 있다. 그러한 폐기의 착상 없이 건설만 할 때 조직은 감당할 수 없는 부담을 초래하게 되고 부족한 자원을 결실도 맺지 못하는 곳에 낭비만 하게 되는 결과를 가져온다.
　비영리조직단체의 최고경영자들에게 던지는 도전적인 질문은 항상 이러한 것들이다. 우리는 어떠한 서비스로서 고객을 만족시키면서 중요한 가치를 부여할 수 있을까? 그런 질문에 대답이 나오면 다음은 그러한 서비스를 제공하는데 필요한 조직, 인력 공급, 제공하는 방법에 대한 모든 문제를 세밀한 부분까지 모두 점검해야 한다.

　무엇을 언제 어디서 — 그러나 가장 중요한 요소는 물론 — 누구로 하여금 그것을 책임지고 수행하도록 하느냐에 관한 것이다.

　전략은 사명 없이는 시작될 수 없다. 그 다음에는 업무 계획을 세우고 적절한 도구를 이용하여 목표에 도달해야 한다. 즉, 자원봉사대원들을 위한 도구는 방문할 목표 대상이 누구이며 만나서 어떻게 정보를 전달하고 얼마의 금액을 후원기금으로 요청해야 하는가에 관한 모든 것이어야 한다. 그러한 도구가 없는 곳에는 정책도 없다고 할 수 있다.

　전략에서 가장 마지막에 오는 것은 기회를 포착하는 것이다. 바로 최적의 순간을 잡는 것이다.

　그리스 신학자들은 이것을 카이로스(Kairos)라고 불렀으며 새로운 것이 수용되는 순간을 의미한다. 비영리조직에서 충족시키고자 하는 필요의 대부분은 인류가 생존하는 한 어떤 형태로든 영원히 존재하기 마련이다.

　왜냐하면 그러한 욕구는 인간 존재의 한 조건이기 때문이다. 문제는 그러한 욕구와 필요성이 어떠한 구체적 형태로 부각되며 그때 어떠한 조건이 뒤따르는지를 분명히 하는 것이 조사 연구의 기능이다. 꼭 고객이 되어야 할 사람들이 그들에게 적절한 형태로 서비스가 구상되어져 있지 않기 때문에 고객이 되지 않는 경우를 생각할 수 있다. 그런 경우 우리가 먼저 자문해야 할 것은 그러한 서비스의 개발이 현재 우리의 강점과 부합되는 것인가? 그러한 욕구를 충족시킬 수 있는 서비스를 우리가 개발하는 것이 바람직하며 또 가능한가? 이러한 질문에 답할 수 있다면 마지막 세번째 요건으로서 성공을 향하여 때를 놓치지 말고 기회의 목덜

제5장 비영리단체의 목적과 성과

미를 잡아야 한다는 것이다.

 전략은 비영리조직단체의 최고경영자와 조직으로 하여금 행동을 하는데 어떤 각오와 결심을 하게 한다. 전략의 본질은 그와 같은 사명과 목적, 시장 그리고 기회 포착을 함께 묶는 행동이다. 전략의 성패는 결과에 달렸다. 전략은 필요에서 시작되어 만족으로 끝난다. 그러므로 우리는 우리들의 고객들이 무엇을 요구하는가에 대해서 분명히 알고 있어야 한다.

 고객이라면 교회에서는 교인들이며 병원으로 봐서는 환자들이고, 걸스카우트나 보이스카우트로서는 소녀와 소년들이며 그들을 지도하는 자원봉사대원들이다. 무엇이 그들의 가슴에 와닿을까? 그들이 추구하는 가치를 부여하는 것은 어떠한 것들인지, 그들이 충족하고자 하는 욕구가 무엇인지를 귀기울여 듣고 파악하는 예우를 갖추는 것이 비영리조직단체에 몸담고 있는 사람들이 마땅히 해야 할 도리이다.

 더욱이 비영리조직단체 및 최고경영자들 자신의 가치관 및 성취 욕구를 그들이 봉사해야 할 고객들에게까지 압력을 넣어 부담을 안게 하는 일은 절대로 없어야 할 것이다.

제 III 부

효율적인 성과관리
- 성과의 정의와 측정 -

제1장   손익개념이 없는 비영리단체의 「손익이란」
제2장   해야 할 일과 하지 말아야 할 일
제3장   올바른 의사결정
제4장   책임지는 학교로의 변신방법
           - 샹커 회장과의 대담 -
제5장   비영리단체의 목표와 성취

제 1 장
손익개념이 없는 비영리조직단체의 「손익란」

비영리조직단체들은 성과와 결과 위주가 아니다. 그럼에도 영리단체인 기업보다도 비영리조직단체에서 성과나 결과에 더 중요한 의미를 부여하며, 그러한 성과나 결과를 측정하고 관리하는 것을 영리기업에서보다 비영리조직단체의 경우에 훨씬 더 어려운 과제로 남는다.

영리단체인 기업에서는 재무제표에 손익란이 있다. 비록 손익 금액이 그것 자체로만의 성과를 판단하는데 미흡함이 있다고는 하지만 최소한 어떤 구체적인 것임에는 틀림없다. 기업경영자들이 좋아하는 것과 상관없이 손익의 금액은 그들의 성과를 측정하는데 이용되고 있다. 그러나 비영리조직단체 경영자들이 위험 가능성이 있는 의사 결정을 해야할 때, 그들은 바람직한 결과부터 먼저 생각하지 않을 수 없다. 그러한 결정은 성과나 결과를 측정하는 방법과 수단을 결정하기 전에 해야 한다.
　능률적인 경영을 하는 비영리조직단체의 경영자는 먼저 이러한 질문에 답하지 않으면 안 된다. 조직의 성과는 어떻게 정의되는가?
　예를 들면 병원 응급실의 성과는 응급실에 옮겨온 환자가 얼마나 빨리 의사를 볼 수 있느냐로 결정되는지와 심장마비 환자가 병원에 도착하여 첫 몇 시간 안에 몇 명이 회복되었는지로 성과를 결정하는가이다. 교회의 경우 어떻게 성과를 정의할 것인가? 어떤 이는 교인의 출석 인원 수로만 정의하는가 하면 또 다른 이는 지역사회에 미친 영향으로 정의하기도 한다.
　두 가지 성과의 정의에는 아무런 하자가 없지만 평가의 기준을 어느 것으로 하느냐에 따라서 매우 상이한 형태로 교회가 운영되어질 수 있다.
　에이즈를 퇴치하는 조직은 그들의 노력을 정당화해야 할 필요성 따위는 전혀 없다. 그러한 조직 역시 성과를 병의 예방에서 성공한 것으로 평가하느냐 아니면 에이즈 환자의 치료에 기준을 두어 평가하느냐를 분명히 해야 하는 문제가 있다. 병의 예방이 목적이었다면 병원은 그 목적에 합당한 고객을 창출하여야 하며 그러한 고객은 에이즈에 감염되지 않은 사람들 내지는 그런 병과는 상관이 없다고 믿는 사람들이다.
　비영리조직단체는 사회가 필요로 하는 것을 위해 존재한다는 것만으로는 불충분하다. 아주 훌륭한 조직은 어떠한 욕구를 창출하는 조직이다.
　박물관을 예로 들어본다면 종전까지는 자신들을 문화재를 맡고 있는 청지기 역할 정도로만 생각했다. 근래에 와서 많은 박물관

제1장 손익개념이 없는 비영리조직단체의 「손익란」

들은 그러한 전통적인 사고와는 달리 취향이나 미(美)를 위하여 또는 정신적 고취를 추구하는 고객 창출에 부단한 노력을 하는 것을 볼 수 있다. 이러한 박물관들은 자신들을 하나의 교육기관으로 간주한다.

오하이오주에 있는 클리브랜드 박물관이 세계적으로 유명한 박물관이 된 것은 이사 한 분이 전시품을 수집하는데 천재적인 인물이기도 했지만 그가 비를 피해서 잠시 한두 시간 박물관을 둘러보게 된 사람들처럼 아무 뜻없이 박물관을 구경하는 보통사람들을 박물관의 단골 손님으로 변신시키는데 탁월한 재능을 가지고 있는 귀재였기 때문이다.

그 이사가 자기 단체의 성과를 평가하는 기준은 '반복되는 판매'라는 용어에 담겨 있다고 한다. 그분의 견해는 '반복되는 판매'의 비율을 높이 구축한다는 것으로서 이는 박물관을 단지 손님이 잠깐 쉬기 위해 왔다 가는 정류소 역할에서 벗어나 단골 고객의 기반을 구축하고 지역사회에서 어떤 기능을 담당하는 기관으로 변화한다는 의미를 가지고 있다고 한다.

비영리조직단체의 최고경영자들은 조직의 사명을 실행에 옮길 단계에서는 다음과 같은 두 가지의 유혹을 물리칠 수 있어야 한다. 첫째의 유혹은 무모와 무분별이다. 무모와 무분별의 유혹에 취하기 쉬운 이유는 비영리사업의 목적과 동기 자체가 선하기 때문에 동기만을 강조한 나머지 후원에 나서지 않는 사람들은 모두 못나고 바보 같은 사람들이라고 생각하기 쉽기 때문이다.

성과란 사용 가능한 자원을 최대한으로 이용하여 결과를 얻는 것이지 가져오지도 못할 결과에 대한 기대와 약속을 늘어놓는 것이 아니다.

동시에 그와 정반대의 위험이 있다. 사명을 강조하여 결과를 얻으려 하지 않고 무사태평으로 안일한 결과에 정착하는 것이다. 비영리기관에서 응당 가져올 수 있는 돈이나 인기를 끄는 의제, 쉽게 부각될 수 있는 일들을 위해서 조용하게 일을 추진하는 것이 바람직하다.

예를 들면 대학의 많은 교수들이나 행정담당관들의 관점으로는 오히려 대학의 근본 목적과 사명을 흐리게 할 수 있는 석좌교수의 몫으로 돈을 수수하도록 압력을 받는 경우가 있다. 그런 것을 우리는 석좌를 위한 석좌 즉, '미키마우스 석좌'라고 한다.

최근 그와 비슷한 문제가 한 예술 박물관 주위에서 일어나서 그것을 염려한 경험이 있다. 단골 고객 한 분이 아주 뛰어난 전시품 한 점을 박물관에 희사하겠다는 의사를 밝혔다. 그러나 그 귀한 전시품을 희사하는 조건을 받아들인다면 박물관 원래의 목적과 사명에 훼손이 있을 수밖에 없게 되었다. 그런 경우 의사결정은 다음의 둘 중 하나로 내려야 할 것이다. 하나는 순수하고도 결백한 마음으로 그 귀한 전시품의 희사를 거절하는 것이다.

다른 하나는 일단 준비된 서명란에 서명을 하여 받아들이고 전시품을 희사하는 독지가가 사망한 후 용도 변경을 하겠다는 속셈으로 부정한 마음을 갖는 것이다. 어쨌거나 선하고 좋은 일을 위해서 부정한 일을 범하는 것은 틀림없다. 그러나 그러한 희사품을 받아들이는 대가는 엄청난 것이다.

조직에 몸담고 있는 모든 사람들이 비꼬게 되고 빈정거리는 느낌을 가지게 될 것이기 때문이다. 그렇지만 유혹의 힘은 대단하다. 거절할 경우 우리보다 아주 형편없는 다른 박물관으로 그 귀중품이 흘러가 버릴지도 모른다는 생각을 하면 그 힘은 더욱 크다.

제1장 손익개념이 없는 비영리조직단체의「손익란」

　위의 두 유혹의 근원은 같은 곳에 있다고 지적하고 싶다. 그 뿌리는 비영리조직단체의 이익이 그들의 성과에 기준을 두지 않는 데서 오는 것이다.
　요즈음 경영을 잘하고 있는 박물관에서는 수입을 올리는 사업을 벌이고도 있지만 입장료를 받는 박물관이라 하더라도 그 금액이 박물관의 운영 자금 총금액에 비추어 볼 때 극히 작은 비중에 불과하다.
　영리단체인 기업에서는 고객들이 상품 구입을 위해서 응당히 지불하고자 하는 금액으로 그들의 성과가 평가된다. 그러나 비영리조직단체는 성과를 보고 돈을 지불하는 것도 아니고, 또 의도가 좋고 선하다고 해서 돈을 받는 것도 아니다.

성과를 위한 계획

　비영리조직단체에서도 성과는 계획되어져야 한다. 이것 역시 사명에 기초를 두어야 하기 때문이다. 사명감 없이 시작한 비영리조직단체는 성과를 거둘 수가 없으며 비영리조직단체의 사명은 곧 성과의 결과를 정의하기 때문이다.
　다음의 과제는 우리들의 유권자는 누구이며 그들 하나하나를 위한 성과의 결과란 무엇인가 하는 것이다.
　영리기업과 비영리조직단체의 근본적으로 상이한 점 하나를 지적해 본다면 비영리조직단체의 유권자 및 고객은 다양한 복수라는 것이다. 지금껏 영리기업에서는 단수의 유권자, 즉 고객을 만족시켜 주는 것을 위주로 계획을 세운다.

일본의 기업에서는 지금도 고객 이외의 모든 다른 구성 분자들, 즉 고용인이나 지역사회, 환경이나 기업의 소유주들까지도 모두 제약조건이지 목적은 될 수 없다는 의식이 있다. 이런 생각은 미국 기업들에게 상당한 영향을 끼쳤고, 기업의 최고경영자들이 세상의 종말이 가까이 왔다고 하는 것도 그러한 생각에서 연유된 것이다.

그러나 비영리조직단체는 항상 복수의 유권자들을 상대하고 그들의 한 사람 한 사람은 거부권을 행사할 수 있다는 것이다. 학교의 교장 선생님은 교사들을 만족시켜야 하고 동시에 교육청, 납세자들, 학부형들과 고등학교의 학생들까지도 모두 만족시켜야 하는 입장에 있다.

다섯의 유권자가 있으면 그들이 보는 관점에 따라서 학교는 매우 다른 존재로 변하게 된다. 구성분자로서 그들 하나하나가 매우 중요한 존재이며, 그들은 각각 상이한 목적을 가지고 있다. 그들 모두는 교장 선생님의 해고를 주장한다든지, 동맹 파업을 감행한다든지, 폭동을 일으키지 않을 정도의 최소한의 만족을 얻어야 한다.

30년 전 지역 단위의 병원들은 의사들 위주로 운영되었다. 의사들이 곧 구매자들이었고 환자는 다만 의사가 지정해주는 병원으로 가서 입원하라는 대로 입원하던 시대였다. 그러나 환자와 의사만 있던 시대는 지나갔다.

병원의 경영이 오늘에 와서 어렵게 된 이유 중의 하나는 환자와 의사, 고용인의 의료비를 부담하는 제3의 존재로서 고용인인 회사의 등장 때문이다. 그러한 회사는 의료적인 면에서나 경제적인 면에서 만족을 시켜야 하는 유권자로 등장한 것이다.

제1장 손익개념이 없는 비영리조직단체의 「손익란」

미국 정부 역시 매우 중요한 유권자의 한 구성원으로 등장하였다. 전통적인 지역단위 의료기관인 병원의 총수익 중 5분의 2(40%) 정도를 연방 정부에서 주는 의료보험이 차지한다. 새로운 건강의료기관들인 HMOs(Health Maintenance Organizations)와 같이 건강 유지를 내세우는 의료기관들이 유권자로 등장하고 있다. 병원에 종사하는 직원들도 종전보다는 훨씬 중요한 위치를 점유하게 되었다. 그 이유는 그들이 요구하는 조건들이 더 많아서가 아니라 그들 중 더 많은 사람들이 고도의 훈련을 받은 전문인으로 등장했기 때문이다.

성장하고 있는 목회 중심의 교회의 성공 여부는 교회가 청소년이 필요로 하는 것, 막 결혼한 젊은 부부들이 필요로 하는 것, 독신자들이 필요로 하는 것, 노인들이 필요로 하는 것들이 서로 다르다는 것을 어느 정도 잘 인식하고 있는가에 달렸다고 해도 과언이 아니다. 교회는 그러한 각각의 그룹에 따라서 성과의 목표를 정하고 그 목표를 달성할 수 있도록 인격과 실력을 갖춘 사람들을 활용해야 한다.

미국에서 가장 크고 가장 성공적인 교회 중의 한 곳은 한때 독신자들을 위한 목회를 포기한 적이 있었다. 그 이유는 독신자들에게 목회를 자신있게 맡아줄 수 있는 부목사를 찾지 못했기 때문이었다.

비영리조직단체의 최고경영자들에게 주어진 임무 중에서 가장 어렵지만 먼저 해야 할 과제는 이렇게 다양한 구성원들이 자신들의 비영리조직의 장기적인 목표에 합의하는 것이다. 다양한 이해관계자들을 한꺼번에 묶을 수 있는 유일한 길이 장기적 안목에서 함께 이루어 보겠다는 사명을 통해서만이 가능하다.

제Ⅲ부 효율적인 성과관리

　단기적 안목의 성과를 겨냥했다면 모두들 동분서주하면서 이론만 분분할 것이 뻔하며, 그것은 마치 벼룩들의 서커스를 방불케 할 것이다.
　약 40년 전 학문기관의 경영책임자를 경험했던 나 자신의 실패를 통하여 얻은 교훈으로 개인적 심정은 항상 장기적인 계획이 아니면 안 된다는 생각이지만, 잘만 하면 조금은 단기적 계획으로 사람들을 움직이고 동지를 얻게 될지도 모른다고 생각했었다. 그러나 분명한 것은 모든 유권자들의 이상과 비전을 장기적 목표로 연결시키지 못했을 경우 결국 후원도 신용도 존경까지도 얻지 못하고 모두 잃고 만다는 것이다.
　나는 빈털털이로 실패를 경험한 후에 노력했음에도 불구하고 성공적으로 끝맺지 못했던 일을 성공적으로 수행하고 있는 비영리조직단체의 경영관리자들을 관찰하기 시작했다. 내가 곧 터득하게 된 것은 비영리조직단체가 원하는 근본적인 변화, 사회와 인간들에게 일어나야 할 가장 근본적이고 혁신적인 변화에 대해 먼저 정의를 내리는 것으로 시작하여 그러한 변화를 비영리조직단체 각 구성원들의 관심 속에 의제로 부각시킨다는 것이다.
　이와 같은 비영리조직의 계획은 영리조직인 기업이 기간을 두고 하는 계획과는 완전히 다른 것이다. 계획을 성공적으로 세워 나가기 위해 비영리조직단체의 최고경영관리자는 조직의 유권자들이 관심을 두는 각각의 문제들을 심도 깊게 파악해야 한다. 선출된 교육위원에게, 교사들에게, 학부모들에게 진실로 중요한 관심사가 무엇인지 비영리단체인 학교에서는 분명히 알고 있어야 한다.
　학부모는 자신의 딸이 원하는 대학에 입학할 수 있을까 하는

제 1 장 손익개념이 없는 비영리조직단체의 「손익란」

단기적 관심이 아니라 장기적 안목에서의 목표가 뚜렷이 있어야 한다. 예를 들면 우리(고등)학교 학생들이 그들이 지망하는 (대)학교에 갈 수 있을 정도의 수준으로 인정받을 수 있도록 하는 것은 학부모나 학생들 모두를 위해서 장기적이고 정당한 계획이 되는 것이다.

비영리조직단체의 목적과 사명을 유권자들이 원하는 목적과 목표가 되도록 하고 이를 공통적인 유대감으로 묶는 작업은 마치 건축과정과 같으며 건축구조를 설계하는 과정과도 같다. 한번 잘 이해해서 배우게 되면 그렇게 어려운 일은 아니지만 힘든 일임에는 틀림없다.

도덕적 동기와 경제적 동기

비영리조직단체에서 궁극적으로 요구되는 결실이 무엇인지를 잘 생각하고 계획하는 훈련을 거친다면 도덕적 동기와 경제적 동기라는 양비론에 휘말려 아까운 재원을 탕진하는 어리석음을 피할 수 있게 될 것이다.

일반적으로 비영리조직단체는 무엇 하나라도 포기한다는 것은 거의 불가능하다. 왜냐하면 하는 일 중 어느 하나라도 선한 동기에서 우러나지 않은 일이 없기 때문이다. 그럼에도 불구하고 비영리조직단체는 도덕적 동기와 경제적 동기의 선을 분명히 긋고 판단해야 한다.

도덕적 동기란 절대적인 선을 의미한다. 설교자들은 음란과 외설에 반대하는 설교를 5,000년 이상 끊임없이 해왔다. 그러나 결과는 어떠한가. 아무 소용이 없었던 것인지, 단지 악이 얼마나 우리 생활 속 깊이 파고 들어가 있는지를 증명한 것 뿐이다. 원하는 결과가 나타나지 않았다는 것은 더 많은 노력을 기울여야 한다는 것이다. 이런 식으로 생각하는 것이 도덕적 동기의 본질이 된다.

경제적 동기는 도덕적 동기와 분별되어야 한다. 경제적 동기의 관점에서는 우리들에게 주어진 귀한 자원이 가장 적절하게 쓰여지고 있는가? 할 일이 많기 때문에 성과의 결실을 볼 수 있는 곳에 우리의 자원을 투입해야 한다. 성과의 결실을 성취할 수도 없는 프로젝트를 계속하면서 우리에게 주어진 귀한 자원을 낭비하면서까지 우리들의 도덕적 사명만 내세울 명분도 이유는 없다.

우리들이 하는 일은 모두가 선하고 도덕적인 동기가 있기 때문에 결과가 있든 없든 무조건 추진되어야 한다고 믿는 것이 비영리조직 경영관리자나 재단이사들 사이에서는 더욱 심하게 작용한다. 이것을 고질적인 유혹이라고 할 수 있다. 비록 동기 자체는 도의적이라고 할지라도 어떤 특정한 방법으로 추진되면서 성과의 결실을 가져와야 하는 것이다.

이 세상에는 더욱 큰 도덕적 동기를 부여하게 마련이다. 비영리조직단체는 성과의 결실을 가져올 수 있는 도덕적 동기에 귀한 자원을 사용하되 도덕적 사명이라는 미명 아래 귀한 자원을 소모하지 않는 것은 기금을 후원한 사람들이나 고객들과 조직 내의 직원들에 대해 해야 하는 최소한의 의무이기도 하다.

비영리조직단체란 사람을 변화시켜야 하는 책임이 있다. 그러므로 그들의 성과는 항상 사람의 변화에서 찾아야 한다. 그들의 행동에서, 그들의 환경에서, 그들의 비전에서, 그들의 건강에

제1장 손익개념이 없는 비영리조직단체의 「손익란」

서, 그들의 희망에서 바람직한 변화가 있었는지를 우선 찾아야 한다.

마지막 분석으로 건강의료기관, 교육기관, 지역사회봉사단체, 노동조합 등의 비영리조직단체는 자신의 성과를 다음과 같은 기준에 의해서 스스로 평가를 해야 한다. 이상과 비전을 창조했는가? 더 높은 질적 표준을 설정했는가? 더 높은 가치관과 더 단단한 각오와 결심을 고취시켰는가? 인간의 위엄과 인격과 능력을 증진시켰는가?

그러한 자기 비판을 수행하기 위해서는 인류에게 봉사한다는 차원에서 구체적이고 주도면밀한 비영리기관의 서비스 목표가 먼저 세워져야 한다.

계속해서 목표를 더 높은 수준으로 끌어 올려야 하며 그렇게 하지 못할 경우 조직의 성과는 계속 감퇴되고 말 것이다.

제2장
해야 할 일과 하지 말아야 할 일

　비영리조직단체는 어떤 일은 해야 하고 어떤 일은 하지 않아야 할 일이 있다. 정확한 분별을 하지 않을 때에는 조직에 해를 가져오며 성과를 저해하게 된다.
　비영리조직단체는 내향성이기 쉽다. 비영리조직단체의 사람들은 좋고 선한 일을 하며 그러한 동기에 대해 굳은 각오를 가지고 이행함으로써 조직 자체가 선이며 궁극적인 목적인 양 확신하는 수가 많다. 그렇게 되면 조직 내의 아무도 우리가 하는 일이 조직의 진정한 근본적 목적과 사명에 대하여 이의를 제기하는 사람이 없어지게 된다. 오히려 우리가 하는 일이 우리의 법과 규율에 맞는가를 물을 뿐이다. 그렇게 될 때는 성과를 저해할 뿐 아니라 창의적 이상과 비전은 물론 봉사하고자 하는 각오까지도 파괴시킨다.

제2장 해야 할 일과 하지 말아야 할 일

　해서는 안 될 일로 좋은 사례는 지역단위의 대형 병원에서 대량의 공급 부족 현상이 일어난 간호원 수급 문제에서 살펴볼 수 있다. 간호원 공급 부족을 해소하기 위해서 간호원들이 더 좋은 느낌을 가질 수 있도록 세밀한 지침서까지 만들어 합의를 보았다. 그런데 웬일인가? 간호원은 더 많이, 더 빨리 병원을 떠나고 간호원 수급 문제는 더 심각하게 되었다.

　이유는 간호원의 호감을 살 수 있도록 이상적으로 만들어 놓은 온갖 묘안들은 병원에서 간호원들이 꼭 해야만 할 일들과 주어진 여건하에서 실제로 하고 있는 일들 간의 차이가 격심하다는 것을 더욱 잘 인식하게 만드는 결과를 초래했던 것이다.

　결론적으로 병원에서 착안한 묘안들이 오히려 간호원들로 하여금 더 큰 불민을 느끼게 하는 동기가 되었던 것이다.

　반면에 다른 병원에서는 여러분들의 성과를 어떻게 정의합니까? 라고 물었을 때 간호원들은 "나의 일은 환자를 돌보는 것입니다"라고 대답했을 뿐만 아니라, 이구동성으로 "병원에서는 우리들로 하여금 환자를 돌보는 것과는 아무런 관련이 없는 잔심부름이나 서류를 만지작거리는 일로 우리들을 묶어두기 때문에 실제로 환자를 돌보는 일은 잘할 수가 없는 실정입니다"라고 한다. 해결책은 아주 간단했다.

　매층에 한 사람씩 사무직원을 고용하여 잔심부름과 서류 정리를 하도록 한 것이다. 그렇게 함으로써 간호원은 자신의 사명과는 상관없는 잡역에서 해방되어 그들이 원칙적으로 해야만 하는 일, 즉 환자를 돌보는 일에 더욱 전념할 수 있게 되었다. 간호원의 사기는 파격적으로 충천하였고 병원을 떠나는 간호원도 없어졌으며, 간호원 공급 부족이라는 일반적인 주변 상황에도 불구하고 그 병원만은 간호원이 안정적으로 공급되는 현상을 이루었다.

적은 수의 간호원으로서 지난 날의 모든 일을 수행할 수 있었을 뿐 아니라 즐겁게 일에 충실하게 되면서 결과적으로 간호원들의 전체 급료 금액은 증가하지 않으면서도 간호원 개개인의 급료는 파격적으로 인상할 수 있게 되었다.

모든 움직임과 일에 대한 의사 결정, 모든 정책 결정에 있어서 비영리조직단체는 처음부터 다음과 같은 질문을 스스로 하면서 시작해야 한다. "이렇게 하는 것이 우리들의 사명을 수행하고자 하는 힘을 더욱 증진시킬 수 있는 것인가?"

일의 결과를 먼저 생각하는 데에서부터 출발하면서 조직 안에서 일어난 일을 샅샅이 살피는 것보다 바깥세계에서 조직 내부를 보는 눈을 가져야 한다.

효과적인 의사 결정을 하기 위해서는 소수의 반대 의견이 존중되고 절대적으로 중요한 요소로서 작용되어야 한다. 서로 헐뜯는 싸움은 서로에게 해가 된다. 그런 것은 사실상 한치도 허용되어서는 안 된다. 그것은 조직의 정신을 파괴하면서 많은 사람들은 서로 헐뜯고 싸우는 것을 개인의 성격에서 오는 갈등이라고 하지만 사실은 전혀 그렇지 않다.

그것은 조직 내부에 변화가 와야 한다는 징조인 것이 보통이다. 그러한 것은 굉장히 빠른 속도로 성장하여 전 조직을 삼킬 정도로 크게 번져 누군가가 어떻게 책임을 져야 할지조차 아무도 알 수 없을 지경으로 만들어 버린다. 그렇게 되면 사람들은 책임을 서로 전가시킨다.

나는 이러한 현상을 외부 출입조차 할 수 없을 정도로 불우한 사람들에게 식사를 제공하는 한 조직단체에서 발생하는 것을 본

제 2 장 해야 할 일과 하지 말아야 할 일

적이 있다. 모든 자원봉사대원들 뿐만 아니라 조직을 책임지고 경영하는 사람들까지도 그러한 현상이 기정 사실인 양 받아들여지고 있었다.

세월이 흐르는 동안 이 조직의 자원봉사대원들은 이동 주택공원에서 거주하는 사람들의 간호를 위하여 방문하는 일, 찾아주는 사람이 없는 외로운 노인들에게 그들의 친척과 연락을 해 주는 일, 그들의 사회복지 혜택 수령에 관한 일을 도와주면서 물리치료를 받도록 주선해 주는 일 등 여러 가지 다른 분야로 봉사 활동을 확장하게 되었다. 그러나 그 조직이 그렇게 확장되었음에도 불구하고 모든 것을 아직도 초창기의 식사 운반하던 조직 중심으로 일을 처리하고 있었다. 그러면서 여전히 자동차를 빌려야 한다든지, 약속 시간을 못 지키는 일로 인해서 사사건건 서로 불만이 가득차 싸움을 일삼고 있었다.

그러한 것은 우리들의 조직에 어떤 이상이 있다는 신호를 주는 것이다. 현재의 조직이 과거에는 별 문제가 없었지만 오늘에 와서는 부적당한 것이 아닌지, 처음 시작할 때는 가족적인 소규모의 봉사 활동에 적합하던 조직이 이제는 크게 성장하여 4개짜리 방의 연립주택에서 하던 활동이 600개의 호텔방을 이용해야 하는 활동으로 변했는 데도 같은 방식으로 조직이 운영될 수 있을지를 다시 살펴보아야 한다.

불만의 소리가 높아진다는 것은 무엇인가 잘못되었다는 신호다. 과거 조직의 구조와 운영상의 현실이 상호 일치하지 않는다는 것이므로 조직의 구조에 변화를 가져와야 한다.

하지 말아야 할 일에 대한 마지막 충언은 무례에 대한 관대함은 절대 금물이라는 것이다. 역사의 시작부터 젊은 사람들은 예의를 부정직한 일인 양 경멸해 왔다. 젊은 사람들은 예의가 사실 자체만을 담는 것이라고 착각하고 있다. 바깥에 비가 오고 있는 아침에 "좋은 아침입니다(Good Morning!)"라고 하는 것은 위선이라고 생각한다. 그러나 움직이는 몸체가 서로 만날 때 마찰현상이 일어나는 것은 엄연한 자연의 법칙이며, 예의는 그러한 마찰을 순조롭게 하는 윤활류와 비교할 수 있다.

젊은 층은 이러한 관점에서 예의를 이해하는 것이 부족하다. 오늘날 아이들과 내 어린 시절의 아이들 사이에 다른 것이 있다면 그 당시의 아이들이 예의에 어긋나는 일을 할 때는 뺨에서 찰싹 하는 소리가 났던 것 뿐이다. 그렇다고 해서 예의를 지킬 마음이 진정으로 생겨나지는 않았다. 꼭 서로 좋아하는 사이가 아니더라도 서로 함께 일하는데 필요하기 때문에 사람은 예의를 배우는 것이다.

좋고 선한 일을 한다고 해서 무례함이 허용되어질 수는 없다. 무례함은 사람들을 서로 할퀴는 것과 같아서 할퀸 상처의 흔적을 영구히 남길 수가 있기 때문이다. 좋은 예의범절은 그러한 불행을 피하게 해준다.

꼭 해야 할 일들 중에서 가장 중요한 것은 조직을 계급 위주가 아니라 정보와 대화 위주로 구축해야 한다는 것이다. 비영리조직 단체는 맨 위부터 맨 아래에 이르기까지 전 직원이 정보의 중요성에 대한 책임을 지도록 해야 한다. 누구든 적어도 두 가지의 질문에 대답할 수 있어야 한다.

첫째는 나의 임무를 수행하기 위해서 필요한 정보는 무엇이며 누구로부터 언제 어떻게 입수해야 하는가? 둘째는 다른 사람들이 그들의 임무를 더 잘 수행해 나갈 수 있도록 내가 제공해야

제2장 해야 할 일과 하지 말아야 할 일

할 정보는 무엇이며 그 형식과 시기는 어떻게 하는가? 에 대한 것이다.

60여년 전 내가 처음으로 직장을 가졌을 무렵에는 정보라는 것이 없었다. 조직들은 층층 시하로 두꺼운 겹을 쌓고 있었으며 계급의식이 뿌리 깊게 박혀 있었다. 그러나 지금의 우리는 방대한 정보 세계에서 살고 있다. 이러한 세계에서는 조직이 한층 수평적일 수도 있고 관료적인 계층의 단순화가 가능하다는 것을 시사하고 있다. 대단한 개선이다.

우리들이 알고 있는 것처럼 관리의 계층 하나하나가 육상 경기의 릴레이와 비슷해서 정보의 릴레이에서는 한 릴레이가 이어질 때마다 전달되고자 하는 메시지는 그 의미의 반 밖에 전달하지 못하는 반면, 소음은 두 배 이상으로 증가한다고 한다. 그러나 그것 역시 정보의 중요성에 대한 책임을 조직의 누구라도 져야 한다는 의식의 필요성을 말하는 것이다. 그렇지 않으면 한낱 무의미한 자료 속에서 익사하는 현상만 빚을 따름이다.

정보 위주로 조직된 단체의 직원들은 무엇보다도 상향식 대화의 중요성을 인식해야 한다.

오래 전에 있었던 좋은 사례가 있다. 약 100년 전 둘 다 외과 의사인 한 형제가 미국의 미네소타주에 있는 어느 조그마한 농촌에서 그 동네에 처음으로 현대식 의료원을 세웠는데 이를 메요 의료원이라고 불렀다. 이 메요 의료원은 굉장히 혁신적이었기 때문에 성공하리라고 믿은 사람은 아무도 없었다. 외과의사 두 사람이 온갖 부문의 전문의를 다 불러다 놓고 전통적인 조직 운용 방식과는 무관한 상태로 경영을 시작했기 때문이었다. 결론을 미리 말해 두면 이 메요 의료원은 성공했다. 그것도 크게 성공했다.

 메요 의료원 각 분야의 선임의사는 각각 메요 형제 중 한 사람에게 직접 상향식 보고를 했다. 매월 한번씩 각 전문 분야의 참모들은 시간을 가지고 각 분야에 있는 환자 한 사람 한 사람에 대한 현황을 서면으로 보고했다. 이 보고서에 첨부하여 기록한 것은 의료원의 운영면에서나 환자의 치료면에서 변화를 가져와야 할 사항들, 즉 어느 곳에 새로운 지식과 기술이 도입될 필요성이 있고 어느 곳에 더 좋은 성과를 위하여 개선될 여지가 있는지 등에 관한 것이었다.

 뿐만 아니라 전문 분야별 참모들은 뇌신경 전문이나 안과 전문, 또는 자기 환자의 필요에 따라서 메요 의료원에 속한 모든 의사들을 횡적으로 결합하고 하나의 치료팀을 구성하여 치료에 임했다. 물론 지금부터 약 100년 전에 컴퓨터가 없었던 시대의 이야기이다.

 정보를 기초로 하는 조직에서는 모든 직원이 그들의 상관과 동료에게 정보를 제공하고 필요에 따라서는 교육까지 시킨다는 것이 무엇보다 중요하다는 책임의식을 갖지 않으면 안 된다. 물론 비영리조직단체의 모든 직원들은 그들이 정규직원이든 자원봉사대원이든 상관없이 그들 스스로가 무엇인가를 알고 해야 한다는 의식의 책임자가 되어야 한다.

 그러한 실현은 모든 직원 한 사람 한 사람이 그 조직에서 자기가 책임지고 수행 해야 할 임무에 관해서 꼼꼼하고도 깊게 생각해서 서면으로 기록하고 그것으로 누구에게 공헌하며, 성과있는 결과를 초래한다는 인식을 전제로 한다. 이러한 모든 것에 대하여 조직 내 한 사람도 예외없이 아래서 위로, 위에서 아래로, 좌

제2장 해야 할 일과 하지 말아야 할 일

에서 우, 우에서 좌로 엮어지면서 서로 분명히 이해하고 있다는 것이 불문율로 인정되어야 한다.

또한 이렇게 하는 것은 서로에 대한 신뢰를 구축하는 하나의 좋은 방도가 되기도 한다. 조직이란 상호의 신뢰를 바탕으로 해야 한다. 우리 각자가 동료로서 또 한 인간으로서 지켜야 할 불문율을 지킬 때 신뢰는 형성되는 것이며, 상호 이해에 바탕을 둘 때 가능하다.

상호의 이해란 사랑이나 예우, 존경 같은 것과 구별되어야 하며 그러한 것은 요구하는 것이 아니다. 이러한 것이 비영리조직단체에서 중요한 역할을 할 수밖에 없는 것은 대개의 경우 비영리조직은 수많은 자원봉사대원들과 어떠한 제재를 가지고 통제할 수 없는 많은 사람늘의 협조로서 업무가 수행뇌기 때문이나.

종신 자격을 획득한 선생님들 또는 목사들에게는 어떤 의미에서는 전형적인 의미의 상관이나 부하라는 개념이 없다. 그렇기 때문에 그들 상호 간의 신뢰는 더욱 탄탄하게 작용한다.

서로가 한 동료로서 한 인간으로서 최소한의 불문율을 지켜야 한다. 만약 그러한 불문율을 어느 한 사람이 지키지 않을 때 곧 사람들은 힘이 쭉 빠질 수 있다. 왜냐하면 비영리조직에서는 조직 속에서 함께 일하는 사람은 적어도 같은 목적과 동기를 가지고 일하기 위해서 모인 것이라는 또 하나의 불문율을 전제로 하기 때문이다. 그러므로 어느 한 사람이라도 그러한 불문율을 어길 때 우리들은 바로 옆방 이웃으로부터 배신당한 것 같은 느낌으로 상처를 입게 된다.

영리기업에서보다 비영리조직단체에서는 결심이나 각오에 대해서 분명히 하면서 자신을 교육시키고 동시에 동료를 교육시키는 것에 대한 책임의식을 철저히 갖는 것이 더욱 중요한 의미를 준다.

　임무 대행의 중요성을 모르는 사람은 없다. 그러나 임무 대행이 능률적으로 이루어지기 위해서는 어떤 분명한 규범이 있어야 한다. 대행된 임무가 분명히 정의되어야 하고 상호간의 합의 하에서 과업의 목표와 목표 달성을 위한 중간 보고와 결말의 성과 보고의 시한이 결정되어야 한다.

　임무 대행이 원만히 이루어지기 위해서는 임무를 대행시키는 사람과 대행받는 사람간에 있게 될 불문율을 서로가 꼭 지키고자 하는 의지와 각오를 전제로 해야 한다. 임무를 대행시킨 사람은 일이 잘 진행되고 있는지에 대해서 점검을 해야 한다.

　임무를 대행받은 사람은 임무를 대행받은 후 예상하지 못한 일들이 발생한다면 임무를 대행시킨 사람에게 반드시 보고할 의무가 있다. 그러나 '제가 해결할 수 있습니다'라는 말을 해서는 안 된다는 것은 아니다.

표준설정과 인사 · 평가

　조직에 속한 모든 사람이 각자가 해야 할 일과 한 일의 성과에 대한 책임을 분명히 하기 위해서는 어떤 기준이나 표준이 있어야 한다. 그러한 기준이나 표준은 아주 구체적이어야 하는데 예를 들면 앞에서 언급한 병원 응급실의 경우가 있다. 응급 환자가 응급실에 들어오면 들어온 후 1분 내에 자격을 갖춘 누군가에게 진찰을 받아야 한다.

제 2 장 해야 할 일과 하지 말아야 할 일

　기준과 표준은 항상 높은 수준으로 세워져야 한다. 기준과 표준을 느슨하게 세우는 것은 절대 금물이다.
　내가 개발도상국에 가서 일을 도울 때 실패했던 이유 중의 하나가 바로 거기에 있었다. 보통 말하기를 개발도상국이라서 사람들이 잘 훈련되어 있지도 못하고 기술도 없기 때문에 기준과 표준을 낮추어서 시작해야 한다고 한다. 한번 낮게 잡은 기준과 표준을 끌어 올린다는 것은 여간 힘든 일이 아니다. 점진적으로 천천히 한다는 것과 처음부터 낮추어서 시작한다는 것과는 완연히 별개의 문제라는 것을 분명히 해야 하는 것이다.
　새로운 일에 대한 경험이 없는 사람과 함께 시작하게 될 때 점진적으로 시간을 두어 서서히 추진한다는 것은 별로 나쁠 것이 없다. 또, 실수도 할 수 있다. 그러나 기준과 표준 자체에 대해서는 분명히 짚고 넘어가야 한다.
　오래 전 내가 국민학교 2학년이 되어 등교한 첫 날 나의 선생님께서 아주 멋진 필체로 글쓰기의 본보기를 보여 주시며 말씀하시기를, 너희들은 모두들 이렇게 글씨를 써야 한다고 하셨던 것은 기준과 표준에 대한 많은 교훈이 담겨져 있다고 할 수 있다. 우리들은 어느 누구도 그렇게 쓸 수가 없었다. 어른이 되어서도 그렇게 쓸 수 있게 된 사람은 거의 없다고 생각한다. 특히 나 같은 경우는 더욱 그렇다. 그러나 우리들 중 아무도 자기의 필체가 나쁜 것을 자랑스러운 일이라고 생각하는 사람은 없다.
　중앙집권적 체제나 자율적인 지역단위의 협동조합 체제 등 비영리의 목적을 가진 조직이라면 선명한 기준과 표준의 중요성은 더욱 부각되어져야 한다. 원래 우리가 알다시피 비영리조직단체는 그리 많지 않았으며 그것도 대개는 아주 큰 단체였다. 가장 큰 조직단체는 물론 가톨릭 교구이고 그 다음으로 미국 심장협회, 적십자사, 걸스카우트와 보이스카우트 등의 단체를 들 수 있다.

지금에 와서는 그 정도가 아닌 연쇄 병원의 조직단체나 미국의 주립대학 체제가 생기고 큰 규모의 여러 개신교회 재단들은 몇 개의 독립채산의 예산과 독립된 당회와 교회, 교인을 가지고 목회하면 전도하는 작은 교회를 인력과 재정면에서 후원하는 현상이 일어났다. 그러한 모든 조직단체에 적용되어야 할 기준과 표준은 전체 조직의 입장에서는 일률적으로 통일되는 것이 바람직하다. 그러나 각 지역 단위의 조직, 지회, 지구당, 개별교회, 교구나 지점 형식의 병원은 모두 독자적 법인으로서 독자적 의사결정으로 운영된다.

이와 같이 독자적인 운영이라는 것과 일률적 동일체라는 상충되는 현실에서 오는 모순을 해결하고 정리하기 위해서는 높고 분명한 기준과 표준은 필수적인 존재가 된다. 협력단체 비슷한 비영리조직에서 또 하나 필수적으로 요구되는 것은 조직의 중앙본부에서 심사숙고한 후 내세우는 두서너 가지의 조건이다.

단, 그 조건은 말로만 하는 것이 아니고 실행으로 옮길 것이 요구된다. 예를 들면 가톨릭 교구의 추기경은 모든 중요한 인사권한을 갖는다는 것, 각 성당에서 시무할 신부들의 인사에 대해서는 추기경 외에는 아무도 할 수 없다는 것과 같다.

보이스카우트와 걸스카우트 본부에서는 모든 프로그램에 사용될 교육자재를 제작하면서 단원들의 진급을 위해 배우는 교과서 책자와 앞 사례에서 소개한 바 있는 5살짜리 어린아이들을 위한 새로운 프로그램인 데이지 스카우트 같은 혁신적인 프로그램 개

제2장 해야 할 일과 하지 말아야 할 일

발을 책임지고 담당한다는 것 등이다. 또한 본부에서는 외부 및 대정부 관계 홍보를 하면서 전국적인 이미지 관리를 한다.

다음에 그러한 조직들은 기준과 표준을 관리해야 하는 것이다. 그것은 가장 힘든 과제 중의 하나이다. 대표 최고경영자에 대한 존경과 예우와 상관없이 본부에서 거절할 때는 비록 싫으면서도 지역구 지회에서는 수용하지 않을 수 없게 된다.

예를 들어 가톨릭 교구청처럼 본부의 추기경만이 교구 내의 모든 승진과 보직을 관장할 권리가 있다고 하면 별로 문제가 되지 않는다. 그러나 많은 다른 비영리협력체 같은 조직에서는 본부에 그런 권한이 없는 것이 상례이다. 즉, 지역단위 독립 법인조직에서 자신들이 직접 사람을 선출한다.

협력체 같은 조직에서는 최고 대표이사가 조직의 지역구 지회에 흩어져 있는 많은 개별단체를 쉬지 않고 방문해야 하는 이유가 여기에 있다. 대부분의 대표이사는 이 일만은 참모에게 시키지 않고 자신이 직접 한다. 이러한 것은 조직의 개별적인 독립단체에서 창출되는 정력과 에너지를 모아 그들의 성과를 높이고 개별적인 조직의 범위를 넘어 공동의 목적과 사명을 성사시키고자 하는 자원협력체 같은 조직에서 갖추어야 할 기본적인 요건들이다.

본부의 직원들은 자신들이 산하 개별적인 독립된 지역구단체이든 개별 병원이든 산하 기구들을 위하여 존재하는 청지기라는 것을 한시도 잊어서는 안 된다. 본부의 직원들은 산하조직의 개별 지역독립단체들이 그들 자체의 기준과 법칙을 가지고 있는지를 점검하는 권한과 의무는 가지고 있지만 실제적인 일은 모두 산하 조직에서 하며 본부의 직원은 다만 그들을 후원하고 도와주는 역할만을 한다.

본부의 직원들은 "우리가 그들의 상부 요원이 아니라 그들의 종복이며, 그들의 양심이다"라는 생각을 한시도 잊어서는 안 될 것이다. 동시에 지역구의 단체, 개별 병원, 개별 교회의 직원들은 다음과 같은 생각을 잊어서는 안 된다.

"우리는 우리 지역의 개별단체만을 대표하는 것이 아니라 우리가 속해 있는 조직 전체를 대표하고 있다. 지역구에서 무엇을 하고 무엇을 하지 않으며, 만약 한다면 어떻게 할 것인가 등의 모든 것은 내가 속한 조직 전체의 행위이며 기준과 표준 인격으로 우리 모든 유권자들은 판단하고 평가할 것이다."

표준은 높게 잡아야 하며 달성 가능한 것이어야 한다. 최소한의 성취자들만이라도 달성하기 위해 적재적소의 인사 배치에 최선의 노력을 기울여야 한다. 또한 그에 걸맞는 사람을 찾아냈을 때만이 성취를 요구할 수 있다.

이렇게 최고 성취를 이룬 사람을 표본으로 삼아 안목과 비전, 기대, 조직 전체의 성취도를 높여야 한다. 성취자들의 각본을 만들고 가장 많은 인식을 부여하여 표본이 된 성취자들을 동료들의 스승으로 부각시키는 방법으로 상호 자부심을 가져야 한다.

지역구 회의에 그들을 보내 어떻게 그러한 성취가 가능하였는지에 대하여 모든 것을 낱낱이 말해주도록 한다. "나는 이러한 방법으로 내가 목표로 한 것을 달성했습니다"라고 말하는 판매원이 그의 동료들에게 하는 강연보다 더 큰 영향을 줄 수 있는 방법은 없다. 그것은 최고의 성취자를 위해서 그들의 공헌을 가장 잘 치하하는 방법이기도 하다.

사람들은 모두 자신의 성과를 평가해 볼 필요가 있다. 자원봉

제2장 해야 할 일과 하지 말아야 할 일

사대원들의 경우는 더욱 그러하다. 월급봉투가 자원봉사에 대한 노력의 척도가 아니기 때문에 봉사에 대한 보상금은 바로 성취감이며 그들이 맛볼 수 있는 유일한 보상이기도 하다. 목표와 기준이 모두 분명하게 설정되어질 때 비로소 성과에 대한 평가가 원만히 수행될 수 있다.

물론 이런 모든 평가와 관련된 일은 선임자의 의무와 책임에 속한다. 목표의 기준과 표준이 분명이 설정되어져 있을 때 임무를 수행하는 사람들 각자의 성과를 스스로 평가해 볼 수 있는 것이다.

성과에 대한 평가는 항상 성공적으로 성취한 부문부터 먼저 시작해야 한다. 부정적인 것부터 먼저 평가하는 것은 절대 금물이다. 그렇게 하지 않더라도 모든 관심이 그곳으로 집중되어지기 때문이다. 성과의 평가는 평가받는 사람이 지니고 있는 강점 중심으로 해야지 그들의 약점 중심으로 해서도 안 된다.

어느 조직이든 또 하나의 기능은 인간이 가지고 있는 강점이 더 큰 성과를 이루도록 하는 것이며, 동시에 인간이 가지고 있는 약점들을 극복할 수 있도록 하는 것이다. 이것이 비영리조직단체의 됨됨이를 판단할 수 있는 궁극적인 기준이 될지도 모른다.

외부로 눈을 돌려라

또 한 가지 기본적인 규율은 우리들의 조직에 속한 사람들, 특히 최고경영자들이 외부 세계를 접할 기회를 많이 가질 수 있도록 독려하는 데 게을리하지 말아야 한다. 그렇게 할 때만이 우리조직의 존재 가치를 항상 확실히 인식할 수 있게 된다. 조직 내에서 얻을 수 있는 결과는 별로 없다. 비용만이 있게 마련이다. 그럼에도 불구하고 조직 내의 일들에만 몰두하면서 외부의 현실세계와 격리되기가 쉽다. 효과적인 비영리조직단체는 사람들을 외부 현장으로 내보내 몇 번이고 실제로 실무를 해 볼 수 있는 기회를 마련해야 한다.

가장 성공적인 대형 병원 중에서 실행했던 사례 하나를 살펴보자. 그 병원에서는 회계사부터 공업기사들까지 모든 병원의 참모진들은 1년에 1주일을 현장에 나가서 간호원의 보조원으로 일을 하였다. 그뿐 아니라 2년에 한번씩은 익명의 환자로 가장하여 하루 24시간 동안 병원에 입원하는 것이다. 옛 속담처럼 "모든 의사는 한번 환자가 될 필요가 있고 모든 환자는 의사가 되어 볼 필요가 있다"는 것을 실행하는 것이다.

참모직의 사람들을 똑같은 사무직에 평생 동안 머물게 해서는 안 된다. 그들로 하여금 주기적으로 현장 근무를 하도록 하면서 사무직에 다시 돌아오게 하는 방도를 시도해 보아야 한다. 효과있는 군대를 위한 전통적인 법칙은 모든 장교들로 하여금 수년을 주기로 순회하면서 현장 지휘자의 경험을 쌓게 하는 것이 효율적인 군대를 구축하는 오래된 법칙이라고 한다.

제3장
올바른 의사결정

　영리단체의 기업체나 비영리조직단체의 최고경영자들은 의사결정을 하는데 많은 시간을 소모하지 않는다. 그들은 더 많은 시간을 회의와 면담, 그리고 어떤 정보를 입수하기 위해 보낸다. 이 모든 것은 의사 결정에 담겨져 있으며 조직을 흥하게도 패하게도 할 수 있는 것도 바로 이 의사 결정에 달려 있다.

　최고경영자들이 할 수 있는 많은 일들은 조직 내 다른 사람들에 의해서도 가능하다. 그러나 의사 결정만은 최고경영자 자신들 외에는 아무도 할 수 없는 일이다. 이는 훌륭한 의사 결정을 해서 성공하느냐, 그렇지 않으면 그들 자신이 비능률적으로 전락하느냐의 이중 택일의 문제라 해도 과언이 아니다.

　가장 비생산적인 의사 결정자들은 계속해서 의사 결정을 해야 하는 사람들이다. 생산적인 의사 결정을 하는 사람들은 많은 의사 결정을 하지 않는다. 그들은 중요한 일에 의사 결정의 핵심을 둔다. 사소한 의사 결정을 하는데 많은 시간을 소모하면서 힘들어 하는 사람들도 많다. 그들 대부분은 진정으로 중요한 의사 결정에 대해서는 소홀하면서도 사소한 의사 결정에서는 많은 시간을 허비하는 사람들일지도 모른다.

효과적인 의사 결정에서 가장 중요한 것은 무엇에 관한 의사 결정인가라는 점이다. 의사 결정에서 가장 중요한 핵심을 잃고 제기되는 문제를 핵심적 문제인 양 오해하는 경우가 많다. 병의 증상과 병 자체는 결코 같은 것이 아니다.

20여년 전 교외 주택 지역에 있는 어느 소녀단 지회는 그 지역에 사는 주민들의 인종 분포 구성이 급격히 변하고 있는 것을 인식하게 되었다. 백합화를 방불케 하는 100% 백인 분포 지역이었기 때문에 걸스카우트도 마찬가지로 모두 백인 아이들로 구성되었다. 그러나 지금에 와서는 급격히 변화되어 아주 다양한 인종 분포의 구성을 이루고 있다.

흑인계, 스페인계, 아시안계열의 많은 인종이 이주해 오고 있어 새로 이주해 온 가정의 아이들에게도 걸스카우트에 입단하도록 문을 열어야 하는 것은 엄연한 현실이며, 그것에 이의를 제기하는 사람은 한 사람도 없었다.

그러나 극빈 이웃에게 걸스카우트의 모든 것을 제공한다는 것은 말할 수 없이 많은 비용이 소모되기 마련이었다. 이런 문제로 의사 결정이 필요해졌고 이 의사 결정은 재정 확보에 관한 문제로 보였다. 실제로 그 문제에 대한 해답은 아주 분명했다. 인종별로 걸스카우트를 구성하면 된다는 것이다. 그렇게 하지 않을 경우, 즉 인종 구분 없이 혼합시킬 경우에는 돈이 많고 부유한 백인측에서 재정적인 후원을 하지 않을 것이라는 두려움에서 착상된 것이다.

이 상황에서 다행스럽게도 "우리들이 의사 결정을 해야 할 핵심적인 문제가 무엇입니까?"라고 지도자급 인사 중 한 분이 묻게 되었다. "우리들의 사명이 모금운동입니까? 아니면 국가를 건설하는 것입니까?" 그 질문이 떨어지자마자 의사 결정이란 하나의 기본적인 원칙에 기반해야 하고 지역 지회에서는 과거에 볼 수 없었던 일이라고 하더라도 과감히 결정될 수 있다는 것이 분명해졌다.

결국 어떠한 재정적인 위험이 따르더라도 인종 차별을 두지 않는 인종 혼합 걸스카우트를 창설하기로 결심했다. 과거는 과거로서 종말을 고했다. 뿐만 아니라 더욱 강조된 것은 젊은 여성은 젊은 여성일 뿐이며, 인종에 따른 흑인이나 백인, 이태리계, 유태인계, 베트남계로서가 아니라 단지 미국의 젊은 여성이라는 것이다.

당시의 의사 결정이 해결해야 할 핵심적인 문제의 진실은 바로 거기에 관한 것이었다. 이렇게 의견이 분명해졌을 때 의사 결정은 자동적으로 결정될 수 있었다. 그러한 모든 것이 잘 설명되고 보고되어진다면 그 지역의 전 주민은 흑인·백인·동양계 할 것 없이 모두 잘 수용할 것이다.

또 다른 사례로 극심한 재정 문제에 봉착한 대학이 교육 프로그램을 축소하지 않으면 안 된다는 결론에 도달했을 때의 예다. 문제는 어느 프로그램을 축소하고 어느 프로그램을 없애느냐 하는 것이었다. 이것 역시 처음엔 재정적 문제에 관한 의사 결정인 것처럼 보였다. 그래서 우리가 가장 많은 자원을 낭비하는 곳이 어디인가로 시작된 공격적인 질문들은 곧 교수들간의 언쟁으로 번져 결국 대학을 온통 파멸 지경으로 몰아 넣게 되었다.

그럴즈음 이사 중 한 분께서 다음과 같은 질문을 제기하였다. "우리들은 지금 잘못된 의제를 다루고 있습니다. 올바른 의제는 우리들이 앞으로 강조하면서 나아가야 할 방향이 계속 대학생들을 교육하는 정규 대학 과정에 굳건히 머물러 있을 것인지, 아니면 성인도 교육을 계속 해야만 한다는 교육 이념에서 시작된 성인의 평생교육으로 갈 것인가에 관한 것입니다.

우리의 의사 결정은 그러한 의제에 관한 것이어야 하며 다른 모든 것은 집행상의 문제인 것이지 의사 결정의 근본적인 핵심 문제는 아닙니다."

이러한 견해가 제기되자 모든 사람은 지금까지 왜 이렇게 열을 올려 언쟁을 벌였는지 알 수 없었다는 표정으로 순식간에 바뀌었다. 그당시 의사 결정은 단지 예산과 재정에 관한 것이 아니라 미국 대학교육의 앞날과 그러한 앞날 속에서 그 대학이 담당해야 할 역할이 무엇인지에 관한 것이었다. 이러한 중요한 의제에 관해서 토의할 때 많은 훌륭한 분들 사이에도 의견을 달리 하게 되고 열올리며 진지한 토의를 할 수 있다. 그러한 의사 결정은 전략적 의사 결정이다.

전략적 의사 결정은 이중 택일의 결정이어야 하며 얼버무리는 식의 반반으로 해서는 안 된다. 만약 그 대학의 장래가 평생교육에 있다면 프로그램의 축소나 폐기는 문제가 되지 않으며, 외부로 나가 모금으로 재정을 확보하지 않으면 안 되는 것이다.

의사 결정이란 항상 위험 부담을 동반하게 마련이다. 효과적인 의사 결정은 많은 시간과 사고를 요구한다. 이러한 이유로 우리

제3장 올바른 의사결정

는 불필요한 의사 결정은 가능한 한 하지 않아야 한다. 한 조직 단체에서 중요한 인물 두 명의 알력 다툼으로 인해 비영리조직단체가 고통스러운 인적·물적 재편성을 하는 사례가 비일비재한 것을 볼 수 있다. 그러한 알력 다툼은 20년이 넘도록 계속 있어 왔으며, 조직이 아무리 재편성된 구조를 갖는다 하더라도 알력은 계속 알력으로 남게 된다. 나는 그들을 그대로 내버려 두는 것이 상책이라고 말하고 싶다.

나는 로스앤젤레스에서 동쪽으로 약 60마일 떨어진 곳에서 살고 있으며 그곳에서 시내로 들어오는 데는 네 개의 고속도로가 있다. 어느 길이든 거리는 비슷하다. 그러나 어느 고속도로가 교통 체증을 일으킬지는 예측 불허이다. 우리들이 어느 길을 택할까 하는 의사 결정은 중대한 의사 결정이라고 할 수 없다. 틀에 박혀 반복되는 의사 결정은 어떤 큰 결과를 가져오는 결정이 아니다. 적어도 앞을 내다 볼 수 있는 결정적인 결과를 가져오는 의사 결정은 아닌 것이다. 그러한 것에 시간을 낭비하지 말아야 한다.

기회와 위험

의사 결정에 있어서 다음 질문은 기회와 위험이라는 상반된 상황에 관한 것이다. 우리는 기회를 보고 시작해야 하며 절대 위험을 보고 시작해서는 안 된다. 이것이 성공할 때 우리들에게 어떠한 영향을 미치는가에서 시작해야 하고 항상 세 가지 종류의 위험을 생각해야 한다. 첫째의 위험은 우리가 택해도 아무 관계가 없는 것이 있고 두번째의 위험은 무엇이 잘못되면 사소한 손실을 안고 다시 원상 복귀할 수 있는 정도의 위험, 한번 결정하고 나면 전연 돌이킬 여지가 없는 그러한 위험이 있는데 이때 무엇이 잘못 이루어진다면 위험은 매우 심각한 상처를 주게 된다. 마지막 세번째의 위험은 말할 수 없이 크지만 그런 위험조차도 택하지 않을 경우에 오는 위험이 더욱 엄청나서 택하지 않고서 그냥 넘길 수 없는, 넘겨서는 안 되는 위험이 있다.

이 세 가지 종류의 위험에 관한 실사례를 하나 들어보자. 지금부터 40여년 전 뉴욕 브룩클린 시 주변이 완전히 중산층 백인 동네에서 흑인들의 번창가로 급격한 변화를 가져왔다. 이 지역에 있던 한 커다란 병원은 눈 깜짝할 사이에 텅텅 비게 되어 입원 환자로 인한 병원 활용도는 12% 정도에 불과하게 되었다.

의사들은 자기들의 환자들을 이끌고 다른 곳으로 떠나버렸다. 경제적인 측면에서 볼 때에는 문을 닫아야 했지만 그 지역 주민들을 위해서는 문을 닫아서는 안 되는 상황이었다.

불똥 튀기는 투쟁을 방불케 한 논쟁이 있었지만 결론은 병원을 계속 운영한다는 것이었다. 어떻게 해서든지 3년 내지 5년 동안 모금을 하여 병원 환자의 기반을 새롭게 구축한다는 것이다. 이 병원에 관한 의사 결정이 정반대로 결정되었다면 큰 재앙이 될 수도 있었던 것이다. 그러나 병원 본래의 사명을 수행하고자 하는 의지를 포기하지 않는다면 그 병원은 문을 열고 계속 병원을 운영해야 했고 그것으로 인해 야기되는 어떤 위험도 그 병원이 감수해야 마땅한 위험이었다.

소수(小數) 반대투표의 필요성

프랭클린 루즈벨트 대통령을 위시하여 내가 관찰한 모든 최상급 그룹의 의사 결정자들은 의사 결정에 관해 한 가지 아주 단순한 원칙을 가지고 있다.

그것은 중요한 의제를 다룰 때 여론 조성이 이루어지지 않을 경우 의사 결정을 하지 않는다는 것이다. 회의를 휴회하고 사람들로 하여금 얼마간의 생각할 시간을 갖게 했던 것이다. 중요한 의사 결정은 항상 위험한 것이다. 그리고 중요한 의사 결정은 시비가 분분할 수밖에 없다. 의사 결정이 즉석에서 만장일치의 결과로 나온다는 것은 아무도 그 의사 결정에 대해서 심각한 연구 조사를 하지 않았다는 증거이다.

효과적인 토론에서 본질적으로 중요한 것은 무엇에 관하여 의사 결정을 하는가에 관한 것이기 때문에 소수의 반대 의견과 반대 투표는 당연히 있을 수 있고, 또 있어야 한다고 생각한다. 어떤 결정이 만장일치의 투표로서 이루어진다는 것은 의사 결정의 핵심이 되는 진정한 의제에 관해서라기보다 눈에만 보이는 뚜렷한 증상에 관해서 의사 결정의 투표를 던진 것이 틀림없다. 소수의 반대 의사를 배제해서는 안 된다. 항상 건설적으로 수용할 줄도 알아야 한다.

70여년 전 메리 파커 폴렛이라는 미국의 정치평론가가 말하기를 한 조직단체에서 소수의 반대 투표가 던져질 때 누가 옳고, 누가 옳지 않고, 다수가 옳고, 소수가 옳지 않았다고 하는 것은

제Ⅲ부 효율적인 성과관리

금물이라고 했다.

 심지어는 누구의 의견이 옳았고 누구의 의견이 옳지 않았다고 생각하는 것도 금물이라고 했다. 무리를 이루어 나누어진 의견에는 그들 나름대로 모두 옳은 해답을 갖고 있다는 것을 믿어야 한다. 단, 그들의 동기와 질문이 틀린 것이며 각각 현실을 다르게 보고 있을 뿐이다 라고 했다.

 몇년 전 앞의 사례에서 언급한 바 있는 종합병원이 병원 참모들간의 내부 갈등으로 분열되어 있었다. 한 그룹은 안과 의료원이 병원 바깥으로 옮겨져야 한다는 주장을 했다. 대부분의 안과 수술은 이식수술이어서 병원 바깥으로 이전하는 것이 경제적인 측면에서 매우 효과적이며, 대형 병원에서 일어나는 모든 일에 대해서 병원 간접비를 배분받는다는 것은 무의미하다는 것이다. 그러나 다른 한 그룹은 그러한 움직임은 병원의 총체적인 구조 변혁이 필요한 것이며, 그에 대한 첫 단계로 보아야 한다는 것이다.

 양측의 의견이 다 옳았으며 그들은 단지 각각 현실의 한 부분만을 본 것이다.

 누가 옳고 누가 옳지 않다고 하는 것보다는 어느 그룹이든 나름대로의 옳은 해답을 가지고 있다고 믿는 것이 필요하다. 그러나 각 그룹이 어떤 질문에 답을 하고 있는지에 초점을 두어야 한다. 그렇게 하면서 이해를 보태는 것이며 그렇게 했을 때 그들 서로의 상반된 의견들을 함께 소화하여 묶을 수 있는 능력을 갖추게 된다.

 그러한 능력을 갖추게 되었다면 우리는 이제 이렇게 제의할 수 있을 것이다. "지금 우리는 안과의 거취 문제를 결정하는 것이 아닙니다. 그것은 부수적인 문제에 불과합니다. 안과를 병원 밖으로 옮긴다는 것은 곧 병원 전체의 근본적인 구조 변혁을 한다는 우리들의 결심과 각오를 의미하는 것입니다. 안과를 병원 밖으로 이전한다는 것이 내일의 바람직한 병원 구조를 구축하는 것이라고 확신한다면 이전에 따르는 경제적 측면에 관한 토의는 그것이 병원의 관점에서든 안과 수술실의 관점에서든 무의미한 것입니다."

이런 말을 이해하지 못할 사람은 없을 것이며 새로운 공감대를 형성할 것이다. 소수 의견이나 반대 투표는 보는 관점에 따라서 상호의 이해를 증진시키고 상호 존중마저 창출하는 계기로 삼을 수도 있다.

의사 결정을 한 것이 잘못돼 실패하여 한 조직단체가 큰 위험에 봉착하게 되었을 때 돌이킬 수 없는 의사 결정일 경우에는 이성을 잃을 가능성이 많다. 그럴 때일수록 소수 의견을 건설적으로 받아들여 상호 이해증진의 열쇠로 사용하는 것이 지혜로운 일이다.

우리가 반대와 이의를 의사 결정의 핵심적인 문제로 끌고 나와 공통된 이해의 장을 열 수 있게만 된다면 그것은 단결이요, 결심과 각오를 창출하는 것이다.

오래된 격언에 이런 말이 있다. 단결의 본질과 원천, 두려움 없는 자유의 실행, 이 세상의 모든 바람직한 것의 원천은 신뢰라는 것이다. 신뢰가 밑바닥에 깔려있지 않다면 반대 의견이나 반대표가 공개되지 않는다. 신뢰는 정직한 반대와 이의의 전제 조건이다. 이러한 사실은 비영리조직단체에서는 더욱 특별하고 중요한 비중을 차지한다.

영리조직인 기업체에서보다 더 각별한 이유는 소속된 모든 사람이 사심 없는 선한 목적과 동기로 결속되어 있기 때문이다. 반대나 이의가 나의 의견 대 당신의 의견 차이라는 차원이 아닌 당신의 믿음 대 나의 믿음이라는 형이상학적 차원의 근원적 이견으로 격상되기 때문이다. 그러므로 비영리조직단체에서는 말다툼이나 불신으로 일을 더욱 어렵게 만드는 일에 조심해야 한다.

이의와 반대는 공공연히 표현되어져야 하며 신중하고 심각하게 다루어져야 한다.

반대 의견을 격려하는 또 한 가지의 이유가 있다. 그것은 어느 단체이든 평생 여당으로서 무엇이든 추종만 하는 사람과는 다른 비추종자가 필요하고 또 있어야만 한다. 이런 사람들은 무슨 일이든 간에 옳은 길이 있고 옳지 않은 길이 있다고 생각하며, 지위가 있는 자가 가는 길은 항상 옳은 길이라면서 따르는 사람들이 아니다.

비추종자들은 지금 어느 길이 옳은 길인가? 라고 진지하게 묻고 생각할 수 있는 사람들이다. 우리는 '예스 맨, 예스 우먼'만을 원해서는 안 된다. 우리는 비평을 해줄 수 있는 사람을 원한다. 특히, 조직에서 존경받는 인격자일 경우에는 더욱 그렇다.

반대 의견을 공개적으로 들고 나온다는 것은 비영리조직단체의 최고경영자들로 하여금 불필요하고 의미없는 지엽(枝葉)적인 이해에서 오는 불협화음을 모두 쓸어버리도록 한다는 의미가 있다. 반대 의견의 공개적 토의는 그들로 하여금 의제의 핵심이 되는 면에만 집중할 수 있게 한다. 사실 반대 의견이 공개적으로 토의되면 다른 많은 반대 의견들은 종적을 감추게 된다. 그 이유는 사람들은 곧 자기의 반대 의견들이 토의되고 있는 주제와 비교할 때 수준에 미흡하다든지 사소한 문제에 불과하다든지 아니

제 3 장 올바른 의사결정

면 상대적으로 심각한 의견이 아니라는 것을 곧 알게 되기 때문이다.

반대 의견이 제기되면 상반된 이해의 충돌이 있게 마련이다. "외과 의사의 관점에서 보는 견해가 있고, 또 내과 의사의 관점에서 보는 견해가 있습니다. 그러나 그런 관점에서 보는 견해가 우리 앞에 당면해 있는 이 특수한 경우에 합당한 견해라고 생각하십니까?"라고 생각해 볼 수도 있다.

그것으로도 되지 않는다면 13살 때 선생님께서 우리들에게 하셨던 말씀을 인용해 보는 것도 좋을 듯 싶다. 그것은 "얘들아, 있는 힘껏 싸워라. 그러나 교실 안에서는 싸우지 말아라. 싸우려면 바깥에 나가서 싸워라"는 것이다. 그런 싸움은 그 회의 장소에서는 해낭되지 않는 의제들이라는 것을 말하고 있다.

이해의 상반됨을 해결해 주지는 못한다고 할지라도 그런 싸움이 핵심 의제와는 무관하다는 것을 시사할 수는 있을 것이다. 그렇게 할 수만 있다면 이미 크게 성공한 것이다.

다른 예를 하나 더 들어보자. 얼마 전 내가 실제로 참석했던 회의에서 일어난 일이다. 박물관에서 있었던 회의에서 격심한 전쟁을 방불케 하는 언쟁으로 모든 것이 비하된 상태까지 이르고 있었다.

한 지혜로운 노인이 "듣고 보니 양쪽 편의 말과 주장이 둘 다 옳은 것 같습니다"라고 할 때까지 회의장은 비명의 소리가 난무하는 아수라장을 이루고 있었다.

그 노인은 "한쪽 편은 커다란 새 건물을 선호하여 요즘 많은 곳에서 건축되고 있는 대형 건물과 같은 박물관을 상상하면서 그런 박물관은 지역사회 모두에게 속하는 자산이라고 생각하는 것 같습니다. 그러므로 자연히 상당한 예산의 확장이 불가피하다는 것을 주장하고 있습니다.

반면에 다른 한쪽 편의 여러분들은 정반대의 의견을 가지고 있습니다. 여러분들은 비록 적은 숫자일지라도 진짜 작품에 해당되는 작품만을 소장하여 진정한 최상급의 수준을 창출하는데 집중적인 관심을 쏟자는 것입니다. 소장하는 작품 하나하나는 그 작품이 속한 쟝르에서는 세계에서 가장 최상의 작품이어야 한다는 것입니다. 그러한 견해는 위대한 19세기 예술 작품 수집가들이 갖고 있었던 생각과 조금도 틀리지 않는 것입니다.

'박물관'이라는 단어 자체에는 변함이 없지만 지금 양편이 공유하는 단어는 단지 '박물관' 하나인 것 같습니다"라고 지적했다.

상대방의 견해와 주장이 이렇게 이성적으로 들렸을 때 지금까지 있었던 의견 충돌에 대해 고성으로 논쟁을 벌이면서 다루었던 의제와 지금 의사 결정을 해야 할 문제의 핵심 의제와는 전연 별개인 것을 직감할 수 있었다.

결국 조만간 어느 쪽으로든지 결정될 것이며, 거의 절반 정도의 이사들이 사표를 내고 새로운 박물관을 건립하면 된다면 결론에 도달하게 된다. 그러나 여기에서의 초점은 내가 참석한 그 회의에서 논쟁을 벌여 의사 결정을 하려고 했던 처음의 몇 시간은 이러한 올바른 결정에 관한 것이 전혀 아니었다. 이런 결론으로 회의를 마쳤을 때 그 회의장은 평화와 화해로 가득찬 웃음의 장소로 변한다.

의견충돌의 해결책

　이의와 반대 의견을 의견 충돌의 해결책으로 이용할 수도 있다. 반대 의견을 자유롭게 이야기할 수 있도록 하면 사람들은 적어도 자기 의견을 주장해 봤다는 기분을 느낀다. 동시에 누군가가 반대하는 입장에 서 있고 반대 입장에 서게 된 이유들을 파악할 수 있다.

　사실 반대하는 조건들을 수용할 수 있는 부분이 많고 반대 입장에 섰던 사람들은 의사 결정을 정중하게 받아들이게 된다. 그렇게 될 때 소수의 반대편에 섰던 사람들은 다수의 견해를 잘 이해할 수 있는 경우가 많다. 비록 다수의 견해를 시원스럽게 수용하지 않는다고 하더라도 다수의 편에 선 사람들을 어딘가 좀 모자라는 사람들이라든지 잔악한 사람들이라고 생각하지는 않을 것이다.

　다만 그들의 생각과 우리들의 생각이 틀릴 뿐이다. 이렇게 의견 충돌을 해결할 수 있다. 반대 의견을 '방지'하는 것이 아니라 반대 의견을 '해결'하는 것이다.

　반대 의견을 해결하는 두번째의 방법은 상극으로 의견을 달리하는 쌍방을 불러서 조용히 앉아 시간을 두고 토의하면서 공통점을 찾도록 제의하는 것이다. 쌍방이 그 조직단체에서 존경을 받는 사람들일 경우 그 효과가 더욱 클 것이다. 이 토론에서는 그들이 합의하는 부분부터 먼저 토론의 의제로 삼는 것이 좋다.

　세번째 방법으로는 충돌되는 의견을 해소 분해시키는 것이다.

"우리들이 합의하는 점부터 먼저 이야기를 시작합시다"로 시작한 후 토의해보면 많은 반대 의견들이 사소한 것으로 드러나는 경우를 흔히 볼 수 있다. 일단 중요한 부분에 합의점을 찾으면 다른 것들은 서로 양보해 가면서 해결할 수 있다. 또 다른 경우에는 "의견의 차이를 반반씩 서로 양보합시다"라고 하면서 해소할 수도 있다. 또는 "이것은 다음으로 미룹시다" 든지 아니면 "이것이 그렇게도 중요합니까?" 등으로 해소할 수 있다. 일치되지 않는 의견들의 중요성은 좀 낮추고 합의하는 부분들의 중요성은 강조하여 격상시키는 것이 좋다.

위와 같은 예들은 결코 새로운 기술이 아니다. 사실 어느 누구도 의견 충돌을 예방하는 것은 어렵다. 그러나 만약 의견의 차이를 좁힐 수만 있다면 그것도 바람직하고 하나의 방법이 될 수 있지만 이차적이고 부수적인 문제다. 반대 의견을 해결하는 가장 좋은 방법은 반대 의견을 건설적으로 활용하는 것이다.

의사결정에서 행동으로

의사 결정이라는 것은 행동으로 옮기겠다는 결심과 각오다. 많은 의사 결정들이 애착으로 가득찬 의도로만 남아버리는 경우가 너무 많다. 이렇게 되는 이유는 네 가지의 공통된 원인에 있다.

첫째, 의사 결정을 '판매'한다는 관념을 가지고 있음으로써 그렇게 된다. 의사 결정은 '마케팅'을 해야 한다. 서양 사람들은 의사 결정을 신속히 해버리는 경향이 있다. 의사 결정이 이루어지면 그것을 곧 조직 내에 있는 다른 사람들에게 '판매'하는 작

제3장 올바른 의사결정

업으로 들어갔을 때 과정이 거의 3년쯤 걸린다. 모든 사람이 그 의사 결정을 '매입'하기에 이르렀을 때는 이미 그 상품(의사 결정)은 노화되어 쓸모없는 '물건'으로 전락했을 가능성이 대다수다.

우리는 일본 사람들의 경영방식에서 다소 배울 점이 있다. 일본 사람들은 의사 결정 이전에 의사 결정이 이루어진 후 그것을 실행에 옮기는데 필요한 모든 과정과 절차를 미리 준비해 둔다. 일본의 조직단체에서는 어떤 의사 결정의 영향을 받을 사람은 누구나 다, 특히 의사 결정이 이루어진 후 그것을 실행으로 옮기는데 참여해야 할 참여자들 모두 의사 결정이 이루어지기 전에 모든 의제에 대해서 그들의 의견을 표명할 수 있는 기회를 갖는다. 그 과정은 오랜 시간이 걸려서 완성된다.

서양 사람들에게는 그러한 과정 동안 의사 결정을 하지 않고 기다리는 것은 견딜 수 없는 고통으로 곧 미칠 것만 같은 기분으로 다가온다. 그러나 서양 사람들이 의사 결정을 '판매'하기 시작할 즈음에 일본 사람들은 의사 결정에 직접적으로 참여하지 않는 사람들의 의견 수렴의 과정을 거쳐서 겨우 의사 결정을 하게 된다.

그러나 일본 사람들은 결정된 의사를 '판매'할 필요가 없기 때문에 의사 결정이 이루어진 다음날이면 실제로 모든 사람들이 의사 결정의 정황을 완전히 이해하고 있는 바탕 위에서 실행 단계로 곧바로 진입할 수 있게 된다.

둘째, 결정된 의사가 행동으로 옮겨지는 과정에서 힘을 잃는 원인은 새롭게 결정된 정책이나 서비스 프로그램을 조직 전체로 즉시 체계적으로 옮기고자 하는데 있다고 할 수 있다. 이것은 실험 단계를 무시한 것과 같은 것이다.

제Ⅲ부 효율적인 성과관리

즉, 비영리조직단체에서 기회의 목표 대상을 찾은 후 그 대상에만 전심전력으로 관심을 집중하라. 모든 사람들에게 단시일 안에 실행에 옮기라는 요구를 하는 것은 금물이다.

새로운 어떤 것을 시도해야 할 때 나는 세 그룹의 사람들을 대상으로 각각 개별적으로 실험을 한 후 시작해 보라고 권장하고 싶다. 나는 처음으로 물리치료를 미국의 병원에 도입했던 사람들로부터 40여 년 전에 배운 바 있는 경험에서 하는 말이다. 당시 물리치료를 병원에 도입해야 한다는 주장에 대부분의 여론은 거부반응을 일으켰다.

물리치료는 의학과는 아무 상관이 없다는 것이 당시 병원들의 지배적인 의견이었기 때문이다. 이때 기치를 든 창안자들은 이 주장에 동조하지 않는 사람들의 마음을 바꿔놓을 생각은 아예 시도도 하지 않았다.

결국, 물리치료를 도입하기를 열망하는 세 지역의 특색있는 병원 하나씩을 선택하였다. 하나는 부속 의과대학이 있는 대규모 병원으로 많은 노인 환자와 신체마비 환자 등 물리치료의 대상이 되는 환자가 많은 병원을 선택했으며, 두번째 병원은 아주 작은 병원으로 공장과 농장 중간지역에서 많은 사고 환자들이 찾아오는 병원이었으며, 세번째 병원은 크지도 작지도 않은 보통의 교외 지역의 병원으로 골절 및 관절 환자와 같은 일반적으로 흔한 전형적인 환자를 많이 수용하는 병원을 선택했다.

그들은 위와 같이 선택된 세 개의 병원에서 5년 동안 물리치료를 시도하였다. 5년이 지났을 즈음 미국에 있는 병원 중 물리치료를 도입하지 않겠다는 병원은 하나도 없었다.

5년 후 물리치료의 방법은 5년 전 처음 시도하였을 때와는 달리 많이 변화되었다. 세 병원의 시험 단계의 물리치료에서는 정신과 전문의들의 상담치료라든지 환자의 가족들을 교육시켜 간호를 돕게 하는 프로그램 등을 도입 활용하지 않았으며, 초창기의 물리치료 창안자들은 그러한 요법이 운동과 치료 못지 않게 재활에 중요하며 실제로 효과가 엄청나다는 것을 미처 알아채지 못했다.

공산업 분야에서는 그러한 시험 단계의 시도 과정을 건너뛰어 곧바로 전체 생산에 들어간다는 것은 자살 행위에 맞먹기 때문에 금지 사항으로 알려진 지 이미 오래다. 그러한 사실이 비영리조직단체의 사회복지 프로젝트나 서비스 프로그램의 경우에도 같은 원리로 받아들여져야 한다.

셋째, 저절히 의사 결정이 되었다 하더라도 그 일을 맡아서 추진해야 할 사람이 없다면 의사 결정은 하나마나한 것이다. 누군가가 청사진을 들고 목표를 세운 후 목표 달성의 일정표를 만들면서 책임을 질 수 있어야 한다. 의사 결정 자체가 효력을 발생하는 것이 아니다. 효력은 사람의 활동으로 생기는 것이다.

마지막으로 가장 많이 실패하는 네번째의 원인은 다음과 같다. 사실 훌륭하게 의사 결정이 이루어진 후 구체적으로 누가 실제로 무엇을 맡아서 해야 한다는 단계적인 인사 행정이 심각하게 고려되어 있지 않았을 때이다.

결정된 일을 누가 누구에게 지시하며 실제로 행동에 옮기는 일은 누가 하고 그 관장은 누가 할 것인가? 그런 과정에서 필요한 훈련은? 시설과 도구는? 나는 결정된 계획이 기발한 수학공식으로 짜여져서 창고에서 일하는 기중기 기사가 주어진 수학공식대로 일을 해 나가도록 처리된 것을 본 적이 있다. 물론 효과를 못 본 것은 당연하다.

　결정된 의사를 사람들이 알아 들을 수 있는 말과 글로 설명하고 기록하는 것은 매우 중요하다. 그러나 그것을 그들의 의식에 맞추어서 하는 것은 더욱 중요하다. 새로운 의사 결정에 따른 새로운 정신과 결심이 그들의 지침서에, 그들의 훈련에, 그들의 월급 봉투에 반영되어야 한다.

　그것만으로도 부족하다. 계속적인 점검 과정이 뒤따라야 한다. 상향식 보고서에만 의존해서는 안 된다. 창고에 가서 직접 실사를 해야 한다. 이런 식으로 하지 않으면 의사 결정만 해놓고 1년이 지나도 별 진전이 없는 상황을 경험하게 될지도 모른다.

　의사 결정이란 우리가 가지고 있는 현재의 확실한 자원을 미래의 불확실성에 맡긴다는 의미가 있다. 그렇다면 기초 확률론을 적용하지 않더라도 의사 결정이 실패할 확률이 성공할 확률보다 훨씬 큰 것도 사실이다. 적어도 처음의 의사 결정에 대해서는 수정이 가해지기 마련이다.

　60년대와 70년대 미국의 모든 병원에서 있었던 의사 결정을 보면 잘한 것보다는 잘못한 것이 더 많다. 그 이유는 정부 시책의 변화와 특히 미국 정부의 의료 정책으로 인한 의료보험 환급의 영향이 매우 크다고 하지 않을 수 없다. 그 결과로 미국의 많은 병원들은 필요 이상의 병실을 갖추게 된 잉여 현상을 경험하게 되었다. 미래를 향한 의사 결정이라는 관점에서 볼 때 그러한 결과가 특별한 예외라고도 할 수 없다.

　결정된 의사 결정은 항상 구제책을 마련해야 한다. 그러기 위해 두 가지의 자구책을 생각할 수 있다.

　첫째는 대체안을 미리 생각해 두는 것이다. 일이 잘 안 풀릴 때는 어디로든지 돌아가야 할 곳이 있어야 한다.

두번째로는 의사 결정 자체에 자구책을 미리 입안해 두어 일이 잘못됐을 경우 누가 무엇을 잘못해서 일이 이렇게 잘못되었다는 시비를 하는 대신 준비된 자구책으로 잘못된 일을 바로 잡을 기틀을 미리 준비하는 것이다.

비영리조직단체의 큰 약점 중의 하나는 "우리들은 절대로 실패해서 넘어질 수 없다"고 하는 의식이다. 적어도 영리기업에서보다는 비영리조직체에서 그런 의식이 더욱 강하다. 영리기업에서는 실패란 있을 수 있다는 생각이 허용된다. 그러나 비영리조직단체에서는 실패가 허용되지 않는다.

비영리조직체에서는 무엇이 잘못되어 실패로 돌아간다면 무조건 당장 '군법회의식 새판'이 시작된다. 누구의 잘못인가를 막무가내로 추궁한다. 바람직한 의식은 우리를 구제해 줄 자가 누구일까, 우리들로 하여금 새로운 방향으로 새로운 프로그램으로 새로운 방법으로 다시 이끌어 줄 수 있는 사람을 찾는 것이다.

제4장
책임지는 학교로의 변신방법

– 섕커* 회장과의 대담

드러커 교수: 섕커 회장께서는 그동안 초·중·고등학교의 학업 향상을 위한 기치를 들고 지도자의 역할을 해왔습니다. 특히 교실에서의 학습 성과라든지 교사나 학교 책임자들이 성과에 대해 책임지고 일할 수 있는 환경이나 학업 담당 선생님들 중심으로 이루어지는 교육 이념에 대해서 강조를 해오셨습니다.

우선 학교에서의 성과를 말씀해 주시지요.

섕커 회장: 이런 질문으로 시작해 보는 것이 좋겠습니다. "학교가 배출하고자 하는 인간상은 어떠한 것인가?" 많은 교육자들은 학교시험의 점수나 수능시험의 점수 등 눈에 보이는 어떤 성적 아니면 아주 좁은 의미에서의 어떤 성과로 질문에 답하려고

---

* 알버트 섕커(Albert Shanker) 회장은 미국 전국에서도 유명한 전교조 총연맹 (The American Federation of Teachers AFL-CIO)의 회장이다.

제4장 책임지는 학교로의 변신방법

합니다. 교육에서의 성과란 본질적으로 세 가지 차원에서 다루어져야 한다고 생각합니다.

첫째는 물론 지식입니다. 두번째는 참여의식을 가진 한 명의 시민으로서 경제 사회적으로 일할 수 있는 능력입니다. 세번째는 개인적인 성장으로서 사회의 문화 생활에 참여할 수 있는 인간을 창조하는 것입니다.

불행하게도 우리는 위와 같은 성과는 고사하고 그러한 성과를 측정할 수 있는 기초도 이룩하지 못하고 있는 실정입니다.

드러커 교수 : 그러나 누군가 말한 것처럼 아이들이 눈에 보이게 측정할 수 있는 지식과 기술을 습득하지 못한다면 기초가 모자라 아무 것도 할 수 없다고 한 것은 이해가 되지 않으십니까? 성취를 정의하는데 있어서 우선 순위를 정해야 할 것 같습니다.

샹커 회장 : 우선 순위를 정하는 문제는 성취를 장기적인 안목으로 보는 것이라고 생각합니다. 매학기, 매년마다 작은 성과만을 측정할 때 우리는 별 의미가 없는 일에 집착하기 쉽습니다. 아이들이 시험만을 치루기 위해 공부하는 것처럼 아주 사소한 일들에 말입니다. 1주일만 지나면 아무 의미를 찾지 못하는 일들, 얼마 지나고 나면 진짜 그런 일이 있었는지 기억조차 할 수 없는 일들에 우리가 집착해서는 안 된다고 생각합니다.

드러커 교수 : 제가 바로 그런 성취의 살아있는 증거입니다. 저의 학교 성적은 항상 좋았습니다. 그러나 저는 정말 아무 것도 배우지 않았고 공부도 적게 했습니다. 단지 시험을 잘 치르는 방법을 알았을 뿐이지요.

샹커 회장 : 어떤 것이 배우는 것이 아니고 또한 배워야 하는 것인지를 예를 들어 설명해 보겠습니다. 자연 과목을 가르치는

선생님들은 많은 종류의 새가 그려진 새 그림 차트를 교실의 벽 곳곳에 붙일 것입니다. 새가 그려진 학습용 플래시카드(flash-card)*를 준비하여 아이들에게 보여주면서 새의 이름을 말해 보라고 할 것입니다. 마지막에 가서는 아이들로 하여금 시험을 치게 하여 새들의 이름을 기억해 내도록 합니다.

그렇게 배운 아이들은 새의 이름을 오랫동안 기억할 리가 없습니다. 몇 개월만 지나면 아이들에게 남아있는 것이라고는 새라면 염증이 나는 마음의 흔적 뿐입니다.

제가 어렸을 때 보이스카우트 같은 곳에서는 새에 관한 공부를 열심히 한 상으로 배지를 주는 제도가 있었습니다. 그 배지를 받으려면 각기 다른 40가지의 새를 직접 목격해야만 합니다. 우리는 길 건너 공원에서는 40가지의 새를 볼 수 없다는 것을 곧 알게 됩니다.

우리는 아침 일찍 일어나서 숲이며 늪을 찾지 않고서는 그 일을 해내지 못한다는 것을 알게 됩니다. 그런데 그런 일을 혼자 하기 싫기 때문에 2~4명의 친구와 함께 하게 되지요. 그때 우리가 숲에서 목격하는 새들은 교실의 벽에 붙어 있는 플래시카드에 그려진 그림과 똑같아 보이지 않습니다. 수개월 동안 그렇게 새 공부를 친구들과 함께 숲과 늪에서 직접 보고 나면 우리들 자신도 모르게 어떤 보이지 않는 내적인 힘이 생기는 것을 느낍니다.

새들이 모두 내 주위에 감돌고 있는 기분이며, 그때의 그 기분은 실제 경험해 보지 않은 사람은 느낄 수 없을 것입니다.

---

* 아이들 앞에서 하나의 카드를 잠시 보여준 후 감추고 그 단어를 기억하도록 하는 외국어 또는 동물·새 등의 그림에도 사용되는 교수용(敎授用) 카드

제 4 장 책임지는 학교로의 변신방법

　요즈음 여러 학교에서 가장 핵심이 되는 문제는 아이들이 무엇인가를 알차게 배울 수 있도록 하는 것입니다. 그렇게 아이들이 무엇인가를 기억 위주로 공부한 것을 곧 잊어버리는 일이 없이 평생 그들과 함께 남아 있도록 하는 것입니다. 위에서 말한 것과 같은 보이스카우트의 경험을 해본 사람들 중 그들의 경험이 오랫동안 이롭게 남아 있지 않다고 말하는 사람은 만나지 못했습니다.

　드러커 교수 : 가르치는 책임을 선생님들에게 부여하기보다는 배우는 책임을 학생들에게 맡기는 것으로 생각됩니다. 회장님께서 보는 성과의 관점은 거기에 핵심이 있는 것 아닙니까?

　샹커 회장 : 따지고 보면 오늘날의 학교는 많은 작업 활동이나 과제가 선생님들에게만 부담을 주는 셈이고 학생들은 그냥 앉아서 잘 들어 주기만 하면 되는 것으로 기대하고 있습니다. 우리들은 아이들이 무엇을 기억하기를 희망합니다. 성적에 따라서 어떤 상도 주고 때로는 교실 뒤에 세워 놓고 벌을 주기도 합니다. 그러나 학생들이 직접 관여하고 책임지는 교육이 되지 않는 한 결과는 대단히 보잘 것 없게 될 것이 뻔합니다.

　드러커 교수 : 그렇다면 우리들은 지난 수백 년 동안 학생들이 어떻게 하면 더 잘 배울 수 있을까에 관심을 두었다기보다는 선생님들이 어떻게 하면 더 잘 가르칠 수 있을까에 초점을 둔 셈이군요.

　샹커 회장 : 그렇습니다. 또한 학교는 학생들을 어떤 사물처럼 생각하여 어떤 특정한 모습으로 만들어 보려고 생각하면서 학생들 스스로가 사람으로서 어떤 일을 할 수 있다는 생각은 하지 않았습니다. 학교는 사무 보는 곳과 같습니다. 어떤 보고서를 읽고 또 보고서를 작성하는 일이 주어집니다. 그러나 좀 특수한 사무

실입니다. 학생들에게 책상과 의자를 준 후 "너희들의 상관인 저기 계시는 선생님께서 너희들에게 할 일을 지시해 주실 것이다. 단, 매 40분마다 다른 사무실(교실)로 옮겨 다른 책상과 의자에 앉으면 다른 상관인 선생님께서 또 다른 일을 시키실 것이다."

실제로는 아무도 사무실을 그런 식으로 운영하지는 않을 것입니다. 학생들은 공장에서 여러 공정을 거치면서 지나가는 한낱 원자재로 간주되어 학생들이 사람으로서 어떤 일과 관련을 맺고 스스로 일하도록 해야 한다는 생각에는 미치지 못하고 있습니다. 물론 그렇게 될 수밖에 없습니다. 왜냐하면 배운다는 과정이 여태껏 한번도 그렇게 이루어지고 실천된 적이 없기 때문입니다.

드러커 교수 : 초급학교 4학년 때 두 명의 훌륭한 선생님을 만나 배우게 된 이후부터 저는 줄곧 선생님을 관찰·평가하는 역할을 해왔습니다. 실은 저 자신도 20세가 되는 해 이후부터 지금까지 선생입니다만 아이들을 잘 가르치는 선생님이 진정 존재할 수 있는 지는 의문입니다. 내가 아는 모든 위대한 선생님들은 실제로 아이들과 어른들을 잘 구별하지 않는 분들입니다. 단지 구별하는 것이 있다면 가르치는 속도에 있습니다.

어떤 과제이든 어른의 수준에서 시작합니다. 과제는 초급자들이 배우는 과제로 내지만 기준과 표준은 그렇지 않습니다. 4학년 때 선생님께서 하신 말씀을 오랜 세월이 지난 지금까지도 잊을 수 없는 것은 "잘못 가르치는 선생님은 있어도 잘못 배우는 학생은 없다"고 한 부분입니다. 그 말의 저의는 선생님의 임무는 학생들의 강점을 발굴하여 계발하도록 하는 것이며, 학생들을 어떤 부족한 점이 있는 사람으로 취급하여 그것을 보수해야 하는 식으

제4장 책임지는 학교로의 변신방법

로 보지 말아야 한다는 것이라고 생각합니다.

샨커 회장 : 내가 선생으로 근무했을 때 교장 선생님이나 부교장 선생님이 나를 찾아와 아이들이 어떻게 배우고 있는지, 또 배우는 과정에서 실제로 어느 정도 참여하고 있는지에 관심을 두는 것을 본 적이 없습니다. 내가 가르친 학과들은 매우 힘이 드는 것이었는데, 그 이유 중의 하나는 아이들이 대부분 푸에르토리코나 스페인에서 미국으로 이민 온 학생들이 대부분이어서 언어 구사에 큰 어려움이 있었기 때문입니다.

그때 나는 누군가가 나를 좀 도와 주었으면 하고 진정으로 희망하였습니다. 그런데 어느 날 교실문이 열리고 누군가가 찾아왔습니다. 교장 선생님이었습니다. 그일은 실제로 30초도 채 걸리지 않았지만 나에게는 30분 가량의 긴 시간처럼 여겨졌습니다.

교장 선생님이 그때 나에게 했었던 말은 "샨커 선생, 교실 안에 종이 조각들이 많이 흩어져 있습니다. 정말 선생님답지 않습니다"였습니다. 이어서 "곧 책임지고 줍도록 하십시오"라고 했습니다. 그리고는 문을 닫고 나가버렸습니다. 어느 누군가가 관심을 두는 것은 결국 관료 행정적인 규칙 밖에 없는 것 같습니다.

드러커 교수 : 이와 같은 사실에 담겨 있는 의미는 학교가 성과나 성취의 결과에 초점을 두는 것이 아니고 법과 규제에 초점을 두는 것이라고 볼 수 있습니다. 그러므로 한층 더 학교의 진정한 목적과 사명에 대한 정의가 분명하게 내려져야 한다는 생각이 듭니다.

샨커 회장 : 정말 중요한 말씀입니다. 또 한 가지는 그러한 학교의 진정한 목표와 사명을 성취시킬 수 있는 체제와 제도가 필요한 것입니다. 왜냐하면 현실적으로 교육위원들은 그들 유권자

들의 눈치를 보며 그들의 요구를 듣지 않을 수 없고, 미국의 지역별 교육청장은 대중 앞에 섰을 때 그의 몸가짐이나 행동에 신경을 쓰지 않을 수 없으며 그의 고용 계약이 갱신되는데 장애가 되는 일을 할 리가 없습니다.

이러한 환경에서 근본적인 체제와 제도의 개혁은 우리가 앞으로 해 나가야 할 중차대한 과제입니다.

드러커 교수 : 이제는 회장님 자신의 조직과 자신의 임무에 관해서 말씀할 시간이 온 것 같습니다. 회장님은 지금부터 16년 전인 1974년 당시에 급성장하면서 동시에 대단히 말썽이 많았던 미국 교조의 최고 대표이사의 자리에 올랐고, 그 이후 이렇게 큰 교조를 건설했습니다. 교조에게는 정말 어려웠던 시절이 60년대였습니다. 그러한 교조를 오늘의 교조로 이룩하기 위하여 하신 일 가운데 가장 중요한 일이라면 어떤 것이 있습니까?

샹커 회장 : 처음 시작한 일은 내가 최고 대표이사직을 맡기 전 교조가 15년 간 걸어온 방향을 바꾸는 일이었습니다. 그보다 한 걸음 더 뒤로 물러나 말씀드린다면 내가 최고 대표이사가 되기 전 개인의 역사에서 시작됩니다. 처음에는 한 사람의 선생님으로서 다음은 교조의 참모직원으로서 일하기에 가장 힘들었던 것은 다른 모든 선생님들로 하여금 자신들의 경제적 이익을 추구할 권리가 있다는 것을 확신시키는 것이었습니다.

당시의 선생님들에게는 전문 직업인 협회가 아닌 어떤 노동조합에 속한다는 것은 마치 가톨릭 신자들이 교회에서 출교 명령을 받는 것과 같았습니다.

그러나 세월이 바뀌어서 내가 전 미국 교조의 회장으로 선출될 무렵 그 상황이 정반대의 방향으로 흐르고 있었습니다. 선생님들이라면 매년 파업이나 하고 학생들이나 학생들의 교육 문제는 이 차적인 문제로서 그것에 관심이 없는 사람들로 일반 국민들이 인식하게 되었습니다. 미국 국민들은 그와 같은 선생들에 대해서 매우 못마땅하게 생각했습니다.

참전 용사들에게 무상교육의 특혜에 관한 법으로 잘 알려진 G. I. B(Government Issues Bill)와 같은 법령과 미국 대학교육의 확장 등으로 말미암아 국민의 교육 수준이 종전에 비해 월등히 향상됨으로써 사람들의 공립학교에 대한 비판은 종전에 비해 훨씬 커졌습니다.

학교나 선생님들에 대한 그들의 인상은 형편없었으며 공립학교나 사립학교를 가더라도 학생이 공립학교에 다닐 때 받는 금액 만큼의 혜택을 받을 수 있는 영수증 제노인 바우처 시스템(Voucher System)과, 사립학교에 다니는 학생의 학부모들은 아이들이 사립 초 · 중 · 고등학교를 갈 때 내는 등록금 만큼을 소득에서 공제한 후 세금률을 적용하도록 하는 납세상의 혜택을 달라고 주장하고 있습니다.

사실상 그러한 혜택의 주장들이 관철될 경우 공립학교들은 대단한 곤경에 처하게 되므로 모든 것이 큰 위협적 요소들로 작용하고 있는 상황이었습니다.

그러한 상황에서 가장 먼저 서둘렀던 일은 기업들과 새로운 연합 전선을 구축하는 것이었습니다. 나는 노동조합지가 아닌 전문인을 위한 유인물을 발간해야 한다고 생각했습니다. 우리 선생들이 투쟁하고 파업을 할 수 있는 용기와 배짱이 있는 사람들일 뿐아니라 교사로서 또 지성인으로서의 자질을 가지고 있는 사람들이라는 것을 국민들의 마음에 심고자 노력하였습니다. 그런 작업이 없이는 전체 교육사업이 하향길로 떨어지고 말 것이라는 생각이 들었습니다.

교육계의 낙후는 조합이 상처를 입고 학교 재단이 곤경에 빠진다는 차원 이상으로 훨씬 넓은 의미를 지니고 있습니다. 미국의 공립학교야말로 인종이 다르고 종교가 다른 가정의 아이들을 한 곳으로 끌어 들여 함께 같은 교육을 받게 하는 장소라는 특별한 의미를 가지고 있습니다.

이것은 오랫동안 미국의 유행어였던 '미국화 한다'는 슬로건에 합당한 교육기관을 말할 수 있습니다. 그러므로 미국에서 이러한 사명이 있는 교육기관이 사양길로 향하게 된다는 것은 전 미국 교조의 곤경이라는 좁은 문제와는 다른 문제로 부각시키는 것이었습니다.

나의 논리는 옳았습니다. 보십시오. 미국의 사립학교들은 대부분이 가톨릭, 개신교, 유태교, 흑인, 스페인계 아니면 언어 위주, 심지어는 정치적인 재단으로 설립되어 운영되고 있습니다. 만약 대다수의 미국 아이들이 그러한 특수한 종교, 인종, 언어 및 정치 사상 중심으로 설립 운영되고 있는 학교에서 교육을 받았다고 생각해 보십시오. 미국의 장래는 어떻게 되겠습니까?

나로서는 정면 충돌은 피하는 것이 옳다고 판단했습니다. 그렇게 중요한 역할을 해야 하는 미국의 공립학교가 위기에 와 있다는 것을 그 당시는 물론 나는 지금도 그렇게 믿고 있습니다.

드러커 교수 : 샹커 회장님, 회장님은 지금 어느 조직의 단체를 책임지고 운영할 때 장기 목적과 단기 목적 간의 균형을 이루는 문제의 중요성을 말씀하시고 계십니다.

교조 회장직을 맡았을 때 회장님은 장기 목적을 세워서 공립학교를 파멸에서 구하고, 성공적으로 발전시키는 것이 장기적인 안목에서는 중요한 것이라고 하신 것입니다. 동시에 그러한 장기적인 목표 달성의 과정에서 다음 해에 있을 선생님들의 고용계약 등 눈 앞에 놓인 이해 관계에 관심을 두어 그들을 보호해야 하는 중단기적인 목적을 만족하게 수행한다는 것입니다. 두 가지의 형평을 어떻게 만족시킬 수 있습니까?

샹커 회장 : 대단히 어려운 일입니다. 경영주들과 이해 관계를 놓고 투쟁하기 위한 노동조합이 필요하다고 모두들 알고 있습니다. 그러나 경영주와의 협력을 위해서도 노동조합이 필요하다는 것은 잘 모르고 있는 것 같습니다. 그렇지 않습니까?

드러커 교수 : 지금 말씀하신 것은 정말 중요한 부분이군요. 제가 중요하다고 한 점은 그러한 관점을 이해한다는 것은 미국을 위해서 뿐만 아니라 전 세계의 노동조합 운동을 위한 부분까지 포함하고 있기 때문입니다. 선진국의 노동조합은 모두가 그러한 문제에 봉착하고 있습니다. 이러한 모든 것이 노동조합에만 한정된 문제는 아닙니다.

이디오피아의 아이들이 굶어 죽어가는 광경을 텔레비전 영상으로 보았을 때 동정의 후원금이 국제자선조직(International Charitable Organizations)에 마구 쏟아져 들어왔습니다. 그러나 적어도 8~10년이 걸려야 조금이라도 결실을 맺을 수 있는 이디오피아 기근 방지를 위한 개발 사업을 위해서라면 후원금은 전혀 들어오지 않습니다.

그러한 문제는 참모들로 하여금 다음과 같이 말할 수밖에 없는 상황으로 유도합니다. '장기 계획 같은 것은 언급하지 맙시다. 단지 사람들을 혼동시킬 뿐입니다. 동정심이 우러날 수 있도록

주려 죽어가는 어린애들만 보여줍시다. '
  그러나, 그렇게 한다면 결국은 파탄의 길을 걷게 됩니다. 5년 아니면 8년의 긴 세월이 지나면 사람들은 굶주려 죽어가는 아이들을 보는데 질려 싫증을 내는 상태에 빠지게 됩니다. 내가 병원을 위해서 일할 때도 같은 상황이 일어났습니다.
  지금부터 20년 간의 목표는 병원이 외래 환자 위주의 병원으로 변하는 것이며 입원 환자를 지양하는 것이었습니다. 그러한 변화를 가져오지 않는 한 오늘날의 추세로 의료비가 상승된다면 병원의 미래는 실로 최대의 위기를 맞을 것이 뻔한 것이었습니다. 그러한 견해와 논리를 장기 계획으로서 꼭 필요한 일이라는 것을 모르는 사람은 아무도 없으면서도 토론하기는 꺼려했습니다. 의사들도, 간호원들도, 기부금 후원자들도 모두 듣기조차 싫어했습니다.
  그런 후 환자들이 더 이상 병원을 찾아 오지 않게 되었을 때 대부분의 병원들은 어쩔 줄 몰라 하는 상황에 처하게 되었습니다. 단, 병원 부속으로 외래 환자와 가까운 거리에 여러 개의 작은 의료원을 창설하여 그들과 유대를 활성화 하는데 노력을 경주해 온 병원들은 아무런 문제없이 변화되는 상황에 잘 대처하게 되었습니다.
  샹커 회장 : 그러한 상황을 우리들의 몇몇 학교에서도 똑같이 경험하고 있습니다. 단기계획보다 장기계획 위주로 일을 추진해 온 학교들은 오히려 단기 목적의 성과도 아울러 성취된 경우가 있습니다.
  뉴욕주의 롸체스트 학구역을 보면 노동조합(교조)과 학교 경영자들이 수년 전부터 위험을 무릅쓰고 큰 말썽을 일으키고 있는

제4장 책임지는 학교로의 변신방법

프로그램을 함께 추진해 보기로 한 것입니다. 그 프로그램은 실로 파격적인 개혁으로서 경험있는 선생님이 경험이 적은 동료 선생님을 훈련하고 그들을 평가하며, 경우에 따라서는 심사기간이 끝날 때까지 수준 미달의 선생님들에게 사직을 종용하는 것과 그런 훈련을 받게 될 선생님들의 지목에서부터 동료 선생님들 간의 평가제 실시에까지 논란의 시비가 붙을 만한 의제들을 포함하고 있었습니다.

오하이오주의 토리도 학구역에서도 그와 똑같은 종류의 프로그램을 시도했습니다.

이 두 지역은 모두 말썽과 분쟁이 많았던 지역입니다. 많은 학부모들은 그 학구역을 떠나 다른 학교에 아이들을 보내든지 아니면 학구역 안에 있는 나른 사립학교에 아이들을 보냈던 지역입니다. 그런 상황에 있던 학구역에서는 노동조합(교조)과 학교 경영측 간의 관계에 파격적인 변화를 가져오고, 사람들의 역할과 관계에는 전에 보지 못했던 변화를 일으켜 보겠다는 의지를 보였을 때 모든 주민들과 시민들은 충격을 받게 되었습니다. 먼저 지역의 기업체들은 '이것이야말로 우리들이 후원을 아낄 수 없다'라고 하면서 나섰으며 모든 일간 신문사도 개혁을 후원하기 시작했습니다.

두 학구역에서 일어난 결과는 시 정부나 학구역 교조 간에 볼 수 없었던 고용계약 합의에서 나타났는데 선생님들의 봉급인상은 실로 파격적이었습니다. 최근의 롸체스터 학구역 선생님들의 3년 계약에서는 최상급 선생님들의 경우 연봉 7만 달러까지의 인상을 가져왔습니다. 계약 전 그들의 봉급은 연봉 4만 달러에 머물렀었습니다.

그러한 변화는 많은 다른 사람들의 귀감이 되었고 자극의 편달이 되었습니다. 이런 것이야말로 모든 것을 경이롭게 여길 정도로 예전과는 다르게 무엇을 시작한다는 것을 의미하고 우리들의 직업과 의무에 어떤 근본적인 결심과 각오를 가져오게 한 것입니다.

드러커 교수 : 비영리조직단체에서 일어난 이러한 경험은 기본적으로 근원적이고 장기적인 목표에서 우리들의 눈을 잠시도 떼서는 안 된다는 것을 의미합니다. 근원적이고 장기적인 목표를 향해서 끊임없이 나간다면 결국은 사람들의 신뢰를 받게 될 것입니다. 물론 성과의 결과가 어떠한 것인지를 처음부터 분명히 정의하고 명시해야 하며 결과에 대한 책임을 질 수 있어야 할 것입니다.

샹커 회장 : 그렇습니다. 생각해 보면 미국의 국민들은 많은 수의 공립학교에 대해서 그들의 희망을 완전히 포기하고 있습니다. 그들의 생각에 선생님들은 이제 직장이 있고, 그 직장은 안전하고 누구에게든 종신 교사로서의 보장이 있을 뿐 아니라 국가 공무원법 규범에 의한 모든 혜택이 보장됨으로써 진정으로 열심히 일할 의욕을 다 상실했으며, 일할 의욕을 찾을 필요가 없게 되었다는 생각을 하는 것 같습니다.

선생들은 교육이 되든지 안 되든지를 불문하고 지난 주에 하던 대로 작년에 하던 대로 심지어는 5년 전에 했던 교육을 그대로 하고 있다고 미국 국민들의 대다수가 생각하고 있는 것이지요.

드러커 교수 : 불행하게도 실제로 많은 경우에 그들의 생각이 옳았던 것이 아닙니까?

샹커 회장 : 그렇습니다. 그들이 틀린 것이 아닙니다. 그러나

제4장 책임지는 학교로의 변신방법

학교와 같이 오랜 전통을 가진 단체라 하더라도 마음만 먹으면 개선될 여지가 있다고 생각합니다.

제5장
비영리단체의 목표와 성취

어느 단체에서나 성과야말로 궁극적인 시험이다. 모든 비영리단체의 존재 가치는 인간과 사회를 좋은 방향으로 변화시키는 성과를 가져오는 데에 있다. 그럼에도 불구하고 성과란 비영리단체의 경영 관리자들이 가장 어렵게 생각하는 분야 중 하나다.

나는 항상 영리기업과 비영리단체 사이에 상이한 점들이 무엇인지를 설명해 달라는 요청을 받는다. 몇 가지 안 되지만 그 상이점들은 대단히 중요하다. 가장 중요한 부분이 성과에 관한 것이라고 생각한다.

영리기업에서는 성과를 아주 지나치게 좁은 의미로 표시하여 재무제표상의 이익란으로 귀착시킨다. 그러나 기업이 재무제표상의 이익만을 가지고 성과를 측정하고 기업의 목표를 설정한다면 그 기업은 잘될 수가 없으며, 결국은 오래 가지 못할 것이다.

제5장 비영리단체의 목표와 성취

그러나 그것은 너무나 편협한 생각이다. 그것은 아주 분명하고 구체적임에 틀림없다. 각 기업의 성과가 높거나 낮음을 놓고 시비할 수 없는 것은 성과의 결과를 이익이나 시장 점유율, 혁신적인 상품 개발, 현금의 흐름 등으로 정하는 한 숫자상으로 표시될 수밖에 없기 때문이다.

비영리조직단체에서는 그와 같은 결정적인 이익란이 없다. 뿐만 아니라 "우리는 선한 일로서 봉사하고 있으며 하나님의 일을 하고 있는데 성과의 결과가 그렇게 중요합니까?"라는 태도로 성과의 중요성을 격하시키는 경향이 있다. 또 이렇게 이야기하기도 한다. "우리가 하는 일은 사람들의 생을 좀더 선하게 변화시키므로 그 자체가 성과이며 결과가 아니냐?"는 것이다. 그러나 그런 사고는 충분하지 못하다. 영리기업이 성과의 결과를 내지 못하고 자원을 소모하면 일반적으로 기업 자체의 돈을 손해 보는 것이다. 그것으로 그만이다.

그러나 비영리조직의 경우는 그렇지 않다. 손해본 돈이 조직 자체의 것이라고 할 수는 없다. 기부를 한 후원자들의 돈이다. 비영리조직체는 기부금을 낸 후원자들에게 보답할 책임이 있으며, 그들이 후원한 자금을 가지고 좋은 성과의 결과를 이루어야 할 의무와 책임이 있는 것이다. 이것이 비영리조직 경영관리자들이 각별한 관심을 가져야 할 필요성이 있는 부분이다. 옛말에 "지옥으로 가는 길은 좋은 의도로 포장되어 있다"고 했는데 경계의 충고로 생각해 볼 말이다.

그럼에도 불구하고 "비영리조직체 성과의 결과는 무엇인가?"라는 질문에 답한다는 것은 매우 어렵다. 그러나 사실 비영리조직체에서도 비록 모든 성과를 숫자로 표시할 수 없을지는 몰라도 어떤 성과의 결과를 양적 숫자로 측정할 수는 있다.
　구세군조직단체는 근본적으로 종교단체이다. 그러나 그들의 노력으로 알코올 중독자 중에 몇 %가 정신적으로 육체적으로 건강을 회복했으며, 몇 %의 죄수들이 갱신의 길로 되돌아 왔는지 그것은 충분히 통계 숫자화 할 수 있다.
　비영리 세계의 많은 조직체들에게는 결과를 꼬집어 분명히 밝힌다는 것이 아직은 매우 생소하고 심지어 가증스럽다고 생각하기까지 한다. 그들은 아직도 자기들의 노력은 질로서만 평가되고 판단될 수 있고 또한 되어져야 한다고 믿는다. 그것도 꼭 어떤 평가가 이루어져야 할 때의 일이다.
　'우리는 효율적으로 자원을 활용하였는가? 우리는 그러한 자원을 이용해서 무엇을 수확했는가?'라는 질문을 하려는 시도를 공개적으로 빈정대는 사람들을 우리 주위에서 아직도 흔히 볼 수 있다. 우리의 임무는 우리가 가지고 있는 자원을 많으면 많이, 적으면 적은 대로 그것을 인적이건 물적이건 간에 투자하여 몇 배의 수확을 거두어 들여야 한다는 신약성서의 '탤런트(Talent)'의 비유를 되새겨 볼 필요가 있다. 구체적인 숫자적 표현이 아니고 무엇인가?
　성과의 다른 측면도 있다. 첫째는 단기간에 수확될 수 있는 결과이며, 그러한 단기간에 수확된 첫 결과를 기반으로 하는 장기적인 수확이다. 그 둘을 정밀하게 구별하는 것이 결코 쉽지는 않지만 아래와 같은 질문을 수시로 해보지 않으면 안 된다. '우리는 계획한 목표를 향하여 가고 있는가? 우리가 하는 일이 어떤 개선을 가져 오고 있는가? 또 우리의 귀중한 자원을 어떤 결실을 맺는 곳에 투자하고 있는가?' 등을 분명히 하는 것이다.

제5장 비영리단체의 목표와 성취

나는 몇 번이고 새롭게 각인시키고 싶은 말이 있다. 그것은 비영리조직단체에 몸담고 있는 우리들은 성과의 결실이 조직 외부에서 일어나는 문제이지 내부의 문제가 아니라는 것이다. 예를 들면 구세군들에게 성과의 결과는 알코올 중독자와 창녀, 굶주리고 있는 걸인들의 세계에 있는 것이다.

그렇다면 좋은 의도나 희망은 어떤 결과를 전혀 정당화할 수는 없는가? 다른 말로 표현하면 결과보다 동기나 과정이 중요하다는 말은 쓸모 없는 말인가? 결론부터 말하면 그렇다고 할 수 있다.

몇 분의 가톨릭 예수회 신부님들이 17세기와 18세기 초 선교사로서 중국에 숨어 들어가는데 성공했다. 그들은 어느 모로 보나 대단한 사람들이었다. 그들은 박해도 고난도 위험도 불사한 사람들이다. 그들이 걸어갔던 길은 글로써 표현할 수 없을 정도로 위험했고, 잔학성을 이겨내야 했고 고통스런 생의 연속이었다. 중국에서 평생을 그런 생활로 고생을 하며 노력했지만 결과는 하나도 없었다. 그러나 그들은 단 몇 명의 중국 사람들이라도 교리를 수용하도록 끝없는 희망으로 노력을 계속했었다. 그런 과정에서 그들은 대단히 존경받은 인물이 되었지만 뛰어난 인재를 소모한 결과를 낳았다.

하늘도 역시 목적과 사명을 더욱 효율적으로 성취하는 것을 보고 더욱 기뻐할 것이라고 나는 확신한다. 어쨌든 예수회에서 성과의 결과가 보이지 않는 그러한 곳에 모든 면에서 탁월한 신부들을 선교라는 이름으로 보내는 일을 정지시킨 것은 이미 오래 전의 일이 되어 버렸으며 그것은 정말 결과가 너무 없었기 때문이다.

모든 것이 목적과 사명에서 시작되어야 한다. 그것보다 더 중요한 일은 없다. 한 조직단체로서, 또한 인생을 영위하는 한 인간으로서 후일 역사에서 어떻게 평가되고 기억되어지기를 원하는가? 목적과 사명은 현재 우리의 전신에 나타나 있어야 하고 우리의 하루하루를 인도하며 우리에게 필요한 정보의 원천이 되어야 한다. 잠시라도 그러한 우리의 목적과 사명을 저버릴 때 우리들은 갈팡질팡 헤매게 되고 귀한 자원을 낭비하게 된다. 목적과 사명으로부터 구체적이고 분명한 목표를 설정해야 한다.

단, 비영리조직체에서 중요하다고 하는 성과들에 대해서 구체적으로 정의가 내려진 후에야 비로소 목표를 설정할 수 있는 것을 잊어서는 안 된다. 그렇게 한 후 '우리가 하고 있는 일이 우리의 원래의 목적과 사명에 부합되는 일인가?' '처음에는 그러했지만 과연 지금도 그런가?' '아직도 이런 서비스를 필요로 하고 요구하고 있는가? 아니면 해오던 서비스이고 또 우리가 잘 하는 서비스이기 때문에 그냥 계속하고 있는 것인가?'라는 질문을 할 수 있다. 무엇보다도 더 중요한 것은 '우리들에게 주어진 소중한 자원과 재능을 이러한 부문에 사용하여 뛰어나고도 남달리 특별한 결과를 창출하고 있다고 당당히 말할 수 있는가?'라는 질문을 스스로 해보아야 하는 것이다.

그 다음엔 또 이러한 질문을 수시로 해 보는 것이 중요하다. '우리들이 하고 있는 일이 정녕 우리 외의 다른 사람들이 해야 하는 일은 아닌가?' '우리들이 하는 일의 방법에 어떤 변화를 가져와야 하지 않는가?' '이제는 우리의 하는 일을 그만두어야 할 때가 아닌가?' 등에 관해서이다.

구세군은 128년 전 영국 런던의 거리를 헤매고 있는 집없는 사람들의 거처를 건설하면서 시작되었다. 당시에는 불운한 여성들이나 시골에서 도시로 올라와 헤매고 있는 많은 숫자의 불쌍한 젊은 여자들과 아이들을 돌보고자 하는 사람들은 거의 없었다. 구세군은 아직까지도 그때의 그런 취지로 시작한 화류계의 매춘부들을 위한 프로그램을 가지고 있다. 그러나 무지한 소녀들에게 호텔방을 빌려서 거처를 제공해 주었던 서비스는 폐기하였다. 시골의 젊은 여자아이들은 오늘날에 와서는 직업을 가질 수 있을 만한 기술을 가지고 있는가 하면, 그들은 어느 면으로 보나 무지의 대상이 아니고 오늘날 어느 누구 못지 않게 세련되어 있을 정도로 세상은 변화되었다.

그러므로 120여년 전에 시작했던 젊은 여자아이들을 위하여 벌인 사업이 비록 구세군의 첫 자선사업 활동이었음에도 불구하고 지금에 와서는 필요성이 없어지자 그 사업을 폐기한 것이다.

비영리조직체의 성과를 상세하게 한 분야씩 철저하게 규명하여야 한다. 그냥 일방적으로 생각하는 비영리조직체 전반을 위한 성과를 분명히 정의하는 선을 넘어서 내가 속한 조직, 단체, 부서, 프로젝트 식으로 단위 하나하나에 맞는 성과의 결과를 분명히 하는 필요성을 말한다.

비영리조직체에서는 사람들이 선한 동기에서 우러나서 봉사하는 사람들이기 때문에 항상 도전받는 일은 앞서의 디 프리 회장과의 면담 토론에서 언급한 것처럼 사람들이 자발적인 봉사를 하도록 하여 각자의 환경과 능력, 재능에 알맞게 각자의 페이스에 맞추어 서서히 그리고 스스로 성장할 수 있도록 해야 하는 일이다. 그렇게 할 때 그들은 성취감과 만족감을 느끼게 되고, 그렇게 함으로써 한 조직체 성과의 결과에까지 연결되도록 하는 것이다.

성과의 결과는 산만한 정신의 산물이 아니라 집중된 정신의 산물이다. 구세군과 같은 그렇게 엄청난 조직체도 4~5가지의 프로그램 밖에 없는 셈이다. 최고경영자는 이렇게 용기있는 말을 할 수 있어야 한다.
　'이런 일은 우리 구세군이 할 일이 아닙니다. 다른 조직이나 단체에서도 다 할 수 있는 일입니다.' 아니면 '이런 일은 우리 구세군이 특별히 더 잘할 수 있는 일들이 아닙니다.' 또는 '이것은 우리들이 가장 큰 업적을 남길 만한 분야가 아닙니다.'
　이처럼 비영리조직체의 최고경영자들이 인정해야 할 가장 중요한 일들 중의 하나는 어떤 부문에서 자기들의 조직과 단체가 효율적으로 잘할 수 없다는 것을 인정하면서 다음과 같이 말할 수 있어야 한다. '우리들이 잘못하면 오히려 해를 끼치고 손실을 가져올지도 모릅니다. 도움이 필요하다고 해서 꼭 우리가 해야 한다는 법은 없습니다. 우리들의 능력과 목적, 우리들의 사명감과 집중력, 가치관 등 모든 것들과 잘 부합이 될 때만 우리는 시작을 해야 할 것입니다.'
　좋은 의도, 훌륭한 정책, 옳은 의사 결정이 효과적으로 실행에 옮겨져야 한다. '이런 일들을 하기 위해 우리는 여기에 있습니다'라고 할 수 있는 사명감 있는 태도가 결국에 가서는 '우리의 사명을 실천에 옮기는 방법은 이렇습니다'로 변해야 한다. '이것을 완성하는 데는 이 정도의 시간이 걸릴 것 같습니다. 그 일을 책임지고 이행할 사람은 누구누구입니다'에 관하여 확실하게 말할 수 있어야 한다.
　성과가 좋은 조직체들은 아주 근사한 계획만으로는 아무 일도 이루어질 수 없다는 것을 확신하는 조직체들이다. 장엄한 정책

제5장 비영리단체의 목표와 성취

기조문으로 무엇이 이루어지는 것은 아니다. 성과가 이루어진 후에야 비로소 성과가 있었다고 말할 수 있는 것이다. 성과는 사람에 의해서 이루어지고, 그런 사람들은 목적과 사명을 성취하는데 필요한 목표와 목표 달성의 이정표를 세우고 일하는 사람들이다. 그들은 훈련받은 사람들이며 훈련받지 않은 능력이 없는 사람들로서는 될 수가 없다. 그들은 수시로 기간별로 평가를 받고 더 나은 성과를 위한 자문을 받는 사람들이다. 그들은 스스로가 결과에 책임을 질 줄 알고 책임을 지겠다고 나서는 사람들이다.

비영리조직체의 여러분들이 자신과 자신이 몸담고 있는 조직과 단체에 대해서 몇 번이고 되새겨 다짐해야 할 궁극적인 질문은 '내 자신이 책임지고 이 세상에서 이루어야 할 공헌과 성과의 결과는 무엇인가?', '나 자신과 내가 몸담은 조직체가 후일의 역사에 어떻게 기억되고 기록될 것인가?' 하는 것이다. 물론 왜곡된 역사의 힘에 기대지 않으면서 말이다.

제 IV 부

효율적인 인사관리와 인간관계
－참모진, 재단이사회 회원, 자원봉사자 및
지역단체의 각 구성원들－

제1장	소식의 인사관리
제2장	주요한 관계
제3장	자원봉사자들을 변화시켜라
	－바텔 신부와의 대담－
제4장	효율적인 재단이사회
	－허버드 총장과의 대담－
제5장	비영리단체의 인사관리와 인간관계

제1장
조직의 인사관리

 인사에 관한 의사 결정은 한 조직을 움직이며 조직의 목표 달성을 위한 궁극적인 행위임과 동시에 한 조직이 통제·관리할 수 있는 유일한 수단이 아닌가 생각한다. 한 조직체의 역량은 사람에 달려 있다고 해도 과언이 아니다. 어떤 조직체에서도 조직의 성과가 조직에 속한 사람들 이상일 수는 없다.
 현악 4중주를 위한 것처럼 아주 사소한 인사 문제가 아닌 이상 어느 큰 기업이라도 다른 큰 기업보다 더 능력있는 사람들을 고용할 수 있다는 생각은 별로 합리적인 희망이 아니다. 그렇다면 조직단체가 할 수 있는 일은 비슷한 인간들을 고용한다는 결론밖에 없다. 그러나 훌륭한 성과의 결실을 맺는 비영리조직체의 경영자들은 주어진 사람들로서 더 많은 성과를 이루어냄으로써 자신들을 다른 경영자들과 구별한다.

주어진 인적 자원으로 달성한 생산성은 실제로 그 조직체의 성과를 좌우한다. 그리고 그것은 다음과 같은 인사와 관련된 몇 가지 원칙에 의하여 결정된다. 누구를 임용하며 누구를 파면하고 누구에게 보직을 시키고 누구를 승진시키느냐 하는 것이다.

한 조직단체가 겉치레나 상투적인 홍보를 위한 것이 아닌 어떤 진실된 목적과 목표를 가지고 효과적으로 운영되는지 아닌지는 대체로 인사에 관한 의사 결정의 질에서 나타난다.

바람직한 인사 행정에 관한 원칙은 이미 잘 알려져 있지만 불행히도 그 원칙을 올바르게 따르는 사람은 별로 없는 것이 사실이다. 어느 경영 관리자든지 자신이 사람을 보고 판단하는 눈이 유별나게 뛰어나다고 해서 자신을 믿고 인사에 관한 의사 결정을 시작하는 사람치고 합리적인 인사 결정을 하는 경우는 매우 드물다.

의학계 교육자들의 말을 빌면 교육을 하는 과정에서 가장 골치 아픈 경우는 아주 뛰어나게 똑똑한 젊은 의사들이 무엇인가를 판단하는데 좋은 눈을 가지고 있다고 생각할 때라고 한다. 그런 의사들은 눈만 가지고 진단할 수 없다는 것을 먼저 배운 후, 진단을 하는데 요구되는 교육 과정 하나하나를 인내를 갖고 감수해야 하는 것을 배워야 하기 때문이다. 그것을 배우지 못할 때는 사람을 죽일 수도 있다.

최고경영자도 이와 같은 원리에서 사람을 보는 눈이나 지식에 의존하지 않고 비록 고루하고 지루하기 하지만 의식적으로 한 단계 한 단계씩 단계적인 과정을 거쳐 인사에 관한 의사 결정을 해야 한다.

옳게 시행되었다면 첫째 보직에 대한 인사 결정의 과정은 단순한 어떤 직무 지침서가 아니라 실제의 어떤 간단한 업무를 수행하는 일부터 시작되어야 한다.

두번째는 보직 후보자를 반드시 한 사람 이상으로 해야 한다는 것이다. 우리들 모두는 그 보직에 누가 적임자라는 것을 안다고 생각하는 것을 당연하게 여긴다. 현명한 비영리조직체의 최고경영자들은 그렇게 모든 것을 즉흥적으로 결정하지 않는다. 그러기 위해서는 친근감이나 편견이나 단순한 생각으로 눈에 안 보이는 불행을 초래하지 않기 위해 후보를 한 사람 이상으로 한다.

세번째로는 후보자들을 평가하는 기간 동안 성과의 결과에만 초점을 맞추어야 한다. 절대로 인간성 위주로 평가해서는 안 된다. "그 사람이 다른 사람과 잘 어울릴 수 있을까?"와 같이 엉성한 질문을 하는 것은 질대 금물이다. 이러한 인격이나 성격에 관한 속성은 한 사람의 인간성을 묘사하는 데에는 의미가 있을지는 모르지만 궁극적으로 그 사람이 능률적이고 효과적으로 일을 처리할 수 있느냐를 말해 주지는 않는다.

꼭 해야 할 질문들은 최근에 주어진 세 가지의 임무들을 어떻게 완수했는가, 그것을 처음부터 끝까지 잘 처리했는가 등이다.

네번째로는 사람들이 누구나 가지고 있는 특별한 강점을 살펴야 한다. 최근의 임무 수행에 있어서 그 사람이 보여준 소질과 능력은 무엇이었는가를 눈여겨 살피는 것이다.

적임자는 '메리안이다'라는 결론에 도달했다면 마지막 한 단계만 더 거치면 된다. 이 단계에서는 '메리안'과 함께 일했던 사람들 2~3명을 찾아가는 것이다. 그들 모두가 "나의 유일한 유감은 메리안이 나와 함께 여기서 같이 일하지 못하고 떠나가게 된 것입니다"라고 했다면 당장에 메리안을 찾아서 일을 맡아 달라고 요청해야 할 것이다. "글쎄요. 다시 돌아와서 함께 일하자고 할 생각은 없는데요"라고 했다면 메리안에 대해서 한번 더 생각을 해보아야 한다.

어떤 직무를 맡아 줄 사람을 선임하는 것으로서 인사에 관한 의사 결정이 다 끝난 것이 아니라 더 중요한 것은 그 다음에 오는 것으로 임용 후 90일이 지났을 때의 일이다. 90일 이후 새로 임용된 사람을 불러 들여서 이렇게 물어 보아야 한다. "새로운 직무를 맡은 지 이제 90일이 되었군요. 새로 맡은 일을 더욱 성공적으로 수행하기 위해서 어떻게 일을 해야 하는가를 곰곰히 생각한 후 나에게 말해주시오"라고 요청을 해야 한다. '메리안'이 자기의 생각을 보고서로 작성하여 돌아왔을 때 비로소 우리는 적재적소의 적임자를 임용했는지를 판단할 수 있게 된다.

사람을 어떻게 계발할 것인가?

어느 조직체든지 사람을 계발 발전시킨다. 거기에는 선택의 여지가 없다. 단, 그들의 성장을 돕느냐 그들의 성장을 방해하느냐 아니면 올바른 길로 성장하도록 돕느냐 일그러진 길로 성장하도록 하느냐 하는 문제가 있을 뿐이다.

미국은 한 국가로서 다행스러운 편이다. 지난 40여년 간 미국의 정규교육은 사양길에 있었으며 비정규교육과 훈련은 괄목할 만한 성장을 이루었다고 할 수 있다. 이러한 비정규교육과 훈련은 등록된 학생들의 숫자로서나 교육 훈련비로서 정규교육에 버금가고 있다.

제1장 조직의 인사관리

나는 대규모의 비영리조직체에서 행해 왔던 교육과 훈련에서 얻은 교훈을 학교 경영에 적용할 수 없을까 하는 생각을 억제하지 못하고 있다. 가장 훌륭한 조직과 단체들은 경영성과를 평가하고 판단하는 방법을 익히고, 그것을 도구로 삼아서 그들의 직무를 확대하고 수요를 창조하여 훌륭한 혁신을 이룩해 왔다.

사람이 계발 발전한다는 것에 대해서 우리는 얼마나 많이 알고 있는가. 실은 대단히 많은 것을 알고 있다. 더욱 확실히 알고 있는 것은 사람을 계발 발전시키는데 있어서 하지 말아야 될 일을 언급하는 것이 꼭 해야 할 일들을 언급하는 것보다 쉬운 일이라는 것이다. 굉장히 알기 쉬운 실수는 하지 않아야 한다.

첫번째의 금기는 사람들의 약한 면을 근거로 해서 사람을 계발하지 말라는 것이다. 학교가 학생들의 능력이 모자라는 곳에 역점을 두는 것은 어쩔 수 없는 필연성에 기인한다. 4학년짜리 아이의 학업성적 관계로 그 아이의 선생님에게 불려 갔을 때 선생님은 대뜸 "쟈니는 글쓰는 솜씨가 매우 좋습니다. 더 많이 습자를 시키도록 하십시오"라고 말해주기보다는 "쟈니는 산수에 약합니다. 산수 연습문제 공부를 하도록 집에서 신경을 조금 더 써주시면 좋겠습니다"라고 말하는 것이 십중 팔구다.

학교교육의 입장에서 볼 때 그것을 두고 시비할 수 없을지도 모른다. 왜냐하면 아이들이 10년, 20년, 30년 후 무엇을 하게 될지도 모르는 학교의 입장에서는 최소한의 아이들이 배워야 할 기초적인 기술에 초점을 맞추어야 하고 그러기 위해서는 자연히 아이들의 능력이 부족한 곳으로 관심이 갈 수밖에 없기 때문이다.

그러나 기성 사회의 조직체에서 사람들이 성과를 맺는 것을 원한다면 우리는 그들의 강한 면을 이용하지 않으면 안 된다. 최소한도로 그들의 강하지 않는 점, 즉 약한 점을 부각시켜서는 안 된다.

직장 생활을 시작할 연령이 된 사람이면 그들의 인간성은 이미 굳어져 있는 것이다. 성인이 된 사람에게 예의범절을 배우고 기술과 지식을 습득하라고 할 수 있을지는 몰라도 그들에게 우리가 원하는 인간으로 변하기를 기대하는 것은 불가능하다고 생각해야 한다. 그러므로 그들 각자가 가지고 있는 인간성을 있는 그대로 적재적소에 잘 이용하는 것만이 가능하고 현명한 일이다

두번째의 금기는 사람을 계발하는데 있어서 근시안적인 견해를 가져서는 안 된다는 것이다. 물론 특정된 하나의 일을 위해서는 그 일에 꼭 맞는 능숙한 기술을 배우지 않고는 불가능할 것이다. 그러나 사람 계발은 그것만으로는 부족하다. 왜냐하면 사람을 계발한다는 것은 한 인생을 걸고 전 생애를 위한 작업이라는 관점에서 생각해야 하기 때문이다. 어떤 특정된 직무가 있다 하더라도 이러한 장기적 안목에서의 사람 계발이라는 목표와 관점에서 생각해야 한다.

우리가 알고 있는 다른 또 하나의 금기는 소위 '후임자'를 너무 빨리 지목해서는 안 된다는 것이다. 요즈음도 그런 생각을 하고 있는 기업체나 조직이 없는 것은 아니지만 얼마 전만 해도 대단히 인기가 있었다. 이에 대해 평가해 왔다는 기업, 조직들과 50여 년을 함께 일해 온 나의 경험에 비추어 말할 수 있는 것은 신규 임용된 23살짜리 젊은이들 중에서 크게 성공하리라고 생각했던 젊은이들과 실제 성공해서 기업과 조직에서 중견 인물이 된 사람들과의 상관 관계는 매우 약하다는 것이다.

50살이 되어서 세상을 놀라게 한 많은 사람들 중에는 23살 때

제1장 조직의 인사관리

는 눈에 띄지도 않고 똑똑하게 보이지도 않았던 사람이 많다. 반면에 우수한 성적으로 경영대학원을 졸업하고 대단한 기상과 자신감으로 직장을 시작한 사람들 중에는 5~6년이 지난 후에 시꺼멓게 타버린 숯덩이처럼 일에 지쳐버린 사람들이 더 많다. 처음의 기대와 약속보다 결과에 눈을 돌려야 한다.

내가 아는 사람 중에 성공적으로 사람들을 계발 발전시킨 사람은 커다란 교회의 목사였다. 경이적으로 수많은 최상류급의 지도자들이 그 교회에서 배출된 것을 아는 나는 그에게 이렇게 질문한 적이 있다. "목사님의 교회가 그렇게 많은 훌륭한 자원봉사자들의 요람이 되고 육성소가 된 비결은 어디에 있습니까?"라고 했을 때 그는 이렇게 말을 꺼냈다.

"우리 교회는 봉사하기를 원하는 젊은이들에게 다음과 같은 네 가지의 일에 경험이 있는 분들을 소개합니다. 젊은이들의 후원자이며 지도자가 될 수 있는 분, 어떤 특수한 기술과 훈련을 배울 수 있는 분, 젊은이들의 발전 과정을 능히 심사 평가할 수 있는 분, 젊은이들을 격려하는 응원단이 될 수 있는 분들이 그들입니다."

그때 나는 "목사님께서는 위의 네 가지의 역할 중 어느 역할을 담당하십니까?"라고 물었다. 그 물음에 목사님은 "나는 응원단장처럼 격려하는 사람입니다. 사실 격려하는 일은 어떤 조직단체이든 가장 높은 위치에 있는 사람이 아니고서는 하기 힘든 일입니다. 실로 나는 젊은 사람들이 실수를 통해서 무엇을 배울 수 있다고 믿는 사람이기 때문에 실수 후의 격려가 얼마나 중요한지를 알고 있는 사람들 중의 한 사람입니다. 그런 실수를 경험하지 않은 젊은 사람들의 계발이란 생각할 수 없습니다.

그러므로 젊은 사람들이 실수로 넘어져서 일어서지 못할 지경에 이르렀을 때 그들을 일으켜 세워서 '한번 더 계속해 봄세' 이렇게 이야기해 주는 것이 나의 역할입니다"라고 말한다.

잠재성과 기대보다도 성과의 결과에 초점을 맞추고 비중을 둘 때 비영리조직체의 최고경영자들은 기준과 표준을 높게 잡을 수 있다. 흔히 기준과 표준을 낮추기는 쉽지만 한번 낮추어진 기준과 표준을 높인다는 것은 거의 불가능한 일이다. 그러므로 고질(高質)의 성과를 결실 맺기 위해서는 높은 기준과 표준 이외에 다른 기준과 표준이란 있을 수 없다. 단, 기초 단계에 있는 경험이 없는 사람들에게는 더 많은 시간과 더 많은 인내를 가지고 일을 쉽게 하도록 도와 주는 것을 잊어서는 안 된다.

나는 이러한 모든 것을 이행하는데 필요한 원칙 두 가지를 배웠다. 신체장애자협회의 슬로건이 그 중의 하나이다. '능력이 없는 면을 보고 사람을 임용하지 말고 능력이 있는 면을 보고 사람을 임용하라'는 것이다. '귀가 밝은 사람이 필요한 곳에 장님을 임용하라. 장님은 큰 보탬이 된다.'

다른 하나는 내가 11살 때 얻은 지혜이다. 이것은 나의 피아노 선생님에게서 배운 것이다. "피터, 피아노의 대가들이 연주한 것처럼 모짜르트를 연주한다는 것은 매우 어려운 일이예요. 피터에게 그런 훌륭한 연주를 하라는 것은 아니지만 악보에 나와 있는 대로 하는데 피터가 그 사람들처럼 치지 못할 이유는 없어요"라고 하신 것이다.

비영리조직체의 최고경영자들은 사람들의 강점을 필요한 적재적소에 배치하는 일을 잘해야 한다. 적재적소의 임용에서 괄목할 만한 기록을 세운 사람들 중 한 사람은 제2차 세계대전 당시 미

제1장 조직의 인사관리

국 육군참모총장이었던 위대한 지도자 죠지 C. 마샬 장군이다. 그는 일반 참모, 연대 지휘관 등 600여 명의 인사를 하면서 그를 실망시킨 참모나 지휘관이 거의 한 사람도 생기지 않을 정도로 훌륭히 해냈다. 더욱 재미있는 사실은 그들 600여 명은 지휘관의 경험이 한번도 없었다는 것이다.

마샬 장군의 인사 참모들이 "아무개 대령은 우리가 찾고 있는 훈련소장감으로서는 최고의 인물입니다만 한번도 자기의 상관과 좋은 관계를 갖은 적이 없어서 국회의 인준을 받는 과정에서 그는 큰 문제를 일으키게 될 것입니다. 그의 거만함은 자타가 공인하는 정도입니다"라고 하면서 인사 문제를 논의했을 때 마샬 장군은 "그 대령의 임무는 훈련소장이고 훈련소장으로서는 최상급에 속한다면 무조건 그 임무를 수행하도록 하라. 그 외의 일들은 내가 책임질 것이다"라고 했다고 한다.

그런 식의 인사에 관한 의사 결정을 한 결과로 역사상 볼 수 없는 1,300만 명의 대군을 그 짧은 기간에 아주 적은 실수를 하면서 완벽하게 훈련시킬 수 있었던 것이다.

거기에서 얻을 수 있는 교훈은 그 사람의 강한 면을 보고 인사 문제의 결정을 하라는 것이다. 연후 엄격한 기준과 표준을 세워서 목표에 도전하게 하되 힘들지만 시간과 수고와 인내를 가지고 그들의 성과를 점검하라. 머리를 맞대고 "나와 귀관이 1년 전에 성취하자고 목표를 세운 것이 이렇지 않았습니까! 그런데 결과는 어떻게 되었고 귀관 생각에 목표가 잘 성취된 부문은 어디입니까?" 등의 질문과 응답을 주고 받아야 할 것이다. 이러한 모든 것들이 잘 이루어지기 위해서는 목적과 사명이 분명하고 간단해야 한다.

그러나 목적과 사명은 우리의 능력의 한계를 넘는 것이라야 한다. 그것으로 말미암아 사람들의 이상과 비전이 높고 넓어진다. 목적과 사명은 사람들의 느낌에 '내가 그 어려운 것을 해냈다'는 자부심과 '나는 값진 삶을 살았다'라는 어떤 기쁨을 가질 수 있게 하는 것이 되어야 한다.

가장 해를 끼칠 수 있는 일은 한 조직단체가 그 사회의 계급의식을 그대로 조직체의 경영에 도입하는 것이다. 누구누구는 우리 조직체의 재목감이라든지 아니면 하버드 경영대학원의 졸업생이 아니면 조직체 내에서 크게 성공할 수 없다는 고정 관념을 가지게 하여 사람들의 발전과 계발에 한계를 느끼게 하는 것이다. 성과에만 모든 것을 의존해야 한다.

그것도 단 한번의 직무에서가 아니라 직무를 연속적으로 수행하면서 연관지어 생각해야 한다. 왜냐하면 사람들이 하는 일이란 예측 불허이며 어떤 사람에게 특정한 임무가 주어졌을 때 무엇이 잘못되어 성과를 올리지 못할 경우도 있고, 또 어떤 사람은 그의 상관과 항상 좋은 사이로 지낼 수 없는 경우도 있기 때문이다. 그러므로 고전적인 충언을 하자면 누구든지 노력하는 사람이면 함께 일하도록 하고 그렇지 않은 사람이면 조직에서 떠나도록 하는 것이 낫다는 것이다.

비영리조직단체의 가장 큰 강점은 사람들이 돈만 보고 일하지 않는다는 것이다. 그렇지 않는 사람이 전혀 없는 것은 아니지만 대부분의 사람들은 자기 나름대로 어떤 뜻을 가지고 있는 사람들이다. 그러므로 그러한 사실 자체만으로도 비영리조직체는 그들이 하는 일이 돈벌이를 위한 의무나 단순한 직업이 아니라 그들의 숭고한 불꽃을 끄지 않고 계속 피워 나가고자 하는 막중한 책

제1장 조직의 인사관리

임의 장(場)인 것이다.

나의 견해로는 그러한 불꽃을 살리는 일을 병원이 가장 잘못하고 있다고 생각한다. 병원에서 하는 많은 일들은 단순하게 반복되는 일과로 짜여져 있다. 단순히 반복되는 일과에서 그들의 감정이 무감각하게 되는 이유 중의 하나는 고통당하는 사람들을 보거나 함께 있음으로써 느끼게 될 어떤 감정의 상처로부터 보호를 받고자 하기 때문이다.

훌륭한 병원 행정가나 훌륭한 간호간사와 같은 병원의 지도자들에게 주어진 일은 5~6개 전문과의 직원들을 수시로 불러놓고 자기들이 진정으로 자부할 수 있는 일들, 예전에 볼 수 없었던 일들을 성취하는 것, 구체적으로 지난 밤에 6명의 급성심장병 환자가 입원했는데 그 중의 한 사람도 사망하지 않았다든지 하는 것을 몇 번이고 점검하면서 확인해 보는 것이다. 즉, 성공한 일에 초점을 맞추어야 한다.

내가 사는 패사디나에 있는 시티 오브 호프(The City of Hope)로부터 얼마 떨어져 있지 않은 곳에 어린이 암환자 수용소가 있다. 그곳의 분위기는 항상 기쁨으로 가득차 있는데 그 이유는 성공한 일에 모든 초점이 맞추어져 있기 때문이다. 고통 당하며 죽어가는 어린이들에게 어린 시절의 즐거움을 갖도록 하는 일에 초점을 맞추고 관심을 두고 있다. 그곳의 모든 사람들은 어려움에도 불구하고 사명감을 느끼고 있다.

일과의 많은 비중이 비록 아이들의 구토물을 씻어내고 청소하는 일에 불과하지만 그들에게는 어떤 중요한 일을 하고 있다는 사명감이 있기 때문이다.

그러한 사명감을 느낀다는 것은 비영리조직체를 위한 힘의 원

제Ⅳ부 효율적인 인사관리와 인간관계

천이 된다. 그러나 그것은 대가를 치룬다. 비영리조직체의 임원들은 능력도 없고 성과를 내지도 않는 비영리조직체의 직원을 해임시키는데 약하다. 사명감을 가지고 함께 일해 온 동지가 아무리 능력이 없고 쓸모없는 존재일 망정 어떻게 그만두라고 할 수 있느냐 하는 식의 다양한 변명으로 정당화하면서 해임시키지 못하는 경우가 많다.

나는 여기서 아주 단순한 원칙 하나를 강조하여 거듭 소개한다. 만약 각고의 노력을 하는 자에겐 한번 더 기회를 주라. 그러나 그러한 노력의 기미를 보이지 않는 자는 조직에서 떠나도록 하라.

또한, 비영리조직단체들은 항상 이러한 질문을 해야 한다. "우리 조직의 자원봉사대원들은 늘 새로운 것을 배우며 만족한 삶을 사는가?" "한 차원 높은 수준에서 조직의 목적과 사명을 이해하며 그것들을 완수하기 위해서 필요한 요긴한 기술과 능력을 습득하고 있는가?" 비영리조직체들은 그들을 보조하는 많은 자원봉사대원들을 어떤 정태적 존재의 차원이 아니라 동태적으로 성장하는 역학적인 힘을 가진 존재로 이해해야 한다.

여러 면에서 미국의 걸스카우트 조직이 가지고 있는 의식으로서 사람을 계발하고 발전시키는 데 성공적인 비영리조직체가 많이 있다. 그렇게 성공한 비영리조직체에서는 그들의 임원 참모들이나 자원봉사자들의 성과 측정의 기준을 어린 걸스카우트 단원의 성장과 계발 및 발전에 비중을 두고 있다.

자원봉사자들도 책임지고 일할 수 있는 여건을 만들어 주고 그들의 산하조직을 독립 명령계통으로 가지게 해야 한다. 미국의 보이스카우트 조직에서 캠프 책임자들로서, 단원으로서 인정받는 배지를 획득하기 위해 해야 할 일들을 성취하는데 도와주고 가르치는 데서 자원봉사를 시작한다.

그런 경험을 한 후 특별한 업무 수행의 임무를 위탁받고 그 임무를 수행할 대원들의 지도자가 되며, 때로는 필요한 교재를 개발하는 데도 참여한다.

이러한 모든 경험을 쌓은 후 그들은 지역 단위 및 전국의 조직 체제에서의 지도자급 위치로까지 부상하는 것이다.

사람을 계발하는 방법 중 한 가지 현명한 방법은 그들에게 교사 역할을 맡기는 것이다. 훌륭한 교사보다 더 많이 배울 수 있는 위치는 없다. 교사로서 일해 달라고 요청하는 것보다 더 효과적으로 사람을 인정하는 방법도 드물다. 또한 "당신이 그렇게 많은 능력을 발휘할 수 있었던 비결을 우리에게도 좀 밝혀주시지요"라는 요청보다 상대가 기업의 판매원이건 적십자 직원이건 간에 더 매력적으로 그를 인정해주는 말은 없을 것이다.

자원봉사대원들에게 해당되기보다 비영리조직단체에 정규로 고용된 직원들에게 더욱 해당되는 계발 도구를 하나 더 소개한다. 정규 직원들은 쉽게 끼리끼리 단합하며 편협된 인간으로 성장하기 쉬운 여건을 가지고 있다. 그렇게 바람직하지 못한 인격 형성을 배제하기 위해서는 외부 세계를 접촉할 수 있도록 밀어내는 것이 중요하다.

예를 들어 각 지역의 고등학교나 대학에서 실시하는 성인을 위한 평생교육 프로그램에 등록하여 공부하도록 종용하는 것 등을 고려하라. 일반적으로 들려오는 불평은 조직 및 단체의 상급자들은 똑똑한 하급자를 원하지 않는다는 것이며, 그 이유는 자신의 위치에 위협을 느끼기 때문이라고 한다.

성공적인 비영리조직단체에서는 정반대의 현상이 일어난다. 그런 현상이 일어날 수 있는 것은 비영리조직체이기 때문에 더욱 유리한 것이 아닌가 생각한다. 자원봉사대원으로서 훌륭하게 봉사를 하는 것은 정규 급여를 받는 최고경영자들의 위치를 넘보기 위해서라고는 생각할 수 없으므로 위협의 대상이 되지 않는다.

위대한 작곡가 구스타프 마흐러와 관련된 약 100년 전인 19세기 말엽 오스트리아의 빈에서 건설한 교향악단에 대해 널리 알려진 일화가 생각난다. 황제도 그의 교향악단의 팬이었는데 하루는 구스타프 마흐러가 병적인 완벽광으로 느껴져 그를 불러들여서 "귀공은 악기 연주자 한 사람 한 사람에게 필요 이상의 완벽한 연주를 요구하는 것이 아니오?"라고 물었다.

마흐러의 대답은 전 세기에 걸친 걸작으로 남는다. "황제 각하, 본인이 그들에게 완벽함을 요구하는 것은 그들 연주가들 각각이 너무 잘 연주하기 때문에 본인에게 지우는 압박감에 비하면 아무 것도 아닙니다"라고 대답했다고 한다.

일을 맡아 하는 사람들이 일을 맡긴 사람들에게 오히려 더 높은 성취에 대한 압박감을 느끼도록 하라. 그리하여 그들로 하여금 "왜 더 이상 더 크게 더 많이 할 수 없습니까?"라고 하면서 도전하도록 해야 한다.

팀 건설의 체계화

조직이 성공하면 할수록 팀 건설이 더욱 절실해진다. 실제로 조직의 가장 윗자리에 있는 사람들이나 참모들의 개인적인 능력에도 불구하고 비영리조직단체가 주어진 사명과 임무를 감당하지 못하고 갈팡질팡하는 경우를 보면 그들의 산하에 팀 건설이 잘 되어 있지 않은 것을 볼 수 있다.

몇몇 참모들과 함께 일해야 하는 조직의 가장 윗자리에 있는 분이 아무리 뛰어나고 훌륭하다 하더라도 한 사람의 능력에는 한계가 있는 법이다. 조직은 한 사람의 능력 이상으로 쉽게 성장해 버린다. 그러나 조직이 성장한다고 팀 건설이 저절로 되는 것은 결코 아니다. 그러므로 체계적인 의식과 부단한 노력이 없이는 이루어질 수 없는 것이 또한 팀 건설이다.

성공적인 팀 건설은 사람으로 시작하는 것이 아니다. 어떤 직무를 염두에 둘 때 시작되는 것이다. 먼저 '우리가 성취하고자 하는 과제가 무엇인가?' '그러한 과제와 임무를 수행하는데 필요한 구체적인 주요 활동 업무는 무엇인가?'와 같은 질문으로 시작해야 할 것이다.

나는 미국에서 가장 빠르게 노동조합을 건설한 대단히 성공적인 팀의 경영진을 옆에서 관찰한 바 있다.

가장 윗자리에 있는 사람은 비록 지나치게 독선적이긴 했지만 그는 일의 순서를 터득하고 있었다. 그는 먼저 "우리들이 성취하고자 하는 일이 무엇인가?"를 묻고 "우리가 성취하고자 하는 첫 번째 일은 낮은 보수를 받으며 무기술자로 병원에서 청소하는 사람들의 노동조합을 건설하는 것이다"라고 자문자답을 한 후 "그러한 목적을 성취하기 위해서 해야 할 구체적인 활동 업무는 무엇인가?" 마지막에 가서야 그러한 구체적 활동을 잘할 수 있는 사람을 12명 정도의 최상급 참모들 중에서 골라 그들이 가지고 있는 기술과 능력을 발휘하도록 하였다.

1년도 안 되어 그들은 팀 건설을 끝내고 원래의 목적 달성을 위해 노동조합의 팽창에 노력하여 50만여 명의 조합원으로 시작한 것이 10년이 채 못 되어 100만 명에 가까운 조합원이 가입한 노동조합으로 발전하였다.

그 팀원들 각각은 자기가 맡은 업무가 무엇인지를 알고 있었을 뿐만 아니라 그들 각각은 자기 외 다른 팀원들의 업무까지도 샅샅이 잘 파악하고 있었다. 그것은 자신의 업무 파악 못지 않게 중요한 사실이다. 팀원이 될 사람들의 강점을 잘 파악해 두었다가 필요한 업무 활동에 대응시키면서 그들이 행동으로 옮길 수 있도록 적합한 위치를 마련해 주는 순서이다.

그리고 쉽게 범할 수 있는 실수 하나는 모든 개인들이 같은 팀 구성원이기 때문에 그들 모두가 생각하는 것이 같아야 하고 행동도 같이 해야 한다는 생각이다. 그러나 절대 그렇지가 않다. 팀 건설의 목적 자체가 팀원 한 사람 한 사람이 가지고 있는 강한 면을 더욱 효과적으로 발휘할 수 있게 하며, 그들이 가지고 있는 약한 면은 억제하도록 하는데 있다. 같은 팀에 있는 개인을 관리하는 것이다. 팀 구성원 개개인의 성과와 강점을 합하여 이룩된 노력의 성과에 초점을 두는 것이다.

효율적인 정보유통으로 개인의 능력을 배가시켜라

업무에 필요한 기술과 활동에 팀원이 지니고 있는 강한 능력이 잘 적용된 상태에서 개인의 능력을 더욱 효과적으로 발휘할 수 있게 하기 위해서는 아래의 두 가지를 유의해야 한다. 첫째로 각자 자기가 해야 할 임무를 샅샅이 파악해야 한다. 그렇지 못할 때는 우왕좌왕하기 쉽다. 두번째는 각자가 맡은 책임을 이행해 나가는 데 필요한 것들이 무엇인지를 처음부터 끝까지 철저히 밝혀 두는 일이다. 자기가 필요한 것이 무엇인지를 알지 못하고서는 누구에게도 도와달라고 할 수가 없다.

위와 같은 두 가지 점을 유의할 때 상급자나 동료 그리고 하급자에게 '당신이 하고 있는 일들이 이렇게 나의 일을 돕고 있습니다' '당신이 하고 있는 일들이 나의 일을 이렇게 망치고 있습니다' '내가 무엇을 어떻게 해야 당신이 하는 일을 도울 수 있습니까?' '내가 하는 일이 당신이 하는 일을 방해하는 결과를 가져오지는 않는지요?' 등의 질문으로 더욱 쓸모있는 정보를 주고 받을 수 있게 된다. 단, 메모나 쓰면서 책상에 앉아 이러한 정보를 교환하지 말고 직접 찾아가서 얼굴을 맞대며 대화로써 해야 한다.

위와 같은 유의점을 6개월에 한번 정도 실행에 옮긴다면 직장에서 있을 수 있는 대부분의 어려운 점들은 해결될 것이다. 최고 경영자들의 첫번째 책임과 임무는 일하고자 하고, 일하는 대가로 보수를 받는 자들에게 맡은 일을 수행하는데 필요한 기술과 능력을 갖추고 일을 할 수 있도록 여건을 조성해 주는 것이다. 즉, 그들에게 필요한 연장과 도구를 제공해 주고 정보까지를 제공해 주어야 한다.

그들을 넘어지게 하고 그들이 하는 일을 방해하거나 능률을 올리지 못하게 하는 요인들을 제거해 주라. 단, 짐작으로 하지 말고 현장에 나가서 몸을 부딪쳐 가며 대화를 나누면서 하라. 그것이 유일한 방법이다.

조직이 커지게 되면 비영리조직체의 최고경영자들은 말단 직위에서 최상급 직위에 이르기까지 일하는 모든 직원들로 하여금 조직의 최고경영자가 알고 있지 않으면 안 될 일들을 쉽게 말할 수 있는 여건을 조성해야 한다. 이와 같이 '상관을 교육시키는 일'을 염두에 둘 때 직장에서 개개인은 각자의 노력과 자기가 속한 부서의 범주를 넘나들며 자기 분야만을 위한 시야를 벗어나 조직 전체를 생각하고 위하는 직장인이 되는 것이다.

어려운 의사결정

옛말에 '병정 한 사람 한 사람은 인격과 실력을 갖춘 장교를 상관으로 모실 권리가 있다'고 했다. 비영리조직단체를 성공적으로 운영하고자 하는 최고경영자는 조직의 각 부처에 실력과 인격을 갖춘 참모를 배치해야 할 의무와 책임이 있다. 실력과 인격을 갖추지 못한 위인들을 참모로서 조직에서 일하게 하는 것은 그 조직을 파멸하게 할 뿐만 아니라 그 원래의 조직 목적과 사명을 저버리게 하는 것이다.

공통된 문제 중의 하나는 한 개인이 같은 직무를 20~30년간 맡음으로써 일에 대한 뚜렷한 자극을 못 느끼게 되는 경우이다. 100만 명 중 한 명 있는 최상급의 예술가 정도라면 자기가 하는 일에 싫증을 느끼지 않고 몰두하는 예외를 이야기할 수 있지만 보통 사람인 우리들 모두는 같은 일을 수십 년 하게 되면 당연히 권태를 느끼게 마련이다. 그런 사람들에게는 환경을 바꾸어 주는 것이 상책이다.

큰 기업의 재무를 담당하는 분들이 병원으로 직장을 옮기는 것을 우리는 많이 볼 수 있다. 일의 내용은 전혀 변한 것이 없다. 단지 전문 용어에서 조금의 변화가 있을 뿐이다. 그러나 환경을 변화시킴으로써 20여 년은 더 젊어지는 것을 볼 수 있다. 중년기의 권태 역시 새롭게 생동하는 인생을 맛볼 수 있도록 환경을 바꾸는 것이 필요하다.

비영리조직체의 최고경영자들이 매번 당면하는 어려운 의사 결정이란 실력과 인격을 위주로 해야 하는 인사와 인정을 감안하지 않을 수 없는 인사, 이렇게 양자 간의 갈등에서 오는 문제이다. 이러한 의사 결정에 고민하는 최고경영자들은 '정실에 못이겨 이런 인사를 하는 것이 잘못되었다. 인정상 감당할 수 없을 만큼 건니기 어렵지만 결난을 내려야씠다'고 하는 사람들보다는 한 수 아래라고 할 수 있다. 정실에 얽매인 인사를 배격할 때 대체로 그 조직단체는 더욱 깨끗하고 빠르며 상처도 훨씬 적은 것이 보통이다.

후임자의 선정문제

인사 관계의 의사 결정 중 가장 치명적이면서 다시 번복하기 어려운 것이 있다면 그것은 최고경영자의 후임을 선정하는 문제이다. 그러한 의사 결정은 사실상 투기나 노름과도 같은 것이다.

최고경영자의 성과를 시험하는 것은 최고경영자 자체의 성과로서만 가능하다. 그리고 그런 최고경영자직을 맡을 준비는 오랜 시간을 두고 하지 못하는 것이 상례이다.

무엇을 해야 한다는 것보다 어떤 일들을 해서는 안 된다는 것이 더 쉬울지도 모른다. 최고경영자의 후임을 선출할 때 꼭 해서는 안 될 일은 후임자가 퇴진하는 선임자의 복사판 같아서는 절대 안 된다는 것이다. 퇴직하는 선임자가 "나의 후임자가 될 죠 (혹은 메리)는 30여년 전의 나와 꼭 닮은 꼴이다"라고 말해서는 안 된다. 그것이 바로 복사판이라는 것이고 복사판은 대체로 원본보다 어딘지 모르게 항상 약한 것이 사실이다.

또한 최고경영자 옆에서 몇십 년 간 따라다니면서 최고경영자가 무엇을 하든지 그의 의사를 존중하고 순종하며 자신의 뜻대로는 한번도 의사 결정을 해 보지 않았던 심복에 대해서도 다시 한번 생각해 보아야 한다. 대체로 자신의 뜻대로 의사 결정을 하고자 하는 사람이나 의사 결정을 할 능력이 있는 사람들은 그러한 자리에 결코 오래 머물지 못하는 것이 상례이다. 또한 '후임자'의 직접 선출은 피하는 것이 좋다.

십중 팔구의 경우 그러한 '후임자'는 성과가 꼭 이루어져서 측정되어져야 하는 일에서나, 또 그들이 실수를 저지를 가능성이 있는 일이나 위치는 피해서 일하도록 주선된 사람들이다. 그들은 전시 효과로서 이용될지는 모르나 성과의 결과를 달성하는 사람들은 아니다.

비영리조직단체 최고경영자의 후임을 선정하는 의사 결정은 어떻게 하는 것이 바람직한가? 그가 수행해야 할 임무를 먼저 생각하라. 그 자리가 특정한 전문대학이든지, 병원이든지, 소년단이든지 간에 앞으로 다가오는 수년 동안 최고경영자로서 감당해야 할 가장 중대한 도전이 무엇인지를 먼저 생각하라. 그후에 후보자들의 이력과 그들이 성취했던 과거를 점검하라. 가장 높은

제1장 조직의 인사관리

성과의 기록을 가진 자를 선택하는 것이다.

한 비영리조직체의 궁극적 성패는 혼신을 다하여 일하고자 하는 사람들을 그 단체가 고용할 수 있고 그들이 그 조직단체에 남아서 계속 혼신을 다하여 일할 수 있도록 만드는 능력에 달렸다. 그러한 능력을 잃어갈 때 그 조직과 단체는 이미 하향길에 들어서고 있는 것이며, 한번 하향길에 들어선 것을 되돌린다는 것은 결코 쉬운 일이 아니다.

'우리가 필요로 하는 사람이 우리의 조직과 단체에 매력을 느끼는가?' '그들이 매력을 느껴서 임용되었다면 계속 매력을 느끼면서 혼신을 다하여 일을 하고 있는가?' '우리의 조직과 단체는 그들이 계속 발전하고 자신을 계발하도록 여건을 만들어 도와주고 있는가?' 비영리조직단체의 인사에 관한 의사 결정에 관한 한 모든 것이 이와 같은 세 가지의 자문자답으로 귀결된다고 생각한다.

또한 우리는 조직과 단체를 흔쾌히 맡길 수 있을 만한 자질의 사람들을 매혹시킬 수 있는가? 일단 임용이 되었다면 우리들보다 오히려 더 훌륭하게 일을 할 수 있도록 그들의 발전과 계발을 위하여 무엇을 어떻게 도와주고 있는가? 우리들은 그들을 옳은 길로 방향을 잡아주며 격려하고 공적을 치하하는데 인색하지는 않았는가? 다른 말로 표현해 보자면 오늘 우리들의 인사에 관한 의사 결정이 내일을 건설하는 주춧돌을 쌓는 것인지, 아니면 오늘의 편리와 안이를 위한 자포자기인지 양자택일을 분명히 해야 한다는 것이다.

제 2 장
주요한 관계

　비영리조직체와 영리기업 간에 가장 기본적으로 다른 점은 전형적인 비영리조직체는 영리기업보다 훨씬 더 많은 대내외의 관계를 맺고 있다는 사실과 그 관계들이 비영리조직체의 존폐에 치명적으로 중요한 역할을 한다는 것이다. 초대형 영리기업들을 제외하고는 영리기업들의 대내외 주요한 관계는 상대적으로 간단하다. 종업원들과 고객들과 소유주들과의 관계가 전부이다.
　비영리조직체의 사람들은 수많은 유권자들과 관계를 맺고 있으며 그들과의 관계 각각을 신중히 다루어 나가야 한다.
　먼저 재단이사회와의 관계부터 언급해 보기로 하자. 대부분의 영리기업체에서는 회사가 위기에 처하지 않는 한 재단이사회는 회사에 크게 관여하지 않는다. 그러나 비영리조직단체의 재단이사회는 그렇지 않다. 그들은 모든 것에 대하여 깊이 관여한다.

제2장 주요한 관계

 실제로 많은 비영리조직단체의 최고경영자들과 참모들은 재단이사들의 간섭이 정도를 넘어서서 이사들의 기능과 경영자들의 임무의 구분을 무시하고 경영권한을 침해한다고 불평하는 경우가 빈번하다. 경영자들은 이사들이 조직과 단체에 깊게 관여함으로써 조직을 엉망으로 흔들어 놓는다고 말한다.
 진정으로 성공적인 비영리조직단체가 되기 위해서는 재단이사회가 강해야 한다. 단, 재단이사회는 재단이사회로서의 기능을 발휘하는데 강해야 하며, 재단이사회는 한 조직단체의 목적과 사명을 조직의 모든 사람들로 하여금 한시도 잊지 않고 명심하여 그것을 지키고 그러한 목적과 사명을 수행하는데 전심전력을 다 기울일 수 있도록 도와 주는 역할을 해야 한다.
 이사회의 큰 기능 중의 하나는 조직과 단체가 실력과 인격을 갖춘 올바른 경영팀을 갖도록 하는 것이다. 또한 이사회는 조직과 단체의 성과에 결과를 평가하는 기능을 가지고 있다. 이사회는 조직체가 위기에 처할 때는 소방원의 역할을 담당해야 한다.
 비영리조직체의 이사회는 영리기업체의 이사회가 하지 않아도 되는 일을 하고 있다. 그 중의 하나는 조직체를 위하여 기금조성의 선도적 역할을 담당하는 것이다. 비영리조직체는 이사들이 기금조성에 나서지 않으면 조직체에서 필요로 하는 기금을 조성한다는 것은 거의 불가능할 경우가 많다. 나의 사견으로는 비영리조직의 재단이사들은 사회 각계 각층에서 기금조성에 협조하도록 앞장서서 도울 뿐만 아니라 이사들 자신들의 기부금 헌납 기장에 자신들이 이사로 있는 회사가 우선적으로 최대의 관심을 갖고 기부한 기록을 남겨야 한다고 생각한다.
 비영리조직체의 이사회가 그들의 진정한 의무를 이해하고 그들 자신의 목표를 설정하고 그에 따른 평가의 중요성을 이해한다면 자신들의 임무 외의 것에 관여하는 어리석음을 범하지는 않을 것이다. 그러나 이사회의 역할을 분명히 정의하지도 않고 무관하게 방치해 둔다면 이사회는 자신들의 임무도 수행하지 못하면서 남의 일에 사사건건 참견하며 경영을 방해하는 이사회가 되기 쉽다.

바람직한 지도력을 창출하는 강한 재단이사회를 가지고 있는 비영리조직체는 좋은 사람들을 이사회로 영입하는데 노력할 뿐 아니라 영입된 후 팀의 구성원으로서 올바른 방향에 서서 재단이사장을 열심히 도와서 일할 수 있도록 각고의 노력을 하는 것을 관찰해 본 바 있다. 나의 경험으로 표현하면 '재단이사장은 재단이사회의 양심이다'라고 하고 싶다.

강하면서 효과를 발휘하는 모든 이사회는 거의 예외없이 선거에 의한 방법이 아닌 공천의 과정을 통해서 선임된 이사들로서 구성된 것이다. 반면, 한 예로 협동조합에서처럼 유권자들의 투표로 구성된 재단이사회가 강하고 필요한 효과를 발휘하는 것을 본 적은 드물다. 그런 선거에 의한 이사회의 의장은 이사회의 구성원인 이사들이 누가 되건 또한 이사장이나 대표 최고의원이 누가 되는 데에 대하여 아무런 권한을 갖지 못하는 경우가 많다.

이사회란 조직 전체의 권익을 돌보는 책임있는 이사회가 되기보다는 조직 내 각 소집단의 이해와 권익을 대변하는 조직으로 전락하는 경우가 많다. 그러한 이사회가 문제를 일으키기 쉬운 이유는 그런 이사회의 이사 중 몇몇은 그들의 이사직을 남용하여 자신들의 정치적인 발판으로 이사회를 이용하며 자신들의 권익과 이해에 급급한 발언을 하기가 일쑤이기 때문이다.

이 경우에 비영리조직체 이사회 회의실 문 앞에 큰 글씨로 '본

제2장 주요한 관계

이사회의 회원 자격을 얻었다는 것은 무엇이든 마음대로 할 수 있다는 힘의 상징이 아니라 무엇이든 뜻을 둔 대로 이루어야 할 책임을 상징하는 것이다'라는 표지판을 붙여 두고 싶다.

아직도 비영리조직체 이사회의 회원 중에는 병원의 이사가 되는 것이 한 지역의 유지로서 인정받던 옛날식 사고와 의식에 젖어 있는 사람들이 있다. 이사가 된다는 것은 희생적인 봉사정신이 발현되는 각오와 결단이 있어야 하며, 조직에 대해서 뿐만이 아니라 다른 이사회 회원 모두에게 모든 참모들에게 조직이 가지고 있는 목적과 사명을 위한 원래의 뜻을 이루기 위한 모든 것에 대하여 책임을 진다는 것을 의미한다.

이러한 의미를 부여할 때 큰 쟁점이 되는 것이 있는데 그것은 이사들의 퇴직 연령에 관한 것이다.

많은 노인들이 어떤 봉사조직체의 이사로 일하는 것은 그들이 해 오던 모든 생산적인 사회 활동의 일선에서 물러난 후에 하고 있는 마지막 활동인 경우가 많다. 이사직에서 물러나면 그들이 이 세상에서 생산적으로 할 수 있는 일이 없어진다고 생각할 수 있기 때문이다. 나는 평생 동안 정년 퇴직이라는 것을 반대해 온 사람 중의 하나다. 그러나 이사회 이사들의 정년 퇴직에 대하여 언급하라면 나는 끝까지 정년 퇴직에 관한 나의 고집을 고수하지는 않는다.

3년짜리 이사직을 두 번까지 연임할 수 있게 하고 일단 연임이 끝나면 사임을 하는 것이 좋다고 생각한다. 사임 후 3년을 쉰 후에 다시 선임이 되는 것은 별개의 문제이다. 그러나 일단 연령이 72세 정도가 되면 개인의 건강 상태에 따라서 불공평할 수도 있겠지만 영구히 이사직에서 물러나게 하는 제도도 생각해 볼 일이다.

　재단이사회에서 종종 있을 수 있는 문제는 이사회가 몇 개의 편으로 갈라져 있는 것이다. 이런 일을 비영리조직체에서 흔히 볼 수 있는 이유는 원래 조직이 가지고 있던 목적과 사명이 무엇이며, 무엇이 되어야 한다는 데 중요한 논쟁의 여지를 가지고 있기 때문이다.

　나의 경험에 의하면 이러한 경우 이사회의 역할은 더욱 중요하게 부각되기도 하지만 또한 더 큰 분쟁을 일으킬 가능성도 많다. 그러한 치명적인 고비를 맞이할수록 재단이사회를 대표하는 재단이사장과 경영을 대표하는 최고경영자(회장 또는 사장)의 직함을 가진 사람 간의 주고 받는 상호 관계가 절실히 요구되며 그러한 상호 관계에서만 중요한 일들이 성사될 수 있다.

상호적인 관계

　어느 조직에서든 상호적인 관계만이 효력을 거둘 수 있다. 어느 조직이나 스타를 원하고 또 필요로 한다. 그러나 훌륭한 오페라를 보고 나면 스타와 조연배우를 떼어 놓고 이야기할 수는 없다. 조연배우들은 스타를 보조하지만 스타가 절정의 연기로 음악을 들려줄 때 그의 주위에서 보조하던 모든 조연배우들은 순식간에 스타의 연기와 함께 상승한다.

　연기자 한 사람 한 사람이 순식간에 새로운 차원으로 상승하는 것이다. 이러한 것을 가리켜 '서로 주고 받는 상호 호혜 관계'의 보람이라고 한다.

제 2 장 주요한 관계

　비영리조직체를 효과적으로 경영해 나가는 최고경영자들은 이러한 '오고 가며 주고 받는 상호 관계'를 실현한다. 유능한 최고경영자들은 그들의 참모들과 이사회의 이사들과 지역 주민들과 기부자들과 자원봉사대원들과 동창생들에게 "저에게 하고 싶은 말씀이 있으시다면 무엇이든 말씀해 주십시오"라고 시작할 것이다. 만약 "내가 시키는 대로 따르세요"라고 한다면 결코 하지 않을 것이다. "나에게 하실 말씀이 있으면 무엇이든지 말씀해 주십시오"라고 했을 때는 설사 어떤 문제가 있었다고 하더라도 문제의 반 이상이 이미 풀려진 것과 다름 없으며, 그렇게 문제가 공개적으로 받아들여졌을 때에는 이상하게도 많은 사람들을 언짢게 했던 문제들도 아무런 문제가 되지 않는 경우를 흔히 볼 수 있다.
　나의 친구 한 사람은 그런 현상을 신발 안에 들어 있는 작은 돌에 비유하여 말하길 '신발을 벗고 돌을 털어내어 버리면 될 일이지 정형외과 전문의를 찾아갈 일이 아니다'라고 했다. 사실 그렇다. 주고 받으며 오고 가는 상호 관계를 신발 안에 끼어 있는 작은 돌로 생각할 때 많은 인간 관계에서 오는 문제의 해결책이 강구될 것이다
　인간 관계에서의 진정한 시험은 관계에서 발생하는 어떤 문제를 해결하는 데 있는 것이 아니라 그러한 문제가 있음에도 불구하고 서로의 기능을 발휘해 나가는데 있는 것이다. 문제가 있었던 것이 없었던 것으로 사라지는 것이 아니다. 설사 문제가 그대로 있다 하더라도 최소한 어떤 중요한 일을 성취하는데 그 문제가 걸림돌이 되어 방해되지 않도록 하는데 큰 의미가 있다.

지역사회와의 관계

　환자의 집을 방문하는 자원봉사 간호원이나 암 연구소, 지역에 속한 전문대학 등 어느 형태의 비영리조직체이든지 지역 주민의 특정한 권익에 봉사하기 위하여 존재하는 것이다. 각각은 공공단체로서 정부의 감독기관이나 지역의 다른 공공기관 뿐 아니라 지역의 주민들과 유대 관계를 가지게 마련이다. 이러한 유대는 보통 우리가 말하는 홍보와는 별개의 것이다. 단, 홍보를 하려면 참다운 홍보를 했으면 좋겠다.

　비영리봉사단체라면 틀림없이 그들 원래의 목적과 사명이 있을 것이고 그러한 원래의 목적과 사명을 위한 단체로서 운영되어야 할 책임이 있다. 자원봉사자들이 중요한 역할을 하는 것도 이러한 이유 때문이다. 지역사회에서 살면서 조직체의 원래 목적과 사명을 대변하며 실행하는 것이다.

　성공적인 비영리조직체는 자원봉사대원으로 하여금 조직이 지역사회를 대표할 수 있도록 훈련하고 교육한다. 그렇게 하면서 그들로 하여금 그들의 조직체가 진행하는 사업에 관하여 제기될 수 있는 문제와 질문들을 지역사회로부터 보고 듣게 하여 그에 관한 정보를 조직에 제공하며 보고할 수 있도록 한다.

　나는 한 지역에서 세 개의 병원이 서로 경쟁의 입장에 있는 것을 보아 왔다. 그 중 객관적인 평가로는 가장 낙후한 병원이 그 지역사회의 누구에게서라도 가장 많은 칭송을 받는 것을 본 적이 있다. 무엇이 그 병원으로 하여금 그 지역에서 그렇게 잘 알려지고 칭송의 대상이 되게 하는지 궁금하지 않을 수가 없었다.

이유인 즉, 병원에 입원했던 환자가 퇴원한 후 약 2주 후에 병원에서 어떤 사람이 전화를 걸어서 "스미스 부인, 그동안 안녕하신지요. 저는 메모리얼 병원을 대신해서 부인의 안부를 묻고자 합니다. 병의 회복은 잘 되고 있는지요?"라는 식으로 안부 전화를 건다. 환자가 병 회복이 예상대로 잘 되고 있지 않다는 불편을 표현했다면 약 3주 정도 후 다시 한번 전화를 해서 안부를 묻는다.

연말에 가서는 달력 같은 선물을 보내면서 안부를 묻고 병원에 찾아올 필요가 없을 정도로 건강하기를 바라면서도 병원에서는 그 환자를 잊지 않고 있다는 어떤 감상적인 문안의 편지를 보내는 것이다.

이러한 것이 단순한 일상적인 문안 인사에 지나지 않는다는 것을 모르는 사람은 없다. 그러나 이러한 조그마한 관심이야말로 지역의 주민들이 병원으로부터 느끼고 듣고 싶어하는 감정과 말로서 "우리는 여러분들의 병원으로서 항상 여러분과 여러분의 가족들을 잊지 않고 있습니다"라는 확신을 주는 것이다.

자기 학교의 졸업생, 동창생, 자기들 병원에서 퇴원한 바 있는 환자들이 누구인지조차 모르는 비영리봉사조직체들이 한두 개가 아니다. 나의 의견으로서는 모든 비영리단체가 크게 어려움을 겪지 않고 지역사회에서 좋은 인상을 받을 수 있는 부문은 그러한 사소한 곳에 관심을 가짐으로써 가능하다고 생각한다.

이것은 큰 노력 없이도 훌륭한 결과를 성취할 수 있는 실천이다.

제3장
자원봉사자들을 변화시켜라

– 바텔* 신부와의 대담

드러커 교수: 제가 정확하게 알고 있는지는 모르겠습니다만 바텔 신부님께서는 교구청에 속한 신부님과 수녀님들의 숫자가 상당히 적음에도 불구하고 신부님의 교구청에 속한 신도의 수나 교회의 모든 의식 활동의 범위가 오히려 더 증강되었다고 알고 있습니다. 그렇지 않습니까?

바텔 신부: 그렇습니다. 그렇게 할 수 있었던 이유 중의 하나는 예전에 신부와 수녀들이 수행하던 일을 평신도들로 하여금 일할 수 있도록 주선한 데 있다고 봅니다. 기본적으로 교구청에서 수행해야 할 많은 일과를 자원봉사자들이 더 많은 부분을 맡아서 일할 수 있도록 배려한 데서 기인한 것 같습니다. 또한 자원봉사

---

* 리오 바텔(Leo Bartel) 신부님은 현재 미국 일리노이주에 있는 가톨릭의 록포드(Rockford) 교구의 사회봉사회 담당 대목(代牧)이다.

제3장 자원봉사자들을 변화시켜라

자의 대부분이 여성인 것도 사실입니다.

드러커 교수: 가톨릭 교회에서는 항상 여성이 자원봉사대원의 대부분을 이루고 있지 않습니까?

바텔 신부: 그렇습니다. 그러나 과거와 틀린 것이 있다면 과거의 자원봉사자들은 항상 조수 내지 조력자의 역할에서 벗어나지 못했지만 오늘의 자원봉사자들은 '동료'라는 의식으로서 봉사하는 것입니다. 사실 지금부터는 자원봉사자라는 말 대신 무보수 참모 직원이라는 직함을 붙여야 하지 않을까 생각합니다. 이러한 많은 숫자의 사람들은 교회에서 봉사하고자 하는 일을 하는 데 있어서 지도자의 위치에 서있습니다.

드러커 교수: 40년 전 같으면 똑같은 옷차림의 여성들이 부활절 교회의 제단에 백합화를 갖추는 일이나 했을 텐데 오늘에 와서는 교사로서 또는 유치원 아이들을 돌보는 일, 병원의 입원환자 수속을 처리하는 일, 교구 청연회의 의장직을 수행하는 등 다양한 역할을 수행하고 있지 않습니까?

바텔 신부: 바로 그점입니다. 그러한 점에서 진정한 변혁이 이루어진 것입니다.

드러커 교수: 그러한 변혁을 이룩하게 된 과정을 좀 설명해 주시지요.

바텔 신부: 그러한 변혁의 필요성이 분명해지고 있습니다. 특히 개별 교회 단위에서는 더욱 분명했습니다. 그러한 필요성이 더욱 절실하게 된 이유 중의 하나는 어린 아동들의 종교교육을 맡아 볼 수녀들의 수가 굉장히 부족해진 데에서 기인했다고 할 수 있습니다.

종교교육 프로그램을 지도하는 데도 어떤 곳에서는 수녀들을 전혀 볼 수 없는 경우도 있습니다. 그렇게 되었을 때 우리는 평신도들에게 그 일을 부탁하지 않을 수가 없었습니다.

처음엔 물론 임시대응책이었다고 할 수 있지요. 그러나 세월이 지나면서 수녀가 할 일들을 평신도로 대체한 것이 우리에게 도움을 줄 뿐만 아니라 동시에 많은 측면에서 자원해서 봉사하고자 하는 분들의 인생을 더욱 풍요롭게 만들고 격려하며 살찌게 할 수 있다는 것을 알게 되었습니다.

목회자들은 평신도들을 종교교육 프로그램에 정식으로 관여할 수 있도록 초빙하기 시작하였고, 교회 전체는 그들이 무보수 참모 직원으로서 해야 할 임무를 수행할 수 있도록 하기 위해 필요한 모든 훈련과 교육 과정을 마련하고 이에 요구되는 여러 가지 여건을 조성하는 데 전념했다고 할 수 있습니다.

종교교육 간사들을 위시한 여러분들로 하여금 토요 교실 및 특정한 교회 내에서 실시할 교육 일자를 정하여 필요한 과정을 밟게 했습니다.

우리들이 사는 지역에서는 상당히 알려진 '롹포드 지역 종교교육 연수회'라는 이벤트가 있습니다. 평신도 교사들이 '롹포드'에 와서 3박 4일 정도 연수회에 참여하는 것이지요. 그 이외에도 우리 교구청 주관으로 평신도 목회자 프로그램이 있습니다. 교회 단위에서 특별히 천거받은 유능하고도 봉사의 뜻을 가진 분들을 프로그램에 등록시키고 지도자 훈련 등 모든 과정을 이수한 분들에게 자격증을 수여함으로써 그들로 하여금 필요에 따라서 교회에서 지도자의 임무를 수행할 수 있도록 한 것입니다.

드러커 교수: 훈련 기간은 얼마나 되고 훈련과 교육 과정은 어떠한지에 관해서 말씀해 주시지요.

제3장 자원봉사자들을 변화시켜라

바텔 신부 : 정규 평신도 지도자 훈련교육 프로그램은 2년 이상 걸립니다. 모두가 7개 과목으로 대별되는데 성경 연구에서부터 커뮤니케이션, 복음 전파에서 신학 공부에 이르는 폭이 넓은 과정입니다. 이 프로그램의 원래 목적은 이미 능력을 가지고 있는 분들에게 그들이 교회의 사명을 다하는 데 더 큰 능력을 발휘할 수 있도록 필요한 훈련 과정을 마치게 함으로써 자신감을 가지고 떳떳이 일할 수 있는 기회를 부여하는데 있다고 할 수 있습니다.

드러커 교수 : 아주 철저한 프로그램인 것 같습니다. 신부가 되기 위한 첫 단계에서 이수해야 하는 프로그램과 흡사한 점이 많은 것 같습니다.

바텔 신부 : 실제로 닮은 점이 상당히 많습니다.

드러커 교수 : 그 프로그램의 학생 수는 몇 명이나 됩니까?

바텔 신부 : 현재 100~120명을 수용하고 있습니다.

드러커 교수 : 도중 하차하는 학생 수는 얼마나 되는지요?

바텔 신부 : 현재까지는 아주 미미한 숫자입니다.

드러커 교수 : 참으로 괄목할 만한 성과입니다. 프로그램이 시간적으로 뿐만 아니라 여러 가지 면에서 부담이 큼에도 불구하고 그 많은 사람들이 끝까지 견뎌내고 그 과정을 이수한다는 것은 쉬운 일이 아닌데요.

바텔 신부 : 나는 요즘 내가 이러한 시기에 나의 신분이 신부이고 특히 교회를 맡아서 목회하는 신부로서 일할 수 있다는데 대해서 매우 감사하고 있습니다. 이유는 하나님께서 나 같은 사람을 이용하여 더 많은 사람들에게 목회의 기회를 주시고 그 사람들이 그러한 목회 생활을 목마르게 원하며 준비하고자 하는 것을 발견했기 때문입니다.

제IV부 효율적인 인사관리와 인간관계

드러커 교수 : 자원봉사자들이 그러한 공통된 이상과 비전을 가지고 헌신하고자 하면 신부님께서는 그들에게 필요한 훈련을 주선하여 주는 셈이군요. 그런데 그러한 훈련과 교육의 질은 어떻게 지켜 나가시는지요 ?

바텔 신부 : 교육의 질이 지켜지는 근본적인 이유는 모두가 지니고 있는 공통된 이상과 비전에 있다고 생각합니다. 이 분들은 진정으로 헌신하고자 하는 각오가 서있는 분들입니다. 우리는 그 분들의 진지한 선의의 의지에 의존한다고나 할까요.

드러커 교수 : 그것은 마치 결혼 상담자로서 어떻게 상담해야 하는지를 알고 싶어하는 것과 같은 원리이군요.

바텔 신부 : 실제로 적절한 동기 부여가 된 사람들은 ── 우리 교회의 교우들의 경우에는 동기 부여가 충만하다고 할 수 있습니다만 ── 전문적인 실력을 갖추어 보겠다는 것 자체가 바로 그들의 욕구 충족과 직결되는 듯 합니다.

자원봉사의 기회를 제시할 때 내가 당면하는 가장 큰 고민은 자신들이 그러한 일을 맡기에는 경험으로나 여러 가지 면에서의 준비가 턱없이 부족하다는 것을 절감하는 심정을 토로하는 데 있습니다. 그러므로 그들의 부족한 점을 메꾸어 줄 수 있는 어떤 것을 준비해서 후원해 준다면 그들은 흔쾌히 따를 것입니다.

드러커 교수 : 말씀하시는 것을 들어보니 실제로 그들의 전문 지식이나 인격에 부족한 점이 있는 것이 아니라 새로운 자원봉사 업무에 대한 심적 자신감의 문제입니다. 그러므로 우리가 해야 할 일이 있다면 칭찬을 아끼지 않고 격려하며 도와주고 함께 참여하며 후원하는 일에 관심을 가지는 것이며, 나머지 모든 일들은 그들 스스로가 다 해결한다는 말씀이군요.

제3장 자원봉사자들을 변화시켜라

바텔 신부 : 그들에게 요구하는 기준과 표준을 높게 잡아야 합니다. 그들에게 요구하는 기대는 매우 높습니다. 나는 사람이란 각자에게 주어지는 기대에 부응하여 성취한다고 믿습니다. 그런 확신으로 나는 주위의 모든 사람들에게 높은 기대를 걸고 살고 있습니다만 나의 높은 기대를 칭찬으로 받아들이는 사람들도 많이 있습니다. 그들 중에는 내가 더 높은 수준의 질적 성취를 요구할 때 그것을 오히려 영예롭게 생각하는 사람들도 있습니다. 더 이상 개선할 여지가 없을까를 상의하며 더욱 완벽한 실력자가 될 수 있는 기회를 갈망합니다.

드러커 교수 : 신부님의 직접적인 권한 아래 있는 병원이나 학교에서는 어떻게 하고 계시는지 좀 말씀해 주시지요. 그들과 머리를 맞대고 기준이나 표준을 세우는 방법이나 또 어떤 이정표를 설정하시는지요?

바텔 신부 : 일반적으로 경영학에서 취급되는 방법을 많이 응용합니다만 함께 시간을 보내면서 우리들의 이상과 비전을 계발하며 그것들을 분명한 언어로 구사해 봅니다.

다음은 그것들의 우선 순위를 모두가 수긍할 수 있는 차원에서 더욱 구체적으로 제시합니다. 동시에 우리들은 허심탄회하게 서로가 어려웠던 과거와 승리를 가져왔던 경험을 나눌 수 있는 기회와 여건을 조성합니다. 그러한 기회를 가짐으로써 각자 자신의 의식에서는 물론 동료들의 의식에까지 깊이 들어가게 되어 그들이 성취해야 할 사명의 중요성을 새삼 인식하게 됩니다.

드러커 교수 : 다시 말해서 그들을 자원봉사자로서가 아니라 참모 요원으로 대하신다는 말씀이군요. 단, 정규 직원과의 차이가 있다면 그들의 근무 시간이 정규 시간이 아닌 파트타임이고 보수

를 받지 않는다는 것 뿐이고 그러나 성과의 질에 관한 한 누구에 의해서 성취되었던 간에 다를 것이 아무 것도 없다는 것이군요.

바텔 신부: 그렇습니다. 실력을 그대로 인정하는 것입니다.

드러커 교수: 그렇다면 신부님, 아무리 노력해도 실력을 갖출 수 없는 사람의 경우에는 어떻게 합니까?

바텔 신부: 때때로 나도 그런 사람을 만납니다. 그럴 경우 나는 '메리, 당신이 그렇게 노력하는 데도 불구하고 기대했던 결과가 성취되지 않는군요. 메리도 그 점에 대하여 만족하지 않는다는 것을 나도 알고 있어요. 이런 문제에 대해서 좀더 시간을 가지고 이야기를 나누어 보는 것이 좋겠군요'라는 식으로 문제를 대처합니다.

드러커 교수: 그렇게 문제를 접근해가면 대부분의 경우 사람들은 해방감을 느낄지도 모릅니다. 설사 자기가 맡은 직분을 잘하고 있지 못하다는 것을 알고 있다고 해도 정정당당히 신부님께 와서 '내가 맡은 직분에서 해임시켜 주십시오'라고 할 수 있는 사람이 몇 명이나 되겠습니까? 그렇게 하는 것이 교회의 사기를 저하시키지나 않을까 하는 부담감에서 선뜻 할 수 없는 일이 아닙니까?

바텔 신부: 옳게 보셨습니다.

드러커 교수: '메리가 하는 일을 관찰했는데 메리는 이런 일들은 잘하는 것 같은데 지금하고 있는 일은 적성에 잘 맞지 않는 것 같아요'라고 신부님은 말씀하셨겠지요. 그렇게 솔직담백하게 말해 주는 것이 그 사람을 진정으로 위하는 길이라고 생각합니다. 그런데도 불구하고 비영리조직체의 최고경영자들은 그러한 것을 잘 이해하고 있지 못하는지 그들의 대부분은 그것을 피하려고만

제3장 자원봉사자들을 변화시켜라

하는 것 같습니다.

바텔 신부 : 해방감을 느낄 수 있게 하는 경우가 많습니다만 격려해 줄 수도 없는 그런 말을 건넨다는 것이 얼마나 어렵고 용기가 필요한지는 해보지 않은 사람은 이해하지 못할 것입니다. 하던 일을 그만두고 다른 일을 찾아보라고 상대방을 찾아가서 말할 수 있기까지는 엄청난 용기가 필요합니다.

그 이유는 대개 상대가 자신을 비하시키지는 않을까 하는 상급자로서 흔히 할 수 있는 우려에서 기인할 때가 많습니다. 그러나, 실제로 많은 경우 그런 처지에 있는 상대방에게 막연한 해방감을 안겨주는 결과를 가져오는 것도 사실입니다.

드러커 교수 : 신부님, 이제는 우리 둘의 역할을 바꾸어서 신부님께서 지에게 질문을 해주십시오. 비영리조직체의 인적 계발이나 자원봉사자들에 대한 인사 문제나 넓게는 다른 일반 경영 문제에 관해서라도 좋습니다.

바텔 신부 : 많은 질문이 있겠습니다만, 지금 떠오르는 것이 두 가지가 있습니다. 첫째는 동기 부여에 관한 것입니다. 무관심하고 냉대시 하는 사람들을 어떻게 자극시키고 동기 부여를 할 수 있는지 그 비결을 알고 싶습니다. 다음은 조직에 관한 것인데 일단 이사회나 지부의 차원에서 구성원으로 참여하게 된 사람들에게 행정적인 서류 처리를 잘할 수 있도록 훈련시키는 방법을 알고 싶습니다.

이사회의 이사로서나 지부의 구성원으로서 그들의 역할을 효율적으로 원만히 수행하기 위해서는 서류의 행정적 처리나 문서로서 기획하고 관리하는 일에 능통해야 하는데 그들이 그런 일을 능통하게 할 수 있도록 도울 수 있는 어떤 비결이 있는지 알고 싶습니다.

드러커 교수 : 내가 답할 수 있는 질문을 해주셔서 다행입니다. 그런 일이 빈번하게 일어나지는 않습니다만 질문하신 두 가지 문제는 서로 밀접한 관계를 가지고 있습니다. 그러나 평신도들에게 동기 부여를 어떻게 하느냐는 질문은 질문 자체에 약간의 문제가 있다고 생각합니다.

우리들이 배우기로는 지도자급의 사람들을 자극시키고 동기 부여를 한다는 것은 어느 정도 의미가 있습니다만 모든 사람들에게 동기 부여가 되는 자극을 준다는 것은 불가능하고 또한 불필요하다는 것입니다. 한때 나는 급속하게 발전하고 있는 전문 직업학교를 운영하는 책임을 맡고 있었을 때 가르친 경험이 전혀 없었던 젊은 강사들을 채용하여 상급 학생들을 가르치거나 어려운 과목들을 가르치도록 한 적이 있습니다.

경험이 전혀 없었던 그들은 예외없이 나를 찾아와서 교사로서 해야 할 일이 무엇인지를 물어 왔습니다. 그때 나는 이렇게 대답해 주었습니다. '맡은 최상급 학생들의 10%를 잃지 말아야 합니다. 만약 그들이 무엇을 배우지 못하고 과목에 대한 관심을 잃는다면 당신은 전 학급 모두를 잃은 것이나 다름이 없습니다. 그러나 최상급 10%의 학생들이 자극을 받아서 무엇을 배우게 된다면 평균 수준에 있는 학생들은 무엇인가를 배우게 될 것입니다'.

최하급에 속하는 학생들을 배우게 하는 것은 하나님께 맡기는 수밖에 없습니다. 그러한 관점에서 보면 신부님께서 주관하신 자원봉사 프로그램에서 지도자급만을 상대로 하여 동기 부여를 하신 것은 옳게 하신 일이라고 할 수 있습니다.

성취자들의 집단을 창조하는 것입니다. 신부님께서 하시는 과

제3장 자원봉사자들을 변화시켜라

정은 바울 사도가 엉터리 고린도 교인들을 깨우치려고 몇 번이고 애쓰던 모습을 상기시킵니다.

다음 질문은 교회의 지회나 소속학교의 재단이사회가 구성된 후 그들의 업무를 기획하는 일에 관한 것입니다. 우리는 대표이사로서나 교회의 당회장으로서의 책임을 직무유기해서는 안 됩니다. 이사회는 대체로 각자가 해야 할 일들이 기획되어서 주어지는 것이 상례입니다. 단, 그들에게도 지도자가 있어야 하고 그들은 교회에서 자기들에게 위임하고 요구하며 기대하는 것이 무엇인지 알기를 원합니다.

누군가가 그들에게 '여러분들은 우리들의 동반자들입니다. 우리는 이러저러한 것을 여러분들에게 요구합니다. 우리들이 일을 할 수 있도록 도와주어야 합니다. 마루를 청소하는 깃 등은 우리가 할 수 있습니다만 미래를 설계하는 계획은 여러분께서 해주셔야 합니다'라고 요청을 해야 합니다.

자신이 교회의 목사이든 교구청의 감독이든 간에 허심탄회하게 대화할 수 있는 상대가 있어야 합니다. 교회에서 내년에 하고자 하는 모금운동을 위한 계획을 세우는데 우리를 필요로 하는 것입니다.

6학년까지의 초급교육을 재건하는 의제를 충분히 검토해 본다든지 15년 전에 포기했던 중학교와 고등학교 설립 문제를 다시 의제로 삼을 것인지 등의 중요한 사건에 대한 구상을 하는 것 등입니다. 학교의 교실은 아직 그대로 남아 있지만 사실 있는 것도 그것 뿐인 실정입니다. 재단이사들의 의사 결정은 그러한 경우에 굉장히 중요한 역할을 합니다.

그러한 큰 문제들에 관한 이사회의 의사 결정이 끝난 후에는 더욱 구체적인 임무 수행에 돌입합니다. 예를 들어 누군가가 '루이스, 당신이 롹포드에 올라가서 바텔 신부님과 머리를 맞대고 우리가 토의를 하고 결정한 것을 모두 보고드리고 모든 일을 다 수행하기 위해서는 몇 군데에 예산이 더 필요하다고 말씀드려야 되겠습니다'라고 하는 것은 구체적인 임무입니다.

일반적으로 얘기해서 비영리조직체들은 자기들의 중요한 재원이 되는 이사회의 활용이 약합니다. 그들은 감동적일 수도 있고 의지적일 수도 있으며, 큰 동기 부여를 가져올 수 있는 엄청난 재원인데도 불구하고 말입니다. 큰 문제, 큰 사건, 큰 방향 설정 등의 의제에 엄청난 재원이 될 수 있는 이사회를 올바르게 이용하지 못할 때 이사회는 오히려 조직과 단체의 걸림돌이 되며 사사건건 조그만 일에도 간섭하고 모든 일을 엇갈리게 하는 어리석음을 창출하게 됩니다.

재단이사장이나 대표이사로서 회장이나 사장이 된 사람은 한층 더 높은 차원에서 '이 문제는 이사회에서 결정해 주십시오' 또, '이 문제는 자문위원회에서 결정해 주십시오'라고 빠르고도 분명하게 할 수 있어야 합니다. 그것보다 더 중요한 이사장이나 대표이사로서의 회장이나 사장의 역할이 또 어디에 있겠습니까? 소위 교통정리를 하는 역할이지요. 그런 교통정리를 누군가가 해주지 않을 때 재단이사회는 산산조각이 나버려 전혀 제 구실을 못하게 되는 것입니다.

바텔 신부: 큰 도움이 되는 말씀을 해주셨습니다. 그러한 문제들은 내가 가장 고민하고 있었던 문제들이었습니다. 우리는 조직의 산하에 많은 이사회들이 있습니다만 그 중 몇몇 이사회에게는 어떤 새로운 힘의 바람을 불어 넣어야 한다고 생각하고 있습니다.

제3장 자원봉사자들을 변화시켜라

그러한 고민에 구체적인 말씀을 해주셔서 저에겐 매우 요긴한 충고가 되었습니다. 큰 도움이 될 것입니다.

드러커 교수 : 그 다음 질문이었던 무감각하고 무관심한 교인들에 관한 문제를 말씀하셨는데 예수님의 경우를 생각해 보면 어떻습니까? 예수님도 제자를 12명 이상 선택하지 않았습니다. 예수께서 60명의 제자를 선택했다면 그가 하고자 했던 일을 다 해냈으리라고 생각하십니까? 저는 절대로 불가능했을 것이라고 생각합니다.

예수님도 수제자 12명을 거느리는 데도 문제가 여간 많지 않았습니다. 그래서 항상 그들에게 되풀이해서 물었던 말씀이 '너희들은 내 말을 이해하느냐'였습니다. 예수님 자신이 손수 뽑았던 그리고 우수했던 젊은 제자들이었는 데도 그들을 이해시키는데 상당한 시간이 걸리지 않았습니까.

그런데 하물며 우리들의 경우는 어떻겠습니까? 인간 관계의 중요한 하나의 법칙이 있다면 지도자가 될 사람들과 보통 사람들 간에는 어떤 고정적인 간격이 있다는 것입니다. 그 법칙에 의한다면 지도자들을 중심으로 상대를 해야지 모든 사람을 상대로 해서는 한 조직과 단체를 이끌어 나갈 수가 없다는 것입니다. 이러한 법칙을 다른 많은 분야에서도 똑같이 볼 수가 있습니다. 운동 경기에서도, 음악 연주회에서도 똑같은 원리입니다. 지도자의 직무는 높은 표준과 기준으로 본보기를 세우는 것입니다.

한 인간이 무엇을 달성하고 성취하여 기록을 세우면 후일 다른 사람이 그 기록을 본보기로 하여 또 달성하고 성취하며 기록을 깨도록 하는 것이 인간사라고 할 수 있습니다.

바텔 신부 : 일단 선례가 본보기로 남게 될 때 그 본보기를 따

르게 되는 것이 사실입니다. 1마일을 4분대에 달린 기록이 있는데 누군가 새로운 기록을 세우게 되면 같은 기록을 다른 사람들도 세우게 되는 것이지요.

드러커 교수 : 5분 만에 1마일을 달린다는 것은 인간으로서는 도저히 할 수 없다고 생각했던 시절이 있었습니다. 나는 당시 고등학교 학생이었습니다. '5분에 1마일이라… 인간에게 그 이상으로 더 빠르게 달릴 수 있는 다리를 하나님께서는 주지 않으셨다'고 확신했었는데, 20년대 초 어느 날 핀(Finn)이 그 마(魔)의 5분대를 깼다고 했습니다. 그 기록을 듣고 난 후 6주가 못 되어서 나를 포함한 우리들 모두는 1마일 달리는데 6초를 더 빨리 달리는 기록을 세웠습니다. 인간이란 것이 그런 것입니다.

화제를 바꾸어서 자원봉사대원들과 함께 일할 때 그들의 배경이 이질적으로 다양하고 또 그들의 도움이 급속도로 증가할 경우 어떠한 기본적 원칙에 입각해서 그들을 지도해 나가는지에 대해서 말씀해 주십시오.

바텔 신부 : 인간 개개인의 존엄성을 무엇보다도 중요하게 생각하는 나의 원칙을 가장 소중히 지키려고 노력합니다. 한 인간은 하나님의 자녀로서는 동등한 존엄성을 가지고 있습니다. 그러므로 그들 한 사람 한 사람이 하나님에게는 모두 중요한 존재로서 하나님과 개별적 관계를 맺고 있다고 생각할 때 그들을 신선한 마음으로 대하는 것보다 더 중요한 일은 없으며, 그런 생각에서 보면 나에게도 그들이 중요한 존재로 생각되지 않을 수 없습니다.

그런 생각을 우리가 성취해야 할 과제와 관련해서 좀더 깊이 생각해 볼 수 있습니다. 한 인간이 자기가 맡은 업무나 책임을 기대했던 대로 완수할 때에만 자신이 인간으로서의 보람과 존엄

제3장 자원봉사자들을 변화시켜라

성을 진정으로 실감할 수 있게 될 것입니다. 한편 나는 그들의 감독자 내지 지도자로서 그들 모두가 하나님의 자녀들이며 중요하고 존엄한 존재라는 것을 한시도 잊지 말아야 합니다.

또한 그들 자신이 그렇게 귀한 존재라는 것을 진정으로 이해하고 실감하기 위해서는 그들 각자에게 주어지고 맡겨진 책임을 훌륭히 완수하는 것도 중요하다는 생각을 소홀히 할 수 없습니다. 이러한 논리에서 볼 때 개인으로나 교회라는 조직체의 입장에서 나의 동료인 모든 자원봉사대원들이 각자가 맡은 일을 수행해 나가는데 필요한 모든 것을 지원해 주고 좋은 여건을 조성해 주는 것은 상당한 의미를 부여한다고 할 수 있습니다.

드러커 교수: 제2차 세계대전 당시 나의 스승이시며 나를 아껴주시던 분께서 나에게 해 주신 말씀이 생각납니다. '피터, 자네가 앞으로 자라서 한 사람의 훌륭한 인간이 되려면 사도 바울과 사도 제임스 두 사람을 한 몸에 다 지녀야 한다는 것을 배우게 될 것이다'라고 하신 것입니다. 그렇습니다. 신앙과 노력 양자가 다 필요하다는 것을 말씀해 주셨던 것입니다.

바텔 신부: 절대적으로 맞는 말씀입니다.

드러커 교수: 사람을 관리하는데 배울 것이 많은 토론이었습니다. 그러나 그러한 철학이 철학으로만 끝나지 않고 우리 개개인을 하나님의 자녀로서 가지게 되는 존엄성에 대한 확신을 가지고 그 확신을 실행으로 옮길 수 있는 방법론까지 제시하신 것입니다. 신부님께서는 주위의 많은 사람들이 성취할 수 있도록 도와주는 일을 자신의 직무로 생각하고 계시는 것입니다.

바텔 신부: 항상 자신의 기대에 미치지도 못하고, 무엇을 하든지 중도 포기 아니면 실패로 끝나는 사람은 자신의 존엄성과 한

인간으로서 자신에 대한 가치 부여를 하지 못하게 되는 것은 정해진 이치입니다. 그들의 실패는 곧 내 자신의 실패요, 그들의 성공은 곧 나의 성공이라는 생각을 합니다.

드러커 교수 : 그렇습니다. 우리가 주위의 어느 누군가가 어떤 옳은 일을 시작하여 성취하는 것을 도와주었을 때 그것보다도 더 큰 성취감을 느껴볼 수는 없을 것입니다. 그것이야말로 지도자의 역할을 정의함에 있어서 만족할 만한 유일한 정의가 아닐까 생각합니다.

제4장
효율적인 재단이사회

– 허버드* 총장과의 대담

드러커 교수 : 총장님께서는 풀러 신학교에 괄목할 만한 효율적인 재단이사회를 건설하였습니다. 비영리조직체에서의 재단이사회의 기능에 관해서 말씀해 주시지요.

허버드 총장 : 학교나 병원, 교회 등 모든 비영리조직체의 운영을 통틀어서 생각할 때 재단이사회와 전문 직업인팀과의 유대를 빼고서는 아무 것도 이야기할 수 없을 것 같습니다.

나는 이사회의 조직을 한 난에, 교수회의 조직을 다른 한 난에 나란히 적어놓고 총장 및 행정 참모들의 조직을 그 중간 역할을 하도록 하는 조직 기구표를 만들어 사용합니다.

그 기구표는 이사회와 교수회, 총장을 위시한 행정요원의 세

---

* 데이비드 허버드(David Hubbard) 총장은 캘리포니아주의 패사디나에 있는 풀러(Fuller)신학교의 총장이며, 또한 안수받은 목사이기도 하다.

집단 모두가 힘과 권한의 중심부가 되어버립니다. 그러므로 나의 과업은 그 세 집단 간의 상호 이해와 동료 의식 및 상관 관계의 이해를 증진시키고 서로 밀어주고 끌어주는 환경과 분위기를 조성하여 서로 충돌하고 마찰을 일으키지 않도록 하는 것입니다.

드러커 교수 : 이사회의 역할을 좀더 구체적으로 설명해 주시지요.

허버드 총장 : 이사회는 그들이 이사로 앉아있는 조직을 바로 자기 자신의 조직이며 단체라는 것을 항상 인식하는 것이 필요합니다. 단, 소유를 위한 소유가 아니라 그 조직이 표명한 목적과 사명을 이해하는 관점에서의 소유라고 할 수 있지요. 물론 영리기업에서 투표권이 있는 주식을 소유한 투자자들이 생각하는 소유가 아니라 순수하게 조직을 아끼는 마음에서의 소유자가 된다는 것이지요.

그런 의미에서 비영리조직체의 재단이사들 사이에는 소유의 의미를 제대로 이해하지 못하는 분들이 더러 있는 것 같습니다. 실상은 이사회 이외의 사람들도 조직을 소유하고 있다는 느낌을 가질 수 있음으로 그들과 함께 조직을 공유한다고 생각하는 것이 옳겠지요.

드러커 교수 : 그러한 동업자 의식을 어떻게 창조합니까?

허버드 총장 : 조직이 표명한 사명에서부터 시작하는 것이지요. 그러므로 조직의 목적과 사명 자체가 충분한 깊이와 폭으로서 유연성을 가져야 하며, 그런 목적과 사명은 어떠한 도전이나 변화를 수용할 수 있어야 합니다.

재단이사회가 경직되어 있으면 힘의 균형을 바꿀 수 있는 2~3명의 주요한 인물들의 협조를 얻어 신임이사들을 영입하여 신선

제4장 효율적인 재단이사회

한 바람을 불러넣고 유연한 이사회로 변화시켜야 합니다. 이사회가 소수의 몇 사람의 손 안으로 집중될 때 건전한 이사회로서 발전될 전망이 희박합니다.

풀러 신학교의 이사회는 소위 3~5년 주기로 자동적으로 이사를 교체하는 제도를 쓰고 있지 않습니다. 다른 많은 조직체에서는 그런 제도를 잘 운영하고 있는 줄 압니다만 우리 신학교에서는 좀더 신중한 제도를 선택하여 이사들의 임기가 끝날 무렵이 되면 그들의 성과를 평가합니다.

그들의 출석 상태, 회의 참여 및 공헌, 청지기로서의 업적, 조직 운영에 관한 이해도 등을 평가하여 성적이 좋은 이사에게는 계속해서 이사직을 맡아 달라고 요청하고 그렇지 못했다고 판정된 이사에게는 과거의 헌신에 대한 감사를 표명하면서 그것으로 임기를 마치게 합니다. 새로운 이사의 영입으로 그들을 대체하는 것이며 그들은 아마 새로운 바람과 우리들이 필요로 하는 어떤 다른 질적인 안목을 가져다 줄지도 모릅니다.

자기의 임무를 잘 수행하는 이사들이라면 몇 년이라도 계속해서 이사직을 수행해 달라고 요청을 합니다.

고등교육의 조직체에서는 업무의 계속성 또한 매우 중요할 뿐만 아니라 연세가 많으신 이사들일수록 그들의 시간을 더 자유롭게 사용할 수 있으며, 그들의 유산 분배를 계획하여 유산의 일부를 조직에 기부하는 경향이 많습니다.

드러커 교수 : 이사직에 유임시키고 유임시키지 않는 일은 어느 분이 맡아서 하십니까?

허버드 총장 : 이사회 내부에 인사소위원회라는 것이 있는데 5~6명 정도의 원로이사들로 구성되어 있습니다. 의사 결정권은

그들에게 있습니다만 최고 대표이사인 나의 의견을 많이 참작하는 것이 보통입니다.

드러커 교수 : 총장님께서는 그 소위원회 회원들과 밀접한 유대를 가지고 있습니까?

허버드 총장 : 대단히 밀접한 관계를 맺고 있습니다.

드러커 교수 : 다른 또 하나의 이사회 기능은 기금조성에 관한 것이라고 하셨는데, 총장님께서는 이사회의 이사들이 기금모금 운동에 앞장서야 한다고 생각하십니까?

허버드 총장 : 그렇게 생각합니다. 평소에 이사회의 이사 한 분 한 분의 기능이 어떠한 것이 되어야 한다고 생각했던 것을 따져 보면 어떨까 생각합니다. 이사회의 이사들은 통치자들이라고 할 수 있습니다. 그들이 회의 탁상에 둘러 앉아서 '그렇게 하도록 합시다'라는 결정을 내린다는 것은 그 자체가 바로 통치자로서의 기능을 담당하는 것입니다.

그들은 또한 후원자들입니다. 후원자로서의 기능은 조직체에 돈을 주고 또 다른 사람들도 돈을 내도록 종용하는 것입니다. 즉 그들은 조직의 외교 대사가 되는 것입니다. 조직체의 목적과 사명을 설명하고, 궁지에 몰릴 경우 조직체의 대변인이 되고 지역사회의 구성원들과 유권자들에게 조직을 대표하는 역할을 수행합니다.

마지막으로 그들은 또한 자문위원들입니다. 재단이사직에 선임될 분들은 대부분이 어느 분야에서든 전문 직업인으로서의 경험과 재능을 갖추고 계시는 것이 보통이며, 그들이 가지고 있는 비싼 경험과 재능의 자문을 우리는 무료로 받게 되는 셈이지요. 어떤 법적 자문이나 행정 관리 문제나 교육에 관한 전문 직업인들

제 4 장 효율적인 재단이사회

의 자문을 그들에게 구한다면 재빠르게 그들의 자문을 얻을 수 있습니다. 통치자, 후원자, 대사 및 전문 직업 자문인 등 4가지의 주요한 역할을 이사님들께서 맡아서 해 주시는 것이지요.

그중의 하나인 후원자로서 이사의 기능에만 초점을 맞추어 말씀드린다면 이렇습니다. 처음 이사직으로 선임 추대될 때 우리는 이렇게 미리 말해둡니다.

'이사님의 재력에 맞추어서 우리의 조직과 단체에 기부하실 것을 기대합니다. 뿐만 아니라 이사님께서 기부하는 조직들 중에서 이사님의 모교회와 이사님께서 중요하게 생각하는 단체 하나 정도를 제외하고는 우리 풀러 신학교가 이사님의 재산을 기부하는 데 있어서 우선 순위에 있을 것을 기대합니다.

즉, 이사님의 모교회 나음의 순위에 우리 풀러 신학교를 기부의 대상으로 해주실 것을 희망합니다만 적어도 3위 이하의 순위는 허락할 수 없습니다. 뿐만 아니라 나는 풀러 신학교를 신임 이사들의 유산 계획에 반영시켜 줄 것을 요청합니다'

재단이사들이 매년 얼마씩 기부하는 것도 중요하지만 결국에 가서는 어느 형태로든 ── 그것이 유산이든지, 신탁이든지, 연금이든지 ── 그들 재산의 마지막 분배에 참여하기를 원하는 것입니다.

드러커 교수 : 말씀을 듣고 보니 대단히 적극적인 이사의 상을 그릴 수 있습니다. 그렇다면 정규적인 이사회의 일정이 있겠군요. 소위원회에 속해서 일할 뿐 아니라 각자의 전문 직업인으로서의 자문을 구할 때 즉각적으로 자문에 응해야 하고, 기금모금에 앞장서서 솔선수범할 것을 기대하시는군요. 1년에 이런 일을 하는데 며칠이나 헌신해야 합니까?

허버드 총장 : 평균적으로 8일 내지 10일을 잡을 수 있습니다. 정규이사회와 한번 정도의 특별 소위원회와 특별 참조자료를 읽는 시간과 각자가 속한 지역사회에서 학교를 대표한 대외 섭외 시간을 모두 포함하며 정규적으로 우리들은 이사님을 모시고 연수차 여행과 탐방의 시간을 가집니다. 매우 효율적입니다.

사실 이사님들의 많은 시간이 이사회의 업무에 투자되는 것은 사실입니다. 그러나 또 한 가지 분명한 것은 그에 못지 않게 최고 대표이사를 포함한 모든 행정 참모진들도 이사님들을 위하여 많은 시간과 정력을 투자하는 것도 사실입니다.

드러커 교수 : 그러므로 총장님께서는 처음에만 적극적이고 활동적인 재단이사회를 구상하신 것 뿐 아니라 계속해서 적극적이고 활동적이어야 한다고 생각하시고, 또 그렇게 하기 위한 노력이 총장님의 업무 중에서 가장 우선 순위에 속한다고도 할 수 있겠습니다.

허버드 총장 : 최고 대표이사로서 나는 두 가지 주요한 분야에서 봉사해야 한다고 생각합니다. 첫째는 내가 스스로 관장해야 하는 부총장들을 후원하는 일입니다. 사실 그들은 나 외에는 아무도 그들의 상급자는 없습니다. 두번째는 나는 재단이사회의 이사님들을 돌봐드려야 합니다. 그들은 조직에서 나와 나의 사무실에 있는 참모들 외에는 어느 누구와도 직접적이고 즉각적이며 계속적인 접촉을 하지 않는 분들입니다. 그러므로 실제로 내 사무실에서 나의 약속 일정표를 주관하는 일 외에는 다른 임무가 주어지지 않은 한 명의 보조원은 우리 학교의 이사님들과 접촉하는 일에만 전념하고 있습니다.

드러커 교수 : 이사님들의 참여와 있을 수도 있는 이사님들의

제4장 효율적인 재단이사회

참견을 어떻게 분별 조정해 나갑니까? 예를 들면 한 이사가 학과주임과 친숙해져서 학과의 일에 관여를 하기 시작했다고 한다면 어떻게 해결할 것입니까?

허버드 총장 : 창의적인 에너지를 잘 이용하여 정규적인 의사결정 과정에 투입시킬 수 있다는 것은 바람직한 일이라고 생각합니다. 한 특정한 이사가 어떤 특별한 문제에 관심이 있으면 정규이사회에서 발언할 것을 제의합니다.

1년에 3번 정규이사회를 가집니다만 정규이사회마다 최소한 1시간을 할애하여 즉석에서 각자의 자유로운 의제를 제안할 수 있게 하는 시간을 가집니다. 소위 오픈 포럼을 가지는 것이지요. 조금 전에 말씀하신 특정한 학과장과 학과의 문제를 논의하고 싶은 이사님은 회의 시간에 그의 관심사를 의제로 제출해야 할 것입니다. 만약 그 의제가 다루어져야 할 가치가 있다고 생각되면 경영 행정팀으로 의제가 넘겨집니다.

그 다음 정식 의제로 정리되어 돌아오면 적절한 소위원회의 의제로서 논의될 것입니다. 결국은 정규이사회의 절차와 과정에 합류되는 것이지요.

드러커 교수 : 나는 비영리조직체의 최고 전문 직업인들이 '극심한 논란의 대상이 될 이러한 문제는 이사회의 의제로 상정하지 않는 것이 좋겠습니다'라는 말을 번번히 들어왔습니다. 총장님께서도 그런 말을 들어보신 적이 있다고 생각하는데 어떻습니까? 나는 그와 반대로 재단이사회가 다루어야 할 일들은 항상 논란의 대상이 되는 것들이기 때문에 하루라도 빨리 최고 대표이사들은 그 사실을 알고있어야 한다고 생각하는데 어떻습니까? 제가 혹시 틀리게 생각하고 있지는 않는지요?

허버드 총장 : 그렇지 않습니다. 정확하게 보셨습니다.

먼저, 나쁜 소식은 가능한 한 빨리 전해야 합니다. 또 나쁜 소식은 110% 과장해서, 좋은 소식은 90%로 축소해서 전하려고 의식적으로 노력해야 합니다. 인간인 우리들은 그와 반대로 좋은 소식은 과장해서 나쁜 소식은 축소해서 이사회에 보고하는 것이 무의식적인 상례입니다.' 무의식 중에 저질러지는 그러한 오류를 피해야 합니다.

논란을 일으킬 의제를 기피하고 어려움을 극소화하여 보고하며 현실과 다른 보고를 통해 그것이 어떤 프로그램의 질에 관한 것이든 재정난에 관한 것이든, 듣는 사람이 속임수를 당할 수 있는 보고를 하면서 넘어가려고 하는 것은 지극히 잘못된 일이며 지도자의 자질로서는 바람직하지 않습니다.

드러커 교수 : 사실 비영리조직체의 최고경영자로서 해서는 안 될 가장 어리석은 일은 재단이사회의 이사들이 자신의 조직에서 일어난 일을 조직 내의 누구로부터가 아니라 일간 신문을 읽던 중에 알게 되는 것입니다. 그럴 경우 최고경영자의 신임은 땅바닥에 떨어지는 것입니다.

허버드 총장 : 오래된 원칙 중의 하나는 상관을 놀라게 하지 말라는 것입니다. 이사회의 이사들에게 중요한 정보를 모두 잘 신속히 보고한다는 것이 결코 쉬운 일이 아닙니다.

시간은 고사하고 정보의 수집·교환·전달 등 효율적인 커뮤니케이션이 요구됩니다. 전화통에 매달려야 하는 시간, 통지서나 보고서 초본을 우송하는 것, 직원을 동원하여 부총장들 각각에게 이사들 7~8명씩 맡아서 전화를 통해 급한 정보를 오늘 즉시 직접 전달할 것을 지시하는 것입니다. 그렇게 해놓고 나면 메시지

제4장 효율적인 재단이사회

가 되돌아옵니다.

비로소 교신이 시작되는 셈이지요. 모든 것이 노동 집약적인 행정입니다. 그러나 피할 수 없는 필수불가결한 업무입니다.

드러커 교수 : 오랫동안 지켜오던 이사들의 견해를 바꾸어야 할 입장에 서게 될 때는 어떻게 처리하시는지요? 예를 들면 오래되어 격에 맞지 않고 필요도 없게 되었지만 애착을 느끼는 정서나 방침 같은 것을 변화시키고자 할 경우 어떻게 하시는지요?

허버드 총장 : 항상 누이 좋고 매부 좋은 식의 결과를 위해서 노력합니다. 이사님들께서 애착을 가지고 있는 목표를 포기한다는 의식을 갖게 하지 않으면서도 이사님들의 의지에 변화를 가져오는 데 필요한 도움을 주든지, 아니면 이사님들로 하여금 예전에는 생각하지도 못했던 한층 더 높은 차원의 안목으로 새로운 것을 볼 수 있도록 돕는데 전념을 다합니다. 그렇게 하는 방법은 1대 1로 한 사람씩 하는 것이 상책입니다.

감정이 격화되어 있고 서로의 의견에 뚜렷한 금이 그어져 있는 상황에서 개별적 접촉에 의한 예비적 상담도 없이 전체의 이사회에서 의제를 막무가내로 상정한다는 것은 자살 행위와 마찬가지입니다. 이사회가 대동단결하여 상정된 의제를 적대시하여 만장일치로 반대표를 던지지 않게 하기 위해서는 1대 1의 예비 대화로 접촉을 하여 이사회의 내부에서 의제의 논리를 적극적으로 신봉하는 이사들 몇 분을 찾지 않으면 안 됩니다. 이사님들 중에서 적극적인 신봉자가 생기지 않으면 안 된다는 것이지요.

오랜 세월을 걸려서 개발한 나의 스타일은 앞장서는 사람을 이용하는 방법입니다. 내가 제의하는 정도의 문제라면 소위원회장이 앞장서서 일하는 신봉자가 될 수 있습니다. 많은 시간을 투자해서 개인적으로 중요한 이사님들을 사귀고 정보를 주어 문제의 윤곽을 터득하게 함으로써 의제가 정규이사회에 상정되었을 때 나는 오히려 조용히 관찰만 하면 됩니다.

이사회 내에는 의제를 적극적으로 찬동하는 내부 신봉자가 된 이사들이 있게 마련이고 그들이 스스로 의제를 의도했던 결론으로 끌어 갈 것입니다.

드러커 교수 : 그렇게 할 때 이사회가 여러 편으로 갈라지지는 않는지요? 물론 모든 것을 모든 사람에게 똑같이 다 이야기를 건네지는 못하겠지요?

허버드 총장 : 그렇습니다. 안건에 따라서 선두에 서서 일을 해낼 수 있겠다고 생각되는 분에게 부탁을 합니다. 의제가 학사에 관한 일이라면 안건을 다룰 소위원회의 의장을 찾아갑니다. 시설과 개발에 관한 안건도 마찬가지입니다. 우리 주변에는 항상 직함 없이 지도력을 과시하는 이사님들이 있습니다. 그들은 나이로서, 지혜로서, 막대한 재정적 후원으로서, 지극한 충성심으로 그들의 인품으로 이사회의 상징이면서 자부의 대상이 되는 터줏대감이나 원로급의 지도자 역할을 하는 분들이 어느 단체에나 있게 마련입니다.

여자이거나 남자이거나 상관이 없습니다. 그런 분들과 함께 안건 상정을 위한 일을 시작할 수 있습니다. 또한 특별히 반기를 들고 나올 사람들의 집합을 분석하여 그들과 별도로 의제를 논할 수 있습니다. 어쨌든 안건의 통과를 위하여 우리를 돕는 입장에 있을 사람들이 있습니다만 그들에게 찾아가서 매달리다 보면 그런 행동을 매우 못마땅하게 여기는 사람들도 생기게 마련입니다. 그러므로 매우 신중하게 행동해야 합니다.

제4장 효율적인 재단이사회

　특별한 안건이 상정될 때 처음부터 별로 찬성의 빛을 보이지 않는 사람들을 위해서 더욱 마음의 준비를 해야 합니다. 그리고 그분들에게는 '상정되는 의제에 대해서 의견을 달리하실 수도, 찬성을 하지 않으실 수도 있습니다. 그러나 이 안건이 왜 통과되어야 하는가에 대해서 좀더 자세히 설명드리기 위하여 이 자리에 나왔습니다'라는 태도로 나오면 그들은 좀더 편한 마음으로 의제에 관한 설명을 들을 것입니다. 그들의 반대 의사에 대해 충분한 예우를 갖추는 것이 중요한 것입니다.

　투표 결과 어떤 의제가 부결되었다면 그 부결된 의제를 제안하며 밀었던 사람이 있게 마련입니다. 그러할 경우 부결 투표가 있은 후 첫 휴식 시간이 시작되자마자 투표에서 패배당한 그 사람을 찾아가서 패배된 의견을 끝까지 고수했던 용기를 치하하는 것을 잊지 않고 실행하려고 늘 노력합니다.

　최고 대표이사로서 나의 과업은 다수결의 원칙을 가지고 적극적인 방향으로 일을 추진해야 하는 것이며, 또 그렇게 해야 하는 책임을 통감하지만 다른 한편으로는 소수의 의견을 위로하고 후원하며 격려하는 일을 잊지 말아야 합니다. 이런 모든 생각을 한 단어에 담아 본다면 '인테그리티(Integrity)'라고 할 수 있겠습니다. 정략만으로는 부족합니다. 마음에서 우러나는 존경심을 가지고 이사님들과 그들이 하시는 일에 대해 존엄성을 지켜줘야 한다고 생각합니다.

　드러커 교수 : 지금 말씀해 주신 그런 일들은 총장님의 학교 이사님들처럼 내부에서 선임된 이사의 경우에는 가능할지 모르지만 도교육위원이라든지 시의원처럼 제도상으로 외부 유권자들의 투표로 선출된 분들의 집합일 경우에는 쉽지 않을 것 같은데 그럴

경우에는 어떻게 하는 것이 좋겠습니까?

그런 경우에 최고 대표이사라든지, 교육감이나 시장 같은 행정의 최고경영자들은 이사들을 적대시하거나 반대편의 사람들로 간주하여 될 수 있는 대로 많은 것을 알려주지 않는 것이 상책이라고 생각하기 쉽습니다. 말하자면 정치를 하는 셈이지요. 결국은 자신들이 손해를 보게 되는 데도 불구하고 그렇게 행동하는 것을 우리는 쉽게 볼 수 있지 않습니까?

그런데 저의 경험으로는 외부 유권자들의 투표에 의하여 선출된 이사들로서 구성된 집단이라 하더라도 특히, 그 집단이 교육위원회처럼 다분히 정치성을 띤 이사회라 할지라도 총장님께서 들려주신 이사회와의 관계에 관한 말씀이 이사회를 효율적으로 활용하는 유일한 길이 아닌가 하는 생각이 듭니다.

내가 잘 아는 교육위원회 하나는 흑인이 백인학교에 다닐 수 없도록 제도적으로 못박아 놓았던 지역구에서 그 제도를 없애고 흑인도 백인학교에 자유로이 다닐 수 있게 하는 의제를 다루었습니다. 이것은 대단히 민감한 의제였습니다. 지금 생각해 보면 당시의 교육감이 그 일을 성공적으로 해낸 이유는 그분이 교육위원회의 본래의 기능과 정도를 지켜가면서 위원들의 존엄성에 대한 예우를 다 했다는데 있지 않나 생각됩니다.

위원들의 견해가 뚜렷이 갈라져 있는 상황에서 그런 일을 해낸다는 것은 결코 쉬운 일이 아닙니다. 그러나 그분은 이러한 질문으로 문제의 해결에 나섰습니다. '무엇이 우리들 모두가 가지고 있는 공통된 견해입니까? 아이들이 무엇인가를 배울 수 있도록 해 주겠다는 것이 우리들 모두의 염원이 아닙니까! 우리의 공통점인 이러한 관점에서 의제를 다루어 주시기를 바랍니다'라고 하면서 토의를 시작했습니다. 아픔과 고난의 시간이었지만 5년이 흐른 뒤 그는 성공적으로 그 일을 해결해 냈습니다.

반면에 두뇌면에서는 앞의 교육감에 비하여 전혀 뒤떨어지지 않는 이웃 교육구의 교육감이었음에도 불구하고 그 일을 해내지 못하고 18개월의 임기로 자리를 떠날 수밖에 없었습니다. 이 교육감의 실패 원인은 어떤 의제에 대해서도 합의를 보지 않으려고 하는 이사회를 잘 알고 있었기 때문에 논쟁이 붙을 의제는 아예 누구에게도 알리지 않고 상정하지 않는 것이 상책이며, 그렇게 해서 이사들간의 논쟁을 적게 하는 것이 자신의 업무라고 생각하는데 있었다고 할 수 있습니다.

결과로서 남은 것이 있다면 두번째 교육구는 아직까지 논쟁의 불이 꺼지지 않고 있으며, 근원적인 문제의 해결도 물론 보지 못하고 있습니다.

허버드 총장 : 비영리조직단체의 이사라는 단어가 영어로 '신임을 받는 사람들'이라고 쓰여지는 것은 우리들이 그들을 신임한다는 의미를 나타내는 것입니다.

그러나 나의 개인적인 생각으로는 그것만으로는 부족하다고 생각합니다. 이사들은 또한 신임을 하는 사람들로서의 기능도 발휘할 필요가 있다고 생각합니다. 특히, 대표 최고위원이나 경영을 총책임지는 회장이나 사장 및 총장을 신임해야 합니다.

무슨 이유에서든지 반대 의견이 극심하거나 논쟁이 격심했었다 하더라도 최고경영자가 이사들의 신임을 한번 잃어버리면 아무리 뛰어나다 해도 자신의 역량껏 역할을 제대로 수행할 수가 없게 됩니다. 또한, 아무리 재주가 뛰어나다 해도 오랜 기간 동안 이사회를 속임수로 운영하는데 성공할 수는 없습니다. 짧은 기간에는 가능할지 몰라도 시간이 흘러가면 모든 것이 오히려 자신의 목을 조여오는 결과로 귀착됩니다. 정도(正道)를 걸어야 한다는 생각을 잠시도 잊어서는 안 됩니다.

교수님은 항상 상품의 질이 생산 과정에 따라서 결정된다고 여러 곳에서 강조해 오셨습니다. 마찬가지로 서로 신임하는 과정이야말로 전 조직체의 생명에 가장 중심이 되는 과정 중 하나라고 할 수 있습니다. 이사회를 이끌어가는 지도자로서의 과정이야말로 성공적인 결과에 가장 중심이 되는 요건이 된다고 할 수 있습니다.

드러커 교수 : 지금껏 말씀하신 것 중에 가장 중요한 부분들을 한번 요약해 보겠습니다.

비록 총장님께서 직접 말씀하시진 않으셨지만 가장 중요하게 생각되는 것은 강하고 적극적인 이사회는 비영리조직체에게 커다란 혜택을 준다는 것입니다. 그럼에도 불구하고 아무 일도 하지 않고 아무 일도 저지르지 않는 명목 뿐인 이사회를 선호하는 경향이 대표 최고경영자들 중에 많이 있습니다. 잘못된 경향임에 틀림없습니다.

이사진을 믿고 함께 일을 해야 한다면 거수기로서의 이사는 아무 곳에도 필요치 않습니다. 강하고 혼신을 다하는 정력적인 이사들이야말로 더한 효력을 가져올 것입니다. 거수기로서 이사들도 종국에 가서는 그들의 도움이 진정으로 필요로 할 때는 외면하고 맙니다.

그러나 이러한 강한 이사진을 구축한다는 것은 결코 쉬운 일이 아닙니다. 대표 최고경영자의 각별한 관심과 부단한 노력의 대가인 것입니다. 훌륭한 이사진이 하늘에서 떨어지는 것이 아니라는

제4장 효율적인 재단이사회

말씀이지요.

처음부터 올바른 사람을 찾아서 영입하고 부단한 노력으로 그들을 훈련시켜야 합니다. 이사들을 영입해 올 때부터 시간적인 투자나 재정적 후원에서나 업무와 책임에 관한 모든 것이 엄청나게 기대되고 있다는 것을 알린다는 것이었습니다. 연후에 대표최고 경영책임자로서의 총장님은 자신도 많은 시간을 할애하여 이사님들 모두에게 중요한 정보를 빠짐없이 제공하며 그들의 의견과 충고를 수렴하는 소위 투웨이(two-way) 커뮤니케이션으로 정보를 서로 교환해야 한다는 것입니다.

이사진들과 효율적인 유대를 이룩하는 것보다 대표 최고경영자에게 더 중요한 과제는 없다는 것입니다. 어떻습니까?

허버드 총장 : 맞습니다. 한 가지 더 부언한다면 방금 하신 요약이 비영리조직체에 부여하는 가치의 측면에서 결코 과대 평가될 수 없다는 사실입니다. 효율적이며 훌륭한 이사진을 구축하는 것이 한 조직체를 경영하는데 있어야 할 필수불가결한 요건이요, 조건이라는 것을 감지하지 못하는 조직체가 사회에서 요구하는 사명을 충분히 수행할 수 있다는 것은 도저히 상상할 수도 없다는 점을 거듭 지적하고 싶습니다.

제5장
비영리단체의 인사관리와 인간관계

    영리기업과 비영리조직체 간에 가장 두드러지게 상이한 점이 있다면 그것은 인사 관리와 인간 관계에 있다고 할 수 있다. 성공한 영리기업의 최고경영자들도 월급 봉투나 종업원들에게 승진만으로 일할 동기를 부여할 수 없다는 것을 알게 되었고, 또 그 이유를 더 많이, 더 깊이 알 필요가 있겠지만 비영리조직체의 경우는 그러한 이해가 더욱 절실하다고 할 수 있다.

    비영리조직체에서는 보수를 받는 정규 직원들의 경우에도 어떠한 성취감이나 봉사에서 오는 만족감을 요구하는데 그것이 없다면 이질감이나 소외감을 느끼고 오히려 냉담한 마음을 가지기도 한다. 그들은 비영리조직체에서 일하면서 인류와 사회에 어떠한 뚜렷한 공헌을 하지 못한다면 왜 꼭 비영리조직체에 몸담아 일해야 하는가를 묻지 않을 수 없다.

제5장 비영리단체의 인사관리와 인간관계

게다가 영리기업에서는 도저히 이해할 수 없는 사람들이 비영리조직단체에서 일을 하고 있다. 자원봉사자라고 불리는 사람들이 그들이다. 그들을 그렇게 부르는 것이 요즈음에 와서는 그들을 정확하게 표현하지 못한다고 생각되지만 보수를 받고 일하는 정규 직원과 무보수로 일하는 자원봉사대원간의 한 가지 틀린 점이 있다면 그것은 한 그룹은 보수를 받고 다른 한 그룹은 보수를 받지 않는다는 것뿐이다.

일에 관한 한 자원봉사자들이 하는 일과 보수를 받고 일하는 정규 직원들이 하는 일은 갈수록 구별이 적어지고 어떤 경우에는 전혀 구별이 없는 수도 있다. 비영리조직체에서 자원봉사자들의 역할이 갈수록 중요하게 부각되는 것은 자명한 사실이며, 그들의 수가 증가할 뿐만 아니라 더 많은 사원봉사사들이 지도자의 역할을 담당하고 있다.

이러한 추세가 계속될 것이라는 전망은 오늘날 우리 사회에는 노인층의 인구가 증가하고 또한 그들 중 많은 분들이 육체적으로 정신적으로 매우 건강하며 나아가 계속 활동하면서 사회를 위하여 봉사하고 공헌하기를 원하고 있다는 관찰과 분석에 근거한 것이다.

비영리조직체가 어떠한 특정한 목적과 사명을 목표로 하여 존재함과 동시에 봉사하고 있음은 틀림없지만 또한 더 많은 비영리조직체들이 시민들에게 능동적으로 훌륭한 일을 할 수 있도록 여건을 조성해 주는 조직체로서의 역할을 점진적으로 더 많이 담당하고 있는 것도 사실이다.

솔직히 비영리조직체의 최고경영자들은 평균적으로 볼 때 영리기업의 최고경영자들보다 더 다양한 대내외 유권자 및 이해 관계자들과의 관계를 맺고 접촉해야 한다. 예를 들어 기부금을 내주는 후원자란 영리기업에서는 볼 수 없는 집단이다. 영리기업의 주주나 고객들이 회사에 요구하는 것과 기부금 후원자들이 비영리조직체에 기대하는 것은 성격상 완전히 다르다.

비영리조직체에서 이사회의 역할과 영리기업에서의 이사회의 역할 역시 다른데 비해 비영리조직체 이사회의 활약은 매우 활동적이다. 그렇기 때문에 경영진과 이사진의 유대가 원만하게 이루어져 있는 경우, 조직에 큰 자원의 원천이 될 수 있지만 이사진을 적절히 활용하지 못할 경우에는 많은 문제의 원인이 될 수도 있다.

비영리조직체의 이사진이 내부적으로 선임된 경우가 아니고 대부분 지역구 교육위원들처럼 조합 형식의 조직체로 구성된 외부 유권자들의 투표로 선출된 사람들의 집단이라면 이사회는 많은 문제들을 공공연하게 제기하기 마련이다.

비영리조직체의 최고경영자들이 관련하는 인간 관계는 많고 복잡하기 때문에 우리가 배운 인사 관리에 관한 것이나 인간 관계에 관한 것을 실제의 현장에서 응용하는 것이 중요하다. 우리는 실제로 인사 관리나 인간 관계에 대해서는 많은 것을 알고 있지만 제대로 적용하는 경우는 드물다.

사람들은 자기의 임무가 분명하게 주어지기를 원한다. 이러한 원칙은 자원봉사자에게도, 이사회의 이사 모두에게도, 보수를 받는 참모 직원들에게도 똑같이 적용된다. 몸담고 있는 조직체가 무엇을 자신에게 원하고 있는지 분명히 알기를 원한다. 그러나 업무 계획을 기획하는 책임이나 직무 요강 및 특정한 임무에 관한 일을 맡아서 해야 할 입장에서는 그 일을 스스로 책임을 지고

제 5 장 비영리단체의 인사관리와 인간관계

일을 할 수 있어야 한다.

　비영리조직체의 최고경영자들은 정규 참모 직원들 뿐 아니라 무보수 자원봉사자들과 함께 직접 일을 해야 하기 때문에 모두가 각자의 공헌에 대해서 확신을 가질 수 있어야 한다. 그렇게 하기 위해서는 그들의 임무를 분명히 밝히고, 어떤 특정한 업무 계획과 뚜렷한 목표, 또 목표 완성을 위한 일정표를 공동 토의를 통해 합의보아야 한다.

　현 세대에서는 전 근대시대에나 가능했던 여러 가지 방법으로써 예를 들면 위협과 권위, 벌의 제재, 좌천, 강등, 승진의 제동 등으로써 사람들을 관리 통제할 수 없게 되었기 때문에 사람들 스스로가 성취해야 할 자신들의 임무를 분명히 알게 하여 임무에 대한 책임을 지도록 하는 것이 더욱 중요하게 되었다.

　비영리조직체는 정보 위주의 조직체가 되지 않으면 안 된다. 비영리조직단체는 실무 일선에 있는 개개인으로부터 수집된 정보들에서 시작하여 그 정보가 조직의 최고경영자에게까지 전달되고 또 최고경영자의 주위에서 형성된 정보라고 할 수 있는 의사 결정이나 수집된 정보를 실무자들에게 내려 보내면서 오고 가며 주고 받는 정보 커뮤니케이션의 구조를 가져야 한다.

　조직의 생김새에 대한 궁극적인 책임은 최고경영자에게 있는 것은 두말할 필요도 없지만 위와 같은 정보의 커뮤니케이션이 중요한 이유는 비영리조직단체란 다른 말로 표현한다면 '같은 목적을 가지고 모인 사람들이 서로의 생각을 주고 받으며 교환함으로써 더 많은 것을 늘 배워가면서 활약하는 조직이며 단체'라고 할 수 있기 때문이다.

　사람을 관리·통제한다는 의미는 성과의 결과에만 초점을 맞추어 강조해야 한다. 이 점을 강조하는 이유는 비영리조직체에서 일하는 사람들은 그들이 선택한 특정한 비영리조직체에서 일을 하게 된 순수한 동기에 대해서는 논쟁할 가치도, 통제 관리할 가치도 없는 기정 사실로서 전제하고 있기 때문이다.

비영리조직체는 나 외의 다른 사람에게 마음을 주는 집단이 되어야 한다. 그것을 전제로 하기 때문에 그 전제 자체에 관해 하루의 일과처럼 왈가왈부하는 비영리조직체는 그들의 맡은 바 소명을 사회에 다할 수도 없을 뿐만 아니라, 하고 있지 않다고 해도 과언이 아니다. 이러한 논조에서 비영리조직체 성과의 결과에 대한 강조가 한번 더 분명해졌으면 한다.

비영리조직체에 몸을 담은 사람들은 각자 어떠한 선한 동기에서 일을 맡은 것이다. 그러나 그 동기 자체를 보람으로 착각해서는 안 된다. 동기를 근거로 어떤 결과를 이룩함으로써 보람을 찾고, 또 더 많은 보람을 찾기 위해서는 더욱 효율적으로 일을 수행하여야 한다.

비영리단체에 몸담은 모든 사람들은 성과를 이룩해야 할 의무가 있고 최고경영자들은 그들을 위안하고 격려해 주어야 할 의무가 있다. 한두 번의 실수로 경고를 받으면 대부분의 사람들은 그 다음엔 기대에 어긋나지 않는 성과를 이룩한다. 경고와 자문을 고맙게 받아들여 새로운 각오로서 열심히 일하겠다고 다짐하여 노력함에도 불구하고 성과를 이룩하지 못하는 사람의 경우는 자리를 옮겨 다른 일을 할 수 있도록 당사자와 상의해서 주선해주면 된다.

그러나 새로운 각오로서 일하려고 노력하는 기미가 전혀 보이지 않는 사람의 경우에는 하루라도 속히 조직을 떠나게 하는 것

제5장 비영리단체의 인사관리와 인간관계

이 좋다.

교회, 병원, 걸스카우트 및 보이스카우트 같은 비영리조직체에서 늘 볼 수 있는 문제는 자신들이 너무 고독하다는 이유로 자원봉사를 지원하는 사람들이 있다는 것이다. 그런 지원이 성공적으로 이루어질 때 그 사람들은 조직체를 위하여 큰 보탬을 주게 되고, 동시에 조직체도 그들에게 어떤 생활 공동체를 마련해 주면서 더 큰 보답을 하게 될 수도 있다.

그러나 다른 경우 그런 사람들이 가지고 있기 쉬운 정신적, 심리적인 이유로 다른 사람들과 함께 공동 생활을 하는데 어려움을 겪는 경우도 있다. 주장이 강하고, 참견이 강하며, 예의가 없고, 짜증을 내게 할 소지가 많은 사람일 경우가 있다.

비영리조직체의 최고경영자들은 그러한 현실을 받아들여 그들에게 적합한 자리가 있으면 봉사하도록 기회를 부여하고 그렇지 못할 경우에는 그들의 지원을 받아들이지 않아야 한다고 생각한다. 그렇게 하지 않을 경우 그런 사람들과 함께 일해야 할 최고경영자들을 포함한 많은 사람들이 능력을 발휘하지 못하는 일이 발생하게 된다.

비영리조직체의 이사회는 비영리조직체의 대표 최고경영자들의 일하는 도구일 뿐 아니라 대표 최고경영자의 양심이다. 그러한 관계가 더욱 발전하기 위해서는 대표 최고경영자는 이사회가 해야 할 업무 계획을 분명히 세워 주어야 한다. 비영리조직체의 최고경영자는 비록 외부의 영향력으로 선임된 이사회라 할지라도 관리 통제할 수 있어야 하고 전문 직업이사에게 맡기는 일이 있어서는 안 된다. 이사회가 생산적이기 위해서는 이사들에게 충분한 정보를 제공해야 한다.

대표 최고경영자가 할 수 있는 가장 가증스러운 일이 있다면 그것은 이사들에게 무엇인가를 숨기고 정치할 생각만 하며, 이사회 안에 몇몇 친구들에게만 초점을 맞추어 행동하면서 전체의 관계를 무시해 버리는 일이라고 할 수 있다. 이는 하나의 유혹임에 틀림없다. 그러나 그러한 유혹에 이기지 못하는 최고경영자는 1~2년도 채 못 가서 오히려 그 자리에서 물러나는 비운의 주인공이 되기도 한다.

　비영리조직체에 몸담고 있는 사람이라면 그가 대표 최고경영자이건 최일선에서 봉사하는 자원봉사대원이건 각자가 맡은 업무를 무엇보다도 철저히 생각하고 있어야 한다. 이 조직체가 나에게 맡긴 일이 무엇이며 내가 책임지고 수행해야 할 일이 무엇인지를 잊어서는 안 된다. 두번째의 책임은 우리와 함께 가까이서 일하며 상호 의존 관계에 있는 사람들이 우리가 전념하고자 하는 일과 책임을 맡고 있는 일에 관해 충분한 이해를 가지도록 하는 것이다.

　그 다음은 서로 배우고 가르칠 의무와 책임이다. 내 자신이 더 알아야 할 일, 내가 속한 조직이 더 알아야 할 일들이 무엇일까? 5년 후가 아니라 지금부터 3~4개월 동안 나와 내가 속한 조직체가 더 알아야 할 일들이 무엇일까를 생각해야 한다. 만약 우리가 비영리조직체 최고경영자의 한 사람이라면 내주에 우리 조직체의 중요한 사람들과 자리를 같이 하여 이렇게 물어 보는 시간을 갖는 것이 바람직하다.

　"나는 여기서 여러분에게 무엇을 지시하려고 자리를 마련한 것이 아닙니다. 나는 여러분의 의사를 듣고자 이 자리를 마련했습니다. 내가 여러분에 대해서 여러분 자신으로부터 우러나는 포부

제5장 비영리단체의 인사관리와 인간관계

와 열망에 대해서 무엇을 알고 있어야 한다고 생각했기 때문입니다. 우리 조직체가 포착할 수 있는 기회를 어디서 놓치고 있는지, 또 우리가 당면하게 될 위험은 어디에 있는지, 어느 분야에서 잘하고 있으며, 어느 분야에서 잘못하고 있는지, 어디에서 개선할 수 있는지를 말씀해 주시기를 바랍니다"라고 해야 한다.

그리고 다른 사람의 의견을 듣는 것에 힘써야 한다. 그러나 듣고 알게 된 것을 행동으로 옮기는 것은 더욱 중요하다.

우리에게 보고하는 위치에 있는 사람들이나 동등한 위치에서 일하는 사람들에게 이렇게 물어야 한다. "내가 지금 하고 있는 일들 중에서 당신에게 도움이 되는 것은 어떤 것입니까? 혹시 걸림돌이 되는 것은 없습니까?" 만약 상대의 불평이 꼭 필요한 정보를 제공하라는 것이라면 매주 금요일이나 다른 어느 정한 시간에 정보를 제공하도록 주선하라. 만약, 상대가 자기의 업무 수행 성과에 대해서 궁금증을 가진다고 한다면 그러한 궁금증을 해소시킬 수 있는 피드백 시스템을 마련하라.

모든 사람은 각자 맡은 바 임무가 있으며, 비영리조직체 최고경영자의 임무는 그들이 맡은 바 임무를 성공적으로, 또 만족스럽게 잘 수행할 수 있도록 돕는 일이다. 함께 업무를 수행하는 동료들과 더불어 가장 필요로 하는 것은 우리의 조직체가 수행한 업무의 결과와 성과에 관한 확실한 정보라고 할 수 있다. 매우 중요한 점이다.

기금을 후원해 준 회사가들이나 몸담아 일한 많은 사람들은 "우리가 후원해 주고 애써서 일해 준 결과로 무엇이 뚜렷이 성취되었는가?"라고 물을 것이다. 그러한 질문에 얼버무려 대답하는 것은 비영리조직체의 최고경영자로서 취해야 할 태도와 양심이 아니다.

  유능한 비영리조직체의 최고경영자는 궁극적으로 모든 사람들이 맡은 임무를 쉽게 수행하고, 쉽게 성과를 내고, 즐길 수 있도록 할 책임이 있다. 비록 비영리조직체라고 하더라도 조직체에 몸담아 일하는 어느 누구도 선의의 일을 하고 있다는 것, 봉사하고 있다는 것 하나만으로는 부족함을 느낀다. 특히, 최고경영자로서의 책임과 평가는 맡은 바 업무의 성과와 결과에 달렸다는 강조는 더이상 강조해도 지나치지 않다.

제 V 부

자신을 계발하라
― 한 인간으로서, 한 최고경영자로서, 한 지도자로서 ―

제1장	자신이 맡은 일은 책임을 져라
제2장	우리는 어떤 존재로 기억되기를 원하는가
제3장	제2의 인생, 제2의 직업
	― 버포드 회장과의 대담 ―
제4장	비영리단체에서의 여성 최고경영자
	― 리만 부사장과의 대담 ―
제5장	자기계발과 평생교육

제1장
자신이 맡은 일은 책임을 져라

　비영리조직체의 최고경영자로서 자신을 계발함에 있어서 가장 먼저 생각해야 할 일은 최상의 질로서 일을 성취하고자 하는 노력이다. 그것이야말로 스스로 우러나오는 자신에 대한 만족감과 자기 성취감을 가져온다. 제품의 질이 중요하다는 것은 높은 질적 작업을 수행했다는 증거가 될 뿐만 아니라 그러한 작업을 수행한 장본인들의 인간 됨됨이에 큰 변화를 가져왔다는 의미에서 더욱 중요하다.

　전문 직업인으로서 갖추어야 할 자질을 갖추지 못할 경우 좋은 결과로 일을 수행하지 못하는 것은 물론 자신에 대한 성취감이나 자기 성장을 이룩하지 못한다. 오래 전의 일이지만 내가 최고의 치과 의사라고 생각했던 사람에게 "당신이 죽은 후 살아있는 다른 사람들에게 어떻게 기억되기를 원하십니까?"라고 질문을 한

적이 있다. 그는 나의 질문에 서슴지 않고 대답하기를 "내 환자가 죽은 후 시체 검시관들이 이 분은 생전에 최고의 치과 의사에게 치료받아 본 분임에 틀림없다는 말이 나올 수 있게 되기를 원합니다"라고 했다.

위와 같은 삶의 태도를 가진 치과 의사와 아무도 자기가 하는 일에 대해서 관심을 가지고 봐줄 사람이 없을 것이라는 태도로 마지못해서 하루하루 겨우 일을 하면서 내가 하는 일을 아무도 눈치채지 못 하겠지 하고 생각하는 사람들과는 하늘과 땅의 차이라고 할 수밖에 없다.

자신을 계발한다는 것은 그것이 교회이건 학교이건 그 조직이 안고 있는 사명감과 목적 및 그에 따른 업무를 완성하는 것을 말하며 완성할 가치가 있다고 믿는 확신 그 모두와 혼연일체를 이루는 것이다.

우리는 자원이 부족하고 돈이 부족하다는 이유로, 또 사람이 없고 가장 중요한 시간의 결핍으로 우리에게 밀어닥친 일을 엉망으로 수행하게 되었다는 변명의 유혹에 빠져서는 결코 안 된다. 그러한 유혹에 빠진다면 세상을 원망하게 되고 다른 사람들 때문에 내가 훌륭한 일을 할 수 없게 됐다고 투덜거리게 된다. 그렇게 될 때 우리는 절벽으로 미끄러지는 첫 발걸음을 딛게 되는 징조를 보이게 된다. 그러므로 자신 뿐 아니라 조직의 모든 사람들이 자신을 계발한다는 것은 비영리조직체의 우리들에게는 결코 사치품이 아니다.

비영리조직체에서 봉사하는 사람들이 그 조직의 사명과 목적에 담겨 있는 비전을 부분적으로라도 함께 공유하지 않는다면 계속 봉사하지 않을 것이다. 특히 자원봉사자들의 경우에는 더욱 그렇다. 몸담고 있는 비영리조직체에서 하는 일에 더 큰 보람을 느끼지 못할 경우 계속 봉사하지 않는다. 보수를 바라고 하는 일이 아니기 때문에 더욱 그러할 것이다. 그러나 자기가 하는 일에 큰 보람을 느끼지도 않으면서 계속 일해오던 관성으로 일하고 있는 사람들이 있다면 그들을 배격해야 할 것이다.

사실 건설적인 비판은 바람직하다. 그 이유는 최상급의 보수를 받고 봉사하는 정규 직원이나 무보수의 자원봉사자들 중에 많은 수의 사람들이 중요한 회의 후에 지친 모습으로 나타나 회의에 참석한 많은 사람들이 꼭 해야 할 일들은 하려고 들지 않고 얼마나 바보스러운지 모른다고 큰소리를 내어 불평을 하면서도 "그러면 왜 이 조직에 남아서 그런 일에 관여하고 또 일하고 있느냐?"라는 질문을 받으면 "내가 떠나기에는 너무나 중요한 가치가 담긴 일을 하고 있기 때문이다"라고 말하는 것이다.

그러한 정신으로 가득찬 조직체를 건설할 수 있는 열쇠는 각자 모두가 그들이 추구하는 목표를 달성하는데 없어서는 안 될 존재라고 느낄 수 있도록 업무를 맡기는 일이다. 내가 자문하는 교역자 중 한 분은 1만 2,000명의 교인을 가지고 있는 교회에서 일하고 있는데 교회에 그냥 출석하여 예배만 보는 교인은 한 명도 없어야 한다는 아주 뚜렷한 목표를 가지고 있다. 그에게는 보수를 받는 목회자와 보수를 받지 않고 무료로 봉사하는 목회자만 있을 뿐이다.

모든 사람이 목회자의 위치에서 교회의 일을 수행하도록 하고 있다. 물론 목표가 아직 다 성취된 것은 아니지만 그러한 목표를 세워 놓고 1년에 50명 내지 100명을 교회 업무에 대해 책임을 지는 인력 자원으로 충원하는 것이다. 지금은 보수를 받고 일하는 정규 직원은 거의 전무한 상태이다. 이 교회는 안수를 받고 유급으로 일하는 풀타임 청소년 담당 목사님 한 사람의 일을 안수받지 않은 평교인 여섯 사람이 대신 담당하고 있다. 이러한 무료 봉사원들은 각자가 1년에 2번 정도 다음과 같은 자문자답의 자기 평가 보고서를 쓰고 그 사본을 가지고 담당 목회자와 상담한다.

"지난 봉사 기간 동안 내 자신이 새롭게 배운 것이 무엇인가?" "교회에서 아이들과 함께 일함으로써 내 자신의 인생에 어떤 변화가 있게 되었는가?" 그 교회 목사님의 고민은 그러한 무료 봉사자의 공급 부족이 문제가 아니라, 무료 봉사원 지원자의 수가 수요보다 더 많은 데에 있다.

남달리 잘할 수 있다는 것

비영리조직체의 대표 최고경영자로부터 정규 직원 및 무료 봉사원에 이르기까지 각각의 자신을 계발함에 있어서 가장 책임있는 위치에 있는 사람은 누구의 상사도 아닌 당사자 자신이다. 조직 내의 각자는 자신들에게 다음과 같은 자문자답을 해야 한다.

"내가 몸담고 있는 조직체와 자신의 삶에 어떤 변화를 가져 오기 위하여 내가 무엇에 전심전력을 기울여야 하며, 또 어느 부문에서의 결과가 좋아야 하는가?"

병원 실무에 봉사하는 간호원의 경우를 본다면 엄청난 시간 부족과 예산의 절감을 요구해오는 압박감과, 항상 더 많은 것을 요구하는 의사들로부터 오는 압박감, 통제할 수 없을 정도로 요구되는 행정 서류 처리에서 오는 압박감 등을 느끼는 환경에서도

제1장 자신이 맡은 일은 책임을 져라

32명의 정형수술 환자를 대하면서 "환자를 간호하는 것만이 나의 임무요 책임이며, 다른 모든 것들은 근본적으로 나의 임무를 방해하는 일들이므로 어떻게 해야 나의 본래의 임무에만 충실하기 위해서 무엇을 어떻게 해야 하는가?"라고 고민해야 한다.

어떤 단순한 절차상의 문제를 해결한다든지 봉사의 방법과 절차를 변화시킴으로써 "우리들로 하여금 더 나은 간호원이 되게 할 수 없을까?" 하고 고민하며 생각할 수 있어야 한다.

우리는 자신 외에 다른 그 어느 누구도 우리를 유효한 인간으로 변화시킬 수는 없다. 우리가 몸담고 일하는 비영리조직체에 기여해야 할 첫번째 책임은 나 자신을 충분히 계발하는 것이며, 그것은 또 자신을 위하는 일이다. 단, 우리들 각자가 가지고 있는 것에서부터 출발해야 한다.

성과의 기록을 창조하는 것만이 주위 사람들이 우리를 신뢰하고 후원하는 길이다. 바보 같은 상관, 바보 같은 이사진, 항상 골치를 앓게 하는 부하 직원들이라고 불평하면서 탓한다고 좋은 성과의 기록을 달성할 수는 없다. 우리들이 신임하고 상호 의존해야 할 사람들과 직접 이야기를 나눈다는 것은 우리의 임무이기도 하고 책임인 것이다.

그러한 상담은 제도적인 장치가 뒤따라야 하며 무엇이 우리를 도왔고 무엇이 우리들이 일하는데 걸림돌이 되었으며, 또 유효한 결과를 가져오기 위하여 필요한 변화는 과연 무엇일까를 의논하여야 한다.

발전에 발전을 거듭해온 사람들은 그들이 실행했던 일을 1년에 한번씩 재검토하여 어느 부분이 원만히 잘 이루어졌고, 어느 부문에 더 집중하고 전념했어야 하는지를 반추하는 사람들이다. 나도 이제 자문 역할을 50여 년 간 하면서 터득한 것이 있다면 매년 8월에 2주간의 시간을 할애하면서 지난 해에 있었던 모든 일을 재검토하고 반추하게 된 것이다.

어느 부문에 내가 가장 큰 영향을 끼쳤는가? 어느 부문에서 나의 자문 고객들이 나를 필요로 했으며 내가 도와주었어야 했는가? 어디에서 그들의 시간 뿐 아니라 나의 시간과 정력을 허비했는가? 내년도에는 나의 시간과 정력을 어느 곳에 더 전념하여 최선을 다 할 뿐 아니라 최대의 결실을 맺을 것인가? 그렇다고 해서 항상 계획한 대로 추진하여 예상대로 모두 다 결실을 맺는다는 것은 아니다.

때때로 생각지도 않았던 일들이 마음 속으로 들어오면 원래의 좋은 의도로 시작했던 일들을 모두 잊어 버리는 경우도 있다. 그럼에도 불구하고 나의 자문이 더욱 필요하게 될수록 자문을 담당하면서 오는 개인적인 보람 역시 더욱 커진다는 것을 알게 되었으며, 그것은 내가 전념하는 일이 실제로 변화시키고자 하는 곳에 초점이 맞추어져서 실행되는데 기인한다고 본다. 조직적으로 우리의 정력을 집중 투입할 때에만 비영리조직체의 최고경영자로서 큰 발전의 계기를 이룩하게 된다. 그후의 발전이란 개인의 비전을 자신이 몸담고 있는 조직의 비전과 부합시키는 데만 신경을 쓰면 거의 자연적으로 능률이 오르게 된다.

실제로 특출난 공헌을 이룩한 최고경영자들을 살펴보면 그들은 예외없이 조직을 처음 인수받았을 때보다 더 큰 목적과 사명을 가진 조직체로 변화시켜 놓은 것을 알 수 있다.

이와 같이 조직체 자체와 거기에 몸을 담고 있는 모든 사람들이 성장할 수 있게 하기 위해서는 대표 최고경영자들은 내가 매

제1장 자신이 맡은 일은 책임을 져라

년 8월에 내 자신에게 자문해 보는 것과 똑같은 방식으로 자문자답해 보아야 할 것이다. 실상은 직원 한 사람 한 사람, 자원봉사요원 모두가 그렇게 해야 한다고 생각한다. 중견 간부들은 정규적으로 시간을 할애하여 그러한 자문자답의 평가를 함께 모여서 토의하고 정리해 보는 시간을 갖는 것도 좋을 것이다. 이러한 방식의 의견 교환은 상당한 유연성을 가질 수 있다.

  내가 들어본 이야기 중에서 가장 훌륭한 예는 자신이 지휘하는 음악 연주자들로부터도 많은 사랑을 받은 위대한 지휘자 '브루노 워터'가 스스로 실행했던 것이라고 할 수 있다. 이 지휘자는 교향악 연주 계절이 끝나는 시기쯤 교향악 단원 각각에게 다음과 같은 내용의 편지를 써 보냈다고 한다.

> 『친애하는 나의 수석 트럼펫 연주자에게 올립니다. 귀하께서 지난 번 하이든의 교향곡을 연주할 때 어려운 악장 부분을 연주하는 것을 보고 나는 실로 귀하로부터 배운 바가 많습니다. 마찬가지로 우리가 함께 하는 연주 활동을 통하여 귀하께서도 혹시 지난 계절에 누군가에게 배운 것이 있다면 나에게 알려주시기 바랍니다.』

  교향악단원의 절반 가량은 의례적인 엽서로만 생각하기도 했지만 나머지 반 정도의 단원들은 진지한 편지로서 '본인과 같은 20세기의 트럼펫 연주자가 하이든의 교향곡을 초연했던 18세기의 트럼펫 연주자들처럼 소리를 내기 위해서 무엇을 해야 하는지 이제 와서야 터득한 것 같습니다'라고 답신을 보내기도 하였다는 것이다. 브루노 워터의 지휘 하의 교향악단에서 연주하는 단원들은 끊임없는 자기 발전과 도전을 생각하지 않을 수 없었다.

　이와 같은 성공을 성취한 중요한 요건은 책임의식이며 자신이 맡은 일에 스스로 책임을 지는 태도이다. 다른 모든 것은 그러한 책임의식에서 파생된다. 대학의 총장이든 부총장이든, 은행의 총재나 부총재나 직함 자체가 중요한 것이 아니라 우리들의 맡은 바 책임이 중요한 것이다.

　책임을 진다는 것은 맡은 바 직무를 중요하게 생각하여 다음과 같은 점을 인식한다는 말이다. '나는 나에게 주어진 직무를 채우고도 남을 만한 큰 그릇으로 성장하고야 말 것이다. 어떤 경우에는 기술을 습득해야 한다는 의미도 있다. 더 어려운 경우는 몇 년을 걸려서 어렵게 습득해 놓은 기술이 하루 아침에 전혀 필요가 없게 되는 경우이다. 10년이 걸려서 컴퓨터에 관한 모든 것을 알게 됐을 때 이제는 컴퓨터 대신 인간 관계에 관한 업무를 봐야 할 경우가 생긴다. 책임의식을 으뜸으로 하면서 우리가 가지고 있는 자원을 총동원하여 결단을 내려야 한다' 또 우리는 이렇게 스스로 물어야 한다.

　'내가 무엇을 더 배우고 알아서 더 높은 수준의 새로운 변화를 이룩할 수 있을까?' 오래 전 함께 일했던 어떤 지혜로운 사람은 나에게 이렇게 들려 주었다. "좋은 성과를 이룩하는 사람에게 월급을 올려 주고, 처음 자기가 맡은 직무보다도 더 큰 직무를 다음 사람에게 물려 주는 사람에게는 승진을 시켜 준다"

　자기 계발이란 한 인간으로서 더 큰 역량과 더 큰 비중을 함께 이룩하는 것이라고 생각된다. 깊이 있는 책임의식에 초점을 둠으로써 사람들은 더 큰 자아의식을 가지게 된다. 그러한 책임의식과 자아의식은 허무와 자만과는 다른 차원의 자존심과 자신감이다. 그러한 의식과 느낌을 한번 가지게 되면 아무도 그것을 앗아가지 못하는 자신만의 무엇이다. 그것은 내 몸에서 풍기는 것이면서 내 몸 속에 담겨있는 어떤 것이다.

본보기를 남긴다는 것

모든 인간사에는 지도자들, 새로운 기록을 세우는 사람들이 남긴 성과와 성취와 나머지 보통 사람들의 그것 사이에는 고정된 관계가 있다. 우리는 전임자의 어깨 위에 발을 딛고 선다. 지도자는 비전과 표준을 세운다. 그러나 비전과 표준은 그들만 세우는 것이 아니다. 한 소식제의 누군가가 획기적으로 직무를 수행하면 그 조직 내의 또 다른 누군가가 뒤따라서 스스로 도전할 것이다.

지도력이란 우리들의 어깨에 부착된 별이나 계급이 아니다. 최고경영자는 본보기로서 지도한다. 가장 위대한 본보기라면 우리가 몸담아 일하는 조직이 표명한 사명에 투철하게 헌신하는 그 자체이며, 그렇게 할 때 우리 자신은 더 큰 그릇이 되며 더 큰 자긍심을 가지게 된다.

제 **2** 장
우리는 어떤 존재로 기억되기를 원하는가

　자신을 계발하기 위해서는 올바르게 선택한 직장에서 각자에게 맞는 업무를 수행하지 않으면 안 된다. 기본적인 질문은 "나는 한 인간으로서 어디에 속하는가?"라고 하는 것이며, 그것은 내가 최선을 다하는 데 필요한 업무 환경이 어떤지에 관한 이해가 필요하다.

　갓 학교를 나온 젊은이들은 자기 자신에 대해서 잘 모른다. 큰 기업체와 작은 기업체 중 어디에서 일하는 것이 더 적격인지도 잘 모른다.

　그들은 다른 사람과 함께 일하는 것과 홀로 일하는 것, 어느 쪽을 더 선호하는지, 불확실성이 많은 환경과 적은 환경 어느 곳에서 더 번창할 수 있게 될지, 마감일의 압박감이 있는 일터와 그렇지 않은 일터 중 어느 일터에서 더 큰 능률을 올릴 수 있게

제 2장 우리는 어떤 존재로 기억되기를 원하는가

될지, 지체없는 의사 결정을 할 수 있는 성격과 시간을 두고 의사 결정을 하기를 원하는 성격 어느 쪽이 자신의 성격인지 등에 관해서는 사실 잘 모르고 있다.

첫 직장은 대개 복권을 추첨하는 것에 비유할 수 있다. 자신에게 꼭 맞는 자리를 찾을 확률은 그렇게 높지 않다. 몇 년이 지난 후에야 비로소 자신이 한 인간으로서 어디에 속하며 자기가 설 곳이 어디인지를 찾기 시작한다.

우리 모두는 대개 우리들의 기질이나 성격을 그냥 주어진 것으로 대수롭지 않게 생각하는 경향이 있다. 그러나 어떠한 훈련으로도 쉽게 변화될 수 없는 것이 우리들의 기질이자 성격이라고 생각한다면, 우리들에게 주어진 천부적인 기질과 성격을 심각하게 받아늘이는 것은 매우 중요한 일이라고 생각한다.

의사 결정의 내용을 완전히 이해하지 않은 상태에서 어떤 결정을 할 수 없는 사람은 치열한 전쟁터에서 벗어나 있는 사람이라고 할 수 있다. 우측 지원부대가 갑자기 무너질 때 장교가 전투냐 후퇴냐를 결정할 수 있는 시간은 8초 밖에 주어지지 않는다. 시간을 두고 생각하면서 결정하기를 선호하는 사람도 환경에 따라서 급한 결정을 내릴 수도 있다. 그런데 대체로 잘못된 결정을 내리게 되는 수가 많다.

"내가 속할 곳은 어디인가?"라는 질문에 대해 심사숙고한 후 내린 해답이 내가 현재 종사하고 있는 일터가 아니라는 결론이라면 다음 질문은 "그 이유는 무엇일까?"라고 해야 한다. 내가 몸담고 일하는 조직체의 가치관을 내가 수용할 수 없다는 것인가? 아니면 조직이 부패되어 있는가? 만약 그러한 이유라면 우리들에게 상처를 입힐 것이 틀림없다.

조직체의 가치관이 우리 자신의 가치관에 위배될 때 우리는 스스로 냉소를 보내고 경멸적인 태도를 취하게 되기 때문이다. 또는 모시고 있는 상급자가 미천한 정치꾼으로서 타락한 사람이라든지, 자신의 영달만을 추구하는 사람이라든지, 아니면 가장 애매한 속임수가 되는 경우인데 우리가 존경하는 상급자이기는 하지만 상급자로서 수행해야 할 중요한 임무를 전혀 하지 못하고, 즉 유능한 하급자들을 후원하고 돌보며 발돋음할 수 있도록 주선해야 하는 상급자의 구실도 전혀 못하는 상급자 밑에서 일하고 있는 자신을 발견하기 때문이다.

만일 우리가 우리에게 맞지 않는 일을 하고 있다든지, 기본적으로 타락한 조직에서 일을 하고 있다든지, 또는 우리의 노력과 성과를 인정해 주지 않는 조직체라면 그에 대한 올바른 의사 결정은 그곳에서 곧바로 사직을 하는 것이다. 승진 그 자체가 중요한 것이 아니다. 중요한 것은 선정될 자격을 부여받는 것과 공정한 평가를 받을 수 있는 여건이 주어진다는 것이다. 그런 입장에 서지 못하는 직장에 머물 때 우리 모두는 곧 우리들 자신을 이등 국민으로 비하시키는 현실을 인정하게 된다.

우리 자신을 「이식(移植)」하는 일

큰 변화든 작은 변화든 변화란 때때로 우리들에게 어떤 자극을 주는 근본적인 요인이 된다. 사람들의 수명이 예전보다 더 길어지고 또 훨씬 오랜 기간 동안 활동하게 됨에 따라 그러한 변화에 관한 인식의 필요성은 더욱 커지게 되었다.

제 2장 우리는 어떤 존재로 기억되기를 원하는가

한 비영리조직체에서 10~12년 정도 일하던 자원봉사자가 다른 비영리조직체로 자리를 옮기는 사례가 상당하다. 그들이 흔히 느끼는 필요는 단조로운 생활에 변화를 가져오는 것이다. 그러나 표현되지 않은 욕구가 있었다면 그것은 이전의 조직체에서는 별로 배울 것이 없다는 잠재의식이 밑바탕에 깔려 있었을 것이다. 그러한 생각을 간과해서는 안 된다. 직장에서 무엇을 계속 배우는 것이 없게 되면서부터 우리는 오히려 위축되기 시작하기 마련이다.

이때의 전환이 꼭 동떨어진 다른 분야로 이식되어야 한다는 것은 아니다. 예를 들면 오랜 기간을 미국 적십자사의 회장으로 지내던 리차드 슈벨트는 사기업체의 노동자를 대변하는 변호사 역할과 인적 사원 관리 담당관역을 맡아서 일하던 분이었다. 그는 40대에 정부 관리로 일하다가 다시 사기업체로 되돌아 갔다가 다시 적십자사에서 근무하였다. 그가 그렇게 효율적으로 활약을 할 수 있었던 이유는 상당히 이질적인 직장 문화에서 광범위한 분야에 있는 사람들과 함께 일했던 경험에서 기인한다.

우리들이 편안하게 반복되는 일과를 치루고 있다고 생각될 때, 다른 일로서 변화를 가져와야 할 적시라고 판단할 필요가 있으며 "피곤해서 죽겠다"라고 할 때 사실은 하는 일에 싫증을 느끼고 있다는 것을 대신한 표현일 때가 많다. 전연 관심이 없는 어떤 일을 하기 위해 아침에 몸을 끌고 직장에 가는 것보다 더 우리를 피곤하게 하는 것은 없다.

필요로 하는 것은 고작해봐야 어떤 조그마한 변화이다. 예를 들면, 어떤 교장 선생님이 다른 지역의 몇몇 학교를 방문하여 그곳의 교장 선생님이나 교사들과 학사 운영상의 문제를 토의해 보

제V부 자신을 계발하라

는 것이라든지, 다른 비영리조직체에서 무료 자원봉사자역을 맡아 보는 것이다.

주당 평균 60~70시간을 일해야 하는 비영리조직체의 한 최고경영자가 그런 자원봉사의 일을 맡는다는 것이 있을 수 없는 일이라고 생각되겠지만, 완전히 다른 분위기에서 주당 3시간 정도를 보냄으로써 자신의 정규적인 일을 수행하는데 큰 효험을 볼 수도 있다. 과로를 하고 있는 바로 그 이유 때문에 육체적으로나 정신적으로 평소와는 완전히 다른 자극제를 필요로 하며, 늘 쓰고 있지 않는 심신의 몇 부분을 몇 시간 자극시킴으로써 피로를 해소할 수 있다.

걸스카우트 역사상 가장 많은 자원봉사자를 보유하게 된 것도 그러한 사연에서 이루어진 것이다. 걸스카우트의 자원봉사자들은 바쁜 일과를 보내는 여변호사, 여회계사, 여은행가들이지만 그들은 그들의 정식 직장과는 전혀 다른 분위기에서 열심히 일해 보고 싶은 것이 하나의 도전으로 부상되었기 때문에 그들의 바쁜 생활에도 불구하고 걸스카우트에 와서 열심히 자원봉사를 한다는 것이다.

대부분 직장에서의 일은 같은 것을 계속 반복하는 것이다. 흥분은 직장의 일에 있는 것이 아니라 사실은 일의 성과를 보는 데 있다. "코는 멧돌처럼 혹사를 해도, 눈은 저 멀리 언덕을 보아야 한다"는 말이 있다. 싫증나는 직장의 일을 우리가 그대로 수용한다는 것은 이미 어떤 결과를 추구하는 마음을 잃었다는 증거이며, 우리들의 코뿐만 아니라 눈까지 멧돌처럼 혹사를 시키고 있다는 것이다.

우리들의 업무 속에서 항상 배우는 자세를 만들기 위해서는 결과와 기대의 피드백 과정을 조직적으로 구축해야 한다. 직장에서의 주요 활동 업무를 —— 우리의 인생에서도 마찬가지다 —— 밝혀라. 그리고 그렇게 밝힌 주요 업무를 이행할 때 이루고 싶은 기대치를 기록해 두라. 9개월 내지 1년이 지난 후 이행된 것과 원래의 기대를 비교해 보자.

그러한 비교를 통해 우리는 어떤 부문에서 능률적이었고 어느 부문에서 기술과 지식이 부족했는가와, 어쩌면 가장 중요한 발견이 될지도 모르는 우리의 나쁜 습관이 무엇인지를 알게 된다.

종종 나 자신이 그랬듯이 다 이루어진 결과를 끝까지 밀고 나가지 않고 마지막 단계에서 포기해 버린 사건들을 경험하게 된다. 이럴 때마다 나 자신이 얼마나 성급한 사람인지를 곧 인식하게 된다. 또, 늘 반복되는 교훈으로서 아무리 좋은 의도로 시작했다 하더라도 좋은 결과를 이루지 못하는 이유 중의 또 하나는 우리들이 범하기 가장 쉬운 나쁜 습관으로서 남의 의견을 듣는 힘이 부족하다는 것이다.

배움에 있어서는 우리들 각자 자신의 활동 영역에만 국한되어 얻어지는 것이 아니다. 우리 조직체에 몸담고 있는 사람들을 둘러보고 우리들과 친하게 지내는 사람들을 살펴보라. 그들이 진실로 잘하고 있는 일들은 무엇이며 방법론은 무엇인가? 한 마디로 성공한 이유를 공부하라는 것이다.

우리들 모두에게는 이렇게 어렵게 보이는 일을 '죠'는 어떻게 해서 그렇게 쉽게 잘하고 있는가? '나도 그렇게 해 봐야지' 하고 노력해 보자. 우리의 직장과 평생의 직업을 살펴 나가는 책임은 우리 자신들 외에는 아무에게도 없다. 우리들이 귀속해야 할 일터를 분명히 인식해야 한다. 내 자신의 피나는 노력이 바로 내가 몸담은 조직체에 공헌이 되게 하라. 소위 내가 명명하는 '예방 위생학'이란 우리들 자신을 무료하게 내버려 두지 말라는 것이다. 도전없는 생활은 죽은 생활이기 때문이다.

옳은 일을 능률적으로 잘한다는 것

조직체 안에서 일하는 우리들의 대부분은 놀랄 만큼 낮은 성과를 기록하기도 한다. 나는 이제 50여 년을 최고경영자들과 더불어 일해 오면서 그들 대부분은 열심히 일하는 사람들일 뿐만 아니라 아는 것도 많은 사람들인 것을 알게 되었다. 그러나 진실로 능률적인 사람은 드물다는 것도 알게 되었다.

성과를 거두는 사람과 성과를 거두지 못하는 사람과의 차이는 재능에 있는 것이 아니다. 옳은 일을 한다는 것은 행위의 습관과 몇몇의 가장 기본적인 규범에 속한 문제라고 생각한다. 그런데 조직 자체가 최근의 발명품이어서 그런지 조직 안에서의 인류는 아직 큰 효과를 보지 못하고 있다. 조직에서 성과를 올리는 방법과 혼자 일할 때와 그것은 판이하게 틀리다. 단독으로 행하는 일에서 업무는 업무 수행자를 조직적으로 만들지만 조직체에서는 업무 수행자가 업무를 조직화한다.

효과적(effectiveness)인 성과를 거두기 위한 첫 단계는 무엇이 옳은 일인지를 분간하는 일이다. 주어진 일을 효율적으로 잘 수행하는 문제는 그 일이 옳은 일이라는 것을 전제로 하지 않는 한 아무런 의미가 없다. 집중해서 전념해야 할 일들의 우선 순위를 결정하되 우리들의 강점을 고려해서 결정해야 한다.

제2장 우리는 어떤 존재로 기억되기를 원하는가

효과적인 성과를 올릴 수 있는 길은 우리들의 존경을 받으면서 성공적으로 업무를 수행했던 상급자라 하더라도 그분의 복사판이 되어서도 안 되며, 또 교과서──내 저서를 포함해서──에 나오는 프로그램을 그대로 답습해서도 안 된다. 우리가 효율적일 수 있는 길은 우리들이 가지고 있는 강점에 근거를 둘 때만 가능하며, 그러한 강점은 마치 우리 각자가 가지고 있는 손금과 같은 것이다. 우리들이 할 일은 우리들이 가지고 있지 않는 것으로 효력을 내는 것이 아니라 우리가 가지고 있는 것으로 효력을 내는 것이다.

우리들은 과거의 성과로부터 강점을 발견해야 한다. 우리들 각자가 좋아하는 것과 잘하는 것 사이에는 어떤 상관 관계가 있기 마련이다. 또한 우리들 각자가 싫어하는 것과 우리들이 못하는 것 사이에는 더 뚜렷한 상관 관계를 맺고 있다. 그 이유는 간단하다. 우리들이 하기 싫어하는 일에는 거의 노력을 들이지 않는 것이 사실이지만 급히 서둘러 해치워 버린다든지, 아니면 미루고 미루어서 겨우 하는 경향이 있다.

알버트 아인슈타인 박사는 교향악단에서 연주할 수 있는 수준으로 피들──바이얼린의 한 종류──을 켤 수 있게 해준다면 노벨상을 포함한 자기가 가진 모든 것을 바치겠다고 했다. 그러나 그에게는 현악기의 마스터 연주가가 되기 위한 필수 조건인 양팔과 양손 간의 신체적 균형이 결여되어 있었다. 그렇게 연주하기를 좋아했고 하루에 4시간씩을 즐겨서 연습했지만 결코 연주 실력은 뛰어나지 못했다. 반면, 그는 수학은 항상 하기 싫어했다. 그러나 수학에서 그는 천재였다.

강점이란 어떤 기술이 아니라 타고난 재량이다. 예를 들어 문제는 책을 읽을 수 있느냐가 아니라 우리가 읽는 데에 강하냐 듣는 데에 강하냐 하는 것이다. 이러한 특별한 적성은 마치 우리가 왼손잡이나 오른손잡이라고 하는 것 만큼 분명하게 나타난다. 프랭크린 루즈벨트나 해리 트루만 대통령은 듣는 데 강한 사람들이었다.

루즈벨트 대통령은 거의 아무 것도 읽지 않는 편이다. 다른 사람이 소리내어 읽으면 듣기만 했다고 한다. 그러나 아이젠하워 대통령은 읽는 데 강했다. 그런데도 자기의 강점을 인식하지 못하고 있었다. 그가 유럽에서 연합군 총사령관으로 있었을 때 그는 기자회견의 능수로서 명성을 떨친 바 있었다. 그때 그의 부관들은 기자들의 질문을 회의 시간 몇 분 전까지라도 서면으로 사전 제출하기를 요구하였다. 아이젠하워는 질문을 모두 읽어 냈으며, 그의 회견은 최상급의 수준이었다.

그런 후 그는 듣는 데 능수였던 루즈벨트와 트루만 대통령에 이어 대통령이 된 후 그들이 정해놓은 즉석에서의 질의 응답식 기자회견 —— 듣는 데 강한 사람들에게 잘 맞는 회견 —— 스타일을 답습해서 기자회견을 했을 때 그에 대한 평은 매우 저조했다. 기자들은 아이젠하워 대통령은 묻는 말에 전혀 대답하지 않는다는 불평과 함께 그를 좋아하지 않았는데 아이젠하워의 눈은 힘이 없고 멍청했으며, 그는 실제 질문이 무엇인지조차 알지 못할 정도로 듣는 데에 약했기 때문이다.

우리들은 최근에 와서야 사람에 따라서 강점이 분명하게 다르다는 사실에 대하여 더 많이 알게 되었다. 아침에 강한 사람, 통찰력에 강한 사람, 추상성에 강한 사람 등으로 밝혀진다. 그러나 우리들은 아직 우리들이 다른 사람들과 편안하게 어울리는 데 약한지 강한지를 잘 알고 있지 못하여 다른 사람들과 함께 일을 잘할 수 있는 훈련을 받을 필요가 있는지 없는지조차 잘 모르고 있다.

자기가 달변이기 때문에 사람들이 자기를 좋아한다고 생각하는 사람들도 많다. 정말 많은 사람들이 선망하는 타입은 말을 잘하는 타입이 아니라 남의 말을 잘 듣는 사람들이다.

사람이 스스로 거듭난다는 것

내가 늘 해오던 일이지만 내 스스로가 거듭나면서 새로운 바람을 일으키고 도전과 변화를 가져 와야겠다는 생각없이 어떤 동기부여를 주는 자극이 직장에서 일어나겠지 하고 기대하는 것은 무모한 일이다. 우리들 자신과 맡은 바 임무를 새로운 차원에서 바라볼 때 우리들의 역량이 확장된다.

옛날 교향악단의 지휘자가 어느 날 그의 클라리넷 연주자에게 관중석에 앉아서 교향악단의 연주를 들어보라고 권했다. 그 클라리넷 연주자는 그렇게 음악을 들어보는 것은 처음이었다고 한다. 그후 그는 일전에 볼 수 없었던 완벽한 클라리넷 연주자가 되었을 뿐만 아니라, '음악을 창조해 낸다'는 의미를 터득한 훌륭한 연주가가 되었다. 그러한 것을 두고 우리는 스스로 거듭난다는 것에 대한 의미를 부여한다. 무엇 하나 새로운 것이 없는데도 어떤 새로운 의미를 갖게 되는 것이다.

스스로 거듭나는 가장 효과적인 길은 예상하지 못했던 곳에서 성공했을 때 성공과 함께 뛰는 것이다. 많은 사람들의 경우 문제점에만 중독이 되어 있어서 문제의 해결도 못하고 있는데 성공의 실적만 쳐다 보고 있을 시간이 어디 있느냐는 것이 그들의 태도이다. 사실 최고경영자들이 받아보는 보고서는 온통 문제점에만 초점이 맞추어져 있다. 첫 장은 지난 기간에 실적이 낮은 모든 부문에 대한 보고의 요약으로 채워져 있기 마련이다.

비영리조직체의 최고경영자들은 보고서의 첫 페이지에 계획이나 예산보다 더 많은 실적을 올린 부문에 관한 보고로 채울 것을 지시해야 한다. 왜냐하면 대체로 그러한 첫 페이지에는 '예상하지 못했던 곳에서 이루어진 성공'이 실려 있을 가능성이 크기 때문이다. 처음에는 그런 보고서를 본체만체 하면서 별 관심을 갖지 않고 문제시 되는 일만 해결하는 데도 골치 아픈데 그런 곳에까지 신경 쓰게 하지 말라고 말할 것이 뻔하다.

시간이 흐름에 따라서 예상 밖의 성과를 이룬 부문에 조금씩 더 관심을 가지고 일할 때 문제로 부상되었던 몇몇 일들까지 결국에 가서는 해결되는구나 라는 생각이 들게 되는 경우가 많다.

나는 지역사회에서 조그마한 서비스 전문점을 경영하는 유능한 여자 한 사람을 안다. 그는 자기가 경영하는 비지팅 너스(Visiting nurse) 회사에서 일하는 간호원들이 정규 근무 외(정규 시간당 임금의 150% 계상)의 시간이 계속 증가되고 있는 사실을 발견하였다. 우리들 누구나 그렇듯이 그분도 처음에는 그렇게 증가하는 시간을 통제하는데 노력했다. 그러나 실제로 개별 가정 방문을 하는 간호원 몇몇과의 상담을 통하여 그분이 알게 된 것은 간호원들이 정규 시간 외 근무가 많게 된 이유가 많은 환자들이 직장에서 귀가하는 오후 6시 이후에 간호를 받게 되는 사례가 많아지기 때문이라는 것이었다.

제2장 우리는 어떤 존재로 기억되기를 원하는가

　　개선된 의료보험제도로 두문불출하는 환자나 허약한 환자를 치료하기보다도 활동은 할 수 있지만 인슐린치료, 물리치료, 또는 주사를 필요로 하는 환자가 많아진 것을 그는 또한 파악하게 되었다.
　　오늘의 그분은 괄목할 만한 새로운 분야를 우리에게 알려준 것이다. 그분은 이러한 새로운 필요를 충족시키는 선교사역을 맡게 된 것이다. 그것으로 인하여 그분은 효과를 만끽하며 활력에 넘쳐서 일하는 새로운 사람이 되었다.
　　우리가 거듭나고 새롭게 되는 과정을 계속 유지해 줄 수 있는 가장 평범하면서도 힘있는 도구 세 가지는 가르치는 것, 조직체 밖으로 나가는 것, 부하 직원들과 함께 낮은 직급에서 봉사해 보는 것이다. 누군가 동료 직원들이 모인 가운데서 어떤 일이 성공하기까지 있었던 일들을 설명하게 될 때, 설명을 듣고 있는 사람들도 무엇을 배우게 되지만 설명을 하는 자신도 무엇인가를 얻게 된다.
　　자신의 조직이 아닌 다른 조직체에 가서 자원봉사하는 시간을 가지다 보면 새로운 시각이 열리게 된다. 한 조직체의 사명을 실행으로 옮기면서 최고경영자들이 어려운 현실에서 살아 남을 수 있는 기술로서 가장 오래된 것이 있는데 그것은 1년에 한두 번 정도 조직체의 고객과 직접 접촉하는 최일선의 업무에서 봉사해 보는 것이다.
　　의료계에서 훌륭한 훈련을 받은 관료 한 사람은 노동조합원들의 파업과 급작스럽게 발생한 전염병으로 인해 일손이 모자라게 되자 할 수 없이 일주일간 일선 간호원으로 병동에서 일하지 않으면 안 되었다.

전혀 예상에 없던 그때의 경험으로 그는 가슴이 찢어지듯 안타까왔던 사건들, 희열과 자신감에 넘친 성공이 연출되는 병동 현장의 주역이 되고 목격자가 되었다. 그는 그곳에서 무엇인가를 배울 수 있었다면서 나에게 이러한 고백을 하였다. "그때 나는 진정으로 내 삶에서 정직을 되찾을 수 있었습니다." 현재 그분이 최고경영자로 계시는 병원은 나의 평가에 의하면 최상급 수준에 속할 뿐만 아니라, 그분 자신과 모든 병원 관리층 경영자들은 1년에 일주일간 환자를 직접 돌보는 일선 간호원들과 똑같이 근무하는 것을 그 병원의 행정규정으로 정하기에 이르렀다.

　매번 새롭게 거듭나는 모든 사람들을 보면 그들은 한결같이 모두 그들의 심신을 집중적으로 가꾸는 사람들이다. 한편으로 생각하면 그들은 자신 밖에 모르는 사람같기도 하다. 왜냐하면 그들은 이 세상의 삼라만상이 마치 자신을 새롭게 하고 거듭나게 살찌워 주기 위하여 존재하는 것처럼 보고 생각하는 사람들이라고 할 수 있기 때문이다.

우리는 후세에 어떤 사람으로 기억되기를 원하는가

　내가 13세 때 우리들에게 종교 과목을 가르치신 선생님께서 어느 날 교실에 들어서자마자 우리 반 학생들 한 사람 한 사람에게 "너희들이 죽은 후 후세들에게 어떤 사람으로 기억되기를 원하느냐?"라는 질문을 하셨다. 물론 우리들 아무도 그 질문에 선뜻 대답할 수 없었다.

　선생님께서는 우리들의 어깨를 어루만지시면서 "너희들이 아직

제2장 우리는 어떤 존재로 기억되기를 원하는가

나의 질문에 쉽게 대답할 수 있으리라고 생각하지는 않는다. 그렇지만 너희들이 50세가 되어서도 지금 내가 묻고 있는 질문에 대답을 할 수 없는 사람이 된다면 그 인생은 헛된 인생이라고 하지 않을 수 없을 것이다"라고 하셨다.

세월이 지나서 우리 고등학교 동기들은 졸업 60주년 동창회를 가졌다. 죽은 사람은 별로 많지 않았지만, 졸업 후 수십 년을 서로 만나지 않았던 탓에 처음에는 자리가 모두 좀 어색하였다. 그때 우리들 중 누군가가 "너희들 필리글러 신부님 기억나니? 그리고 그때 우리 교실에 들어와서 우리들 각각에게 던졌던 질문도?"라는 말을 했다.

그 질문을 기억하지 못하고 있는 사람은 단 한 사람도 없었나. 우리들은 40세가 되기까지는 그 질문의 진정한 의미를 깨닫지 못했었지만, 그 질문이야말로 우리들의 평생을 좌우했던 질문이라고 말하지 않는 사람이 없었다. 우리들 중에는 25세쯤 되었을 때 그 질문에 답해 보려고 했던 사람도 있었다. 그러나 당시의 그 질문에 대한 우리들의 답은 대체로 아주 어리석은 것들이었다.

금세기의 가장 위대한 경제학자 가운데 한 사람으로 꼽히는 조셉 슘페터도 그가 25세 때에는 유럽에서 가장 유명한 승마사로, 가장 이름난 플레이 보이로, 또 위대한 경제학자로 기억되기를 원했다고 했다. 그가 사망하기 직전 그가 60세가 되었을 때 누군가 그에게 위와 똑같은 질문을 했을 때 그는 승마도니, 여자에 관한 언급은 모두 잊고 단지 인플레이션이 닥쳐오는 경제적 위험에 관해서 일찍이 경고한 바 있었던 한 경제학자로 기억되기 원한다고 했다.

그는 실제로 그렇게 후세들에게 기억되어져 있으며, 또한 가치 있는 삶이었다고 평가받고 있다. 비록 25세 때 했던 그의 응답이 25세 청년의 기준으로 봐서도 바보 같은 응답이었음에 틀림없었지만 결국은 그 질문이 그를 변화시킨 것이다.

나는 항상 그 질문을 내 자신에게 하면서 살아간다. 내가 죽은 후 후세들에 의해 나는 어떤 사람으로 기억되어지기를 원하는가? 이 질문은 우리들 각자로 하여금 항상 새롭고 거듭나도록 유도하며 지금보다 변화된 사람, 더 나은 사람으로 변화하고자 최선의 노력을 다하는 사람이 되어 우리들 각자가 가지고 있는 역량을 백분 발휘하도록 만든다.

그러한 질문을 평생을 통하여 생각하며 살아갈 수 있도록 필리글러 신부님 같은 분이 우리들의 인생 행로에 좀더 일찍 나타나서 그와 같은 질문을 해 준다면 우리는 행운을 얻은 사람에 속한다고 할 수 있다.

제3장
제2의 인생, 제2의 직업

– 버포드* 회장과의 대담

드러커 교수 : 버포드 회장님께서는 자신의 영리기업체를 경영하는 것만 해도 벅찬 일일 텐데 리더쉽 네트워크(Leadership Network)라는 큰 비영리단체의 업무를 겸하고 있다가 그 단체의 최고 대표이사까지 역임하셨습니다. 처음 시작했을 때의 연령은 40대 중반인 것으로 압니다만 그러한 생활의 변화를 가져오게 된 특별한 사연이라도 있는지요?

버포드 회장 : 나의 생활에서 결정적인 변화를 가져오게 된 동기는 지금까지 살아온 나의 인생, 즉 영리기업 경영에서의 성취

---

* 역주 : 로버트 버포드(Robert Buford) 회장은 미국 텍사스주 타일러에 있는 비포드 텔레비전 주식회사의 재단이사장 겸 최고 대표이사로 재임하고 있다. 비영리단체인 리더쉽 네트워크와 비영리단체의 경영지도를 위하여 설립된 피터 드러커 재단 2개를 창설한 경험의 소유자이기도 하다.

를 삶의 존재 가치로 인식함으로써 생의 중심이 되는 봉사 업무와 연계할 수 없을까 하는 생각을 가지게 된 것입니다.

드러커 교수 : 그러한 변화를 가치관의 변화라고 할 수 있을까요, 아니면 생을 보는 태도의 변화라고 할 수 있을까요? 아니면 두 가지 모두라고 할 수 있을까요?

버포드 회장 : 생을 보는 태도의 변화라고 할 수 있을 것 같습니다. 왜냐하면 어릴 때부터 형성되었던 가치관에는 아무 변동이 없기 때문입니다. 그러나 내가 생을 보는 태도와 행위에는 큰 변화를 가져온 셈이지요.

드러커 교수 : 제가 이렇게 해석을 해도 될까요? 영리기업체를 성공적으로 경영하셨지만 돈 자체를 영리의 목표로서 보신 것이 아니라 단지 성취의 척도로서 간주하셨다는 것이지요?

버포드 회장 : 분명히 그렇습니다. 돈은 성패의 결과를 측정하는 도구로서 나에게는 중요했으며 많은 사람들이 쉽게 이해할 수 있는 존재임에는 틀림없습니다. 생의 두번째 직업으로 택해 일하고 있는 지금의 나로서는 성패의 결과를 측정하는 그러한 도구에 변화가 있게 되었고, 그러한 변화를 나는 크게 의식하고 있는 것입니다.

어느 경기에 참가할까 하는 선택은 우리들 스스로 할 수 있지만, 일단 선택한 경기에 참가한 후에는 '게임의 법칙'들을 취사선택할 수 없는 것 아닙니까? 아시는 대로 나는 지금까지 해오던 경기와는 틀린 경기를 선택하였고 그 새로운 경기는 나의 일상 활동의 업무와 한 인간으로서의 나 자신을 나타내는 주요한 근간을 이루게 되었으므로 게임의 법칙 자체의 변화에 각별한 의식을 갖지 않을 수 없었습니다.

제3장 제2의 인생, 제2의 직업

　내가 생각하는 사명과 목표에 대하여 참으로 분명히 해야 한다는 절실한 느낌과 동시에 무엇이 우선되어야 하는지를 생각하게 되었습니다. 어느 누구에게든지 가장 우선적으로 다루어져야 할 일들이 무엇인지, 부수적으로 다루어져야 하는 일들이 무엇인지를 결심하는 시기가 있는 것 같습니다.

　드러커 교수 : 그러한 시기가 자신을 계발하려고 결심하는 중요한 시기라고 보십니까?

　버포드 회장 : 우리 삶의 주인이 누구인지를 아는 것은 대단히 중요한 일입니다. 그리고 그러한 상황을 정기적으로 재조명해 보는 것도 중요합니다. 내가 가지고 있는 시간의 재능과 물질을 어떻게 할애하여 투입하는가? 나의 욕망은 어디에 있는가? 라는 관점에서 본다면 20대인 나와 40대 중반의 나는 완전히 다른 두 사람이라고도 할 수 있습니다.

　드러커 교수 : 회장님의 행위에 큰 변화가 있었다고 봅니까? 아니면 같은 행위이지만 목적과 역점이 틀리다고 보십니까?

　버포드 회장 : 후자라고 할 수 있습니다. 영리단체인 나의 회사를 위해서 내가 한 일이나 리더쉽 네트워크라는 비영리조직체에서 내가 하는 일은 대동소이합니다. 영리기업에서나 비영리조직체에서나 모두 미래를 향하는 마음과 비전이 뚜렷하지 않으면 안 되었습니다.

　그렇게 함으로써 다른 사람들이 그들의 활동을 성공적으로 수행할 수 있고 한 팀으로서의 기능을 발휘할 수도 있습니다. 영리기업이나 비영리조직체의 경우 모두 맡은 일을 잘 수행할 수 있도록 격려하며 후원해 주어야 합니다. 뿐만 아니라 영리기업에서나 비영리조직체인 리더쉽 네트워크에서 하는 그들의 일을 마치 자신들의 회사 일처럼 할 수 있도록 여건을 만들어 주어야 합니다. 양쪽 모두의 일터에서 나는 어떤 결정적으로 중요한 관련성을 찾아 유지하고 싶어하며 그렇게 함으로써 양쪽 세계에서 일어나고 있는 많은 것들을 이해할 수 있게 됩니다.

드러커 교수 : 그렇지만 양쪽 세계에서의 우선 순위는 틀리지 않습니까?

버포드 회장 : 그렇습니다. 지금 나를 흥분시키고 있는 것은 비영리조직체인 리더쉽 네트워크입니다. 아직도 영리기업을 경영하고 있지만 비영리조직체에 비한다면 이차적이고 부수적인 업무가 되었다고 할 수 있습니다. 이것은 내가 20대에 목회자가 되고자 하였던 나의 의욕을 이차적이며 부수적인 것으로 잠재시켜 놓았는데 그것이 드디어 발현됐다고 할 수 있습니다.

드러커 교수 : 그러한 변화를 가져오는데 큰 어려움은 없었습니까?

버포드 회장 : 큰 어려움은 없었습니다. 그것은 마치 계절의 변화와도 같았습니다. 40대 중반에 들어설 때 나는 인생에서 좀더 영원하고 좀더 중요한 일들과 가까이하고 싶은 생각이 들었습니다. 그러한 생각이 들었으므로 영리기업을 경영하는 직장 생활에서 괄목할 만한 많은 변화를 가져오게 되었습니다.

드러커 교수 : 회장님께서 그러한 변화를 가져와야 할 적시가 되었다고 생각하게 된 이유는 무엇일까요? 그러한 변화를 가져온 것이 성공이라고 할 수 있을까요? 아니면 청명한 어느 날 아침 잠에서 깨어나서 자신을 돌아 보면서 '오늘부터 변한다' 이렇게 시작하신 것입니까?

버포드 회장 : 아마 제 생각에는 내가 먼저 어떤 시합에서처럼

한 분야에서 모든 것을 원만하게 느낄 정도로 잘 치루어 훌륭한 성과를 축적했다고 느끼게 된 것입니다. 그 다음으로 나의 지난 날의 많은 경험들은 나로 하여금 사도 바울이 말한 대로 한 사람의 '하늘나라의 시민'이라는 것을 알게 해 주었습니다. 그럼으로써 하늘나라의 한 시민으로서 해야 할 많은 일들을 할 때가 되었다는 생각이 아주 분명해졌습니다.

드러커 교수 : 그렇다면 어떤 순간적이며 갑작스러운 것은 아니었다고 할 수 있군요.

버포드 회장 : 아마 다른 것이 있다면 지금 나에게 주어진 소명이 무엇인지 귀기울여 듣고 순종할 자세가 되어 있다는 것입니다만 그러한 소명이 어느 순간에 생기게 된 것이라기보다는 항상 나와 함께 있었던 것 같습니다. 아마 지난 20여 년에 걸쳐 쌓은 나의 경험이 원래의 소명을 실현시키는데 필요한 경험을 잘 갖추게 했다고 할 수 있습니다.

나의 생각에는 지금껏 가지고 있는 나의 모든 경영적 기술을 비영리조직체의 경영에서도 똑같이 쓰고 있는 것 같습니다. 다른 목적을 위해서 다른 그릇에 쓰여지고 있는 것이지요. 삶에 있어서 나의 경우처럼 큰 변화를 결심할 때는 적어도 자신에 대해서 성찰했던 경험이 중요한 작용을 했다고 봅니다.

영리기업에서 나의 20여 년 간의 경험을 통하여 한 가지 배운 것이 있다면 나 같은 사람은 팀과 함께 일하는 사업가로 나서야 한다는 것이었습니다.

드러커 교수 : 기술 위주보다는 업무 위주가 되어야 합니다. 그렇게 할 때만이 중요한 전환점에서 유연하게 대응할 수 있습니다. 그러나 자신을 안다는 것은 업무를 안다는 것 만큼 중요하지

요. 기술 위주로만 매진하다 보면 새로운 진로를 찾지 못하고 옛 길에 갇혀서 어느 날 갑자기 진로가 꽉 막혀버리는 경우를 맞이할 수 있습니다. 회장님 말씀은 내 자신에 집착하지 말고 외부 세계에서 시작하되 내가 하는 일의 목적이 무엇인가, 내가 섬기고자 하는 하느님은 어떤 분이신가를 먼저 생각하면서 같은 도구를 사용하되 예전과 다른 건축물을 건설한다는 말씀이군요.

버포드 회장 : 그 두 가지 질문은 바로 교수님의 책에서 지적한 것과 같은 질문이라고 할 수 있으며, 그것은 지속적으로 중요한 질문으로 부각되고 있습니다. 누가 고객인가? 고객들이 가장 중요하게 생각하는 것이 무엇인가? 하는 것입니다. 리더쉽 네트워크 비영리조직은 내가 영리기업을 경영할 때의 고객들과는 다른 고객을 상대로 하고 있습니다. 그러한 나의 새로운 고객들은 그들이 중요하다고 생각하는 점에 대한 가치 부여의 의식이 더욱 강합니다. 그러므로 나는 그 점을 민감하게 고려하지 않을 수가 없습니다.

드러커 교수 : 회장님께서는 영리와 비영리조직 두 분야 모두에서 전문 직업인으로서 대단한 성공을 이룩했습니다. 그러한 성취를 이룩하시는데 결정적인 도움이 되었다고 생각되는 일들이나 치명적인 해를 줄 만한 일을 피해 나간 적도 있을 거라고 생각됩니다. 그러한 경험담을 말씀해 주시지요.

버포드 회장 : 두 가지의 경험을 말씀드릴 수 있겠습니다. 첫째 내가 아주 어렸을 때부터 나의 어머님께서 내가 어떤 큰 실수를 할 정도로 많은 자유를 주셔서 모든 것을 내 자신이 책임지지 않으면 안 되는 막중한 책임을 지게 하신 것입니다. 두번째로는 내가 아주 젊은 나이였을 때 몇 번 큰 잘못을 저지르고 그 잘못으로

제 3 장 제2의 인생, 제2의 직업

발목이 잡혀서 나의 전 인생이 뿌리째 흔들렸던 경험이 있습니다. 그런 일이 있은 후 지금까지 나의 인생은 무엇을 하든 법을 위반하면 발목이 잡히게 마련이라는 생각을 떨칠 수가 없게 되었습니다.

그런 생각에 사로잡혀 나는 무슨 일을 하든지 편법이나 속임수는 쓰지 않겠다는 것을 생의 철칙으로 삼고 실행해 왔습니다. 옳은 방법으로 하지 않으면 결국은 발목이 잡혀 대가를 치루게 된다고 생각한 것이 좋은 훈련의 방법이 아니었나 생각됩니다.

드러커 교수 : 회장님께서는 자신의 회사 조직에서나 지역단체에서 회장님 자신은 어떠한 사람이며, 그리고 미래 어떠한 사람으로 성숙해야 할 것인가를 생각할 수 있도록 영향을 끼친 분이 계시는지요? 질문을 드린 이유는 회장님께서는 청년 나이의 사장들만 모인 조직체(The Young President Organization)를 위하여 많은 봉사를 하는 만큼 그들로부터 많은 것을 배운다고 늘 이야기 하신 것을 기억하기 때문입니다. 그들과의 인연이 인생에 중요한 역할을 하는지요?

버포드 회장 : 청년 나이의 사장들만 모인 조직체는 나의 인생에 중요한 영향을 끼쳤습니다. 그 조직을 통하여 나는 다른 최고 경영자들의 실제 세계를 훤히 들여다 볼 수 있게 된 것입니다. 나는 내 평생을 7만 5,000명 밖에 되지 않는 작은 지역에서 살기를 결심한 사람입니다. 그보다 더 크고 복잡한 지역에서는 내가 활동하는데 필요한 온전한 정신과 남을 돕고자 하는 정신, 남을 아끼는 정신을 간직할 수 있는 환경을 기대할 수가 없다고 생각합니다.

그렇게 작은 지역의 출신인 나 같은 사람에겐 청년 나이의 사장들만 모인 조직체의 젊고 지성적이며 세련되고 성공한 많은 사람들을 만날 수 있는 기회를 제공한 셈이지요. 그러한 조직을 통하지 않고서는 그러한 만남이 불가능했다고 생각합니다.

드러커 교수: 그와 같은 이유 때문에 사람들이 좁은 조직 및 직업 세계에만 온 정신을 모두 소진하지 말고, 자기 세계의 밖에 있는 또 다른 세상에도 관심을 가지고 많은 사람들을 만나는 것이 얼마나 중요한가 생각하지 않을 수 없습니다.

생각하면 우리들의 모든 세계는 좁고 작은 세계라고 할 수 있습니다. 왜냐하면 비영리조직체에 종사하는 분들이 영리기업에 몸담고 있는 분들보다 더 자기 일에 정력을 소진해 버리는 경향이 있기 때문에 비영리조직체에 몸담고 있는 분들은 자기의 세계가 좁고 작은 세계라는 것에 대하여 더욱 각별히 인식해야 한다고 생각합니다.

만약 우리가 영리기업의 최고경영자 한 분에게 아침부터 저녁까지의 고정된 일과를 벗어나서 다른 어떤 취미 생활 및 사회 활동을 하라고 하면, 예를 들어 소년단장 자리를 맡으라고 한다면 별 문제없이 어떤 좋은 반응을 보일지도 모릅니다. 그러나 교회의 목사님 한 분에게 지역 병원의 이사회에 선임되어 일하시겠느냐고 하면 목회하는 일만 해도 너무 바빠서 불가능하다고 사양할 것입니다. 그런 목사님은 자기 직업의 희생자가 되었다고 볼 수 있습니다.

내가 아는 분으로서 가장 바쁘면서도 가장 성공적인 비영리조직체의 최고경영자가 한 분이 있는데 그 분은 몇 개의 다른 단체의 이사회에서도 봉사하고 계십니다. 그 분의 말씀에 의하면 그러한 봉사를 하면서 자신의 세계 밖에 있는 세계를 보고 배우는 것이 많다고 했습니다.

이제는 비영리조직체에서 일하고 계시는 분들이 자기 계발을 하는데 참고해야 할 중요한 점들에 관해서 말씀해 주시면 고맙겠습니다. 내가 아는 한 회장님은 누구보다도 많은 사람들을 교회를 통하여, 또 많은 비영리조직체의 최고경영자들을 리더쉽 네트워크를 통하여 그들과 함께 일하면서 많이 아실 것입니다. 중요한 충고라면 어떤 것이 있겠습니까?

버포드 회장: 영리기업의 경우든 비영리조직체의 경우든 우리의 대상인 시장과 잠시도 격리되어서는 안 됩니다. 그들과 계속적인 접촉이 끊어진다는 것은 그들이 변하고 있을 때 우리 자신만 그런 변화를 모르는 위험에 봉착하게 되는 경우가 있을 수 있다는 것입니다. 그리하여 우리는 우리들 스스로의 전통에 사로잡힌 죄수가 되는가 하면 조직체의 내부 인사들과 그들의 욕망에 사로잡힌 죄수가 되어 봉사조직의 치명적인 사명이며, 해야 할 역할인 봉사 자체를 망각하게 될 수 있습니다.

드러커 교수: 유명한 구스타프 마흐러 교향곡 지휘자가 자기의 대원들에게 최소한 1년에 2번 정도 청중석에서 청중과 함께 연주를 들으면서 청중의 귀에 자신의 교향악단 음악이 어떻게 들리는지를 살펴봐야 한다고 말했던 것이 기억납니다. 내가 오래 전부터 아는 목사님 중에서도 1년에 4~5주일 자신의 교회 예배를 빠지고 다른 교회의 교인석에 앉아 예배를 보면서 다른 교회의 예배 형식과 내용을 관찰하는 것을 연중 행사로 하는 분이 있었습니다. 말씀하시고자 하는 중요한 충고가 그런 것과 같은 것 아닙니까?

버포드 회장: 그렇습니다. 내가 잘 아는 훌륭한 목사님 한 분

은 여름 내내 조그마한 시골 교회에서 예배를 보는 분이 계시는 가 하면, 또 다른 목사님께서는 자기 교회 교인의 직장을 자주 그러나 절도를 지키면서 방문합니다. 목사님의 안방인 교회가 아니라 교인들의 안방인 그들의 사무실과 직장을 찾아가서 면담하는 것입니다.

드러커 교수 : 내가 아는 최고의 병원 관리자들은 최소한 1년에 한번씩 환자로 가장하여 자신의 병원에 입원을 하여 입원 절차부터 퇴원할 때까지의 절차상의 사무적 업무를 관찰하고 나아가 24시간의 입원을 통하여 환자의 한 사람으로서 느낄 수 있는 모든 것을 경험하고 있습니다.

그런 것이 진실로 자기 발전을 위해 없어서는 안 되는 중요한 부분입니다. 또 다른 것이 있습니까?

버포드 회장 : 다른 하나는 지도자 자신 뿐만 아니라, 지도자와 함께 움직이는 다른 모든 팀원들도 자신들의 인생 행로에서 변화하는 현실 그 자체를 외면해서는 안 됩니다. 그리고 40대 중반에 들어서서 30대 중반에 느꼈던 것과는 아주 다른 경험의 강도를 느끼는 것이 보통입니다. 50대 중반에 들어서면 대개의 경우 도전감과 소명감을 느끼고 그 분야의 대가가 되어 보겠다는 생각을 갖게 됩니다. 그래서 지금까지 해오던 일에 대하여 싫증을 느끼고 모든 것을 과거지사로 돌리면서 완전히 다른 사람으로 변하게 된다는 것입니다.

제4장
비영리단체에서의 여성 최고경영자

- 리만* 부사장과의 대담

드러커 교수: 한 사람의 간호원이었던 여사를 관리직으로 맨 처음 승진시켰을 때 여사의 어떤 면을 보고 그러한 인사 결정이 내려졌다고 생각되십니까?

리만 부사장: 조직에 관한 지식, 의사 전달 능력이 부족하거나 환자들처럼 도움이 필요한 사람들을 돕고 싶어하는 나의 자세 때문이 아닌가 생각됩니다.

드러커 교수: 그러한 자세를 어디서 배웠다고 보십니까?

리만 부사장: 매우 다행스럽게도 나에게는 여러 분의 좋은 스

---

* 럭샌 스피처 리만(Roxanne Spitzer Lehrmann) 부사장은 미국 캘리포니아주 오렌지에 본부를 둔 St. Joseph Health System이라는 비영리조직의 연쇄 병원조직의 본부 부사장이며, 《간호의 생산성(Nursing Productivity)》의 저자이기도 하다.

승님이 계셨습니다. 게다가 간호학 교육은 내가 무엇을 언제 어떻게 처리하고 또한 중요한 일부터 우선 순위를 결정할 수 있는 능력을 계발하는 데 중요한 역할을 했다고 봅니다. 나는 미래의 의료건강 부문 특히, 병원에서 더 많은 수의 간호원들이 관리직으로 승진하는 추세를 나타낼 것이라고 생각합니다.

그 이유는 간호원들은 조직적 능력이나 중요한 순위대로 일을 처리하는 능력과 의사를 전달하는 기술 및 그에 수반되는 새로운 지식을 교육받고 있기 때문입니다.

드러커 교수 : 조직에 관해서나 대인 관계에 관한 기술과 그에 관한 중요성을 부사장님으로 하여금 중요하다고 인식하고 계발하는데 스승들은 어떠한 영향을 주었습니까?

리만 부사장 : 나는 조금 성급한 면이 있습니다. 나의 스승님들은 어떤 의사를 결정하기 전에 그와 관련된 자료를 먼저 잘 살펴본 후 결정하도록 했습니다. 내가 어떤 상황이나 문제를 대했을 때 행동 방향을 결정하여 실천에 옮기는 일은 시간을 두고 신중히 해야 한다는 것을 알도록 도와 주셨다고 생각합니다. 즉, 인내의 참뜻을 가르쳐 주신거죠. 그리고 내가 실수를 저지를 수 있을 만큼의 자유를 허락해 주셨습니다. 그러한 점이 중요했다고 생각합니다.

드러커 교수 : 그분들 중 부사장님께서 잘하고 있는 점을 지적해 주신 분은 없었습니까?

리만 부사장 : 많은 분들이 고무적인 격려를 해주셨습니다.

드러커 교수 : 이제는 완전히 다른 화제로 바꾸어 보도록 하겠습니다. 부사장님께서는 현재 전 미국의 병원조직 사회에서 유일한 여성 최고경영책임자이신지요?

제4장 비영리단체에서의 여성 최고경영자

리만 부사장: 그렇습니다. 병원 본부의 최고책임자로서는 제가 유일한 여성입니다.

드러커 교수: 가톨릭 계통을 제외한 대형의 단독 병원의 경우 여성 최고경영자의 수는 얼마나 되는지요?

리만 부사장: 그리 많지는 않습니다. 그러나 수가 계속 늘어날 것으로 생각됩니다. 요즈음에 와서 병원장 및 대표 최고경영자 자리로 승진하는 추세를 나타내고 있습니다. 그러나 많은 여성들이 이미 최고경영자 위치에 있는 영리산업 부문에 비한다면 승진의 추세도가 아직 매우 느리다고 하지 않을 수 없습니다.

군대의 모형을 많이 따르고 있어서 병원은 아주 전통적이고 보수적인 편입니다. 그러나 나는 '필요가 발명의 어머니'라고 하듯이 경쟁시장 환경에서 더 높은 생산성, 업무 수행에서 필요한 더 많은 유연성 및 조직적 업무 처리 능력 등이 더 많이 필요하게 되므로 그러한 능력을 잘 갖추고 있는 여성들의 역할과 진출이 더욱 기대됩니다.

드러커 교수: 전통적으로 남성의 세계로 알려진 병원에서 남성 의사들에게 절대적 복종이라는 역학 관계에서 일해오다가 지도자급으로 승진하는 여성경영자들에게 들려주실 말씀은 없으신지요?

리만 부사장: 최고경영자들에게 내가 제시하는 충고는 여성만을 위한 것은 아닙니다만, 여성들은 더 잘하고 더 열심히 해야 할 과제가 아닌가 생각합니다. 실제로 어떤 조직체에서도 그렇지만 의료건강 부문에서 더욱 여성들이 가장 값지게 필요로 하는 속성이 있다면 그것은 그들이 한 팀원으로서 남과 더불어 함께 일할 수 있느냐는 것입니다. 격리주의자가 되어서도 안 되며 자

신만의 울타리 보호주의자가 되어서도 안 됩니다.

조직 전체가 발전해 나갈 수 있도록 하기 위하여 무엇을 포기할 수 있는 사람이어야 합니다. 남을 돕기 위하여 자기의 부서를 포기한다든가, 자기의 직책까지도 포기할 수 있어야 합니다. 그렇게 할 때 권력을 잃는다는 생각보다 가로와 세로로 균등히 잘 구분된 조직 전체를 기회의 구성단위로 보고 상대들의 발전과 계발을 더 중요하게 생각하는 마음을 가질 수 있어야 합니다.

나 자신 뿐만 아니라 동료들 사이에서 대단한 관심거리가 되고 있는 것은 점차로 더 많은 여성들이 의료요원으로 진출하면서 여성 의료요원들이 다른 여성 직원들과 함께 일하는 것보다 남성 의사들이 여성 직원들과 더 원만하게 일을 한다는 것입니다.

이러한 관찰은 나 혼자만의 주관적인 관찰이 아닙니다. 나의 추측입니다만, 이러한 현상이 일어나는 이유는 전통적으로 남성들의 세계인 의료 세계에 들어와 일하는 여성들이 살아 남기 위해서라고 생각합니다. 즉, 여성들이 같은 여성 직원들에게 서로 도움을 주기는 커녕 오히려 남성 의사들보다 더 공격적으로 변하여 행동하지 않을 수 없게 되었다고 생각합니다. 이것은 크게 잘못된 일입니다.

어느 여성도 여성 동료를 모두 다 물리치고 홀로 모든 남성을 독차지하는 여왕벌의 행동을 해서는 안 될 것입니다. 그렇게 하면 할수록 자신을 다른 여성들로부터 더 격리된 자리에 있게 만들고 그들과 함께 일하면서도 그들을 계발하며 발전시키는 일에서 멀어지게 되는 결과를 초래합니다.

물론 여성들은 미식축구나 야구와 같은 과격한 팀 경기에서 오는 경험을 얻지 못하고 성장합니다. 그러나 일단 최고경영자의

제4장 비영리단체에서의 여성 최고경영자

위치에 오르면 남성들과 섞여서 그런 경기를 할 때 필요로 하는 팀워크를 배울 수 있다면 진정으로 좋은 성공의 열쇠를 쥐게 된다고 할 수 있겠습니다.

드러커 교수 : 부사장님께서는 대단한 힘과 자부심을 가지고 있는 재단이사들과 매우 가까운 관계를 유지하면서 함께 일하고 계시는 것으로 압니다. 여성을 그러한 이사회에서 처음으로 영입하고 참여하게 하는 과정에서 어떤 특별한 어려움은 없었는지요 ?

리만 부사장 : 나와 관련있는 이사회도 어느 다른 병원들의 이사회와 다름없이 남성 주도적인 이사회입니다. 여성이 이사로서 참여하게 된 것은 최근 몇 년 동안에 있게 된 일입니다만 현재에도 이사회의 중견위원으로서는 단 한 사람의 여성 밖에 없습니다. 시금까지 이사로서 활동해온 여성분들은 많은 공헌을 하며 봉사하고 있습니다.

이런 분들은 대체로 대단한 실력을 쌓아서 자신감에 넘쳐 있을 뿐 아니라 그들이 처했던 위치에서 많은 사람들의 인정을 받으며 성공적인 발전을 이룩한 여성 기업가들로서 정신적으로 스스로 만족하여 대인 관계가 원만한 사람들이고 남을 희생시키는 대가로 무엇을 성취해야겠다는 생각을 하지 않는 사람들입니다. 여성들이 이사회에 참여한다는 것은 아무런 문제가 되지 않습니다.

연령에 따라서 남성들이 여성들을 대하는 의식에 재미있는 차이를 나타냅니다. 나이가 많은 층의 남성들은 회사 본부의 중역직에 여자가 승진되어 활약한다는 것을 잘 인정하려고 하지 않습니다. 그러나 젊은 층의 남성들은 그렇지 않습니다. 그들이 잘 아는 병원 밖의 세계에서 여성들과 일해 본 경험 때문이 아닌가 생각됩니다.

오히려 저들은 나를 유일한 여성 부사장이라고 하면서 더 많은 후원과 보호를 아끼지 않습니다. 그러나 한 가지 뚜렷한 것은 그렇게 나를 후원하는 그들도 여성인 내가 최고 대표경영자감으로는 무언가 부족하다는 생각을 쉽게 떨쳐버리지 못하는 것 같습니다. 그것이 완전히 보편화된 생각이라고는 할 수는 없지만 그러한 현상을 화제의 대상으로 거론하기 시작하고 있습니다.

드러커 교수 : 지금까지 전문직 분야에서 그러한 어려운 난관을 타개해 나갔다고 특별히 기억되는 것이 있으십니까?

리만 부사장 : 나같이 여성 전문직 위치에 있는 사람들이 전통적으로 책임을 지고 수행해 온 환자 돌보기에서부터 환자 만족도, 임상치료 봉사에 관한 것이나 의료 봉사의 질적 보장제도 같은 것만을 보고하는 데 그치지 않고, 병원의 재무 프로그램까지 이사회에 보고서를 제출·발표하면서 파격적인 변화를 불러 일으켰다고 생각합니다.

삽시간에 이사회원들은 내가 재무 상태에 관해서나 손익계산서에 관해서도 알 만큼 알고 있다는 것을 인식하게 된 것 같습니다. 사실은 아주 이익을 많이 올리고 있는 가정방문 담당부서(Home Care Department)에 관해서 이사회에 보고하여 건의하려는 참이었습니다. 내가 서비스 유통 시스템에 관해서 뿐만 아니라 재정면에까지 책임을 지고 보고하며 건의하는 것을 보게 된 이사들의 의식에 어떤 커다란 변화를 가져오고 있다는 것을 나는 느낄 수 있었습니다.

드러커 교수 : 그러한 보고를 할 수 있는 실력을 어디에서 습득하고 발전시키셨습니까?

리만 부사장 : 간호감으로 처음 일을 시작했을 무렵 나에게는

제4장 비영리단체에서의 여성 최고경영자

좋은 스승이 한 분 계셨는데 지금 생각하면 그것이 큰 행운이라고 여겨집니다.

하루에 한 사람의 환자를 위하여 소모하는 전 인력의 시간 수가 무엇을 의미하는지를 알지 않으면 안 된다고 처음부터 막무가내로 다그치신 교수님이 계셨습니다. 또, 그분의 그러한 계기를 근거로 하여 의료요원의 봉급액을 결정하는 방법을 배웠습니다. 그런 기회로 해서 나는 다른 동료들보다 노동시장에서 한걸음 앞서게 되었다고 생각합니다.

그렇게 하여 책임을 지다 보면 그 자체가 또 다른 무엇인가를 배울 기회를 가져다 주는 연쇄 반응 효과를 일으키게 하는 것 같습니다.

오늘날 내가 수관하는 예산은 7,500만 달러입니다. 오늘의 실정에서 어려운 일이긴 하지만 그러한 책임을 지다가 보면 지출이 수입을 초과하지 않아야 한다는 생각으로 고심하며 항상 손익을 따져보는 자세를 곧 익히게 됩니다. 물론 내가 클레어먼트 대학에서 최고경영자를 위한 박사학위 과정을 밟았던 것이 모든 것을 더욱 완벽하게 이해하는 토대를 마련하는데 큰 도움을 주었다고도 할 수 있습니다.

나는 원래부터 전반적인 손익계산을 이해하는 데 별 어려움이 없었습니다만 내가 회사의 재무회계 부서에서 근무하고 있는 직원들 만큼 치밀하게 재무 상태를 이해하고 있다는 것이 알려질 때 그들은 다소 나를 의식하면서 대수롭지 않게 대할 수 없다는 것을 알게 됩니다.

드러커 교수 : 또한 인사 관리에 관한 능력을 어떻게 습득하게 되었습니까? 간호원이란 원래 직업상 사람들을 돌보고 그들이

필요로 하는 부분을 잘 터득합니다만 그들이 한 조직의 구성원으로서 인사에 관한 것을 이해한다는 것은 별개의 문제로 다소 생소할 수 있습니다.

간호감의 자리에 처음 승진되었을 당시 갑자기 60명 내지 70명, 100명 이상의 다른 간호원들과 함께 환자들을 돌보면서도 여사께서 처음 직장 생활을 시작한 뉴욕 대학병원에서는 다른 부서와 간호과가 유대 협조를 하는 일까지 책임지신 것으로 아는데 그러한 기술과 능력은 습득했다고 보십니까? 아니면 천성적으로 타고 났다고 할 수 있습니까?

리만 부사장 : 인사 관리에 관한 기술은 스스로 습득될 수 있다고 생각합니다. 서로 협동하는 것이라든지 의사 소통을 할 수 있는 능력 같은 것은 시행착오를 거치면서 습득된다고 생각합니다. 다른 사람의 말을 귀기울여 듣는다든지 의사 소통을 하는 가운데 잘못을 야기하게 되었다면 잘못을 곧 시인하고 실제로는 뜻하지 않은 의도였다고 하면서 이해를 구하면서 익혀가는 것이 아닌가 합니다. 그러한 것이 진정한 요건이 될 것 같습니다. 나는 내 나름대로 환자 간호에 대한 뚜렷한 소신을 가지고 있었습니다. 또 그것을 위하여 이루어져야 할 모든 간호 절차에 대해서도 일가견을 가지고 있다고 생각합니다. 내가 가지고 있는 그러한 소신과 꿈을 소통시키는 데도 큰 문제가 없었습니다. 오히려 그러한 뜻을 함께 이루어 보고자 하는 사람들이 내 주위에 있어 준 것은 큰 다행이라고 하지 않을 수 없습니다.

의미있는 일을 같은 뜻을 가지고 있는 사람들과 함께 실현한다는 것은 일을 쉽게 성취하는 이익을 얻을 수 있습니다. 그러므로 대인 관계에서의 능력이란 공동 목표에 대해 원활한 의사 소통을 할 수 있느냐에 기반을 둔다고 할 수 있습니다. 그렇지만 우리들이 의사 소통을 올바르게 하지 못할 때 발생하는 잘못과 실수를 통해서도 많은 것을 배우게 되는 것도 사실입니다.

드러커 교수 : 말씀하신 대로 가장 중요한 것은 비전을 가지는 것이고 간호 분야에 입문하게 된 동기도 또 계속 간호 사업에 머물 수 있는 이유도 그 비전의 연속인 것 같습니다. 비전을 가진다는 것이 근본을 이룬 셈이군요. 그렇지 않습니까?

리만 부사장 : 그것 뿐 아니라 나는 또 다른 하나의 동기가 있었다고 봅니다. 간호 분야는 전통적으로 여성들의 전문직으로 주도되어 왔기 때문에 여성들만을 위한 동기 부여가 되는 것입니다. 즉, 내가 간호 대학을 졸업한 60년대에는 여성의 사회적 위상이 매우 미약했기 때문에 이는 간호학을 지원하는데 또 하나의 다른 동기 부여가 되었던 셈입니다.

드러커 교수 : 부사장님께서는 비전과 동기 부여에 대해서 의사 소통하고자 하는 의욕을 가지고 있었습니다만 그것은 곧 지도자의 한 사람으로서 탄생하겠다는 의지이기도 합니다. 그러나 '럭샌, 너무 성급하게 밀고 나가지마'라고 충고하는 사람이 있었을 텐데 어떻습니까?

리만 부사장 : 지금도 그렇게 말하는 사람들이 있습니다. 내가 대단히 성급하게 밀고 나갔던 것이 사실입니다. 나의 상급자나 동료들로부터 나는 '당신은 너무 공격적이오'라는 말을 수없이 많이 들어왔습니다. 그러나 사람은 무엇을 진실로 믿고 있을 때 공격적으로 되지 않나 생각합니다.

예를 들면 '환자를 위해서 가장 적절한 간호 시스템을 갖추지 못하고 있다'고 믿는데 누가 다른 문제를 제기할 수 있겠습니까? 환자 스스로가 자기의 몸이 어떻게 간호되기를 원하는가가 병원에서 고안한 절차에 의한 간호 방법보다 더욱 바람직하다고 생각합니다. 나는 아주 젊었을 때부터 그러한 신념을 가지고 출발했습니다.

드러커 교수 : 부사장님은 지금 나를 경탄하게 하고 있습니다. 의료 건강 부문에서 40여년 간 함께 일해오면서 나는 '환자의 말을 듣지 말아라'라든지 '환자에게 무엇이 옳은 것인지 우리(병원)가 제일 잘 안다'는 식의 말 외에는 한번도 들어본 적이 없었기 때문입니다.

리만 부사장 : 나로서는 도저히 수긍할 수 없는 일이라고 생각합니다. 물론 환자들이 올바른 의사 결정을 하는데 필요한 모든 지식을 가지고 있지 않은 것은 사실입니다. 그러나 그들이 올바른 의사 결정을 할 수 있도록 필요한 지식을 제공해 주는 것이 우리 의료요원들이 해야 할 책임이라고 생각합니다.

드러커 교수 : 그렇다면 여사께서 말씀하신 대로 어느 조직체이건 '우리들이 존재하는 근본적 목적이 어디에 있는가'라고 묻는 데서부터 모든 것이 시작되어야 한다는 말씀아닙니까?

리만 부사장 : 그러한 사명감을 갖고 있지 않다면 하는 일에서 손을 떼는 것이 옳지 않겠습니까?

드러커 교수 : 부사장님이야말로 진정으로 사명감에 불타는 여성이라고 하지 않을 수 없군요. 그렇게 불타는 사명감을 가지고 가정과 직장을 어떻게 꾸려나가는지 정말 궁금합니다.

리만 부사장 : 조용한 생활이라고는 조금도 엿볼 수 없다는 것은 미리 말씀드리겠습니다. 정규 직장에다가 사춘기에 있는 딸을 둔 어머니로서 대학원 박사 과정도 아직 다니고 있는 상황에 있

제4장 비영리단체에서의 여성 최고경영자

습니다. 그렇지만 학교와 직장에 다니는 것이 나의 사명과 임무를 생각하는 마음의 초점이 흐려지지 않는 데는 오히려 도움이 되고 있다고 생각합니다.

"엄마는 왜 이런 많은 일을 모두 해야 하지요?"라는 15살짜리 딸의 질문은 나의 의식을 일깨워 준다는 점에서는 마찬가지입니다. 물론 사람은 사명감이 아니라 성취욕에 의해 자발적으로 동기 부여를 하기도 합니다만 나에게 사명감이 없었다면 훨씬 편한 일을 택했을 것 같습니다. 그렇지 않으면 온종일 캘리포니아 남쪽 해변에서 즐겼을지도 모릅니다.

사실은 그러한 유혹이 나를 찾아 올 때가 한두 번이 아닙니다. 그럴 때마다 나의 전심전력을 투자하여 해결해야 할 일들이 생기며 그 결과로 서비스 유통 시스템의 개선이나 우리 조직에 몸담고 있는 고용인들의 생활의 질이 개선되는 것을 보면 해변에서 즐기겠다는 생각이 순식간에 사라지고 오히려 내가 이 어려운 직장을 가지고 있는 데서 오는 보람을 만끽합니다. 오늘날 병원에 몸담고 일하는 우리들에게는 갈수록 그와 같은 도전을 더 많이 느끼고 있습니다.

드러커 교수: 리만 부사장님이 의료계에 입문하기 몇년 전만 하더라도 병원은 아주 단순한 조직체였습니다. 의사와 간호원 그리고 몇 명의 청소부만 있으면 됐지요. 지금은 말로 형용하기 힘들 정도로 점점 더 복잡해지고 있습니다. 더 많은 전문 분야, 더 많은 서비스 분야로 말입니다. 그럼에도 불구하고 여사께서는 환자가 입원했을 때보다는 적어도 더 양호한 건강 상태로 변하여 퇴원할 수 있어야 한다는 공통된 한 가지의 복지 목적에 초점을 맞추시는 일에 매진하셨습니다.

연말에 가서 여사께서는 더 큰 사명을 실천으로 이행하는데 얼마나 많이 이바지하였는지를 어떤 방법으로 평가해 보시는지요? 또 성공적이었던 부분과 좀더 성공적으로 실행에 옮길 수 있었을 텐데 하면서 아쉽게 생각되는 부분을 가려내는 작업 같은 것은 어떻게 하시는지요?

리만 부사장 : 두 가지 방법을 택합니다. 하나는 아주 구체적으로 하는 것이고 다른 하나는 개념적으로 하는 것입니다. 구체적인 것은 아주 쉽게 설명할 수 있습니다.

나는 나의 책상 오른편에 노트를 두고 2주 아니면 1달에 한번 정도 계획했던 일, 추진 중인 일, 완성된 일 등을 계속 기록 정리합니다. 노트 왼쪽에는 내가 하고자 하는 중요한 업무들을 적고 그 오른쪽에는 추진 중에 있는 일들과 누구에게 책임을 맡겨 대행하도록 위임시킨 일들, 오늘 현재의 이행 상태 등을 적습니다.

일단 완료가 되면 그 위에 간단히 줄을 그어 완료된 것을 표시합니다. 연말에 가서 나는 노트를 살펴 봅니다만 그때마다 얼마나 많은 일을 우리가 성취했는가를 보게 되며 스스로 감탄하게 될 때가 많습니다. 우리들은 그 노트를 근거로 하여 연말 보고서를 작성합니다.

나는 어느 정도 목표 위주의 경영관리 방법인 MBO(Management By Objectives)를 씁니다. 이 방법으로서만 우리가 어느 정도로 발전하고 있었는가를 좀더 구체적으로 알 수 있는 것이 아닌가 생각됩니다.

개념적인 평가라고 말씀드렸는데 그것은 나의 박사학위를 겨냥하여 나의 학문에 관한 스스로의 평가를 두고 한 말입니다. 한 과목 한 과목을 성공적으로 이수할 때 학문적 목표를 향한 나의

제4장 비영리단체에서의 여성 최고경영자

이정표를 세운다고 생각합니다. 그 정도의 평가를 넘어선 구체적인 평가는 매우 어렵다고 생각합니다.

아무리 해도 학문에 관해서는 항상 부족한 감이 들고 완전한 성취를 이루었다는 생각을 할 수 없는 부분이 있기 때문입니다.

드러커 교수 : 완전히 다른 화제로 옮겨 보겠습니다. 부사장님께서는 7,000만 달러 이상의 예산을 관장하며 그 많은 종류의 의료 건강 서비스 부문의 재무상의 성과와 성취에 책임을 지고 계십니다. 그런 경험에 비추어서 전문 직업인으로서나 최고경영자의 입장의 관점에서 영리기업과 비영리조직체 간의 특별히 중요한 차이점이 있다면 무엇이라고 할 수 있겠습니까?

리만 부사장 : 건강관리 부문의 사업에 몸담고 있는 우리들은 손익계산서를 놓고 따지며 똑같은 경쟁을 해야 한다는 점을 생각해 보면 영리를 추구하는 어느 산업 부문과 조금도 틀릴 것이 없습니다. 내가 하는 일과 임무가 GM 자동차 회사나 제록스 복사기 제조 회사나 IBM 컴퓨터 회사에서 나의 위치에 있는 사람들이 하는 일과 하나도 틀릴 것이 없다고 생각합니다.

나도 상품을 만들어 내야 합니다. 그것도 효율적인 원가로서 해야 합니다. 궁극적으로 고객 만족을 확실히 창출해야 합니다. 우리들의 고객은 대부분이 환자이기 때문에 다시 환자의 상태로 우리 병원을 찾아 오지 않게 되기를 바랍니다만, 만약 다시 병원을 찾아야 할 경우 우리 병원으로 다시 찾아 왔으면 하는 것이 우리들의 바램입니다.

그런 점에서 우리는 영리기업과 조금도 다르지 않은 사업에 몸담고 있습니다. 우리는 어떤 더 좋은 상품(서비스)을 이끌어내야 하며 적당한 가격으로 해야 합니다. 치약 등 일상 소모용품 제조 회사로서 가장 크고 유명한 프락터 갬블(Procter & gamble) 회사와 다를 것이 없습니다.

드러커 교수 : 리만 부사장님, 잠시 언급은 했지만 자기 계발에 관해서는 충분한 말씀을 못 나누었습니다. 가르침을 주신 스승들이 있다고 하셨습니다. 옆에 노트를 두고 이루어야 할 과제와 성취한 것들을 기록한다고 하셨습니다. 그러나 자신이 스스로 계발할 수 있느냐에 대해서는 별로 말씀을 하지 않으셨습니다. 이번엔 그 점에 대해서 말씀해 주시지요.

리만 부사장 : 자기 계발 및 발전의 가장 좋은 길은 다른 사람의 계발과 발전을 돕는 일이라고 생각합니다. 또 내가 무엇을 잘못하고 있을 때나 무엇을 너무 성급하게, 강하게 추진할 때 또는 다른 사람으로 하여금 생각할 여유도 주지 않고 무엇을 밀고 나갈 때 다행스럽게도 나에게 충고를 해주는 분들이 내 주위에 있었습니다.

드러커 교수 : 그렇다면 부사장님께서는 어떻게 주위의 사람들이 스스로 성장하고 발전하도록 격려하며 후원을 하시는지요. 또 어떤 방법이 가장 효과적이었는지요?

리만 부사장 : 나의 역할은 그들에게 결과나 해답을 부여하는 것이 아닙니다. 내가 해야 할 역할은 그들의 머리를 총동원해서 생각하고 토의하도록 분위기를 잡아주는 것입니다. 나의 직무는 목표와 비전을 설정하는 것입니다. 그런 과정을 거친 후 모든 부분들을 하나로 묶어서 모두가 함께 나아가 실천에 옮기도록 주도하는 것입니다.

나 이외 다른 사람들의 임무는 그것을 어떻게 하나가 되어 성취시키느냐를 고안해 내는 것입니다. 나는 사람들에게 기회를 주고 더 크고 많은 책임을 맡게 하고, 인내를 가지고 누구에게나 자기 계발에서 가장 중요한 한 가지 요소라고 할 수 있는 충분한 시간과 기술, 도구와 일할 환경을 마련해 주는 것이 내 자신의 성장과 발전을 가져오게 했다고 생각합니다.

내가 의료건강 부문에서 상대적으로 잘 알려진 사람으로 부각된 것은 나의 간부들 개개인이 어떻게 하면 공동 목표를 달성할 수 있을까 하는 면에서 괄목할 만한 창의력을 발휘해 온 덕이라고 할 수 있습니다. 그런 결과로 내일 당장 병원을 떠나야 할 경우가 발생한다고 하더라도 우리 병원은 아무런 문제없이 잘 운영되어 나갈 것이라고 믿습니다. 남아있는 간부들이 잘 협동하여 내가 있을 때와 마찬가지로 우리의 사명을 잘 수행해 나갈 것입니다.

드러커 교수 : 여사는 소위 말하는 숯덩이처럼 된다고 하는 번아웃(burnout) 현상을 나타낼 확률이 가장 높은 직업을 택하신 것입니다. 그러한 직업을 가진 사람들이 느끼는 압박감은 이루말할 수 없다고 합니다. 여사께서도 예외가 될 수 없다면 며칠이고 몇주이건 간에 그러한 심한 압박감을 어떻게 이겨내며 새롭고 신선한 에너지를 되찾는지요?

리만 부사장 : 간호원의 부족이 마치 큰 재난처럼 번지고 있는 것 등 어려움이 많은 요즘 의료건강 부문에 몸담고 있는 많은 사람들이 나에게 물어 오는 질문입니다.

새롭고 신선한 에너지를 충전하는 데는 자신에 대해서 만족감을 느끼는 것 이상은 없을 것 같습니다. 침상의 환자를 돌보는 간호원들에게는 남의 간섭을 받지 않고 독자적인 자유를 가지고서 자기의 최선을 다하여 봉사할 수 있을 때 자신에 대한 만족감을 느낄 수 있을 것입니다. 나 자신도 마찬가지입니다. 나의 새롭고 신선한 에너지는 남의 간섭 없이 독자적으로 일을 할 수 있는 자유와 나를 믿음으로써 인정해 주는 존경심, 많은 간섭을 받지 않고 어떤 프로젝트를 처음부터 끝까지 성취할 수 있는 경영의 자유 같은 데서 충전되는 것 같습니다.

하나의 좋은 예를 얘기해 보자면 그것은 우리가 외래환자 수술센터를 처음 개장했을 때의 일입니다. 그와 관련하여 수년간 모든 사람이 그냥 칭얼대고만 있었을 때입니다. 결국에 가서는 나는 그것을 모두 나에게 맡기라고 했습니다.

모든 조각조각의 부분들을 함께 모아서 완성품을 만들어 보겠다고 했습니다. 나에게 전권을 다 주었고 나는 그 일을 거뜬히 다 해냈습니다. 그 일을 통하여 나는 많은 신선한 공기를 마실 수 있게 되었습니다.

새롭고 신선한 에너지를 충전시키는 다른 한 가지의 근원은 나의 개인 사생활에 있는 것 같습니다. 나는 요리하기를 좋아합니다. 극장가기도 좋아하며 음악을 즐깁니다. 지난 해에는 처음으로 스키타는 것을 배웠습니다. 많이 넘어지기도 했습니다만 그러한 것들이 나에게 새롭고 신선한 에너지를 충전시켜 주지 않았나 생각됩니다. 또, 나는 여행하기를 좋아합니다. 그것 역시 나의 에너지의 원천이라고 할 수 있겠습니다.

드러커 교수 : 권태기 방지에 대한 고전적인 해답이지요. 권태기를 극복하는 한 가지 방법은 일을 더 열심히 하는 것입니다만 그 방법이 부사장님에게는 주효한 것 같습니다. 그 방법이 나에게도 주효했다고 하지 않을 수 없습니다. 동시에 우리들의 직업과 전연 무관한 다른 활동들을 하는 것이 중요하지요.

제4장 비영리단체에서의 여성 최고경영자

　극장을 간다든가 스키장에서 몇 번이고 넘어진다든가 음악을 즐긴다거나 하는 것들로써 우리들의 정신과 감정조정장치의 기어를 조금 늦추면서 바꿀 필요가 있습니다. 이러한 모든 것들이 중요하다고 생각됩니다. 이제는 굵직한 몇 가지만 골라서 정리를 해 보겠습니다.

　여사께서 말씀하신 가운데 가장 귀감이 되는 것은 '내가 내일 당장이라도 병원을 떠나야 할 경우가 발생하더라도 별 지장 없이 우리 병원은 잘 운영되어 갈 것이라고 믿는다'고 하신 것과 '나의 간부들이 나 없이도 내가 세워 놓은 목표와 비전을 잘 협동하여 이끌어 나갈 수 있을 것'이라고 하신 부분입니다. 그렇게 말할 수 있다는 것은 어느 최고경영자로서도 쉽게 할 수 없는 마음가짐이며 '내가 만들어 놓은 팀원들이 내가 하던 일, 나의 꿈, 나의 비전, 나의 조직을 깊숙이 이해하며 계속 추진해 나갈 수 있다'는 자신감의 발로입니다. 그것이야말로 진정한 성취자를 선별하는 기준이라고 말할 수 있습니다.

　다음은 사명과 궁극적 목적인 환자의 성공적 치료 결과의 중요성을 강조하신 것입니다.

　마지막으로 강조하신 것이 있다면 그것은 팀을 구축하는 것이라고 하겠습니다. 그것이야말로 다른 사람들이 스스로 계발하고 발전할 수 있도록 하는 지도력입니다. 동시에 그것은 지도자 자신의 계발과 발전에도 중요한 열쇠가 된다는 것입니다.

제5장
자기 계발과 평생교육

　　자기 계발 및 발전에 대한 본 장의 요약을 가장 잘 시작할 수 있는 길은 자기 계발이란 평생을 두고 해야 할 일이라는 것을 나에게 처음으로 깨우쳐 주신 분을 소개하는 것이라고 생각된다. 그분은 내가 50년대 초 처음으로 등산길에서 만난 유태인교회의 목사였다. 그분과 나는 마침 같은 곳에서 여름 휴양을 하게 되어 여러 해 동안 우리는 서로가 좋아하는 등산 동반자가 되었다. 그분의 이름은 조슈아 에이브람스이며, 법과대학*에 재학 중 제2차 세계대전을 만나 해군에 입대하여 전투를 하다가 심한 부상을 입고 퇴역한 분이다.

　　사실은 해군 복무시절의 부상에서 완전히 회복을 못하고 그 상

＊ 역주 : 미국의 법대는 4년제 대학 후 3년간 대학원 과정의 로스쿨(Law school)이다.

처로 인하여 그로부터 35년 후에 결국은 사망하신 분이다.

해군에서 퇴역한 후 그는 법과 대학을 그만두고 신학교*에 입학하였다. 그리고 내가 그를 처음 만났을 때 그는 미국 중서부 지역의 큰 도시에서 아무 것도 없는 상태에서 유태인교회당과 유태인 지역사회 건설을 막 시작하고 있었던 터였다. 그후 꼭 10년 만에 그는 4000~5000명의 교인이 모이는 개혁 유태인교회로서는 가장 큰 교회당을 이룩하였다.

그즈음 어느날 나에게 "드러커 교수, 나는 이제 나의 교회당을 떠나서 나의 인생을 또 다시 완전히 새롭게 시작하기로 결심했소"라고 했을 때 이상하게 생각하지 않을 수가 없었다. 나는 놀란 표정으로 그를 쳐다보면서 도무지 이해할 수 없다는 생각을 삼추시 못하고 있을 때 그는 이렇게 말했다.

"나는 지금 여기서는 아무 것도 새로운 것을 배우고 느끼는 것이 없어요"

그후 1년 쯤 되어서 그는 중서부에 있는 아주 큰 대학의 교목 자리로 옮겨서 청년을 위한 목회를 하기로 결심했다는 것이었다. 이때가 1964~65년 경이었다.

에이브람스 목사의 설명은 "나는 아직 요즘 대학생들의 문제를 이해할 수 없을 정도로 늙은 편도 아니고 또 요즘의 대학생들이 겪어야 하는 그들의 문제들을 이해하지 못할 정도로 풋내기의 젊은 나이도 아니기 때문에 대학생들을 위한 목회를 하기에 적절한 나이가 아닌가 생각해요"라고 했다.

"곧 학생들은 큰 문제를 안고 어려움을 겪게 될 것입니다"라고

---

* 역주 : 미국의 신학교는 4년제 대학 후 2년간의 대학원 과정이다.

했다. 아닌게 아니라 그의 말대로 대학가의 소동은 그후 곧 시작되었고 나의 친구 에이브람스 목사는 당시 학생들의 힘의 상징이 되었다. 그후 많은 세월이 흐르는 동안 나는 사람들로부터 이러한 말을 들어왔다. "드러커 교수님, 에이브람스 목사를 잘 아시죠? 그분은 나의 생명의 은인이라고 해도 과언이 아닙니다. 내가 20세의 대학생이었을 때 마약을 하면서 아주 어리석은 짓을 하고 다녔습니다. 그런데 그분이 나를 구해 주셨습니다."

그후 다시 세월이 지나서 1973~74년 쯤 되었을 때 에이브람스 목사는 등산길에서 또 한번 나를 놀라게 했다. 그는 이번에는 말하기를 "내가 한 대학의 교목으로서 할 수 있는 일은 모두 다 했다고 생각해요. 이제 나는 어린 대학생들의 생각과 느낌을 모두 잘 이해하고 흡족시킬 수 있는 나이를 넘어섰다고 생각합니다. 그래서 나는 다시 대학생들을 위한 목회를 떠나서 이제는 노년기에 계시는 분들을 위한 목회로 방향을 옮길 것을 결심했어요"라고 하는 것이었다.

그리고 그는 인구의 증가율이 가장 높은 층이 노인층이라고 덧붙이기까지 했다. 그후 1~2년이 지났을 무렵 그는 대학의 목사직에서 사표를 내고 아리조나주에 있는 퇴직한 사람들이 모여 사는 한 도시로 옮겨서 또 한번 아무 것도 없는 곳에서 노인들을 위한 교회를 설립하였다.

에이브람스 목사가 세상을 떠날 무렵 그는 또 다시 3,000~4,000여 명의 퇴직 노인들을 위한 새로운 지역사회를 이미 건설했던 것이다. 에이브람스 목사는 외로운 노인들과 아내와 남편을 잃고 홀로 사는 할아버지 할머니, 병에 시달리는 노인들을 찾아 다니면서 그가 할 수 있는 힘껏 혼신을 다하여 그들의 영적

제 5 장 자기 계발과 평생교육

목회를 한 것 뿐만 아니라, 그들의 물리적 육체적인 고통을 돕는데 최선을 다했던 것이다.

에이브람스 목사야말로 "우리들이 일생을 어떻게 보내며 살아가야 하는가에 대한 문제의 책임은 전적으로 우리들 자신 각자에게 있으며 다른 어느 누구도 그 책임을 대신 져주지 않는다"는 것을 나에게 몸소 설명해 주신 분이라고 할 수 있으며, 나도 그 교훈을 많은 사람들에게 전하고 있는 셈이다.

그 분 일생의 자취를 더듬어 보면 자기 계발 및 발전은 다른 사람이 계발되고 발전되도록 돕는다는 것과 그렇게 공헌하기 위해 필요한 기술과 능력, 그리고 전문 직업인으로서의 자신감을 계발시키고 발전하여야 한다는 두 가지 면을 확실히 말해 주고 있다.

그러나 그 두 가지 면은 전혀 다른 의미를 가지고 있다고 할 수 있다. 우리들 자신을 계발 발전시킨다는 것은 우선 남을 위해 봉사하는 데서부터 시작되어야 한다. 자기 중심이 아닌 나 이외에 바깥을 생각하며 노력하는 것이며 결코 누구를 지도한다는 생각은 버려야 한다.

그리고 지도자는 선천적으로 타고난 것이 아니다. 또는 누가 만들어 주는 것도 결코 아니다. 자신이 스스로 만들어야 하는 것이다. 지도자가 되기 위해서는 핵심의 초점을 맞추어야 한다.

오늘날 기업 경영 전략의 분야에서 유수한 권위자인 마이클 카미는 흑판 위에 사각형 하나를 그려 놓고 "이 사각형 안을 무엇으로 채우려 하십니까? 마음의 정신입니까, 아니면 돈입니까?" 이렇게 묻는다고 한다. 그리고 나서 그는 "어느 쪽을 택하든 나는 여러분을 위하여 전략을 세워 드릴 수 있습니다. 그러나 그 사각형에 무엇이 채워져서 누가 그것의 주인이 되어야 하는가는 여러분 스스로가 결정해야 합니다"라고 말한다.

나는 그것을 "여러분이 죽은 뒤 다른 사람들에게 어떻게 기억되어지기를 원합니까?"라고 묻는다. 성 어거스틴에 의하면 그런 질문을 주고 받는 것이 '성년이 되는 증표'라는 것이다. 물론 그에 대한 해답은 우리가 성숙해 가면서 변경될 수도 있고, 또 변경되어야 할 것이다. 그러나 그러한 질문을 스스로 해 보지 않은 사람은 초점 없는 인생, 방향 없는 인생을 살게 되고 결과적으로 자기 계발이나 발전에의 결핍에서 벗어나지 못하게 된다.

자신이 가지고 있는 강한 점을 기반으로 기술과 지식을 더하여 자신을 건설적이고 생산적으로 활용할 수 있게 해야 한다. 물론 상급자의 영향과 격려가 우리들 자신의 계발 및 발전에 큰 역할을 할 수 있다. 그러나 아무리 상급자가 우리에게 동기 부여를 해도, 또 아무리 그들이 우리들의 계발과 발전에 대해서 무시해 버린다 하더라도 궁극적으로 자기 자신의 계발과 발전은 각자 스스로의 책임 아래에서 이루어지지 않으면 안 된다.

그러나 각자의 강한 점을 계발 발전시킨다는 것이 각자가 가지고 있는 약점에 대해서는 전혀 관심을 두지 않아도 된다는 말과는 다른 의미를 가지고 있다. 오히려 약한 점에 대하여 소홀하게 생각할 수가 없다.

그러나 실제로 약한 점을 보완할 수 있는 유일한 길은 강한 점을 계발 발전시킴으로써만 가능하다는 논리를 간과해서는 안 된다. 지름길은 택하지 말라거나 우리가 모두 완벽주의자가 되어야 한다는 말도 아니다. 단, 우리들은 잘못되고 허술하게 된 일을 알고 있으면서도 수긍하는 인간들이 되어서는 안 된다는 것이다. 무엇보다도 우리들 자신에 대해 스스로 느낄 수 있는 자신감과 자긍심을 구축할 수 있어야 하는 것이다.

다음은 성취하고자 하는 과업에 중심을 두고 기회를 포착하도록 하라는 것이다. 항상 자기 중심이 아닌 우리가 이루고자 하는 과업 중심이어야 한다. 성취란 외부에서의 필요와 거기에 수반되는 기회가 내면에서 잘 계발되고 발전된 자신감과 강한 능력과의 만남에서 조화있게 이루어진다. 양자가 서로 만나야 하며 또 서로 잘 맞아야 한다.

유효한 자기 계발과 발전은 두 물줄기가 평행하여 흘러가듯 되어야 한다. 그 방법의 첫번째는 개선하는 것이다. 우리들이 이미 잘하고 있는 일들을 더욱 잘할 수 있도록 개선하는 것이다. 두번째의 것은 지금은 하고 있지 않은 완전히 다른 어떤 일을 찾는 변화이다. 둘 다 없어서는 안 될 일이다.

새로운 것을 찾는 변화에만 집념을 보이면서 지금까지 이미 잘하고 있는 일에 대해서 소홀히 하는 것은 잘못된 일이다. 사람이란 계속해서 발전하게 되어 있으며 미약한 발전은 다음 단계의 발전을 의미한다. 그렇지만 그렇게 조금씩 개선하는 것만을 중요하다고 생각하여 세상이 바뀌고 시대가 변하여 지금까지 해 오던 일과는 완전히 다른 새로운 어떤 일을 해야 할 것을 모르고 있는 것 역시 잘못된 일이다.

어떤 변화를 가져와야 할 시기가 왔다는 신호에 귀를 기울이는 것은 자기 계발과 발전을 위한 필수적인 요건이라고 할 수 있다. 변화를 시도해야 되는 때는 지금 하는 일에 어려움이 있을 때가 아니라 모든 것이 순조롭고 잘 되고 있을 때이다.

"내가 지금 알고 있는 것 외에는 새롭게 배울 것이 없다는 것을 알면서 하루하루를 살고 있지는 않는가. 나는 무엇을 성취하고 있는지 아니면 계속 반복되는 편한 일과로 그저 소일만 하고 있는 것이 아닌가? 아무 것도 성취하지 않을 무엇에 시간과 정력을 허비하고 있지는 않는가?" 이렇게 하루의 일과를 세심하게 분석하며 반성할 필요가 있다.

자기 계발과 발전이 새로운 에너지로 충전될 수 있는 경우는 새로운 인생 행로를 걷게 될 때, 새로운 지평선을 인식하게 될 때, 새로운 목표를 향해 나갈 때이다. 이러한 시기에 우리들 주위의 사람들, 정신적으로 자문을 해 줄 수 있는 스승들의 도움이 필요하다.

성취를 위한 마음, 성공을 위한 마음이 더하면 더할수록 우리들은 주어진 일과 혼연일체를 이루게 될 뿐만 아니라 어떠한 긴박감마저 느낄 정도로 자신을 잃고 몰두하는 경지에 이르게 된다. 우리를 아끼는 분들은 우리가 하고자 하는 것과 흡사한 일들을 많이 해 본 경험이 있는 분들이기 때문에 우리가 지금 무엇을 추구하고 있는가를 잘 헤아릴 수 있으므로 우리에게 아래와 같은 질문을 던질 수 있다. "지금 하고 있는 일에서 보람을 느끼고 있으며 자신이 가지고 있는 모든 실력과 능력을 충분히 발휘하고 있는가?"

자기 계발과 발전을 위한 수단과 방법은 막연한 것이 아니다. 성취자들 중 많은 분들은 남을 가르치는 것이 자기 계발과 발전을 위한 가장 성공적인 도구라고 한다. 그렇다고 해서 모든 사람에게 다 가르칠 수 있는 여건이 주어지는 것도 아니고, 또 주어진다 하더라도 그들에게 가르치는데 소질이 있다든지 적성에 맞아서 가르치기를 좋아한다는 보장은 없다. 그러나 누구라도 그와

제 5 장 자기 계발과 평생교육

비슷한 기회를 가질 수는 있다.

즉, 주위의 다른 사람들이 계발하고 발전하는 것을 도와줄 수 있는 기회는 있는 것이다. 하급자들이나 동료들과 서로 머리를 맞대고 그들의 업적이나 성과를 개선해 주기 위하여 진정한 노력을 해 본 사람은 남을 위하여 노력하는 그러한 과정이 자기 계발과 발전에 얼마나 큰 효력있는 도구가 되는가를 알 수 있을 것이다.

자기 계발과 발전에 관련하여 아주 실제적이고 효과적인 도구로서는 자신의 업적을 스스로 평가하여 채점해 보는 습관이라고 할 수 있다. 나의 경험에 의하면 그런 실습은 자신을 겸허하게 훈련하는 최상의 교훈을 얻는 것이기도 하다.

자신이 꼭 실행했어야 할 일들과 실제로 이행한 일들 사이의 엄청난 간격은 항상 나를 괴롭게 하는 일이었다. 그러니 그런 훈련은 나의 목표 설정에 있어서나 목표 달성의 성과면에서 서서히 발전하게 했다.

자신의 업적을 평가하며 채점을 해보는 습관은 내가 어떤 분야에 큰 영향을 미칠 수 있도록 노력을 집중 투입하며 나의 노력이 아무런 결실을 맺지 못할 프로젝트에서는 손을 떼게 해서 내 자신이 가지고 있는 자원을 허비할 뿐만 아니라, 나의 고객이나 학생들의 시간과 노력까지 허비하게 하는 일이 없도록 하기 위한 것이다.

자기 계발과 발전이란 하나의 철학이나 한낱 좋은 의도로만 그친다고 생각해서는 안 된다. 자신의 밧데리를 신선하고 강한 전력으로 충전한다는 말은 희미한 불빛 같은 것도 아니다. 양자 모두 행동적인 것이다. 또한 더 큰 그릇의 인물이 된다는 것도 사실이다. 그러나, 자아 계발이나 발전이란 무엇보다도 자신이 어떤 결단을 내리고 그 결단을 시행하는 데 있어서 더욱 효율적인 인간이 된다는 것이다.

   그러므로 나는 독자 여러분 개개인에게 이 책을 읽은 결과로 내일부터 하고자 하는 새로운 일과 각오는 무엇이며, 습관적으로 해오던 어떤 일들을 내일부터는 하지 않기로 결심하는 결단을 내리게 되었는지 자문자답해 볼 것을 요청하면서 이 글을 맺는다.

비영리단체의 경영

제1판 1쇄 발행 | 1995년 5월 30일
제1판 30쇄 발행 | 2019년 1월 16일

지은이 | 피터 드러커
옮긴이 | 현영하
펴낸이 | 한경준
펴낸곳 | 한국경제신문 한경BP

주소 | 서울특별시 중구 청파로 463
기획출판팀 | 02-3604-553~6
영업마케팅팀 | 02-3604-595, 583 FAX | 02-3604-599
H | http://bp.hankyung.com   E | bp@hankyung.com
T | @hankbp   F | www.facebook.com/hankyungbp
등록 | 제 2-315(1967. 5. 15)

ISBN 978-89-475-2132-1 03320

책값은 뒤표지에 있습니다.
잘못 만들어진 책은 구입처에서 바꿔드립니다.